Der Bildungsroman im literarischen Feld

Studien und Texte zur
Sozialgeschichte der Literatur

Herausgegeben von
Norbert Bachleitner, Christian Begemann,
Walter Erhart und Gangolf Hübinger

Band 144

Der Bildungsroman im literarischen Feld

—

Neue Perspektiven auf eine Gattung

Herausgegeben von
Elisabeth Böhm und Katrin Dennerlein

DE GRUYTER

Gedruckt mit freundlicher Unterstützung der Boehringer Ingelheim Stiftung
für Geisteswissenschaften in Ingelheim am Rhein.

ISBN 978-3-11-061105-2
e-ISBN (PDF) 978-3-11-047874-7
e-ISBN (EPUB) 978-3-11-047825-9
ISSN 0174-4410

Library of Congress Cataloging-in-Publication Data
A CIP catalog record for this book has been applied for at the Library of Congress.

Bibliografische Information der Deutschen Nationalbibliothek
Die Deutsche Nationalbibliothek verzeichnet diese Publikation in der Deutschen National-
bibliografie; detaillierte bibliografische Daten sind im Internet über
http://dnb.dnb.de abrufbar.

© 2018 Walter de Gruyter GmbH, Berlin/Boston
Dieser Band ist text- und seitenidentisch mit der 2016 erschienenen gebundenen
Ausgabe.
Druck und Bindung: CPI books GmbH, Leck

♾ Gedruckt auf säurefreiem Papier
Printed in Germany

www.degruyter.com

Inhalt

Katrin Dennerlein und Elisabeth Böhm
Einleitung —— 1

Katrin Dennerlein
Wielands *Geschichte des Agathon* oder *Wilhelm Meisters Lehrjahre*
Die Frage der Gattungsgenese des Bildungsromans aus Sicht
der Bourdieu'schen Feldtheorie —— 13

Norbert Christian Wolf
„Göthe wird und muß übertroffen werden"
Novalis' *Heinrich von Ofterdingen* und die Genrebegründung
durch *Wilhelm Meisters Lehrjahre* —— 55

Peer Trilcke
Pustkuchens Pseudo-*Wanderjahre* in der Feldgeschichte des Bildungsromans
Mit einem Vorschlag zur Konzeptualisierung von Gattungen als generische
Felder —— 107

Wolfgang Bunzel
Positionierung ex post
Ludwig Tiecks „Novelle" *Der junge Tischlermeister* (1836)
in feldtheoretischer Perspektive —— 145

Philipp Böttcher
Die Poesie des Prosaischen
Zur Literaturprogrammatik der *Grenzboten* und der feldstrategischen
Positionierung von Gustav Freytags *Soll und Haben* —— 165

Lynne Tatlock
Zwischen Bildungsroman und Liebesroman
Fanny Lewalds *Die Erlöserin* im literarischen Feld
nach der Reichsgründung —— 221

Adrian Brauneis
Variation und Negation des Bildungsromans in den 1920er Jahren
    Zu Thomas Manns *Zauberberg* und Arnolt Bronnens Replik
    Barbara la Marr —— **239**

Simone Schiedermair
Uwe Tellkamps *Der Turm* als Bildungsroman im literarischen Feld der Gegenwartsliteratur
    Zur Rezeption des Romans im deutschsprachigen und skandinavischen Kontext —— **265**

Yvonne Delhey
Was heißt Bildung des Individuums?
    Judith Schalanskys *Der Hals der Giraffe* (2011) —— **283**

Beiträgerinnen und Beiträger —— 303

Personenregister —— 305

Katrin Dennerlein und Elisabeth Böhm
Einleitung

Die Debatte um den Bildungsroman gehört zu den intensiv gepflegten in der germanistischen Literaturwissenschaft, wie sich an der stattlichen Anzahl von 40 Monographien und Einführungen zur Gattungsgeschichte ablesen lässt.[1] Der Ursprung der Gattung gilt als spezifisch deutsch, in der Forschung besteht dennoch kein Konsens darüber, welcher der erste Bildungsroman ist und wie sich diese Linie durch die weitere Literaturgeschichte klar verfolgen lässt. Dass beide Probleme mithilfe der *Feldtheorie* von Pierre Bourdieu ertragreich neu perspektiviert werden können, soll in diesem Band gezeigt werden.

Bisher standen bei der literaturwissenschaftlichen Verwendung von Bourdieus Feldtheorie der literarische Markt bzw. das literarische Leben[2] und Sozioanalysen fiktionaler Welten im Vordergrund. Wir gehen dagegen von einer Gattung aus und stellen den Mehrwert der Bourdieu'schen Konzepte für die Beschreibung des Gattungsbezugs und der Innovationsleistung einzelner Bildungsromane in den Vordergrund. Im Folgenden soll gezeigt werden, welche neue Sicht Bourdieu auf den Gattungsbeginn (I) und auf die Gattungsentwicklung (II) ermöglicht. Es folgen einige Überlegungen dazu, wie sich literaturwissenschaftliche Gattungen ausgehend von und produktiv an Bourdieu anschließend formulieren lassen (III), bevor die einzelnen Beiträge des Bandes kanpp skizziert werden (IV).[3]

---

[1] Vgl. die kommentierte Bibliographie in der jüngsten Einführung in den Bildungsroman von Ortrud Gutjahr: Einführung in den Bildungsroman. Darmstadt 2007, S. 133–137.
[2] Vgl. York-Gothart Mix: Der Buchmarkt des 18. Jahrhunderts und Pierre Bourdieus Soziologie symbolischer Formen. In: Gutenberg-Jahrbuch 74 (1999), S. 318–327; Markus Joch et al. (Hg.): Mediale Erregungen? Autonomie und Aufmerksamkeit im Literatur- und Kulturbetrieb der Gegenwart. Tübingen 2009; York-Gothart Mix: „Sein Ruhm ist eine natürliche Tochter des Scandals." A.W. Schlegels Positionierung im literarischen Feld um 1800 (Bürger, Schiller, Voß). In: Der Europäer August Wilhelm Schlegel. Romantischer Kulturtransfer – romantische Wissenswelten. Hg. von York-Gothart Mix, Jochen Strobel. Berlin/New York 2010, S. 45–56; York-Gothart Mix: Bildung und Unterhaltung „als eines" denken. Almanach-, Kalender- und Taschenbuchlektüre, habituelle Distinktion und das Spektrum literarischer Geselligkeit im literarischen Feld um 1800. In: Geselliges Vergnügen. Kulturelle Praktiken von Unterhaltung im langen 19. Jahrhundert. Hg. von Anna Ananieva, Dorothea Böck, Hedwig Pompe. Bielefeld 2011, S. 223–252; York-Gothart Mix, Carlos Spoerhase: Schöpferischer Wettbewerb? Ästhetische und kommerzielle Konkurrenz in den Wissenschaften. In: Das achtzehnte Jahrhundert 36,2 (2012), S. 179–189.
[3] Der vorliegende Band versammelt Beiträge einer Tagung, die vom 19. bis 21. April 2013 an der Universität Bayreuth stattgefunden hat. Wir danken der DFG, der Frauenförderung der Universität Bayreuth und der Bayerischen Akademie der Wissenschaften für die Unterstützung dieser Tagung und der Geschwister Boehringer-Ingelheim-Stiftung für einen Druckkostenzuschuss. Die hier in

I

In der bisherigen literaturwissenschaftlichen Forschung zum Bildungsroman betont man einerseits die deutliche Sonderstellung von *Wilhelm Meisters Lehrjahre* aufgrund der literarischen und poetologischen Rezeption und seiner literaturwissenschaftlichen Funktionalisierung als Prototyp der Gattung. Dennoch gibt es keine historisch fundierte gattungsgeschichtliche Darstellung, die mit *Wilhelm Meisters Lehrjahren* beginnt.[4] Das hat damit zu tun, dass man zumeist von einer Merkmalsdefinition ausgeht und mit dieser immer weiter rückwärts sucht, bis sich Romane auffinden lassen, die alle oder einige dieser Merkmale aufweisen. Nach der derzeit gängigen Definition erzählt ein Bildungsroman die Lebensgeschichte eines jungen Protagonisten, in der es durch eine Folge von Irrtümern und Enttäuschungen zu einem Ausgleich mit der Welt kommt.[5] Dass dieser Ausgleich oftmals nur unter Vorbehalten und ironisch geschildert ist, gilt als eine Lizenz der Gattung, die häufig genug mit dem Scheitern oder zumindest der nur projizierten Erfüllung dieses Ziels ebenso spielt wie mit dem expliziten Wissen des Protagonisten um seine Wahlmöglichkeiten im Entwicklungsprozess. Als erster Bildungsroman, der dieses Kriterium erfüllt, wird zumeist Wielands *Agathon* verstanden.[6] Indem die Nähe zu englischen, französischen und italienischen Entwicklungsromanen der Zeit[7] herausgearbeitet und auch einige Romane von Frauen erstmals als Bildungsromane

---

der Einleitung entwickelten Fragen und Aspekte wurden von den Veranstalterinnen im Vorfeld der Tagung formuliert und mit Bezug auf Tagungsdiskussion wieder aufgegriffen und weiter entwickelt.

4 Morettis Studie zur Jugend im Bildungsroman setzt *Wilhelm Meisters Lehrjahre* an den Beginn des Bildungsromans ohne diese Behauptung argumentativ zu unterfüttern (Franco Moretti: The Way of the World. The Bildungsroman in European Culture. London 1987).
5 Vgl. Jürgen Jacobs: Bildungsroman. In: Reallexikon der Deutschen Literaturwissenschaft. (Bd. 1). Hg. von Klaus Weimar. New York 1997, S. 230–233, hier S. 230.
6 Vgl. z.B. Lothar Köhn: Entwicklungs- und Bildungsroman. Ein Forschungsbericht; mit einem Nachtrag. Stuttgart 1969; Jürgen Jacobs, Markus Krause: Der deutsche Bildungsroman. Gattungsgeschichte vom 18. bis zum 20. Jahrhundert. München 1989; Gerhart Mayer: Der deutsche Bildungsroman. Stuttgart 1992; Vgl. auch Selbmann, der im 18. Jahrhundert eine Entwicklung der Bildungsidee im Roman teleologisch nachzeichnet: „Wielands Geschichte des Agathon spitzt den Lebenslauf seines Helden durch den programmatischen Zugriff auf den Bildungsgedanken zu und erreicht damit den Bildungsroman" (Rolf Selbmann: Der deutsche Bildungsroman. Stuttgart 1984, S. 42–52; jüngst wieder Gutjahr: Einführung).
7 Vgl. z.B. Giovanna Summerfield, Lisa Downward: New Perspectives on the European Bildungsroman. London 2010; Heinz Hillmann, Peter Hühn: Der europäische Entwicklungsroman in Europa und Übersee. Literarische Lebensentwürfe der Neuzeit. Darmstadt 2001, S. 15–108.

beschrieben[8] werden, wird *Wilhelm Meisters Lehrjahre* in der literaturwissenschaftlichen Debatte zu einem Roman unter vielen.

Wir wollen die Frage nach der Gattungskonstitution des Bildungsromans mit Bourdieu stellen, indem wir sie als Frage nach der Positionierungsstrategie eines oder mehrerer Autoren im literarischen Feld formulieren. Wie inzwischen Konsens, gehen wir davon aus, dass Ende des 18. Jahrhunderts ein Teil des literarischen Feldes im deutschsprachigen Raum weitgehend autonom funktioniert und das Subfeld der eingeschränkten Produktion einer eigenen Ökonomie und Logik gehorcht.[9] Um dort anerkannt zu werden, bedarf es entsprechender Werke, die sicherlich ästhetischen Kriterien genügen, dabei aber auch als Positionierung einen sozialen und kommunikativen Akt darstellen. Anders gesagt stehen die Beziehung von erscheinenden Texten zu den schon auf dem Feld präsenten und die erkennbare Funktionalität ihrer Differenz, sowie deren dynamisierendes Moment im Fokus. Dadurch steht nicht so sehr die Konstanz oder Neuartigkeit einzelner Motive und Themen im Vordergrund, sondern die Berücksichtigung der folgenden Relationen:

– Wie ist das literarische Feld beschaffen und inwiefern baut ein Autor, indem er einen Text in einer bestimmten Weise gestaltet, eine spezifische Differenz zu anderen Texten des Feldes auf?

– Aus welcher Position heraus strebt ein Autor als Akteur des Feldes eine bisher nur im virtuellen Raum des Möglichen präsente Feldposition an und wie ist

---

[8] Anja May: Wilhelm Meisters Schwestern. Bildungsromane von Frauen im ausgehenden 18. Jahrhundert: Geschichte des Fräuleins von Sternheim und Julchen Grünthal. Königstein/Taunus 2006; Gutjahr: Einführung, S. 62–69.

[9] Vgl. etwa Norbert Christian Wolf: Streitbare Ästhetik. Tübingen 2001; Norbert Christian Wolf: Gegen den Markt. Goethes Etablierung der ‚doppelten Ökonomie'. In: Markt. Literarisch. Hg. von Thomas Wegmann. Bern 2005, S. 59–74; in Ansätzen schon bei Pierre Bourdieu: Künstlerische Konzeption und intellektuelles Kräftefeld. In: Pierre Bourdieu: Zur Soziologie der symbolischen Formen. Frankfurt a. M. 1974, S. 75–124. Dagegen Christine Magerski, die die Entstehung des literarischen Feldes in Deutschland nach 1871 untersucht, diesen Beginn jedoch deshalb wählt, weil sie die Anfänge des – ihrer Meinung nach für die Autonomie des Feldes zentralen Konzepts des – modernen Intellektuellen erst dort sieht (Christine Magerski: Die Konstituierung des literarischen Feldes in Deutschland nach 1871. Berliner Moderne, Literaturkritik und die Anfänge der Literatursoziologie. Tübingen 2004). Bourdieu hat seine Theorie am französischen literarischen Feld in der zweiten Hälfte des 19. Jahrhunderts entwickelt. Das deutsche literarische Feld um 1800 kann zwar noch nicht als ‚vollständig entfaltet' bezeichnet werden, insbesondere was die institutionellen Gegebenheiten wie Urheberrecht, Pressefreiheit und die Entwicklung von Konsekrationsinstanzen (Universitäten, Akademien, Schulen etc.) betrifft; es weist allerdings bereits zu diesem Zeitpunkt – deutlich früher als sein französisches Pendant – eine klar erkennbare Ausdifferenzierung in ein ‚Subfeld der eingeschränkten Produktion' sowie in eines der ‚Massenproduktion' auf.

die Positionierung (also der Text als ästhetisches Werk, seine Publikation, die begleitende Kommunikation) beschaffen, d. h. wie unterscheidet sie sich von bisherigen, ggf. ja durchaus ähnlichen?
– Welcher Text begründet eine Tradition in dem Sinne, dass der Anschluss an ihn symbolisches Kapital verspricht? Wie also gestaltet sich der Prozess einer Gattungsetablierung, die als Setzung einer ästhetischen und funktionalen Differenz im Text, mithin eben zunächst als Positionierung zu verstehen ist, die aber als solche Differenz im Feld anerkannt und weitergeführt werden muss, um tatsächlich eine Gattungsentwicklung zu ergeben?
– Gattungstheoretisch ist dann zu fragen, in welchem Zeitraum und im Anschluss an welchen konkreten Text mit welchen Argumenten eine Differenz zu bisher bestehenden Modellen etabliert wird und welche Momente dieses Textes dort aufgegriffen werden.

Ausgangspunkt dieses Bandes ist die Annahme, dass sich *Wilhelm Meisters Lehrjahre* entlang inhaltlich-thematischer, referenzieller, erzähltechnischer und auch publizistischer Aspekte plausibel als eine solche Positionierung im literarischen Feld rekonstruieren lassen. Das zeigt sich dann auch in der Aufnahme und Rezeption durch die anderen Akteure im Feld.[10]

II

Zur Erklärung des Gattungswandels werden bisher hauptsächlich gesellschaftliche Veränderungen (politische, pädagogische, wissenschaftliche) herangezogen, die man als Ursachen für die Modifikation etablierter und das Auftauchen neuer Motive und Themen (z. B. Naturwissenschaften, Körperdiskurs, Gender-Problematik, Migration) versteht. Eine feldtheoretische Konzeption der Gattung bietet darüber hinaus die Möglichkeit, den Wandel der Gattung Bildungsroman sowohl in Relation zu den aktuellen Strukturen des Feldes als auch als spezifische Weiterentwicklung einer Traditionslinie zu beschreiben. Gerade diejenigen Autoren, die eine starke, auf Führung ausgerichtete Feldposition einnehmen wollen, schreiben Bildungsromane. Ausgehend von dieser Beobachtung lässt sich der innovative Einsatz der Gattung als Positionierungsstrategie verstehen.[11] Dies

---

10 Vgl. die Beiträge von Dennerlein, Wolf, Trilcke und Bunzel.
11 Dazu lässt sich gut an Studien anschließen, die mit der Feldtheorie Pierre Bourdieus gearbeitet haben: Markus Joch, Norbert Christian Wolf (Hg.): Text und Feld. Bourdieu in der literaturwissenschaftlichen Praxis. Tübingen 2005; Wolf: Streitbare Ästhetik; Wolf: Gegen den Markt. Goethes Etablierung der ‚doppelten Ökonomie'. In: Markt. Literarisch. Hg. von Thomas Wegmann. Bern

möchten wir zeigen, indem wir die Positionierung aus dem Text und seiner spezfischen Gestaltung heraus entwickeln. Wir verstehen den literarischen Text, den Bourdieu als eine mögliche Form der Positionierung erfasst,[12] als Äußerungsakt, mit dem zu den bereits vorhandenen Äußerungsakten eine Differenz aufgebaut wird.[13] Dass die Elemente von Gesellschaft, Bildung und Kunst, Institutionen und Individuum immer wieder neu und anders in Beziehung gesetzt und Erzählmuster entsprechend verändert werden, ergibt sich aus der Dynamik der historischen Entwicklung und des literarischen Feldes. Insofern setzt sich ein Text immer in Relation zu der bereits geschriebenen Literatur, aber auch zu den gegenwärtig auf dem Feld präsenten Autoren und zu zeitgenössischen Konzepten. Bei der Analyse eines Textes kann der Rekurs auf die zeitgenössische Rezeption dazu dienen, die Aufmerksamkeit auf jene Aspekte des mit dem Text vollzogenen Äußerungsaktes zu lenken, die wesentlich seine Differenz gegenüber anderen Äußerungsakten ausmachen und die zugleich als solche wahrgenommen werden.[14]

Der Bezug zur diachronen Perspektive der Gattungsgeschichte wird in den einzelnen Beiträgen zwar hergestellt, aber aus dem Gesamt dieser Bezüge soll und kann sich keine kontinuierlich entwickelte Gattungsgeschichte ergeben, in

---

2005, S. 59–74. Werner Michler hat den Niedergang des Epos mithilfe der Feldtheorie beschrieben und dabei eine anschlussfähige Beschreibung der Gattungswahl vorgeschlagen (Werner Michler: Möglichkeiten literarischer Gattungspoetik nach Bourdieu. Mit einer Skizze zur modernen Versepik. In: Text und Feld. Hg. von Markus Joch, Norbert C. Wolf. Tübingen 2005, S. 189–206).
12 „Positionierungen: literarische oder künstlerische Werke selbstverständlich, aber auch politische Handlungen und Reden, Manifeste oder polemische Schriften usw." (Pierre Bourdieu: Die Regeln der Kunst. Genese und Struktur des literarischen Feldes. Frankfurt a. M. 2001, S. 366).
13 Bourdieu: Die Regeln der Kunst, S. 368; Bourdieu: Von der Regel zu den Strategien. In: Bourdieu: Rede und Antwort. Frankfurt a. M. 1992, S. 79–98; Bourdieu: Science-Fiction. In: Satz und Gegensatz. Über die Verantwortung des Intellektuellen. Hg. von Bourdieu. Berlin 1989, S. 59–66, hier S. 65: „Jeder Produzent, jeder Schriftsteller, Künstler, Wissenschaftler, konstruiert sein eigenes schöpferisches Projekt in Abhängigkeit von seiner Wahrnehmung der verfügbaren Möglichkeiten [...] und in Abhängigkeit von der Neigung, unter diesen Möglichkeiten eine bestimmte zu ergreifen und andere zu verwerfen."
14 Im Anschluss an Jannidis lassen sich zusätzlich Schreibstrategien (formale Aspekte, Auswahl bestimmter Themen, Gestaltung der innerliterarischen Kommunikation) und Autorenstrategien (Inszenierungsmöglichkeiten von Autoren im und außerhalb des Textes) unterscheiden (vgl. Fotis Jannidis: „Unser moderner Dichter" – Thomas Manns Buddenbrooks. Verfall einer Familie (1901). In: Romane der Moderne. Hg. von Matthias Luserke, Monika Lippke. Berlin/New York 2008, S. 47–72).

der Texte direkt aufeinander bzw. auseinander folgen.[15] Die Mischung aus neuen Überlegungen zu kanonischen Bildungsromanen[16] und Studien zu noch nicht als solchen gelesenen Texten[17] könnte aber zur Grundlage für eine neue, einzeltextübergreifende Beschäftigung mit dem Bildungsroman in der Germanistik werden. Darüber hinaus zielen wir auf die Diskussion der Möglichkeit, *Gattung* unter feldtheoretisch-kommunikativer Perspektive zu modellieren, um zur weiteren Auseinandersetzung mit einer zentralen Kategorie der literarischen Kommunikation anzuregen. Der Band beschränkt sich auf deutschsprachige Texte, thematisiert aber auch den Übergang von Bildungsromanen vom einem in ein anderes literarisches Feld.[18] Auch die auffällige Diskrepanz zwischen der Problematisierung der Gattung in der deutschsprachigen Germanistik und ihrer Apostrophierung als *der* deutschen Gattung schlechthin in der internationalen Germanistik kommt zur Sprache.[19]

III

Die Regeln der Kunst verhandeln Gattungen vor allem in Form der Gattungstrias von Lyrik, Epik und Dramatik, die, in ihrer das literarische Feld strukturierenden Funktion im Frankreich des 19. Jahrhunderts, langsam von der Unterscheidung zwischen eingeschränkter Produktion und Massenproduktion abgelöst werden.[20] Die Entstehung von Subgattungen ist für Bourdieu ein Zeichen dafür, dass stilgeschichtliche Aspekte und eine eigene ökonomische Logik das weitgehend autonome literarische Feld mehr prägen als die Frage, ob ein Autor Theatertexte oder Romane schreibt. An dieser Stelle markiert er die Relevanz der beiden Pole der Massenproduktion und der eingeschränkten Produktion und diejenige der spezifischen Konsekration bestimmter Ausdifferenzierungen der Gattungen (synonym für Subgattungen), die von etablierten Autoren gelesen und besprochen werden, auf die sie reagieren und die sie für ihr eigenes Schaffen fruchtbar machen.[21] In der Literaturwissenschaft wird dagegen die Frage nach Form und

---

15 Vgl. zur letztgenannten Unterscheidung Marion Gymnich: Darstellungsformen der Gattungsgeschichtsschreibung. In: Rüdiger Zymner: Handbuch Gattungstheorie. Stuttgart 2010, S. 133–134, hier S. 133.
16 Vgl. die Beiträge von Dennerlein und Böttcher in diesem Band.
17 Vgl. etwa die Beiträge von Trilcke und Tatlock in diesem Band.
18 Vgl. die Beiträge von Tatlock und Schiedermair in diesem Band.
19 Vgl. die Beiträge von Schiedermair und Delhey in diesem Band.
20 Vgl. Bourdieu: Die Regeln der Kunst, S. 187–198.
21 Vgl. die Skizze bei Bourdieu: Die Regeln der Kunst, S. 199.

Funktion von Gattungen längst sehr differenziert geführt und dabei seit geraumer Zeit zwischen Genres und Gattungen unterschieden. Während Gattungen in der Definition von Fricke „rein systematische[] literaturwissenschaftliche[] *Ordnungsbegriff*[e]" sind, fungierten ‚Genres' als „historisch begrenzte[] literarische[] *Institution*[en]".[22] Damit erscheint ‚Genre' dem Modell Bourdieus näher zu stehen, jedoch unterscheiden sich die Konzepte Frickes und Bourdieus in einigen Punkten. Bourdieus Gattungsbegriff stimmt insofern mit dem Genre-Begriff überein, als Bourdieu ebenfalls die handlungsleitende Kraft akzentuiert, die einer Gattung in einem spezifischen Kontext innewohnt, indem sie Rezeptionserwartung und möglichen Innovationsgrad steuert, Bezugs- und Bewertungsgrößen vorgibt und den Metadiskurs tradiert. Von der Feldtheorie aus betrachtet sind die systematisch-ordnenden Gattungsbestimmungen der Literaturwissenschaft allerdings nichts davon strikt Getrenntes, Äußerliches, sondern Teil des Prozesses, der in der Positionierung einer Gattung resultiert.[23]

Wenn also im Folgenden der Gattungsbegriff beibehalten wird, dann nicht in Unkenntnis der aktuellen und relevanten Fachdiskussion, sondern mit Blick auf eine feldtheoretisch fundierte Möglichkeit, neu über Form und Funktion, Entstehung, Etablierung und Tradierung von Gattungen nachzudenken. Wir gehen auch deswegen auf den Begriff ‚Gattung' zurück, um die Tatsache bewusst zu halten, dass wir im Zuge der Rekonstruktion literarischer Kommunikation ein eigenes Bild entwerfen. Entsprechend sind wir darauf angewiesen, das historische Material akribisch zu befragen und zu beobachten, was genau passiert, was publiziert, was rezipiert wird und wie aus einem als neu apostrophierten Roman, der Teil einer bestimmten Positionierungsstrategie war, tatsächlich eine eigene Traditionslinie wird, der nicht nur Rezensionen und Empfehlungen, sondern explizit und implizit anschließende Romane und poetologische Texte zuzurechnen sind. Erst dann ist eine Gattung in dem Sinne präsent, dass sie sich objektiv nachweisen lässt. Doch gerade der Prozess der Ausbildung einer Gattung lässt sich so kaum fassen. Schließlich geht es nicht nur darum, ob ein bestimmter Text eine funktionale Differenz zu früheren aufmacht, sondern auch um die Prozesse, die diesem

---

22 Harald Fricke: Norm und Abweichung. Eine Philosophie der Literatur, München 1981, S. 132.
23 Ein wichtiger Unterschied besteht auch darin, dass ‚Institution' von beiden Autoren je verschieden verstanden wird. Während Fricke mit diesem Begriff auf die handlungsleitende Kraft abhebt, die einer Gattung in einem spezifischen Kontext zukommt, sind für Bourdieu diejenigen Instanzen des literarischen Feldes als Institutionen zu sehen, die bestimmte Funktionen gewährleisten, wie die Académie, der Buchhandel, die Literaturvermittlung. Institutionen erscheinen bei Bourdieu immer als organisatorische Einrichtungen, die Akteure auf dem Feld mit bestimmten Habitus ausstatten können und deren Rolle prägen, die aber auch in ihrer eigenen Geschichte weit mehr vermögen als ein einzelner sie vertretender oder in ihr agierender Akteur.

Text den Status eines ‚Gattungsbegründers' zuschreiben und die anschließende Ausprägung einer literarischen Traditionslinie, zu der eine eigene poetologische Diskussion gehört, die auch rückblickend Texte in die Gattungsgeschichte ein- oder ausschließt.

Die oben kurz skizzierte Funktionalisierung von Gattungen in *Die Regeln der Kunst* wird flankiert von Bourdieus Aufsatz zur Science-Fiction und einigen Hinweisen zu Gattungsrezeption und Geschmack in *Die feinen Unterschiede*.[24] Am Beispiel der Science-Fiction zeigt Bourdieu deutlich, dass selbst im ästhetischen Kanon lange Zeit kaum beachtete Gattungen eine eigene Geschichte und Theorie ausbilden.[25] Auch sie folgen den Mustern der Ausdifferenzierung und machen es notwendig, die einzelnen Texte oder auch Filme vor der Folie der Gattungsgeschichte zu betrachten, wenn man sie richtig verstehen will. Bestimmten Werken kommt dann Klassiker-Status zu, während das spezifische Publikum eigene Codes und Wertungsmuster entwickelt. An dieser Stelle zeigt sich die soziale Dimension von literarischer Gattungsbildung, deren Muster stärker von der Feldlogik als von der jeweiligen Gattung selbst geprägt erscheint. Doch leugnet Bourdieu damit nicht die Relevanz von Gattungen. Vielmehr lässt sich im Anschluss an diese Stellen und in Rekurs auf die zentralen Elemente der Feldtheorie produktiv über diese zentrale Kategorie der literarischen Kommunikation nachdenken. Einen ersten wegweisenden Aufsatz hat Werner Michler 2005 vorgelegt, in dem er anhand des Versepos' die „Möglichkeiten literarischer Gattungspoetik nach Bourdieu"[26] konturiert.[27] Deutlich wird sowohl bei Bourdieu selbst als auch im Rahmen feldtheoretischer Anschlüsse, dass Gattungsbezug und Gattungsverständnis jeweils nur radikal historisch und in Abhängigkeit von der jeweiligen Konstellation im Feld zu fassen sind. Das bedeutet, dass es nicht einen immer gleichermaßen gültigen ‚Kern' einer Gattung gibt, sondern Gattungen als „poetische Produktionsapparaturen entlang von Prätexten"[28] zu verstehen sind, deren Füllung und Bewertung, deren Ansehen im literarischen Feld und deren Ansprüche an Erfüllung (oder deren Verfehlung) jeweils abhängig sind vom dis-

---

24 Bourdieu: Science-Fiction; Bourdieu: Die feinen Unterschiede. Kritik der gesellschaftlichen Urteilskraft. Frankfurt a. M. 1987.
25 Vgl. zur Auseinandersetzung mit diesem Text Bourdieus die Beiträge von Wolf und Trilcke in diesem Band.
26 Michler: Möglichkeiten literarischer Gattungspoetik.
27 Einen wesentlich weiter gehender Vorschlag, der darin besteht Gattungen, oder vielmehr Genres, selbst als Felder zu beschreiben, in denen in Positionierungskämpfen jeweils neu verhandelt wird, wie die Gattung definiert wird und welche Texte als zugehörig anzusehen sind, macht Peer Trilcke in seinem Beitrag in diesem Band.
28 Michler: Möglichkeiten literarischer Gattungspoetik, S. 193.

tinkten Zeitpunkt und der Feldstruktur. Gattungsgeschichte erscheint demnach durchaus komplex, weil sie nicht nur zu fragen hat, welche Texte zur Gattung gehören, sondern auch, in welcher Weise sie ihren Gattungsbezug funktionalisieren und in welcher Weise dies im Feld akzeptiert oder zurückgewiesen wurde.

Genauer zu bestimmen gilt es allerdings, welche Indizien als Beweis für einen Gattungsbezug gelten können. Als methodisch unstrittig hat sich die explizite Gattungszuordnung in Paratexten, Rezeptionszeugnissen, poetologischen und literaturgeschichtlichen Darstellungen erwiesen. Doch wie steht es mit denjenigen Texten, die deutlich an eine Gattung anschließen, ohne in deren kanonischen Bestand eingegliedert worden zu sein? Spezifisch für den Bildungsroman stellt sich diese Frage vor dem Hintergrund der breiten Debatte über die Gattung selbst. Wenn der feldtheoretische Ansatz die Forschung bereichern kann, dann sicherlich durch seine historische Vermittlung von literarischer Praxis und sozialem Raum. Die Gattungssemantik des Bildungsromans macht das sehr deutlich, da in unterschiedlicher Weise entweder der Bezug zu *Wilhelm Meisters Lehrjahre* oder die Formulierung eines Bildungsideals akzentuiert werden kann. Um also nicht hinter die Komplexität der Gattungskonzeption auf der einen Seite, der Relevanz und Spezifik des Bildungsromans auf der anderen Seite zurückzufallen, bedarf es genauer Rekonstruktionen der jeweiligen Textstrategien in ihrem Anschluss an eine spezifische Traditionslinie unter den jeweiligen Bedingungen des Feldes.

Zur Debatte stand demnach immer wieder die Frage, in welchem Verhältnis die Rekonstruktion der jeweiligen historischen Kämpfe um die Gattungszugehörigkeit zu einer inhaltlich-textuellen Bestimmung derselben – etwa über Erzählmuster, über ein gemeinsames Bezugsproblem oder die Zentralstellung des Bildungsromanmusters in einem Roman – aus heutiger literaturwissenschaftlicher Perspektive steht. Zentrales Plausibilisierungskriterium für eine Gattungszuschreibung ist wohl immer das hermeneutische Argument, dass die Zuschreibung möglichst viele Aspekte der Positionierung erfassen kann.[29]

Dieser Ansatz stellt gegenüber bisherigen sozial- und gesellschaftsgeschichtlichen Gattungskonzeptionen eine neue Herangehensweise dar, weil er zusätzlich zur soziologischen Grundierung eine Modellierung von ‚Gattung' anbietet, die primär literarisch gedacht ist und doch Konzepte wie dasjenige des Bildungsromans als literarisch-soziale Institution[30] integrieren kann. Mit Bour-

---

29 Vgl. Tom Kindt: Hermeneutik. In: Handbuch der literarischen Gattungen. Hg. von Dieter Lamping in Zusammenarbeit mit Sandra Poppe, Sascha Seiler und Frank Zipfel. Stuttgart 2006, S. 237–238.
30 Wilhelm Voßkamp: Der Bildungsroman als literarisch-soziale Institution: Begriffs- und funktionsgeschichtliche Überlegungen zum deutschen Bildungsroman am Ende des 18. und

dieu kann man die Romane nicht nur auf außer ihnen selbst liegende Aspekte (bspw. soziale, politische, anthropologische) beziehen, sondern sie auch als Positionierung im literarischen Feld verstehen. Thematische Innovationen müssen dann auch daraufhin befragt werden, ob sie zur Entstehungszeit des Romans im literarischen Feld innovativ und relevant sind, um der Positionierung genügend Nachdruck zu verleihen. Vor allem können aber auch die bisher vernachlässigten Aspekte der Form (mediale Komponenten, Erzähltechniken) und der Bedeutungsproduktion (durch Andeutungen, Motive, Symbole etc.) einbezogen werden, indem sie als Aspekte der Positionierung begriffen werden. Und nicht zuletzt wird immer wieder deutlich, dass literarische Kommunikation nicht ahistorisch zu konzipieren ist, sondern erst durch die genaue Beobachtung der jeweiligen Semantisierungsprozesse und Positionskämpfe, der Modi der Bezugnahme auf Muster und die Reaktionszeit des Feldes auf Innovationen zu rekonstruieren ist. So betrieben kann gerade Gattungsgeschichte die Relation zwischen Literatur und sozialem Raum sichtbar machen. Die Frage nach gelingender Bildung ist ja keine genuin literarische. Wenn nun eine Gattung diese Frage zumindest oberflächlich zum Hauptinhalt und auch zum Namensgeber macht, markiert sie auch ihre Relation zu denjenigen Prozessen, die für die Bildungssemantik und Bildungspolitik einer Gesellschaft relevant erscheinen. Diese Art der Bezugnahme auf soziale Prozesse, die als historisch variabel zu verstehen ist, macht den Bildungsroman zu einem herausfordernden Gegenstand. Wenn einerseits eine Gattung in ihren Mechanismen und Funktionalisierungen untersucht und andererseits ein so zentrales Konzept wie Bildung ständig verhandelt wird, müssen Bildungssemantik, Gattungssemantik und die Entwicklung des literarischen Feldes synchronisiert betrachtet werden. Die Literaturwissenschaft muss sich hier mit der Frage auseinandersetzen, was sie aus empirischer Untersuchung ersehen kann und wie weit sie ihren eigenen Modellen den Charakter von (Re-)Konstruktionen zugesteht. Im Laufe der Tagung haben sich auch diejenigen Vorträge und Diskussionen als Bereicherung erwiesen, die nicht die kanonisierten Bildungsromane ins Zentrum gestellt haben. An der Kontrastierung etablierter und neu erkannter bzw. zum ersten Mal in dieser Weise herausgearbeiteter Textstrategien ließen sich die Implikationen des feldtheoretischen Ansatzes und sein Mehrwert ersehen. Der liegt auch darin, dass er historische Genauigkeit erfordert, aber nicht davon ausgeht, dass Literatur auf ihre Zeugnisse zu reduzieren ist. Die Rekonstruktion von Relationen und die Funktionalisierung von Bezügen müssen

---

Beginn des 19. Jahrhunderts. In: Zur Terminologie der Literaturwissenschaft. Hg. von Christian Wagenknecht. Stuttgart 1989, S. 337–352.

jeweils praktisch vollzogen werden – im historischen Feld und in literaturwissenschaftlicher Forschung.

IV

Die in diesem Band versammelten Beiträge sind nach der chronologischen Folge ihrer zentral diskutierten Bildungsromane geordnet, woraus sich zwar keine konsistente Geschichte der Gattung ergibt, da viele Romane hier nicht diskutiert werden, aber doch eine feldtheoretische Perspektivierung der Möglichkeit literaturwissenschaftlicher Gattungsgeschichtsschreibung. **Katrin Dennerlein** erörtert zunächst die Gattungsgenese und zeigt auf, wie sich mit einer auf Bourdieu fußenden Zugriffsweise Goethes *Wilhelm Meisters Lehrjahre* tatsächlich als gattungsbegründender Roman fassen lässt. Dabei verbindet Dennerlein eine kritische Diskussion der Methode mit der Frage, wie sich Goethes Roman vor allem von Wielands *Agathon* plausibel absetzen lässt. **Norbert Christian Wolf**s Beitrag schließt direkt an und erörtert, wie der auf Überbietung zielende Anschluss Novalis' an Goethe die von diesem etablierte Feldlogik gleichzeitig reflektiert und performiert. *Heinrich von Ofterdingen* erscheint in Wolfs Zugriff als Bildungsroman, der Text- und Autorstrategien eng verzahnt und und dabei zeigt, wie die innertextuelle Abgrenzung eines romantischen Romans vom klassischen Vorläufer funktioniert. **Peer Trilcke**s Diskussion von Pustkuches Pseudo-*Wanderjahren* fokussiert auf eine andere Art der intertextuellen Bezugnahme. Nicht Innovation und Epochenwandel, sondern Revision und Agonalität bestimmen den Bezug zur Gattung, die sich mit Trilcke als generisches Feld fassen lässt. Mit **Wolfgang Bunzel**s konzisem Zugriff auf Ludwig Tiecks *Der junge Tischlermeister* kommt ein außergewöhnliches Agieren als Autorstrategie in den Blick. Die vermeintlich frühe Entstehung der ‚Novelle' wird sehr viel später als eigentlicher Ursprung der Gattung präsentiert. Dadurch wird ein doppelter Anachronismus sichtbar wird: Tieck positioniert sich nach Goethe als dessen Vorgänger die unzeitgemäßen Elemente des Textes sollen dies belegen. Auf die Etablierungs- und Kanonisierungsstrategie Gustav Freytags geht **Philipp Böttcher** ein, der *Soll und Haben* im Kontext der Kritiken und poetologischen Entwürfe liest, die Freytag und Julian Schmidt in der einflussreichen Zeitschrift *Die Grenzboten* publizieren. Mit Böttchers Beitrag wird die Notwendigkeit deutlich, Romane im Rahmen der umfassenderen literarischen Kommunikation zu verorten, die auch weitere Textsorten und Publikationsformate einschließt. Mit internationaler Ausrichtung knüpft **Lynne Tatlock** an dieses Verständnis literarischer Kommunikation an, indem sie Fanny Lewalds *Die Erlöserin* im Kontext der amerikanischen Übersetzung des Romans innerhalb einer Reihe vermeintlicher Frauen-Romanen diskutiert. Sie zeigt, dass eine weibliche Hauptfigur durch literarische und ästhetische Bildung sozialen Aufstieg und ein Happy Ending erreichen kann, dass diese allerdings im Kontext der Produktion und Rezeption des Romans klar als Wunschbild zu erkennen sind. **Adrian Brauneis** führt Arnolt Bronnens *Barbara la Marr* mit Thomas Manns *Zauberberg* eng. Dabei lässt sich für die Modernisierung der Gattung im frühen 20. Jahrhundert nicht nur eine breite Ausdifferenzierung sondern auch die ideologische Grundierung feldinterner Entscheidungen beobachten. Damit weist Brauneis auch darauf hin, dass die Autonomie des literarischen Feldes, wie Bourdieu selbst betont hat, immer nur eine relative sein kann. Wie sich die Zuschreibung eines Romans zu einer Gattung verschiebt, wenn er übersetzt und damit in ein anderes literarisches Feld übertragen wird, zeigt **Simone Schiedermair**s Beitrag, der die Rezeption von Uwe Tellkamps preisgekröntem Werk *Der Turm* ins Norwegische vorstellt. Anders als in Deutschland, wo der Text explizit als Bildungsroman gelesen und behandelt wird, erscheint er in Skandinavien als DDR-Roman. Im Kontext der Selbstverortung in einem gesamtdeutschen literarischen Feld diskutiert **Yvonne Delhey** abschließend Judith Schalanskys *Der Hals der Giraffe*, der explizit die Gattungsbezeichnung ‚Bildungsroman' trägt. Dabei zeigt Delhey, wie im Text die prominent gesetzten Merkmale des kanonisierten Bildungsromans verschoben werden und wie dennoch ein Anschluss an die Gattung möglich ist.

Der vorliegende Band lotet die Möglichkeiten aus, wie sich Gattungsbegründung und -entwicklung mit Bourdieu konzipieren lassen, ohne dabei den Anspruch auf Vollständigkeit der generischen Reihe zu erheben. Die Beiträge fokussieren auf unterschiedliche Aspekte und zeigen in ihrer Gesamtheit den Erkenntnisgewinn, der in einem feldtheoretischen Modell von Literatur- bzw. Gattungsgeschichtsschreibung liegt. Es wird deutlich, wie wenig sich historische und systematische Aspekte in der Anwendung trennen lassen. Den Verfasserinnen und Verfassern gebührt der Dank der Herausgeberinnen, sich nicht nur auf die Frage eingelassen zu haben, wie sich der Bildungsroman feldtheoretisch konzipieren lässt, sondern diese Frage zum Ausgangspunkt eigener, innovativer und Bourdieu durchaus kritisch reflektierender bzw. weiter entwickelnder Reflexionen gemacht zu haben.

Katrin Dennerlein
Wielands *Geschichte des Agathon* oder *Wilhelm Meisters Lehrjahre*

Die Frage der Gattungsgenese des Bildungsromans aus Sicht der Bourdieu'schen Feldtheorie

Die Darstellungen der letzten 30 Jahre zum deutschsprachigen Bildungsroman gehen von einer merkmalsorientierten Definition des Bildungsromans aus. Die jüngste Fassung einer solchen Definition liest sich in der *Einführung in den Bildungsroman* von Ortrud Gutjahr wie folgt:

> Im Bildungsroman geht es [...] um die Reifung eines Protagonisten, der in spannungsvoller Auseinandersetzung mit sozialen Ordnungen und der natürlichen Umwelt das Ziel verfolgt, eine seinen Neigungen und Wünschen angemessene und zugleich gesellschaftlich kompatible Lebensform zu finden.[1]

Während diese Kriterien konsensuell sein dürften, finden sich in der Forschung verschiedene Ansichten vor allem in Bezug auf das Ergebnis der Auseinandersetzung des Protagonisten mit seiner Umwelt. Je nachdem, ob man davon ausgeht, dass der Bildungsroman mit einer Versöhnung von Ich und Welt enden sollte,[2] oder nicht,[3] oder ob die „Meisterschaft immer eine Richtung und kein erreichbares, geschweige denn erreichtes Ziel"[4] zu sein habe, fallen die Entscheidungen über die Zugehörigkeit eines Romans zur Gattung unterschiedlich aus. Bezüglich des Gattungsbeginns herrscht dagegen mehr Einigkeit: Man erwähnt zwar die gattungsgeschichtliche Sonderstellung von *Wilhelm Meisters Lehrjahre*, die aus seiner literarischen und poetologischen Rezeption und seiner literaturwissenschaftlichen Funktionalisierung resultiert. Wenn man den Bildungsroman nicht gleich der Gattung Entwicklungsroman einverleibt und diese Gattung mit dem

---

1 Ortrud Gutjahr: Einführung in den Bildungsroman. Darmstadt 2007, hier: S. 8.
2 Jürgen Jacobs: Bildungsroman. In: Reallexikon der Deutschen Literaturwissenschaft. (Bd. 1). Hg. von Klaus Weimar. New York 1997, S. 230–233, hier: S. 230; Hartmut Laufhütte: Entwicklungs- und Bildungsroman in der deutschen Literaturwissenschaft. Die Geschichte einer fehlerhaften Modellbildung und ein Gegenentwurf. In: Modelle des literarischen Strukturwandels. Hg. von Michael Titzmann. Tübingen 1991, S. 299–313, hier: S. 309.
3 Rolf Selbmann: Der deutsche Bildungsroman. Stuttgart 1984, S. 40.
4 Martin Swales: Utopie und Bildungsroman. Zur Geschichte des Wortes und der Theorie. In: Deutsche Vierteljahrsschrift 35 (1961), S. 44–63, hier: S. 47.

Parzival oder dem *Simplicissimus*[5] beginnen lässt, wird der Beginn der Gattung allerdings in den letzten Jahrzehnten zumeist mit der *Geschichte des Agathon* in seiner ersten Fassung von 1766/67 angesetzt.[6]

Rolf Selbmann etwa konstatiert, die „Bildungsgeschichte [werde in der *Geschichte des Agathon*, KD] zum erstenmal zur Leitlinie eines ganzen Romans"[7] und fasst zusammen: „Wielands *Geschichte des Agathon* spitzt den Lebenslauf seines Helden durch den programmatischen Zugriff auf den Bildungsgedanken zu und erreicht damit den Bildungsroman."[8] Jürgen Jacobs und Markus Krause arbeiten zwar heraus, dass Agathon auf einen Wesenskern zurückgeführt wird, während in *Wilhelm Meisters Lehrjahren* die Idee einer organischen Selbststeigerung vorherrscht.[9] Da für sie das zentrale Kriterium für die Gattungszugehörigkeit jedoch die Versöhnung von Ich und Welt ist, stellen sie die *Geschichte des Agathon* dennoch an den Beginn der Gattungsgeschichte.[10] Auch Ortrud Gutjahr klassifiziert diesen Roman Wielands als Bildungsroman und beginnt mit ihm ihre Reihe von Einzelinterpretationen von Bildungsromanen. Sie gibt jedoch einschränkend zu bedenken, dass er „in seiner Orientierung an den Zielvorgaben der Tugendhaftigkeit noch stark dem Erziehungsroman verhaftet" bleibt.[11] Liisa Saariluoma setzt ebenfalls die *Geschichte des Agathon* an den Beginn der Gattung.[12] Obwohl sie feststellt, dass es in diesem Roman um die Subsumption des Besonderen unter das Allgemeine gehe, Agathon nur ein bestimmter Typ Mensch mit einer Lebensanschauung sei, die einer anderen gegenüber gestellt werde, in *Wilhelm Meisters Lehrjahre* hingegen ein autonomes Subjekt und die Auseinandersetzung mit Bildungskonzepten im Zentrum stehe, bezeichnet sie beide Romane als Bildungsromane.[13] Der Unterschied zwischen den beiden Texten bestehe darin, dass

---

5 Vgl. Melitta Gerhard: Der deutsche Entwicklungsroman bis zu Goethes *Wilhelm Meister*. Halle 1926.
6 Vgl. neben den genannten zum Beispiel auch Lothar Köhn: Entwicklungs- und Bildungsroman. Ein Forschungsbericht. Stuttgart 1969; Gerhart Mayer: Die Begründung des Bildungsromans durch Wieland. In: Jahrbuch der Raabe-Gesellschaft 1970, S. 7–36 und Gerhart Mayer: Der deutsche Bildungsroman. Stuttgart 1992. Dass man außerhalb der Gattungsdarstellungen zum Bildungsroman die Frage, ob die *Geschichte des Agathon* ein Bildungsroman sei, in der Forschung zu diesem Roman durchaus kontrovers diskutiert, wird weiter unten deutlich werden.
7 Selbmann: Bildungsroman, hier: S. 50.
8 Selbmann: Bildungsroman, hier: S. 42.
9 Vgl. Jürgen Jacobs, Markus Krause: Der deutsche Bildungsroman. Gattungsgeschichte vom 18. bis zum 20. Jahrhundert. München 1989, S. 55.
10 Vgl. Jürgen Jacobs, Markus Krause: Der deutsche Bildungsroman, S. 55, hier: S. 53–64.
11 Vgl. Gutjahr: Bildungsroman, hier: S. 82.
12 Liisa Saariluoma: Erzählstruktur und Bildungsroman. Wielands *Geschichte des Agathon*, Goethes *Wilhelm Meisters Lehrjahre*. Würzburg 2004.
13 Vgl. zu dieser These auch Anm. 103 im vorliegenden Beitrag.

„der eine ‚Urheber' der Gattung ‚Bildungsroman' *vor* der ‚Epochenschwelle', der andere dagegen danach einzuordnen" sei.¹⁴ Saariluoma geht demnach von einem doppelten Gattungsbeginn aus. Den Nachweis, dass tatsächlich auch in beiden Fällen ein Genre im Sinne einer historischen Textreihe begründet wird, führt sie allerdings nicht.¹⁵ Genau um diesen Vergleich der beiden Romane hinsichtlich ihrer gattungsbegründenden Wirkung wird es im Folgenden gehen.

Die Frage, welcher Roman eine Gattung begründet, soll allerdings nicht primär merkmalsorientiert, sondern kultursoziologisch, genauer gesagt mithilfe der Konzepte der Bourdieu'schen Feldtheorie, untersucht werden. Bourdieu hat sich zwar nicht explizit mit dem Phänomen der Gattung auseinandergesetzt und erwähnt sie nur an einigen wenigen Stellen. Dass Gattungen sich ausgehend von seinen Überlegungen produktiv beschreiben lassen, ist inzwischen allerdings bereits gezeigt worden.¹⁶ Sie lassen sich im Anschluss an Bourdieu als historisch jeweils verschieden ausgeprägte Vorstellungen von Schreibweisen verstehen, deren Wesen und symbolisches Kapital nicht überzeitlich bestimmt werden können, sondern jeweils im System der anderen möglichen Positionsnahmen voneinander abgegrenzt werden müssen.¹⁷ In diesem System der bereits bestehenden Relationen zwischen Positionen ergeben sich immer auch Lücken, die Bourdieu als „Raum des Möglichen" bezeichnet,¹⁸ der sich für jeden Akteur aufgrund seines Habitus' anders darstellt. Um diesen Raum des Möglichen erfassen zu können, müssen die bereits geschriebene Literatur, aber auch die gegenwärtig auf dem Feld präsenten Autoren und die zirkulierenden Konzepte und Erzählverfahren eruiert werden. Welcher Teil der Produktion und der Debatten dabei den relevanten Ausschnitt des Feldes ausmacht, ergibt sich aus der Analyse und der Interpretation von Text- und Autorenstrategien, so dass an dieser Stelle traditionell hermeneutische Verfahren ins Spiel kommen. Aus feldtheoretischer Perspektive spielt zudem die zeitgenössische Rezeption eine zentrale Rolle, weil sie es ermöglicht diejenigen Aspekte eines Textes zu identifizieren, in denen ein Text an

---

14 Vgl. Saariluoma: Erzählstruktur, S. 19.
15 Ich verwende die Unterscheidung von Harald Fricke, der Gattungen als „rein systematische[ ][ ] literaturwissenschaftliche[ ][ ] *Ordnungsbegriff*[e]" begreift, Genres hingegen als „historisch begrenzte[ ][ ] literarische[ ][ ] *Institution*[en]". Harald Fricke: Norm und Abweichung. Eine Philosophie der Literatur, München 1981, S. 132.
16 Vgl. Werner Michler: Möglichkeiten literarischer Gattungspoetik nach Bourdieu. Mit einer Skizze zur ‚modernen Versepik'. In: Text und Feld. Bourdieu in der literaturwissenschaftlichen Praxis. Hg. von Markus Joch, Norbert Christian Wolf. Tübingen 2005 (=Studien und Texte zur Sozialgeschichte der Literatur, Bd. 108), S. 189–206
17 Vgl. Pierre Bourdieu: Die Regeln der Kunst. Genese und Struktur des literarischen Feldes. Frankfurt a. M. 2001, S. 368, 369 und 381.
18 Bourdieu: Regeln der Kunst, hier: S. 430.

andere anschließt, bzw. sich von diesen unterscheidet. Die Rezeptionsdokumente haben dabei nicht den Status objektiver Feststellungen, sondern sind wiederum von den Positionierungsabsichten ihrer Autoren geprägt, die es zu berücksichtigen gilt.[19]

Die Rezeptionszeugnisse zu *Wilhelm Meisters Lehrjahre* sind bereits einmal Gegenstand einer feldtheoretischen Analyse gewesen.[20] Stefanie Stockhorst stellt Bourdieus Theorie des literarischen Feldes exemplarisch anhand der Rezeption von *Wilhelm Meisters Lehrjahre* durch die Klassiker und Frühromantiker dar. Ziel ihrer Analyse ist es, an diesem Text zu zeigen, dass und inwiefern sich das literarische Feld um 1800 in ein Feld der Massenproduktion und ein Subfeld der autonomen Produktion teilt und dass innerhalb des Feldes der autonomen Produktion noch ein Kampf zwischen der etablierten und der aufsteigenden Avantgarde stattfindet. Während Stockhorst das literarische Feld und die Positionen der Autoren analysiert, wird es in der folgenden Analyse nur um den Roman und vorrangig um die Positionen von Schreibstrategien und Texten gehen. Unter ‚Schreibstrategien' werden formale Aspekte, Themen oder die Gestaltung der innerliterarischen Kommunikation verstanden, zu den Autorenstrategien sind Autorinszenierungen im Text und außerhalb von Texten zu zählen.[21]

Verglichen werden sollen nicht nur Thematik, Entwicklungs- bzw. Bildungskonzepte und Erzählweise der Romane, sondern die gesamte Positionierung, zu der neben den bewussten und unbewussten Schreib- und Autorenstrategien eben

---

19 Standardwerke zur Wilhelm Meister Rezeption sind: Kurt Krolop: Geteiltes Publikum, geteilte Publizität: *Wilhelm Meister* im Vorfeld des Athenäums (1775–1797). In: Debatten und Kontroversen. Literarische Auseinandersetzungen in Deutschland am Ende des 18. Jahrhunderts, (Bd. 1). Hg. von Hans-Dietrich Dahnke u.a. Berlin u.a. 1989, S. 270–384; Klaus Friedrich Gille (Hg.): Goethes *Wilhelm Meister*. Zur Rezeptionsgeschichte der Lehr- und Wanderjahre. Bielefeld 1979. Lieselotte Kurth-Voigts referiert die Inhalte der Rezensionen zur *Geschichte des Agathon* in Zeitschriften, die inzwischen fast alle auch als Volltexte online verfügbar sind (vgl. Kurth-Voigt, Lieselotte E.: Wielands *Geschichte des Agathon*. Zur journalistischen Rezeption des Romans. In: Wieland-Studien 1 (1991), S. 9–42). Eine gründliche Analyse der Rezeptionsdokumente zur *Geschichte des Agathon* gegliedert nach solchen zur ersten, zweiten und dritten Fassung findet sich in: Christoph Martin Wieland: Werke in zwölf Bänden. Hg. von Gonthier-Louis Find u.a., Bd. 3: Christoph Martin Wieland: Geschichte des Agathon, S. 858–936.

20 Vgl. Stefanie Stockhorst: Pierre Bourdieus Theorie des literarischen Feldes. Eine methodenorientierte Fallstudie am Beispiel der frühen *Wilhelm Meister*-Rezeption. In: Theorien der Literatur. Grundlagen und Perspektiven. Bd. IV. Hg. von Günther Butzer, Hubert Zapf. Tübingen 2009, S. 55–80.

21 Die Ergänzungen um ‚Schreibstrategien' und ‚Autorenstrategien' gehen auf Fotis Jannidis zurück (vgl. Fotis Jannidis: „Unser moderner Dichter" – Thomas Manns *Buddenbrooks*. Verfall einer Familie [1901]. In: Romane der Moderne. Hg. von Matthias Luserke, Monika Lippke. Berlin/ New York 2008, S. 47–72, S. 50.)

auch die Verortung und Bewertung der Autoren und Romane in Rezensionen und in Para- und Epitexten gehören. Folgende Fragen leiten die vergleichende Analyse der beiden Romane im Hinblick auf die Frage nach der Gattungsbegründung:
- Wie ist das Feld beschaffen, als der Roman geschrieben wird?
- Inwiefern wird eine inhaltliche und strategische Positionierung als Innovation angestrebt? Wird sie dem jeweiligen Roman auch tatsächlich zugeschrieben und wenn ja, warum?
- Wird der jeweilige Text als innovativer und/oder anschlussfähiger, etwa sogar gattungsbegründender Text wahrgenommen? Welche Position und Positionierungsabsichten haben die Rezensenten bzw. die Urteilenden, die das tun?
- Welcher der Romane wird zum Prototyp, auf den man sich bezieht (in eigener Produktion und in der Konzeptentwicklung)? Bei welchem Roman lassen sich nachfolgende Romane als Nachfolger verstehen und welche werden tatsächlich als Nachfolger bezeichnet?

Es handelt sich bei der folgenden kultursoziologischen Analyse demnach um einen ganz anderen Ansatz als Wilhelm Voßkamps sozialgeschichtliche Konzeption des „Bildungsromans als literarisch-soziale Institution".[22] Voßkamp geht davon aus, dass Gattungen als Reaktionen auf eine veränderte gesellschaftliche Bedürfnislage entstehen. Für den Bildungsroman setzt er als eine solche die Umstellung der Differenzierungsform der Gesellschaft von stratifikatorischer zu funktionaler Differenzierung an. Im Zuge der Auflösung der Ständegesellschaft komme es zur Herausbildung des Bürgertums, dessen mangelnde Möglichkeiten zur politischen Partizipation in Deutschland dann zu einer Verinnerlichung und Verzeitlichung der politischen Utopien im Roman führten. Statt räumlich sich manifestierende, ideale Staaten zu entwerfen wie es z. B. die Franzosen auch weiterhin in ihrer Literatur täten, schrieben die Deutschen individualpsychologische Romane, in denen das Erreichen eines idealen Zustandes als Ziel in die Zukunft projiziert und in die Verantwortung des Einzelnen gestellt werden würden. Auf diese Weise entstünde in Deutschland der Bildungsroman als Weiterentwicklung der Robinsonade, die das Subjektproblem bereits mehr und mehr ins Zentrum stellte. Durch die Einkleidung des Subjektproblems in eine Entwicklungsgeschichte entstünde die neue Gattung der Zeitutopie, die durch das

---

[22] Wilhelm Voßkamp: Der Bildungsroman als literarisch-soziale Institution: Begriffs- und funktionsgeschichtliche Überlegungen zum deutschen Bildungsroman am Ende des 18. und Beginn des 19. Jahrhunderts. In: Zur Terminologie der Literaturwissenschaft. Akten des IX. Germanistischen Symposions der Deutschen Forschungsgemeinschaft. Hg. von Christian Wagenknecht (= Germanistische Symposien Berichtsbände IX). Stuttgart 1989, S. 337–352.

Moment der „allseitigen Vervollkommnungsfähigkeit des Individuums in der Zeit" gekennzeichnet sei.[23] Da Wieland in der *Geschichte des Agathon* diese Kombination zum ersten Mal realisiere, steht auch für Voßkamp dieser Roman am Beginn einer neuen Gattung. Dazu ist zweierlei zu sagen. Die Individualität des Helden ist zwar sicherlich ein zentrales Moment für die Genese des Bildungsromans, gerade Agathon ist allerdings nicht als Individuum, sondern als Charaktertyp konzipiert, der sich kaum verändert. Das Subjektproblem steht deshalb nicht im Zentrum des Romans. Dazu aber später mehr. Wichtiger ist die Frage nach dem gesellschaftlichen Kontext und nach der Verknüpfung desselben mit der Literatur in Voßkamps Modellierung. Der sozialgeschichtlich relevante Kontext für die Romane ist seiner Meinung nach die Veränderung der Differenzierungsform der Gesellschaft als Ganze, die dazu führt, dass das Bürgertum als neue Schicht entsteht, die keine Möglichkeit zur politischen Einflussnahme hat. Aus dieser Erfahrung heraus entsteht das Bedürfnis ein eigenes Selbstverständnis zu entwickeln, dem man durch die Konzepte der Verzeitlichung und der Verinnerlichung Rechnung trägt. Voßkamp geht demnach davon aus, dass Literatur in erster Linie auf gesellschaftliche Probleme reagiert und dass sie die Sorgen und Lösungen ihrer Trägerschicht widerspiegelt. Außen vor bleibt auf diese Weise, dass literarische Texte sich auch auf andere Texte beziehen und Autoren sich voneinander abgrenzen, folglich auch auf Gegebenheiten des literarischen Feldes reagieren. Obwohl Voßkamp davon spricht, dass Gattungen als literarisch-soziale *Institutionen* zu verstehen sind, modelliert er zudem gerade Ursachen und Manifestationen der Institutionalisierung im literarischen Betrieb nicht.

Während der Bezugspunkt bei Voßkamp demnach die Gesellschaft in ihrer Gesamtheit und nicht die Literatur ist, bietet Bourdieu ein begriffliches Instrumentarium, mit dessen Hilfe sich auch Dynamiken erklären lassen, die sich aus den Konstellationen von Akteuren, Institutionen und Diskursen im literarischen Feld ergeben. Es wird davon ausgegangen, dass es primär diese Verhältnisse sind, die bestimmen, welche Themen aufgegriffen und/oder modifiziert werden, in welcher Form dies geschieht, wie man über Werke kommuniziert und wie man auf sie in Form von Werken reagiert. Mit dem Fokus auf die Gestaltung der Werke selbst ist allerdings bereits eine Überschreitung der Bourdieu'schen Überlegungen verbunden. Während Bourdieus Erkenntnisinteresse vorrangig die Positionen von Akteuren im literarischen Feld und die verschiedenen Möglichkeiten der Akkumulation von personenbezogenem, symbolischem Kapital betrifft, sollen im

---

[23] Wilhelm Voßkamp: Gattungen als literarisch-soziale Institutionen. In: Textsortenlehre – Gattungsgeschichte. Hg. von Walter Hinck. Heidelberg 1977, S. 339.

Folgenden auch die Positionen von einzelnen Schreibstrategien und Texten im Ganzen erfasst werden.

I

Bekanntlich ist der Roman im System der Gattungen in Deutschland zu Beginn des 18. Jahrhunderts eine Gattung von geringem Prestige.[24] Das Gros der Romane macht noch bis in die 60er Jahre der galante Roman aus, der in den moralischen Wochenschriften zusammen mit dem höfisch-historischen Roman abgewertet wird, weil er die höfischen Konzepte der Barockzeit perpetuiert und angeblich zu Wollust, Faulheit und Eitelkeit verführt. Auch die im niederen Barockroman erzählten Abenteuergeschichten sind im 18. Jahrhundert weiterhin präsent. Sie leben in den Robinsonaden im Gefolge von Daniel Defoes *The Life and Strange Surprizing Adventures of Robinson Crusoe, of York, Mariner* (1719) fort, der bereits ein Jahr nach seinem Erscheinen ins Deutsche übersetzt wird. Im deutschsprachigen Raum erweisen die Robinsonaden sich als besser verknüpfbar mit aufklärerischen Themen als der hohe Barockroman. Insbesondere die Verbindung mit der Utopie ermöglicht es die Schiffbrüchigen beim Aufbau einer idealen Gemeinschaft zu zeigen. Auf diese Weise gelingt Johann Gottfried Schnabel mit den *Wunderlichen Fata einiger Seefahrer* (1731–1743) ein vielbeachteter Anschluss an die ausländischen Vorbilder in deutscher Sprache. In der neuen Gemeinschaft auf der Insel Felsenburg werden die, in Deutschland gerade besonders aktuellen, Konzepte der pietistischen Frömmigkeit, Vernunft und Tugend als Maximen des Zusammenlebens erfolgreich gelebt. Ebenfalls einen wichtigen Meilenstein zur Nutzung des Romans als Medium aufklärerischer Werte stellt im deutschsprachigen Raum Johann Michael von Loens *Der redliche Mann am Hofe Oder die Begebenheiten des Grafen von Rivera* von 1740 dar. Neu ist hier, dass Aufrichtigkeit, die dem bisherigen Ideal der höfischen Verstellung und Staatsklugheit fundamental entgegensteht, als zentraler, Aufstieg ermöglichender Wert dargestellt wird. Zu einer positiven Bewertung des Romans in den aufklärerischen Wochenschriften kommt es dann aber erst mit der Entstehung des empfindsamen Tugendromans im Gefolge der Briefromane Samuel Richardsons (v. a. *Pamela, or Virtue Rewarded* [1740, dt. 1742] und *Clarissa. Or, The History of a Young Lady* [1747–1748, dt. 1748–753] und *The History of Sir Charles Grandison* [1753–1754, dt. 1754–

---

24 Vgl. im Folgenden: Volker Meid: Der Roman der Aufklärung. In: Geschichte des deutschsprachigen Romans. Hg. von Heinrich Detering, Volker Meid. Stuttgart 2013, S. 92–162 und Benedikt Jessing, Karin Kress, Jost Schneider: Kleine Geschichte des deutschen Romans. Darmstadt 2012, S. 41–61.

1755]). Dieser Romantyp entspricht mit der kausallogischen Handlungsverknüpfung und der Natürlichkeit seiner Figuren den Forderungen der aufklärerischen Romantheorie. Christian Fürchtegott Gellerts *Das Leben der Schwedischen Gräfin von G**** (1747/48) stellt eine deutschsprachige Variante dieses Romantyps dar, die allerdings bis in die 1770er Jahre im deutschsprachigen Raum singulär bleiben sollte.[25] Dies ist im Übrigen auch der Fall für Schnabels und von Loens Romane, die jeweils keine eigenen Gattungstraditionen begründen. Man schließt nicht an diese Werke an, sondern an fremdsprachige Vorbilder.[26]

Sieht man sich Wielands *Geschichte des Agathon* vor dem Hintergrund der besetzten Positionen an, so erkennt man, dass er in Titel und Vorrede die zentralen Forderungen der Theoriedebatte aufgreift und im Roman selbst dann die Erzählstrategien der aktuellen Romantypen sowohl im eigentlichen wie im parodistischen Sinne kunstvoll zu einer eigenen Form kombiniert. An erster Stelle steht dabei Wielands Anschluss an die aufklärerischen Debatten um den Roman, die wesentlich durch den Pragmatismus als Form der aufklärerischen Geschichtsschreibung geprägt sind.[27] Unter Pragmatik wird hier einerseits ein moraldidaktischer Anspruch verstanden. Mit dem Motto „quid Virtus, et quid Sapientia posit / Utile proposuit nobis exemplar" weckt Wieland genau diese Erwartung an den Nutzen seines Werkes. Er kündigt an in Agathon das „Bild eines wirklichen Menschen" darzustellen, „in welchem viele ihr eigenes erkennen sollten".[28] Für den zweiten Teil verspricht Wieland zu zeigen, „daß Agathon in der letzten Periode seines Lebens [...] ein ebenso weiser als tugendhafter Mann

---

25 Vgl. Johann Timotheus Hermes: Sophiens Reise von Memel nach Sachsen. 1769–1773.
26 Johann Timotheus Hermes steht mit seiner freien Übersetzung von *The History of Sir Charles Grandison* (1753–54) ganz explizit in der Nachfolge von Richardson, aber auch von seinem zweiten Briefroman, mit dem er so durchschlagenden Erfolg haben sollte, *Sophiens Reise von Memel nach Sachsen* (1769–1773). Zu diesem schreibt ein Rezensent, er nähere sich „in der Komposition mehr dem Prevot [sic!], in der Diction dem Richardson". ([Anonym]: Beurtheilung des deutschen Original-Romans, Sophiens Reise von Memel nach Sachsen [...]. In: Der Teutsche Merkur, Bd. 2 [April 1773] 1. St. S. 76–86. In: Romantheorie. Texte vom Barock bis zur Gegenwart. Hg. von Hartmut Steinecke/Fritz Wahrenburg. Stuttgart 1999, S. 178). Johann Karl August Musäus parodiert Richardsons Grandison (vgl. *Granidson der Zweite, oder Geschichte des Herrn von N**** [1760–62, anonym erschienen] und *Der deutsche Grandison, auch eine Familiengeschiche* [1781/82]).
27 Vgl. im Folgenden: Georg Jäger: Empfindsamkeit und Roman. Stuttgart u. a. 1969, S. 114–126.
28 Christoph Martin Wieland: Geschichte des Agathon. In: Wielands Werke. Historisch-kritische Ausgabe. Hg. von Klaus Manger, Jan Philipp Reemtsma. Berlin/New York 2008 ff. Band 8.1: April 1766 – Dezember 1769 [100–111]: Geschichte des Agathon; Endymions Traum; Musarion, oder die philosophie der Grazien; Idris; Nadine; Chloe; Vorberichte und Zusätze. Berlin 2008, S. 1–452, Vorbericht S. 5.

sein wird" und „wie es zugehen müßte, wenn sie [die Rezipienten, KD] es werden sollten."[29] Isaak Iselin, der Rezensent für die *Allgemeine deutsche Bibliothek* zieht aus dem Motto auch ganz richtig den Schluss, Wieland habe „unterrichten oder gar zur Verbesserung aufmuntern" wollen.[30] Er verwendet dann jedoch den Großteil seiner Rezension darauf zu zeigen, dass Wieland in Vorrede und Romantext diesen Anspruch nicht erfüllt, weil er viel zu Anstößiges erzählt und antike Konzepte fehlerhaft wiedergibt (z.B. die Platonische Liebe).[31] Wieland lässt in seiner Vorrede auch ein Bewusstsein dafür erkennen, dass sich aus der Darstellung eines nicht ganz untadeligen Charakters insbesondere dann Probleme ergeben, wenn die Geschichte erfunden ist.[32] Die scheint vor allen Dingen deshalb nötig zu sein, weil er im Titel des Romans eine historisch verbürgte Figur aus dem Umfeld Platons nennt und damit die Erwartung weckt, dessen ‚Geschichte' zu erzählen. Der Begriff der Geschichte ist schließlich zu dieser Zeit klar mit dem Wahrheitsanspruch der Geschichtsschreibung verknüpft und verweist mitnichten auf Fiktionalität im Sinne von Nichtreferentialisierbarkeit auf die Wirklichkeit, wie man heute annehmen würde.

Damit thematisiert Wieland auch die zweite Bedeutung von ‚Pragmatik' in der zeitgenössischen Theorie der Historiographie, die durch den Anspruch an Wahrheit und Wahrscheinlichkeit der erzählten Geschichte und die kausallogische Verknüpfung der Ereignisse gekennzeichnet ist. Damit ist gemeint, dass die Ereignisse als System von Begebenheiten erzählt werden sollen, die ursächlich auseinander folgen, ohne dass diese Ursachen übernatürlicher Art sind. Als Ursachen kommen allerdings auch bereits Konzepte wie „Triebe[], Neigungen, Leidenschaften, Kunstgriffe[], Absichten, Entschließungen" in Frage.[33] Um auch den Vorwurf zu entkräften, dass die Handlungen und Gedanken der Figuren unwahrscheinlich und konstruiert sind, beruft sich Wieland in der Vorrede auf Plutarch, in dessen Lebensgeschichten deutlich werde, dass auch in den historisch verbürgten antiken Biographien viel Unwahrscheinliches zu finden sei. Auch in den Rezensionen wird die *Geschichte des Agathon* an den Kriterien des pragmatischen Romans gemessen. Man kritisiert, dass Agathon so dargestellt werde,

---

29 Wieland: Geschichte des Agathon, hier Vorbericht S. 7.
30 [Isaak Iselin:] Geschichte des Agathon. In: Allgemeine deutsche Bibliothek. Bd. 6, 1768, S. 190–221, hier: S. 190.
31 Vgl. Iselin: Geschichte des Agathon, S. 205.
32 Wieland: Geschichte des Agathon, hier Vorbericht S. 3, vgl. auch das vierte Kapitel des ersten Buches mit der Überschrift „Viertes Capitel. Welches bey einigen den Verdacht erweken wird, daß diese Geschichte erdichtet sey".
33 Vgl. Johann Heinrich Friedrich Ulrich: Geschichte. In: Moralische Encyclopädie. 1. Tl. 2. Abt. Hg. von Ulrich. Berlin/Stettin 1779, 873–882, hier: S. 873–874.

als seien ihm prunkvolle Höfe fremd und dass er sich teilweise recht ungeschickt und naiv verhalte, obwohl er doch ein großer Staatsmann sei.[34] Auch die Abweichungen vom Liebeskonzept der Antike und von den Fakten der römischen Geschichte werden moniert.[35] Kritisch angemerkt wird auch, dass manchmal der Übergang von einer Figurenemotion zur nächsten nicht genügend motiviert ist und dass die Figuren zuweilen in Kategorien des 18. Jahrhunderts denken und nicht nach den Maßstäben der Antike.[36]

Eine kurze Übersicht über den Inhalt und die Schreibweisen der *Geschichte des Agathon* verdeutlicht, weshalb Wieland es für nötig hält, Anmerkungen zur Vorbildfunktion und zur Wahrscheinlichkeit der Handlung vorauszuschicken und so die Vielfalt des Erzählten und der Erzählstile klar in Richtung des pragmatischen Tugendromans zu lenken.[37] Dabei wird deutlich werden, dass Wieland die in der Vorrede angekündigten Absichten durch die Wahl der Erzählverfahren und der dargestellten Inhalte immer wieder konterkariert. Entgegen der Erwartungen an kausallogische Zusammenhänge, die die Vorrede aufbaut, beginnt der Roman zum Beispiel als barocker Roman, weil das Heliodorsche Schema und die Elemente nachgetragene Lebensgeschichten, Überfall, Entführung, Schiffbruch, Sklavenhandel und Blutschande zu finden und die Ereignisse durch überraschende Zusammentreffen und unwahrscheinliche Begebenheiten verknüpft sind.[38] Dieser Bruch wird von den Rezensenten kritisiert, ohne dass sich erkennen ließe, dass man bemerkt hätte, dass Wieland diese Erzähltradition durchaus reflektiert und mit ironisch-kritischem Abstand verwendet. Distanz lässt sich zum Beispiel darin erkennen, dass er die Handlung deutlich topisch überformt, die Unwahrscheinlichkeit der Handlungsführung in Einschüben des Erzählers kommentiert[39] und die langen Rückblenden dadurch modifiziert, dass er Danae z.B. während Agathons Erzählung seiner bisherigen Lebensgeschichte einschlafen

---

34 Iselin: Geschichte des Agathon, hier: S. 200.
35 Vgl. Iselin: Geschichte des Agathon, hier: S. 202 und 205–206.
36 Vgl. Heinrich Wilhelm von Gerstenbergs Rezensionen in der *Hamburgischen Neuen Zeitung 1767–1771*. Hg. von O. Fischer. Berlin 1904, 62. Stück, S. 46–49, hier: S. 48–49.
37 Die folgende Beschreibung hat wesentliche Anregungen durch die aufschlussreiche Darstellung im Wieland-Handbuch erhalten (vgl. Walter Erhart: Geschichte des Agathon. In: Wieland-Handbuch. Leben, Werk, Wirkung. Hg. von Jutta Heinz. Stuttgart: 2008, S. 259–274).
38 Vgl. auch die Kapitelüberschriften „Etwas ganz Unerwartetes", „Wie Psyche und Agathon wieder getrennt werden", „Agathon kömmt zu Smyrna an, und wird verkauft". (Wieland: Geschichte des Agathon, S. 1, 23, 29)
39 Wie etwa bereits in der Kapitelüberschrift „Worin der Geschichtsschreiber sich einiger Indiskretion schuldig macht" deutlich wird.

lässt.⁴⁰ Zugleich wird das Muster des hohen Barockromans allerdings auch affirmativ verwendet, indem Wieland es, ganz traditionskonform, zum Nachweis der Tugend seines Helden unter allen Umständen nutzt. Im zweiten und dritten Buch geht der Roman in einen philosophischen Roman über, in dem die theoretischen Kontroversen von Hippias und Agathon im Vordergrund stehen. Agathon vertritt eine religiös-empfindsame Position während Hippias die Argumente des französischen Materialismus im Munde führt und das Vorhandensein von metaphysischen Instanzen und die Gültigkeit moralischer Kategorien anzweifelt.⁴¹ Auf philosophische Gespräche verweisen die Kapitelüberschriften „Theorie der angenehmen Empfindungen", „Die Geisterlehre eines ächten Materialisten", „Der Antiplatonismus in Nuce" oder „von der Seelenmischung". Die genaue und lehrreiche Wiedergabe antiker philosophischer Positionen wird in der Kritik dann z. B. von Johann Georg Meusel hervorgehoben.⁴² Dieser monierte allerdings auch, dass er die Passagen beim ersten Lesen aus Ungeduld auf den Fortgang der Geschichte übersprungen habe und eine Veröffentlichung in einem separaten, philosophischen Werk vorgezogen hätte.⁴³

Mit der anschließenden Erzählung von Agathons Beziehung zu Danae kehrt der Roman dann nicht zur Erzählstrategie des barocken Romans zurück, sondern bricht mit ihr: Da Agathon noch nicht weiß, dass Psyche seine Schwester ist, müsste er ihr – gemäß diesem Gattungsschema – als seiner Geliebten unter allen Umständen treu bleiben, erliegt aber bei Wieland stattdessen Danaes Reizen. Hinzu kommt an dieser Stelle, dass die Beziehung nach dem Muster des empfindsamen Tugendromans à la Richardson, Fielding und Gellert gestaltet ist: Danae gibt ihr Hetären-Dasein auf und führt mit Agathon ein zurückgezogenes Leben. Die Beziehung endet jedoch, ganz dem empfindsamen Liebeskonzept entsprechend, als Danae Agathon von ihrem früheren Leben als Hetäre berichtet, weil damit die Grundbedingung der empfindsamen Liebe, die Tugendhaftigkeit des Partners, nicht mehr gegeben ist. Agathons Beziehung zu Danae lässt ihn darüber hinaus in einer ersten Runde zum Verlierer in der philosophischen Dis-

---

40 Vgl. Johann Georg Meusels Rezension, in der dieser nur die Länge der Rückblende (150 Seiten im Erstdruck!) bemängelt und Danae bemitleidet (vgl. [Johann Georg Meusel]: Geschichte des Agathon. In: Deutsche Bibliothek der schönen Wissenschaften 1768. 1. Band, 3. Stück, S. 11–55, hier: S. 40–42.
41 Erhart verweist darauf, dass damit der Widerstreit zwischen den zentralen Ideen der Aufklärung den Ausgangspunkt des Romans bildet (vgl. Erhart: Geschichte des Agathon, S. 267).
42 Dass diese genutzt werden, um Debatten des 18. Jahrhunderts zu verhandeln, erwähnt Meusel nicht.
43 Vgl. Meusel: Geschichte des Agathon, S. 31 bzw. S. 40.

kussion mit Hippias werden, indem Agathon seinen eigenen Moralvorstellungen nicht gerecht wird.

Verbunden werden die verschiedenen Schreibstrategien durch das Thema der Tugend. Indem Wieland die Grundsatzdebatte um die richtigen Werte nicht nur als Treueproben, sondern auch als politische Bewährungsrpoben gestaltet, können allerdings Themen, die üblicherweise im politischen oder im Staatsroman zu finden sind, als Tugendproben eingefügt werden. Zu diesen Romansubgattungen passt auch der Schluss des Romans, an dem Agathon unvermittelt in den utopischen Staat des Archytas versetzt wird, in dem den misslichen Zuständen der Welt eine ideale Gemeinschaft vorbildlicher Einzelner gegenüber gestellt wird.

In der Rezeption wird die Tugend(probe) als Hauptthema des Romans ausgemacht.[44] Man moniert allerdings, dass die Tugend nicht durchgängig positiv gestaltet sei, weil etwa Agathon durch Tugend gestürzt werde, Aristipp zu gut wegkomme und der wohltätige Kaiser Antonin durch seine Parallelisierung mit dem abtrünnigen Christen Julian abgewertet werde.[45] Zudem bemängelt man eine zu breite und affirmative Darstellung moralisch anstößiger Stellen, allen voran der Positionen des Hippias und der Erzählungen von Danae.[46] Besonders die Stürmer und Dränger stilisieren Wieland deshalb zum „Sittenverderber" und stellen ihm Klopstock als Vertreter einer christlich-tugendhaften Weltanschauung gegenüber, die höchsten moralischen Ansprüchen genügt.[47] Lediglich Gerstenberg ist der Meinung, dass die moralisch bedenklichen Stellen angesichts der „poetischen Leistung" verkraftet werden können.[48]

Die Verbesserungen, die Wieland vor allem in der zweiten Fassung von 1773 vornimmt, zeigen, dass für ihn die Ansprüche des pragmatischen Romans im Vordergrund stehen. Um diesen gerecht zu werden korrigiert er zum Beispiel zahlreiche unlogische und unwahrscheinliche Stellen und fügt das Kapitel „Über das Historische im Roman" hinzu. Zudem wird die Tugend deutlich positiver dargestellt, indem Wieland ironische und moralische anstößigen Stellen deutlich reduziert und etwa erzählt, wie Danae zu einem tugendhaften Lebenswandel

---

44 Vgl. Albrecht von Haller. [Frankfurt und Leipzig] In: Göttingische Anzeigen von gelehrten Sachen, 1766, 72. Stück, S. 575–576, hier: S. 576; Albrecht von Haller. [Leipzig] In: Göttingische Anzeigen von gelehrten Sachen, 1767, 141. Stück, S. 1127–1128, hier: S. 1128; Iselin: Geschichte des Agathon.
45 Haller, o.T. 1767, S. 1128.
46 Iselin: Geschichte des Agathon, hier: S. 190. Vgl. auch Haller o.T. 1766, hier: S. 575 und Haller o.T. 1767, hier: S. 1128.
47 Harry Ruppel: Wieland in der Kritik. Die Rezeptionsgeschichte eines klassischen Autors in Deutschland. Frankfurt a.M., Phil Diss. 1980, S. 21–34.
48 Gerstenberg: [Rezensionen], hier: S. 48.

bekehrt wird.⁴⁹ Danae entsagt dann ihrer Liebe zu Agathon und eine dreijährige Reise Agathons soll zudem die Festigung seiner lebenstauglich gewordenen, tugendhaften Ansichten bestätigen.

Für den Abgleich mit *Wilhelm Meisters Lehrjahren* ist es nun noch wichtig, die Konzeptionen von Individualität bzw. Charakter und Entwicklung in der *Geschichte des Agathon* herauszuarbeiten. Laut Vorrede möchte Wieland zeigen, wo die Tücken der Eigenschaften eines besonderen Charaktertyps, des Schwärmers liegen.⁵⁰ Zugleich ist allerdings immer klar, dass Agathon ein sehr fähiger und erfolgreicher Mensch mit den besten Anlagen und Absichten ist. Nur sein Umgang mit der Welt, den anderen, oftmals unlauteren Zeitgenossen, und den Zufällen des Lebens scheint nicht ganz angemessen zu sein. Aus diesem Grund werden verschiedene Proben der Tugendhaftigkeit Agathons erzählt, die er nur zum Teil besteht. Schon in der Vorrede hat Wieland deutlich gemacht, dass er es nicht dem Leser überlassen wird, zu beurteilen, welche Eigenschaften und Verhaltensweisen Agathons gut und nützlich sind. Durch die Handlungsführung und zahlreiche Kommentare im Verlauf des Romans vermittelt der Erzählers dem Leser, dass auch das klügste Verhalten nicht vor Intrigen schützt (vgl. den erneuten Aufstand gegen Agathon in Syrakus), dass Tugendliebe zum Großteil Selbstliebe ist, dass man einen verkommenen Staat nicht zu einem gerechten umbauen kann und dass bei entsprechenden erotischen Reizen jeder schwach wird. Durch wiederholte Intrigen und den Betrug der Danae in seinem Glauben an die Macht von Tugend und Weisheit erschüttert, ist Agathon im Gefängnis in Syrakus nahe daran, seinen Glauben an die Tugend aufzugeben. Zu diesem Schritt kommt es nur deshalb nicht, weil Agathon in die Utopie Tarents versetzt wird.⁵¹ Gezeigt wird zum Schluss kein geläuterter, vollkommener Held, der eine seiner Fähigkeiten verbessert

---

49 Die Übersicht über Wielands Veränderungen in der 2. Fassung, die Kurrelmeyer gibt, lässt erkennen, dass Wieland die kompositorischen, stilistischen, und sachlichen Mängel, die Meusel moniert (vgl. Meusel: Geschichte des Agathon, S. 33–55) und die Liste von sprachlichen, stilistischen und kausallogischen Mängeln bei Iselin fast Punkt für Punkt abarbeitet (vgl. Wielands gesammelte Schriften. Hg. von Fritz Homeyer u. a. 1812–1956, Bd. 8, 2 Berichte der Herausgeber zum sechsten bis achten Band; 1. Bericht und Register zum sechsten Band – Agathon. Hg. von Wilhelm Kurrelmeyer. Berlin 1937, A30–A187).
50 Vgl. zur Schwärmer-Debatte und Wielands Position darin auch Manfred Engel: Die Rehabilitation des Schwärmers. Theorie und Darstellung des Schwärmens in Spätaufklärung und früher Goethezeit. In: Der ganze Mensch. Anthropologie und Literatur im 18. Jahrhundert. Hg. von Hans-Jürgen Schings. Stuttgart 1994, S. 469–498.
51 Für die erste Fassung lässt sich demnach recht klar feststellen, dass der Roman die Versprechen der Vorrede konterkariert (vgl. Horst Thomé: Wielands Romane als Spiegel und Kritik der Aufklärung. In: Christoph Martin Wieland. Epoche – Werk – Wirkung. Hg. von Sven-Aage Jørgensen. München 1994, S. 120–158).

hat, sondern ein desillusionierter. Das gute Ende wird dadurch herbeigeführt, dass mit einem Mal die Bedingungen in Tarent Agathons Idealvorstellungen entsprechen. Thema ist folglich die Diskussion der Frage, ob und unter welchen Umständen man Tugend leben kann. Dazu werden verschiedene Anordnungen durchgespielt und zum Schluss wird eine ideale Situation dargestellt.[52] Im Vorbericht macht Wieland deutlich, dass es um dasjenige gehen wird, was an Agathons ‚Karakter', allgemeinmenschlich ist. Unter ‚Karakter' versteht Wieland, wie Sandra Pott überzeugend dargelegt hat, einen Typus, der allgemein-menschlich ist und Charakterzüge und Ansichten hat, die im Wesentlichen stabil sind.[53] Die Handlungsstruktur lässt sich dementsprechend mit Gerd Hemmerich als eine „Prüfung und Überprüfung bestimmter weltanschaulicher und charakterologischer Prämissen" fassen.[54] Im Zuge dieser Prüfungen gewinnt Agathon auch bestimmte Einsichten, zumindest insofern, als die schwärmerische durch eine skeptische Haltung abgelöst wird.[55] Erst in der zweiten und dritten Fassung wird diese Entwicklung jedoch auch weiter geführt, indem gezeigt wird, wie Agathon zu einer maßvollen Haltung findet. Sieht man sich die Rezensionen auf die Berücksichtigung der Entwicklung hin an, so lässt sich feststellen, dass anlässlich der ersten Fassung davon kaum die Rede ist.[56] Für die zweite Fassung beschreibt Albrecht von Haller die Entwicklung Agathons von enthusiastischer Tugendliebhaberei über den Skeptizismus bis hin zur Einsicht, dass der Mensch zu etwas Höherem bestimmt ist.[57] Für die dritte Fassung spricht Christian Friedrich Wilhelm

---

52 Seidler spricht hier von einer experimentellen Struktur in Anlehnung an naturwissenschaftliche Experimente (vgl. Andreas Seidler: Die experimentelle Struktur von Ch. M. Wielands *Geschichte des Agathon*: zur Koevolution von Naturwissenschaft und Literatur im 18. Jahrhundert. In: Experiment und Literatur. Bd. 1 „Es ist nun einmal zum Versuch gekommen". Hg. von Michael Gamper. Göttingen 2009, S. 438–453).
53 Vgl. Sandra Pott: Charakter und Figur. Charakterologie im Ausgang von der Rezeption des Theophrast von Eresos bis zu Christoph Martin Wielands *Abderiten* (1781). In: Medizinische Schreibweisen. Hg. von Sandra Pott, Nicolas Pethes. Tübingen 2008, S. 145–170.
54 Vgl. Erhart: Wieland-Handbuch, hier: S. 269. Schon Hemmerich hat gezeigt, dass es in der Geschichte des Agathon keine Ansätze zu einer prozessorientierten Darstellung einer Entfaltung individueller Anlagen gibt, vgl. Gerd Hemmerich: Christoph Martin Wielands *Geschichte des Agathon*. Eine kritische Werkinterpretation. Nürnberg 1979. S. 11
55 In diesem Sinne halte ich die Einschätzung von Fritz Martini, dass in der ersten Fassung Anklänge an einen „Desillusionsroman" zu finden sind, für angemessen (Fritz Martini/Reinhard Döhl: Nachwort. In: Christoph Martin Wieland: Die Geschichte des Agathon. Erste Fassung. Unter Mitwirkung von Reinhard Döhl hg. von Fritz Martini. Stuttgart 1996, S. 603–679, hier: S. 657).
56 Isaak Iselin spricht bspw. davon, dass Agathon „von seinem Enthusiasmus geheilt" werde (Iselin: Geschichte des Agathon, hier: S. 200).
57 Vgl. Albrecht von Haller: [Rezension der zweiten Fassung der *Geschichte des Agathon*]. In: Zugabe zu den Göttingischen Gelehrten Anzeigen. 13. Stück, S. CX–CXII.

Jacobs 1795 davon, dass Agathon sich vom Schwärmer und Skeptiker zu einem Mann von tugendhaften Grundsätzen entwickle.[58] Die Fokussierung auf eine Veränderung oder einen Fortschritt kann allerdings auch den veränderten Lesererwartungen geschuldet sein und darf nicht verdecken, dass die meisten Zeitgenossen an Wielands Veränderungs- und Besserungskonzept, wenn sie es denn kommentierten, nicht nur nichts Neues bemerkten, sondern auch zunehmend ein Moment vermissten, das immer wichtiger geworden war: Die Möglichkeiten der Selbststeigerung. Gut fasslich wird das in der Aussage von Jakob Michael Reinhold Lenz: „Er [Wieland, KD] glaubt, den Menschen einen Dienst zu erweisen, wenn er ihnen begreiflich macht, ihre Kräfte seien keiner Erhöhung fähig."[59] Auch Schillers Ablehnung Wielands beruht darauf, dass Wieland für Schillers Geschmack den Idealen viel zu wenig Platz einräumt. Walter Erharts Feststellung, es handle sich bei der Bezeichnung der *Geschichte des Agathon* als Bildungsroman um ein „rückprojiziertes Bild eines goethezeitlichen Gattungstypus" auf den *Agathon*, die den historischen Kontext verstellt hat, erweist sich vor diesem Hintergrund als sehr zutreffend.[60]

In den Rezensionen zur *Geschichte des Agathon* wird Wieland verschiedentlich als Neubegründer positioniert. Iselin spricht von Wieland als einem „Genie, das sich eine neue Bahn eröffnet",[61] Gerstenberg bezeichnet den *Agathon* als „unsterblich[es] Werk" und als ersten deutschen Roman, den man „den Fieldings und Richardsons an die Seite [...] setzen" könne.[62] Er übertreffe diese beiden und „mach[e] eine neue Classe von Romanen" auf, weil er als erster sowohl die „Einbildungskraft" als auch den „Verstand" beschäftige.[63] Blankenburg und auch Kästner sind der Meinung, dass Wieland in der Naturnähe seiner Figuren unübertroffen sei.[64] Blankenburg verwendet ihn gar als Musterbeispiel für seine Romantheorie. Von Bedeutung für die Frage nach einer Gattungsbegründung ist allerdings, dass Wieland zwar einerseits zunächst eine sehr kapitalträchtige Position im Feld einnimmt und auch zum Vorbild erklärt wird, dass nachfolgende Romane selbst dann, wenn sie sich an der *Geschichte des Agathon* recht deutlich

---
58 Vgl. Christian Friedrich Wilhelm Jacobs: [Rezension der zweiten Fassung der *Geschichte des Agathon*]. In: Neue Bibliothek der schönen Wissenschaften und freyen Künste. Bd. 56, 1795, S. 60–87, explizit auf S. 76.
59 Karl Freye, Wolfgang Stammler (Hg.): Brief von und an J.M.R. Lenz. 1. Bd. Bern 1969, hier: S. 115.
60 Freye, Stammler (Hg.): Brief von und an J.M.R. Lenz, S. 115.
61 Iselin: Geschichte des Agathon, hier: S. 206.
62 Gerstenberg: [Rezensionen], hier: S. 46.
63 Gerstenberg: [Rezensionen], hier: S. 46.
64 Vgl. den Dialog zwischen Agathon und Tom Jones in: Abraham Gotthelf Kästner: Eine Vorlesung. Altenburg 1768.

abarbeiten, nicht als Exemplare einer Gattung im Anschluss an diesen Text verstanden werden. Dies sei an zwei Beispielen kurz erläutert.

In *Belphegor oder die wahrscheinlichste Geschichte unter der Sonne* (1776) kündigt Johann Karl Wezel bereits in der Vorrede an zeigen zu wollen, wie ein gewisser Charaktertyp mit einer bestimmten Denkweise mit ausgewählten Erfahrungen in der Welt zurechtkomme. Mit der *Geschichte des Agathon* teilt der *Belphegor* allerdings nicht nur die experimentelle Ausgangssituation, sondern auch zahlreiche Parallelen z. B. im schwärmerischen Weltzugang, in der Kritik der Weltaneignung, in der Erzählperspektive, bei den politischen und erotischen Diskursen oder in der Gegenüberstellung einer materialistisch-hedonistischen mit einer empfindsam-aufklärerischen Haltung. Im Gegensatz zu Agathon lernt der schwärmerische Belphegor allerdings gerade nichts aus den zahlreichen Enttäuschungen, die er zu verkraften hat. Die Grundstimmung ist eine negative und der Roman wird von Wieland selbst und von einigen Rezensenten, allesamt Schüler Wielands, scharf verurteilt.[65] Bezüge zur *Geschichte des Agathon* werden nicht hergestellt. In der Vorrede zu *Herrmann und Ulrike* (1780) bezieht Wezel sich dann auf Richardson und Wieland, kündigt aber an, sich nicht wie dort auf die innere Geschichte eines Einzelnen zu konzentrieren, sondern Charaktere und Begebenheiten gleichberechtigt nebeneinander zu stellen. Inhaltlich ist auch der Roman von Wilhelm Heinse, *Ardinghello und die glückseligen Inseln*, der 1787 erscheint, in der Nachfolge Wielands zu sehen. Auch hier werden Probleme des 18. Jahrhunderts im antiken Gewand verhandelt, allerdings geht es eher um kosmologische Anschauungen als um Fragen der Lebensführung des Einzelnen.[66] Heinse zeigt sich auch auf der Ebene von Motivparallelen als Schüler Wielands, wenn bspw. Piraten und Bacchantinnen auch bei ihm auftauchen. In den Rezensionen wird sein Roman jedoch nicht in die Nachfolge der *Geschichte des Agathon* gestellt.

---

65 Vgl. Michael Hofmann: Agathons unglücklicher Bruder, Wielands konsequenter Nachfolger: radikalisierende Zuspitzung aufklärerischer Literaturkonzepte in Wezels Roman *Belphegor*. In: Johann Karl Wezel [1747–1819]. Hg. von Alexander Košenina. St. Ingbert, Röhrig 1997, S. 69–92. Hofmann legt Wert darauf, dass er mit dem Nachweis dieser Parallelen nicht beweisen wolle, dass Wezel sich „bewußt an den einschlägigen Passagen aus Wielands Text orientiert" habe, sondern dass es ihm um „den Nachweis von strukturellen Parallelen [gehe], die eine literaturgeschichtliche Beziehung plausibel erscheinen lassen sollen." (73) Für meinen Argumentationsgang ist diese Frage nicht wesentlich, da eine Parallele in den Schreibstrategien und Verweise in den Rezensionen eine wichtigere Rolle für die Rekonstruktion der Beziehungen im Feld spielen als die Intention des Autors.
66 Vgl. Björn Vedder: Wilhelm Heinse und der so genannte Sturm und Drang. Künstliche Paradiese der Natur zwischen Rokoko und Klassik. Würzburg 2011, S. 199–206.

Auch in den Rezensionen der dritten Fassung der *Geschichte des Agathon* werden keine Nachfolgewerke erwähnt, sondern nur die herausragende Stellung von Wielands Roman betont. Der Rezensent in den *Gothaischen gelehrten Zeitungen* schreibt zum Beispiel, dass es sich bei diesem Roman um das Werk eines der „ersten und würdigsten Schriftsteller" handle, um ein „Meisterwerk, das vor mehr als 30 Jahren Epoche machte und in seiner Art noch immer das einzige ist."[67] Jacobs beginnt seine Rezension der 3. Fassung 1795 sogar mit der Frage, weshalb der Agathon nicht nachgeahmt worden sei und „auf die schreibende Klasse der Deutschen [...] einen verhältnismäßig [...] geringen Einfluß"[68] gehabt habe. Er kommt zu dem Schluss, dass das an der idealen Vereinigung vieler dichterischer Eigenschaften liege, die so nicht mehr erreicht werden könne.[69]

Ein Grund dafür, dass sich keine Schulenbildung im Anschluss an die *Geschichte des Agathon* beobachten lässt, ist sicher auch die Spaltung des literarischen Feldes zu diesem Zeitpunkt in ein Subfeld der arrivierten Arrièregarde der älteren Aufklärergeneration und ein Subfeld der jungen, vorwiegend am Geniekult orientierten Avantgarde, später der Klassiker und Frühromantiker.[70] Das Maß für die Erzählweise, an der Wieland gemessen wird, ist für die Arrièregarde häufig Homer,[71] überhaupt wird der Roman gerne als ‚klassisch' bezeichnet. Man konstatiert, dass er, ganz wie die Epen Homers *medias in res* beginne und sich nicht mit langwierigen Figurencharakteristiken aufhalte.[72] Im Abgleich mit Homer beanstandet man zu langatmige Schlussfolgerungen, Scherze und Reflexionen über die Geschichte, die dazu führen können, dass man Teile der Handlung überspringt.[73] Diese Strategien erkennt man als Anleihen bei den Romanen Marivaux'

---

67 Anonym: [Rezension der „Geschichte des Agathon". 3. Fassung] In: Gothaische Gelehrte Zeitungen. 4. Stück, 12. Januar 1799, S. 25–30, S. 25.
68 Vgl. Jacobs: [Rezension], S. 62.
69 Er nennt „höchst feurige[][] Einbildungskraft", „philosophische[n] Geist", „durchdringende[n] Verstand[][]", „feine[][] Cultur", „rastlose[][] Tätigkeit", „vollkommenste Haltung" und „Anmuth" (Jacobs: [Rezension], S. 61).
70 Bourdieu: Regeln der Kunst, S. 198–205 u. 249–259 und Norbert Christian Wolf: Reinheit und Mischung der Künste. Goethes ‚klassische' Position und die frühromantische Poetik Friedrich Schlegels. In: Konstellationen der Künste um 1800. Reflexionen – Transformationen – Konstellationen. Hg. von Albert Meier, Thorsten Valk. Göttingen 2015 (= Schriftenreihe des Zentrums für Klassikforschung 2; im Druck).
71 Zum Beispiel im Verhältnis von Haupthandlung und Digression (vgl. Haller: o.T 1766, hier: S. 576). Oder in der Technik eines Beginns *medias in res* mit einer nachgeschobenen, analeptischen Vorgeschichte nach einigen Büchern (vgl. Friedrich Justus Riedel. [Rezension der *Geschichte des Agathon* von Wieland o.T.] In: Hallische Neue Gelehrte Zeitung 1768. 21. Stück, S. 163–166, hier S. 164).
72 Vgl. Meusel: Geschichte des Agathon, S. 14.
73 Haller: o.T. 1766, S. 576.

lehnt sie aber als unpassend ab.[74] Riedel spricht von einer „Mischung von attischer und britischer Laune".[75] Man attestiert Wieland „eine bezaubernde komische und satyrische Laune", die man als „Zusammenfluß von Fieldings, Marivaux und Crebillons liebenswürdigen Scherzhaftigkeit" versteht.[76] Schon Gerstenberg schränkt dann aber seine Rede von einer neuen „Classe" von Romanen, die mit der *Geschichte des Agathon* beginne, ein, indem er zu starke Anleihen bei Rousseau, Cervantes und Fielding bemängelt.[77] Man erkennt demnach Wielands Bestrebung sich in der europäischen Literaturszene zu etablieren, hält sie aber nicht für geglückt.[78] Wielands Wahl dieser Schreibstrategien lässt sich durch seinen Habitus erklären. Er versteht sich als Klassizist, geht folglich davon aus, dass das Große in der Literatur bereits geleistet worden ist. Ebenso steht für ihn fest, dass man diesem Großen nachzueifern hat, selbst wenn sich dabei erweisen sollte, dass es unübertrefflich ist. Wielands Schreibweise ist dadurch gekennzeichnet, dass er thematische und formale Anleihen bei großen Werken der Tradition und der Zeitgenossen nimmt, fremde Texte durch Anspielungen und Reflexionen im eigenen Werk präsent hält und das Vorgefundene neu kombiniert und perspektiviert. Mit den Stürmern und Drängern und ihrer Konzeption des Dichters als Original-Genie kommt es dann zu einer Abwertung Wielands als Kopist und Kompilator, die sein restliches Schaffen begleiten sollte. Dagegen hilft auch die mehrfache Bezeichnung Wielands in den *Agathon*-Rezeptionen als ‚Genie' nichts. Auch Wielands Anlehnung an französische Schreibweisen im Gesamtwerk ist den Stürmern und Drängern mit ihrer Shakespeare-Verehrung und der Bevorzugung des Deutschen ein Dorn im Auge.[79] Ihren Höhepunkt erreicht die Abwertung der Wieland'schen Schreibstrategien mit der satirischen Stilisierung Wielands als literarischem Dieb durch die Brüder Schlegel im *Athenäum*.[80] Damit wird Wieland im gleichen Publikationsorgan, in dem man *Wilhelm Meisters Lehrjahre* mit maximalem symbolischem Kapital ausstattet, nachdrücklich abgewertet.

---

74 Vgl. Meusel: Geschichte des Agathon, S. 24; Haller: o.T. 1766, S. 575; Haller: o.T 1767, S. 1128.
75 Riedel: [Rezension], S. 163.
76 Vgl. Meusel: Geschichte des Agathon, S. 24. Albrecht von Haller bezeichnet ihn gar als den „witzigste[n] Roman, den die Deutschen aufweisen können" (Haller: o.T. 1767, S. 1128)
77 Gerstenberg: [Rezensionen], hier: S. 47.
78 Vgl. Erhart: Geschichte des Agathon, S. 260.
79 Vgl. z. B. die Urteile der Stürmer und Dränger, von Lenz, Herder, Schiller und Goethe bei Ruppel (vgl. Ruppel: Wieland in der Kritik, S. 21–34).
80 Vgl. Bernd Auerochs: Wielands Schreibweisen. In: Wieland-Handbuch. Leben, Werk, Wirkung. Hg. von Jutta Heinz. Stuttgart 2008, S. 141–149, hier: S. 141.

II

Für die letzten 20 Jahre des 18. Jahrhunderts, in denen die *Theatralische Sendung* (1777–1785) entsteht, zu *Wilhelm Meisters Lehrjahren* (1794–1796) umgearbeitet und erstmals rezipiert wird, lässt sich das Feld des Romans nicht mehr in wenigen Sätzen skizzieren, wie dies noch für die Entstehung der *Geschichte des Agathon* möglich war. Stattdessen soll im Zuge der Analyse der Schreibstrategien und der Verortung des Romans in der Rezeption herausgearbeitet werden, welche Positionsnahmen Goethe vermutlich anstrebt, zu welchen Romanen und Romangattungen die *Lehrjahre* in Beziehung gesetzt und wie sie positioniert werden.

1777 beginnt Goethe, drei Jahre nach dem Erscheinen des *Werther*, mit Arbeiten an der ersten Fassung der *Theatralischen Sendung* und verfasst bis 1787 fünf Bücher, in denen chronologisch die frühe Begeisterung des Kaufmannssohns Wilhelm für das Puppentheater, die Liaison mit Mariane und seine Aktivitäten bei verschiedenen Theatertruppen als Theaterunternehmer und Dramenautor erzählt werden. Deutlich erkennbar ist darin sowohl die Intention sich wieder mit einem Ausnahmeindividuum auseinander zu setzen, als auch das Bestreben durch die heterodiegetische Erzählweise wesentlich mehr Distanz zur Hauptfigur aufzubauen als im radikal subjektiven Briefroman ohne Gegenbriefe. Der Künstler, der im Zentrum steht, betätigt sich darüber hinaus beim Theater, dessen gesellschaftliche Wirksamkeit ein hochaktuelles Thema ist. Aus brieflichen Äußerungen des Kreises rund um Wolfgang Heribert von Dalberg, August Wilhelm von Iffland, Heinrich Blümner oder Johann Gottfried Seume lässt sich erkennen, dass Goethe mit der Thematisierung der Möglichkeiten und Grenzen der moralischen und ästhetischen Erziehung durch das Theater, dem damit zusammenhängenden veränderten Selbstverständnis der Theaterschaffenden und der Schreibstrategie des Künstlerromans zentrale Themen der Zeit gewählt hat.[81] Dass er sich darüber bewusst ist, dass ein solcher Roman eine interessante Positionierung im Feld darstellen könnte, mag seine briefliche Bitte an Johann Heinrich Merck belegen:

> Auch hab' ich eine Bitte, daß, wenn Du mehr so was [wie die *Geschichte des Herrn Oheims*' im *Teutschen Merkur*, KD] schreibst, daß Du mir weder direkt noch indirekt ins theatralische

---

[81] Vgl. Krolop: Geteiltes Publikum, S. 279. Zwar erzählte Goethe die frühe Begeisterung des Kaufmannssohns Wilhelm für das Puppentheater, die Liaison mit Mariane und seine Aktivitäten bei verschiedenen Theatertruppen als Theaterunternehmer und Dramenautor in *Wilhelm Meisters Lehrjahren* nicht mehr chronologisch. Ansonsten deuten sich allerdings in den ersten beiden Büchern, auf die die hier genannten Leser reagierten, bis auf die Begegnungen mit den Emissären der Turmgesellschaft keine nennenswerten inhaltlichen Veränderungen an.

Gehege kommst, indem ich das ganze Theaterwesen in einem Roman, wovon das erste Buch, dessen Anfang Du gesehen hast, fertig ist, vorzutragen bereit bin.[82]

Merck, der zum Darmstädter Kreis der Empfindsamen gehört, erzählt in *Die Geschichte des Herrn Oheims* (1778) von einem Minister, der die Intrigen am Hof satt hat und beschließt mit seiner Familie als Landmann zu leben. Im Unterschied zum Bürgersohn Wilhelm in Goethes *Theatralischer Sendung* strebt Mercks Protagonist allerdings nicht in die öffentliche Sphäre, sondern zieht sich als Staatsdiener aus dieser zurück. Bereits zu Beginn der 1770er Jahre war auch Johann Gottlieb Schummels Roman *Empfindsamen Reisen durch Deutschland* (1771/72) erschienen, in dem das Theater bereits als Ort und Medium der Bildung gezeigt wird. Schummel strebt im Anschluss an Lawrence Sternes *Sentimental Journey Through France and Italy* (1968) eine Positionsnahme als Nachfolger Sternes an, und wird in der Rezension als kläglich gescheiterter Nachahmer desselben positioniert. Wohl nicht von ungefähr hat daran auch Goethe mit seiner beißenden Rezension in den *Frankfurter Gelehrten Anzeigen* seinen Anteil. Dass Goethe dabei die Theatermotive ganz auspart, könnte eine Strategie sein, Autor und Roman abzuwerten, diese Schreibstrategien jedoch für eine eigene, prestigeträchtige Bearbeitung frei zu halten. Karl Philipp Moritz' *Anton Reiser* (1785–1790), in dem es um einen niederen Helden geht, der das Theater idealisiert und versucht dort zu reussieren, ist dagegen eine Verwendung dieser Motive, die Goethes Gestaltung in der *Theatralischen Sendung* bereits relativ nahe kommt.[83] Selbstverständlich gibt es deutliche Unterschiede wie etwa die affirmative Darstellung des Theaterwesens und Wilhelms als erfolgreichen Künstlers bei Goethe im Gegensatz zur komisch-distanzierten Erzählhaltung bei Moritz, in der weder Reisers Theaterleidenschaft noch das Theater selbst als künstlerisch wertvoll oder gesellschaftlich wirksam dargestellt werden. Als alleinige Strategie ist die Gestaltung als

---

[82] Brief an Johann Heinrich Merck am 5. August 1778. In: Johann Wolfgang Goethe: Brief. Historisch-kritische Ausgabe. Hg. von Norbert Ollers, Elke Richter. Bd, 3, I: 8. November 1775 – Ende 1779, Text. Hg. von Georg Kurscheidt, Elke Richter, S. 219–224, hier: S. 220.

[83] Zum Austausch der beiden Dichter bezüglich ihrer Romane gibt es leider kaum Zeugnisse (vgl. Eckle 2003: Kap. 3). Dass Goethe den *Anton Reiser* aber gelesen hat, geht aus einer Empfehlung im Tagebuch für Frau von Stein am 14. Dezember 1786 hervor: „Lies doch Anton Reiser ein psychologischer Roman von Moritz, das Buch ist mir in vielem Sinn wert." (Hans-Jürgen Schings: Einführung. In: Johann Wolfgang Goethe. Sämtlich Werke nach Epochen seines Schaffens. Münchner Ausgabe. Hg. von Karl Richter u. a. München 1985–1998, Bd. 5: Wilhelm Meisters Lehrjahre. Ein Roman. Hg. von Hans-Jürgen Schings, München 1988, S. 613–643, hier: S. 616, Hervorhebung original). Zu diesem Zeitpunkt sind die ersten drei Bände erschienen (1785 und 1786).

Theaterroman für Goethe nach der Rückkehr aus Italien allerdings sicher nicht mehr innovativ genug.

Als Goethe den Roman dann zu den *Lehrjahren* umgearbeitet hat, wird er in der frühen Rezeption fast ausschließlich auf der Folie des empfindsam-pragmatischen Romans wahrgenommen. Vor der Folie der beliebten und erfolgreichen Romane dieser Untergattung wird der Roman jedoch hauptsächlich als defizitär wahrgenommen.[84] Als gelungenes Beispiel stellt ihm Prinz August bspw. Thümmels Roman *Reise in die mittäglichen Provinzen von Frankreich. Im Jahr 1785 bis 1786* gegenüber, der ab 1791 erscheint.[85] Der empfindsame Emkendorfer Kreis, zu dem auch Friedrich Heinrich Jacobi und Johann Gottfried Herder gehören, misst *Wilhelm Meisters Lehrjahre* an folgenden Romanen: Auguste Lafontaines *Rudolph von Werdenberg. Eine Rittergeschichte aus den Revolutionszeiten Helvetiens* (1793), Jacobis *Woldemar. Eine Seltenheit aus der Naturgeschichte* (1779), der zeitgleich mit *Wilhelm Meisters Lehrjahren* erscheinenden *Hildegard von Hohenthal* (1795–1796) Wilhelm Heinses und allen voran Auguste Lafontaines *Klara du Plessis und Klairant. Eine Familiengeschichte französischer Emigranten* (1795). Im Vergleich mit diesen Romanen, die alle sowohl eine wahrscheinliche, motivierte Handlung als auch eine vorbildliche Hauptfigur haben und empfindsame Identifikationsmöglichkeiten bieten, schneiden die *Lehrjahre* in der Beurteilung ausnahmslos schlecht ab. Man lässt nur die empfindsamen Stellen passieren und lobt lediglich Mignon, den Harfner und Wilhelms Frontstellung gegen Jarno. Manch ein Rezipient lehnt allerdings sogar den gesamten Roman mit Ausnahme der *Bekenntnisse einer schönen Seele* ab. Insbesondere das Fehlen einer vorbildlichen, tugendhaften Hauptfigur macht diesen Lesern die unmoralischen Stellen ganz unerträglich. Dies zeigt sich insbesondere im Vergleich mit Heinses *Hildegard von Hohenthal,* bei der man über einige unmoralische Stellen hinwegsehen kann, weil durch die Gestaltung der Titelheldin als untadelhafte Figur ein klares Gegengewicht vorhanden ist (vgl. z. B. den Brief von Caroline Herder an Gleim am 8. Januar 1796). Durch die selektive Wahrnehmung entgeht diesem Leserkreis, auf welche Weise die empfindsamen Komponenten jeweils mit der Erzählung von Wilhelms Leben und mit dem Grundproblemen verknüpft werden, die im Roman verhandelt werden.

Dazu trägt sicherlich auch das Fehlen eines Vorwortes und von weiteren Strategien der Leserlenkung bei. Novalis merkt dazu an: „*Meister* ist reiner Roman – nicht, wie die andern Rom[ane] mit einem Beiworte."[86] Die Tatsache, dass

---

84 Vgl. Krolop: Geteiltes Publikum, S. 272–283.
85 Vgl. Krolop: Geteiltes Publikum, S. 276–277, 198–199 und 302. Thümmel galt zu dieser Zeit als ungekrönter Dichterfürst von Sachsen-Gotha.
86 Novalis: Aus: Fragmente und Studien (1797–1798). In: Gille, Goethes *Wilhelm Meister*, S. 57.

auch Erzählerkommentare fast vollständig fehlen,[87] trägt zusammen mit dem offenen Schluss zu einer beträchtlichen Unsicherheit hinsichtlich der Hauptidee des Werkes bei. Geleitet durch das Titelstichwort ‚Lehrjahre‘, das eine teleologische Entwicklung des Helden suggeriert,[88] kreist die Rezeption bald schon um Fragen eines zu erreichenden Ziels oder verborgenen Ideals. Ein solches fehlt den *Lehrjahren* insbesondere im Vergleich mit thematisch ähnlich gelagerten Romanen der Zeit. Schummels Roman *Wilhelm von Blumenthal* (1780/81) hat mit dem *Wilhelm Meister* zum Beispiel nicht nur den Titel des Protagonisten gemeinsam, sondern auch die Aufstiegsgeschichte eines Bürgersohnes. Der verwaiste Protagonist erreicht hier allerdings im Gegensatz zu Wilhelm, der zum Schluss auf keinem beruflichen Posten angekommen ist, sogar eine Position im englischen Staatsdienst. Johann Carl Wezels Roman *Herrmann und Ulrike* von 1780 erzählt den Bildungsweg des Sohnes eines Steuereinnehmers und endet mit dessen Heirat mit einer Adligen, das heißt mit einer Mesalliance wie später auch die *Lehrjahre*. Thematisch geht es in allen diesen Romanen auch um Bildung. Die Bildungs*ziele* sind jedoch in diesen Romanen klar definiert. Goethe erzählt dagegen zwar von den gesellschaftlichen Aufstiegsbestrebungen und der persönlichen Entwicklung eines niederen Helden, lässt seinen Erzähler aber nicht formulieren, wie das Ziel der Entwicklung auszusehen hätte und zeigt am Ende des Romans auch keinen beruflich erfolgreichen oder persönlich ausgereiften Wilhelm.

Einige Rezensenten füllen diese Lücke selbst. Der Dorpater Professor für Ästhetik, Eloquenz und altklassische Philologie, Karl Morgenstern, der in einigen Vorträgen zu Beginn des 19. Jahrhunderts den Begriff des Bildungsromans als erster verwendet, beschreibt allerdings zunächst einen gewissen Bildungsmangel

---

[87] Auch dies wird von Novalis als Besonderheit festgehalten: „Gespräch, Beschreibung und Reflexion wechseln im *Meister* miteinander ab. Das Gespräch ist der vorwaltende Bestandteil. Am wenigsten kommt die bloße Reflexion vor." (Novalis: Aus: Fragmente und Studien (1797–1798). In: Gille, Goethes *Wilhelm Meister*, S. 59).

[88] Sofern Romantitel im 18. Jahrhundert nicht nur aus einem Eigennamen bestehen, finden sich in ihnen typischerweise Begriffe wie ‚Fata‘, ‚Geschichte‘, ‚Abenteuer‘, ‚Leben‘, ‚Papiere‘, an die dann genitivisch ein Eigenname angeschlossen wird. Die Kombination mit einem Begriff, der so eindeutig ein Ziel voraussetzt, wie der Begriff der ‚Lehrjahre‘ es tut, scheint eine Besonderheit zu sein (vgl. Michael Hadley: Romanverzeichnis: Bibliographie der zwischen 1750 und 1800 erschienen Erstausgaben. Bern/Frankfurt a.M./Las Vegas: Peter Lang 1977; Norbert Otto Eke, Dagmar Olasz-Eke: Bibliographie: Der deutsche Roman 1815–1830. Standortnachweise, Rezensionen, Forschungsüberblick. Corvey-Studien. Zur Literatur- und Kulturgeschichte des 19. Jahrhunderts. Hg. von Rainer Schöwerling, Hartmut Steinecke. Band 3. München 1994 und Ernst Weber, Christine Mithal: Deutsche Originalromane zwischen 1680 und 1780. Eine Bibliographie mit Besitznachweisen [Bundesrepublik Deutschland und Deutsche Demokratische Republik] Berlin 1983).

an Wilhelm, bevor er dann im zweiten Vortrag sein eigenes Bildungsideal auf den Roman projiziert: In seinem Vortrag *Über den Geist und Zusammenhang einer Reihe philosophischer Romane* setzt Morgenstern zunächst einen Begriff von Bildung als einer allseitigen, harmonischen Ausbildung der Persönlichkeit" an, „die sich in „hohe[r] moralische[r] Kraft" und „durchgreifende[m] männliche[m] Charakter" äußern soll.[89] Diesen Bildungsgedanken sieht er nur in den Romanen Friedrich Maximilian Klingers verwirklicht. Bei den Protagonisten der Romane von Wieland, Goethe und Jacobi bemängelt er das Fehlen dieser Eigenschaften. In seinem 1820 erschienenen Vortrag *Zur Geschichte des Bildungsromans*, hat sich die Definition des Bildungsromans ein wenig verändert:

> Bildungsroman wird er heißen dürfen, erstens und vorzüglich wegen seines Stoffs, weil er des Helden Bildung in ihrem Anfang und Fortgang bis zu einer gewissen Stufe der Vollendung darstellt; zweytens aber auch, weil er gerade durch diese Darstellung des Lesers Bildung, in weiterm Umfange als jede andere Art des Romans, fördert.[90]

Auch in *Wilhelm Meisters Lehrjahre* steht seiner Meinung nach ein Mensch im Mittelpunkt, „der sich durch die Zusammenwirkung seiner innern Anlagen und äußern Verhältnisse allmählich naturgemäß ausbilde[t]".[91] Durch dieser Beschreibung, die durch das Adjektiv ‚allmählich' im Unklaren lässt, ob die Bildung Wilhelms im Rahmen des Romans oder erst jenseits der *Lehrjahre* vollendet wird, kann Morgenstern nun auch diesen Roman der Gattung zurechnen. Christian Gottfried Körner hat die Idealvorstellung von Bildung, die seiner Meinung nach den Fluchtpunkt des Romans ausmacht, wie folgt gefasst: „Die Einheit des Ganzen denke ich mir als die Darstellung einer schönen menschlichen Natur, die sich durch die Zusammenwirkung ihrer innern Anlagen und äußern Verhältnisse allmählich ausbildet. Das Ziel dieser Ausbildung ist ein vollendetes *Gleichgewicht* – Harmonie mit Freiheit."[92] Man hat Körners Aussage später häufig so gelesen, als handle es sich um eine Beschreibung von Wilhelms Zustand am Ende des Romans. Das ‚denke ich mir' indiziert jedoch, dass Körner lediglich erkennt, dass diese Idee

---

[89] Karl Morgenstern: Über den Geist und Zusammenhang einer Reihe philosophischer Romane (1817). In: Zur Geschichte des deutschen Bildungsromans. Hg. von Rolf Selbmann. Darmstadt 1988, S. 45–54, hier: S. 53.
[90] Karl Morgenstern: Zur Geschichte des Bildungsromans. (1824). In: Zur Geschichte des deutschen Bildungsromans. Hg. von Rolf Selbmann. Darmstadt 1988, S. 73–99, hier: S. 74.
[91] Karl Morgenstern: Zur Geschichte des Bildungsromans, S. 74.
[92] [Christian Gottfried Körner]: *Über Wilhelm Meisters Lehrjahre* (aus einem Brief an den Herausgeber der Horen) (1796). In: Gille, Goethes *Wilhelm Meister*, hier: S. 9–10. Hervorhebung original.

für alle Figuren des Romans als Ideal gilt. Dass Wilhelms Bildung dieser Idealvorstellung am Ende entspricht, behauptet er dagegen gerade nicht.

Die Tatsache, dass Wilhelms Bildung zum Schluss nicht in dem von ihm angestrebten allseitigen Umfang abgeschlossen ist, wird zudem auch als handwerkliches Ungeschick verstanden. Der Aufklärer Johann Kaspar Friedrich Manso konstatiert in einer der ersten öffentlichen Rezensionen zunächst einige Erfolge Wilhelms, stellt dann jedoch fest, dass im Gegensatz zur *Geschichte des Agathon* in den Lehrjahren ganz im Ungewissen bleibe, worin das Bildungsziel Wilhelms bestehe und inwiefern er es erreiche:

> Allein wenn diese Anstalten hinreichend und geschickt sind, den jungen exzentrischen Mann zum Nachdenken über sich zu erwecken, von seinen ausschweifenden Wünschen und Planen zurückzubringen, und ihn mißtrauischer gegen sich und vorsichtiger gegen die Welt zu machen: so sind sie darum nicht hinlänglich, das Unendliche, auf welches, wie der Dichter mehrmals sagt, sein Streben gerichtet ist, in ihm zu entwickeln, und einen vollendeten Mann aus ihm zu schaffen. Man vergleiche von der Seite die Befriedigung, die uns die Lesung Agathons gewährt, mit dem Eindrucke, den wir nach der Lesung der Lehrjahre von Wilhelm Meister empfinden. Dort ist alles gelöst und entschieden, und selbst der kleinste Zweifel an einem möglichen Rückfall gehoben, hier alles noch so unbestimmt, zweifelhaft, unsicher."[93]

Mit größter Wahrscheinlichkeit zieht Manso hier die zweite oder dritte Fassung des *Agathon* heran, die in den Schlusskapiteln eindeutige Bekenntnisse der Figuren zu einem tugendhaften Leben zeigt, so dass die Diskrepanz zu Goethes Roman deutlicher hervortritt. An dieser Stelle scheint es nun angebracht kurz zu rekonstruieren, was Wilhelm in *Wilhelm Meisters Lehrjahre* lernen möchte, was er tatsächlich lernt und was im Roman selbst unter Bildung verstanden wird.

Es bietet sich an, für die Beantwortung dieser Fragen mit Wilhelms Aufnahme in die Turmgesellschaft zu beginnen. Die Enthüllungen im Turmzimmer gipfeln in der Feststellung des Abbé, dass Wilhelm seine Lehrjahre nun beendet habe. Das ist bemerkenswert, da Wilhelm eher zufällig bei der Turmgesellschaft landet und gerade die Theatergesellschaft verlassen hat, weil er dort seine Pläne nicht umsetzen konnte. Darüber hinaus fällt diese Deklaration des Abbé nicht mit dem Ende des Romans zusammen, sondern erfolgt am Ende des 7. von insgesamt acht Büchern. Deshalb stellt sich die Frage, in welchem Verhältnis diese Erklärung zu dem steht, was Wilhelm lernen wollte und was er zu diesem Zeitpunkt gelernt hat.

Wilhelm formuliert seine Bildungsabsichten zuerst in einem Brief an Werner im 3. Kapitel des 5. Buches, in dem er diesem mitteilt, sich der Theatergruppe um

---

93 [Johann Kaspar Friedrich Manso]: Aus: Rezension von *Wilhelm Meisters Lehrjahren* (1797). In: Gille, Goethes *Wilhelm Meister*, S. 20–22, hier: S. 20–21.

Serlo anschließen zu wollen (vgl. WA I, 23, S. 146–154).[94] Hier schreibt er, dass er eine „öffentliche Person" (WA I, 23, S. 150) werden wolle und „in einem weitern Kreise zu gefallen und zu wirken" (WA I, 23, S. 152) wünsche. Darüber hinaus möchte er die Möglichkeit haben seiner „Neigung zur Dichtkunst" (WA I, 23, S.152) nachzugehen und seinen „Geist und Geschmack" auszubilden (WA I, 23, S. 152). Zuvor hatte Wilhelm sich darüber beklagt, dass es aufgrund gesellschaftsstruktureller Bedingungen dem Adligen vorbehalten sei, öffentlich aufzutreten und zu repräsentieren (vgl. WA I, 23, S. 150–151). Die Diskrepanz zwischen den Möglichkeiten, die er als Bürger hat und dem, was er anstrebt, führt ihn zu folgender Schlussfolgerung: „Du siehst wohl, daß das alles für mich nur auf dem Theater zu finden ist, und daß ich mich in diesem einzigen Elemente nach Wunsch rühren und ausbilden kann." (WA I, 23, S. 152) Es ist unzweifelhaft, dass Wilhelm einiges gelernt und erreicht hat, als er in die Turmgesellschaft aufgenommen wird. Er drückt sich gewandter aus, hat seine Stimme und seinen Körper trainiert, sein Auftreten verbessert und er hat seinen Kunstverstand in der Auseinandersetzung mit Shakespeare weiterentwickelt. Zudem hat er als Schauspieler reüssiert und sich als Dramaturg, Regisseur und Intendant betätigt. Als Dramaturg und Regisseur ist er allerdings nicht erfolgreich, weil er die Geltungssucht, Bequemlichkeit und ökonomische Abhängigkeit der Schauspieler nicht berücksichtigt und viel zu idealistisch ist. Nach einer gewissen Zeit bei Serlos Truppe, am Ende des fünften Buches, ist sein Enthusiasmus merklich gedämpft. Er kommt zu der Einsicht, dass er beim Theater nicht gesellschaftlich wirksam sein kann und dort auch keine Möglichkeiten zur persönlichen Weiterentwicklung mehr hat. Wenn die Turmgesellschafter konstatieren, dass Wihelm seine Lehrjahre beendet habe, ist diese Feststellung insoweit gerechtfertigt, dass Wilhelm einiges gelernt hat und vor allem die Einsicht in die Begrenztheit der Bildungsmöglichkeiten beim Theater gewonnen hat. In einer der wenigen expliziten Einmischungen, die wir von seiten des Erzählers in den späteren Büchern des Romans noch finden, wird noch ein weiterer Aspekt genannt, den Wilhelm gelernt hat: „In diesem Sinne waren seine Lehrjahre geendigt, und mit dem Gefühl des Vaters hatte er auch alle Tugenden eines Bürgers erworben" – heißt es da (WA I, 23, S. 137). Gemeint ist damit, dass Wilhelm sich der Pflicht eines Vaters bewusst werde, „den Seinigen den Genuß vorzubereiten, zu verschaffen und zu erhalten" (WA I, 23, S. 137) und jetzt langfristiger plane. Dies zeigt sich bspw. in seiner Fürsorge für den Harfner und in seinen Bemühungen Felix und Mignon in Therese eine Mutter zu geben. Es ist

---

94 Soweit nicht anders angegeben, beziehen sich die Angaben im Text auf die Weimarer Ausgabe (Johann Wolfgang von Goethe: Werke. Hg. im Auftrag der Großherzogin Sophie von Sachsen. Abt. I–IV. 133 Bde in 143 Tln Weimar 1887–1919).

dann auch durch verschiedene Zufälle bedingt, dass er diese Pläne nicht in die Tat umsetzen kann, und nicht Wilhelms Schuld.

Besonders interessant im Abgleich mit der *Geschichte des Agathon* ist die Frage, ob es im Roman eine Instanz gibt, die das Bildungsideal verkörpert und ob diese Wilhelm formt und leitet. Häufig im Sinne einer zutreffenden Textbeschreibung zitiert wurde Schillers Meinung, nach der Wilhelm von der Turmgesellschaft als einem „verborgen wirkende[n] höhere[n] Verstand"[95] im Sinne einer epischen Schicksalsmacht beobachtet und geleitet werde.[96] Manso hat jedoch

---

[95] Johann Wolfgang von Goethe: Sämtliche Werke nach Epochen seines Schaffens. Hg. von Karl Richter in Zusammenarbeit mit Herbert G. Göpfert, Norbert Müller und Gerhard Sauder. 20 Bde. in 25 Tln. München 1985–1998, Bd. 8,1, S. 203.
[96] Vgl. z. B. Max Wundt (Max Wundt: Goethes *Wilhelm Meister* und die Entwicklung des modernen Lebensideals. Berlin u. a. 1913, hier: S. 257 u. 283; Melitta Gerhard: Der deutsche Entwicklungsroman bis zu Goethes *Wilhelm Meister*. Halle 1926, S. 143 u. 145; Ernst Ludwig Stahl: Die religiöse und die humanitätsphilosophische Bildungsidee und die Entstehung des deutschen Bildungsromans im 18. Jahrhundert. Bern 1934, S. 162; Kurt May: *Wilhelm Meisters Lehrjahre*, ein Bildungsroman? In DVjs 31 (1957), S. 1–37; Joachim Müller: Phasen der Bildungsidee im *Wilhelm Meister*. In: GJ 24 (1962), S. 58–80, S. 65; Hermann August Korff: Geist der Goethezeit. Leipzig 1964, Bd. 2, S. 336–337; Hans Eichner: Zur Deutung von *Wilhelm Meisters Lehrjahren*. In: JbFDtHochst. (1966), S. 166–196; Gerwin Marahrens: Über die Schicksalskonzeptionen in Goethes *Wilhelm Meister*-Romanen. In: GJ 102 (1985) S. 144–70, hier: S. 160; Olaf Reincke: Goethes Roman *Wilhelm Meisters Lehrjahre* – ein zentrales Kunstwerk der klassischen Literaturperiode in Deutschland. In: GJ 94 (1997), S. 137–187, hier: S. 166. Wegmann erklärt die Tatsache, dass die eigentlich leitenden Aktivitäten nicht erzählt und auch nicht erhellt werden mit einer Analogie zu Adam Smiths Konzept der ‚unsichtbaren Hand' (vgl. Thomas Wegmann: Tauschverhältnisse: zur Ökonomie des Literarischen und zum Ökonomischen in der Literatur von Gellert bis Goethe. Würzburg 2002, S. 197–198). Stark ausgebaut hat die These von der Analogie von ökonomischen Verhältnissen und Roman dann Vogl und auch die Verortung im Geheimbundwesen der Zeit hat dazu geführt, dass die im Roman ausgesparten, angeblich steuernden, Bemühungen der Turmgesellschaft zum wichtigen Argument wurden (vgl. Joseph Vogl: Kalkül und Leidenschaft. Poetik des ökonomischen Menschen. Zürich/Berlin ³2008 [2002], z. B. S. 37; Ralf Klausnitzer: Poesie und Konspiration. Beziehungssinn und Zeichenökonomie von Verschwörungsszenarien in Publizistik, Literatur und Wissenschaft 1750–1850. Berlin/New York 2007, S. 383–388). Die Auffassung von der Turmgesellschaft als waltendes Schicksal herrschte auch in derjenigen Deutungsrichtung vor, die davon ausging, dass Wilhelm durch die Turmgesellschaft zerstört wird (vgl. Karl Schlechta: Goethes *Wilhelm Meister*. Frankfurt/M. 1953, S. 46, 62, 105; Heinz Schlaffer: Exoterik und Esoterik in Goethes Romanen. In: GJ 95 (1978), S. 212–226, S. 219–220; Rolf-Peter Janz: Bildungsroman. In: Deutsche Literatur. Eine Souialgeschichte. Hg. von Horst Albert Glaser. Reinbek 1980, Bd. 5, S. 144–163, S. 148; Jochen Hörisch: Glück und Lücke in Goethes *Wilhelm Meisters Lehrjahre*. Zur Logik der Liebe in den Bildungsromanen Goethes, Kellers und Thomas Manns. Frankfurt/M. 1983, S. 30–90; Klaus-Dieter Sorg: Gebrochene Teleologie. Studien zum Bildungsroman von Goethe bis Thomas Mann. Heidelberg 1983,

bereits 1797 detailliert auf die fehlenden Belege für eine solche Lenkung und auf die Funktionslosigkeit der Turmgesellschaft hingewiesen:

> Es kann sein, daß die Mitglieder geheimer Gesellschaften in der wirklichen Welt zu denen, die sie ihrer Liebe und ihrer Bemühungen wert achten, durch keine bestimmtern Gründe hingezogen werden, als Jarno, Lothario und der Abbé zu Meister; es kann sein, daß sie in der Art und Weise, wie sie auf ihre Erwählten wirken, nicht planmäßiger verfahren, als die genannten; es kann endlich sein, daß ihre Zöglinge noch weit mehr Gefahr laufen, ein Spiel des Zufalls zu werden, und den Faden aus dem Labyrinthe, in dem sie herumirren, zu verlieren, als Meister läuft. Aber der Zufall der wirklichen Welt soll sich nicht in die Darstellung des Dichters mischen. Das Werk der Kunst soll als ein freies Spiel der Einbildungskraft erscheinen; allein unter den Begebenheiten selbst ein innerer und notwendiger Zusammenhang stattfinden, und kein ungelöstes Warum den Leser in seinem Genusse stören. Daß dies in dem gegenwärtigen Werke der Fall sei, bezweifeln wir. Die Gesellschaft wählt Meister zum Ziel ihrer Versuche, ohne daß man irgendeine besondre Veranlassung, ein näheres Band, das sie an ihn knüpfte, entdecken kann. Sie hat ihn, wie man am Schlusse erfährt, unaufhörlich beobachtet und geleitet, und doch ist in den Begebenheiten nichts, was nicht der Zufall und der ganz gewöhnliche Lauf der Dinge ebensogut hätte veranstalten und herzuführen können. Sie rühmt sich ausdrücklich, das Werkzeug seiner Ausbildung gewesen zu sein, und doch glauben wir einzusehen, daß diese, auch ohne sie, und in der nämlichen Vollkommenheit gelingen konnte. Man sage nicht, diese allen Augen verborgene Ursache, die ganz, wie Natur und Zufall, aussehe, und doch nichts anders sei, als das Werk der Kunst und der Absicht, sei eben der höchste Triumph des Dichters. Sie würde es sein, wenn wir ihrer wirklich bedürften, wenn sie uns über wichtige Rätsel [...] aufklärte, wenn sie dem Ganzen Haltung gäbe. So aber ist ihre Wirkung nicht eine glückliche Lösung, sondern ein unerwarteter Aufschluß, der für das Wunderbare und Unerwartete, das in ihm liegt, und durch das Überraschende, das ihn begleitet, nicht füglich entschädigen kann.[97]

Tatsächlich prallen die Vorschläge der Emissäre in den ersten fünf Büchern an Wilhelm ab und es finden sich keine Hinweise auf lenkende Eingriffe der Turmgesellschaft.[98] Die Emissäre folgen darin auch nicht der Pädagogik des Irrens, die der Abbé postuliert, sondern versuchen Wilhelm vor Irrtümern zu bewahren. Da diese irritierende Motivierung der Handlung in den zeitgenössischen Rezensionen besonders häufig angemerkt wird, muss kurz erklärt werden, welche Funktion die Turmgesellschaft für die erzählte Geschichte tatsächlich erfüllt. Der entscheidende Punkt ist offenbar der, dass Wilhelm sich fremdbestimmt *glaubt*

S. 57–100, S. 79 u. 82; Todd Kontje: Private Lives in the public sphere: the German Bildungsroman as metaliction. Pennsylvania 1992, S. 77f.).
97 [Johann Kaspar Friedrich Manso]: Aus: Rezension von *Wilhelm Meisters Lehrjahren* (1797). In: Gille, Goethes *Wilhelm Meister*, S. 20–22, hier: S. 21–22.
98 Vgl. auch Haas 1975: 39; Saariluoma: Erzählstruktur, S. 265–266 Lediglich das rätselhafte Auftauchen des Geistes in der Hamletinszenierung könnte in diese Richtung gedeutet werden (vgl. I, 22: 205–206).

und dass die Turmgesellschaft als geheime Gesellschaft eine Struktur enthält, die dies begünstigt und Wilhelms Unselbständigkeit und sein mangelndes Verantwortungsbewusstsein für sein Leben zum Vorschein bringt. Diese These soll kurz erläutert werden.[99]

Bezeichnenderweise ist es bei der Initiation Wilhelms in die Turmgesellschaft Wilhelm selbst, der die knappen Andeutungen und Fragen der Figuren, die hinter dem Vorhang auftauchen, dahingehend konkretisiert, dass man ihn auf seine Irrtümer hinsichtlich seines Schauspieltalents und des Theaters als geeigneter Bildungsstätte hinweisen wollte (vgl. WA I, 23, S. 122–123). Er fragt dann auch umgehend, wem er die Verantwortung für sein Irren geben kann, und beanstandet, dass man ihn nicht direkter und zielführender gelenkt habe (vgl. WA I, 23, S. 123). Mit dem Hinweis darauf, dass er nun doch am Ziel angekommen sei, geht man diesen Fragen aus dem Weg und händigt ihm den sogenannten „Lehrbrief" aus (WA I, 23, S. 123). Thomas Wegmann hat darauf hingewiesen, dass einerseits zwischen dem Lehrbrief und andererseits der Schriftrolle, die Wilhelm Meisters Lebensgeschichte enthält, zu unterscheiden ist.[100] Direkt nachdem Wilhelm den Lehrbrief erhalten hat, sieht er sich im Turmzimmer um und erblickt mit Erstaunen eine Schriftrolle, die die Aufschrift *Wilhelm Meisters Lehrjahre* trägt und die neben *Jarnos Lehrjahren* und *Lotharios Lehrjahren* steht. Die Darstellung seiner Lebensgeschichte in dieser Schriftrolle durch die Turmgesellschaft ist für Wilhelm hilfreich bei der Reflexion über bisher Geschehenes und bei der Formulierung einer neuen Lebenseinstellung zu Beginn eines neuen Lebensabschnittes. Als Wilhelm die Rolle zur Hand nimmt um sein Leben für Therese aufzuschreiben, stellt er fest, „dass er in so vielen Umständen seines Lebens, in denen er frei und im Verborgenen zu handeln glaubte, *beobachtet, ja sogar geleitet worden war*" (WA I, 23, S. 143, Hervorhebungen KD). Konkreter hinsichtlich der Aktivitäten der Turmgesellschaftler wird der Text allerdings an keiner Stelle, so dass hier nichts weiter ausgesagt wird, als dass es Wilhelm so scheint, als sei dies geschehen. Der Lehrbrief dagegen enthält nur ganz allgemeine Lebensweisheiten in Form von Sentenzen, die Wilhelm zum Nachdenken über sein Leben anregen sollen (vgl. WA I, 23, S. 124 ff.). Bezeichnenderweise kommt Wilhelm später allerdings mit diesem Lehrbrief und nicht mit der Erzählung seines Lebens zu Jarno um in vorwurfsvollem Ton Aufschluss über die Turmgesellschaft zu erhalten und sich über seine aktuelle Situation zu beklagen (vgl. WA I, 23, S. 208–220).

---

99 Vgl. dazu ausführlich: Katrin Dennerlein: Die Funktion der Turmgesellschaft in *Wilhelm Meisters Lehrjahre* für die Thematisierung von Bildung und für die Debatte um die Bestimmung des Menschen. In: Jahrbuch des Freien Deutschen Hochstifts 2010, S. 172–200.
100 Thomas Wegmann: Tauschverhältnisse: zur Ökonomie des Literarischen und zum Ökonomischen in der Literatur von Gellert bis Goethe. Würzburg 2002, S. 197 und 200–201.

Nach der Aufnahme Wilhelms in die Turmgesellschaft ist der Roman jedoch nicht beendet. Dargestellt wird nicht, wie Wilhelm das Leben meistert, sondern stattdessen eine Reihe von Zufällen und Wilhelms ständige Auseinandersetzung mit der vermuteten Beeinflussung seines früheren und jetzigen Lebens durch die Turmgesellschafter. Seine Beschwerden und Vorwürfe nehmen kein Ende, obwohl die Turmgesellschaft auch im achten Buch nicht für Wilhelm entscheidet und seine Pläne nicht absichtlich vereitelt. Wilhelm vermutet z. B., dass er zusammen mit Lothario das Opfer der geheimen Pläne der Turmgesellschaft geworden ist, die nun eine Heirat von ihm und Therese verhindern (vgl. WA I, 23, S. 191). Nachdem sich diese These nicht halten lässt, delegiert er die Verantwortung für sein weiteres Leben zunächst an Natalie (vgl. WA I, 23, S. 193), macht dann Lothario für seine Geschicke verantwortlich (vgl. WA I, 23, S. 209), überantwortet sich wahlweise aber auch dem „Schicksal" (WA I, 23, S. 189), „Gott" oder „seine[m] guten Geist" (WA I, 23, S. 193). Entscheidend für den Stellenwert dieser Aussagen Wilhelms ist der Kommentar des Erzählers, dass man sich manchmal aus vereinzelten Gegebenheiten ein „Gewebe" konstruiere, das man „mehr oder weniger selbst gesponnen und angelegt" habe (WA I, 23, S. 205). Wilhelm kann dies trotz mehrerer Aufklärungsversuche der Turmgesellschafter jedoch nicht erkennen (vgl. WA I, 23, S. 209–219 und 241), resigniert und gibt die Verantwortung für sein Leben erneut ab (WA I, 23, S. 286).[101] Durch die Geheimbundstruktur, die ein Auftauchen von Emissären auf dem Lebensweg vorsieht, kann diese Neigung schon recht früh im Roman verdeutlicht werden.[102] In der Möglichkeit diesen schädlichen Glauben Wilhelms an Determination zu zeigen, besteht daher offensichtlich die Funktion der Turmgesellschaft für den Roman.

Während es Wilhelm demnach nicht möglich ist, seine Heirats- und Lebenspläne in die Tat umzusetzen, und eine, wie die Turmgesellschafter es nen-

---

[101] Wegmanns Ansicht, Wilhelm lerne bei der Turmgesellschaft, seine Irrtümer zu akzeptieren und zukünftig zu vermeiden, kann ich deshalb nicht zustimmen (vgl. Wegmann: Tauschverhältnisse, S. 203).

[102] Wilhelm vertritt den Abgesandten der Turmgesellschaft gegenüber trotz guter Argumente für die Vernunft mehrfach seinen Schicksalsglauben und dieser beeinflusst ihn auch nach der Aufnahme in die Turmgesellschaft fortdauernd. Er hört nach einer sehr kurzen selbständigen Phase rund um die Initiation wieder auf, sein Leben selbst zu planen, kann Angebote zu einer neuen Tätigkeit nicht annehmen und unternimmt keine Schritte um einer Verbindung mit Natalie näher zu kommen (vgl. das Gespräch mit dem Fremden über Schicksal und Zufall in WA I, 21, S. 107 und die Kritik an Wilhelms Vorstellung seiner Eignung fürs Theater, zu der ihn das Schicksal erzogen habe in WA I, 21, S. 193). Aus diesem Grund ist der Annahme Saariluomas zu widersprechen, dass Wilhelm zum Schluss als autonomes Subjekt dargestellt werden solle, wie ich an anderer Stelle ausführlicher gezeigt habe (vgl. Saariluoma: Erzählstruktur, v. a. S. 261–272 und Dennerlein: Turmgesellschaft, S. 180–181).

nen, „pflichtmäßige Tätigkeit" auszuüben, kann jedoch an den Mitgliedern der Turmgesellschaft gezeigt werden, wie eine solche produktive und an sozialen Bedürfnissen ausgerichtete Lebensaufgabe aussieht.[103] Zu denken ist hier insbesondere an Lothario, Therese und Natalie, aber eben auch schon an die Emissäre, die Wilhelm in den ersten vier Büchern trifft und die ihm konkrete Ratschläge geben: Man empfiehlt Wilhelm Geschehnisse in Zukunft nicht mehr als schicksalsgegeben, sondern als Zufälle zu sehen, denen man mit verständiger Überlegung begegnen kann (vgl. WA I, 21, S. 107). Der Emotionalität Wilhelms, die ihn daran hindert über eine Sache in Ruhe nachzudenken, setzt man eine Orientierung an Vernunft entgegen (vgl. WA I, 23, S. 219). Gerade in dieser Gestaltung Wilhelms als schwache Figur entdeckt Wilhelm von Humboldt eine wichtige Strategie zur Darstellung vorbildlicher Figuren en passant. Indem Wilhelm fast keine „wirkliche Bestimmung" habe und nur durch ein „beständiges Streben" gekennzeichnet sei, könne eine Reihe ausgleichender, tätiger Figuren um ihn versammelt werden.[104]

Weder Wilhelms Determinationsgläubigkeit noch der vernünftige und selbstverantwortliche Umgang der Turmgesellschaftler mit Zufällen sind es jedoch, die Wilhelm, Lothario, Therese, Jarno und Lydie zum Schluss glücklich machen. Vielmehr ist es unvernünftiges und emotionsgesteuertes Verhalten, das die Hochzeiten zum Schluss herbeiführt: Natalies Geständnis, dass sie Wilhelm liebt und die Tatsache, dass Friedrich dies ausplaudert. Das Verhältnis der im Roman vertretenen und erzählerisch dargestellten Bildungskonzepte zum überraschenden, glücklichen Ende stellt sich wie folgt dar: In allen Fällen ist das Liebesglück mit einem Partner, der die je individuellen Anlagen ergänzt, die entscheidende Bedingung für ein gelungenes Leben.[105]

---

103 Therese beispielsweise hilft mit ihrer Begabung zum ökonomischen Planen Lothario und ihrem Nachbarn. Gemeinsam mit Natalie kümmert sie sich um die Erziehung junger Mädchen. Natalies angeborener Drang, beständig die Not anderer zu lindern, wird in den *Bekenntnissen* und von ihr selbst beschrieben und bestimmt ihr ganzes Wesen. Lotharios Überlegungen zu Eigentum, Steuern und Lehenswesen, Jarnos Amerika-Pläne und die Therapien des Arztes dienen als Beispiele für die Ausrichtung an größeren gesellschaftlichen Zusammenhängen.
104 Wilhelm von Humboldt an Friedrich Schiller am 4.12.1795. In: Johann Wolfgang von Goethe: Werke. Hamburger Ausgabe Hg. von Erich Trunz. Hamburg 1996, Bd. 7 Romane und Novellen II. Textkritisch durchgesehen und kommentiert von Erich Trunz. Hamburg, S. 659.
105 Der Ansicht von Jacobs, hier sei dargestellt, wie man durch „Entsagung, durch bewußte Einordnung in einen konkreten sozialen Zusammenhang und durch das Bekenntnis zu pflichtmäßiger Tätigkeit einen Ausgleich mit der Welt" finden könne, kann allerdings dennoch nicht zugestimmt werden (Jacobs 1999: 415). Zum einen handelt es sich hier nicht mehr um einen schmerzlichen und qualvollen Prozess. Wilhelm verabschiedet sich in einem Moment vom Theater, in dem er selbst erkannt hat, dass er sich dort nicht mehr weiterentwickeln kann und dass

Zusammengefasst kann man sagen, dass das Bezugsproblem des Romans die Folgen Individualität sind. Wenn nämlich jeder anders ist, ist es sinnvoll, gerade diese Verschiedenheit auch auszuleben. Dazu aber müssen die eigenen Fähigkeiten erkannt und ausgebildet werden. Dabei kann man sich sowohl darin täuschen, welche Anlagen man hat, als auch die falsche Umgebung für deren Ausbildung wählem. Beides wird am Beispiel Wilhelms vorgeführt, ebenso wie die Auseinandersetzung mit der Frage, unter welchen Bedingungen und mit welchem Ziel die Anlagen ausgebildet werden können und sollen. Wilhelm hat einiges gelernt und auch verstanden, „daß man, um etwas zu haben, eins ergreifen und das andere dem aufopfern muß"[106], wie Wilhelm von Humboldt es auf den Punkt bringt. Bis zum Schluss verharrt er allerdings in einer gewissen Unselbständigkeit, weil er die Verantwortung für sein Leben an Lenkungsinstanzen abgibt. In der Zeit nach dem durch die Turmgesellschaft konstatierten Ende der Lehrjahre lernt er zudem, dass Bildung und rationales Planen zwar wichtig sind, dass sie jedoch nicht gewährleisten können, dass das Leben des einzelnen gelingt, bzw. ein glückliches ist. Zusammengefasst kann man sagen, dass Goethe in *Wilhelm Meisters Lehrjahre* von der Propagierung bestimmter Entwicklungs-, Erziehungs- und Bildungskonzepte, die sich im Zuge der Aufklärung immer stärker durchgesetzt hatten, zurückgeht zur Thematisierung der Gelingensbedingungen für ein Leben.[107] Die grundlegenden Fragen, was den Menschen ausmacht, wie er leben

---

seine Wirkungsmöglichkeiten in diesem Umfeld begrenzt sind. Das Tätigkeitskonzept der Turmgesellschaft steht auch nicht in Opposition zu Wilhelms Wunsch sich selbst ganz auszubilden (vgl. I, 23: 149), sondern ermöglicht eine Integration der ausgebildeten Fähigkeiten in einen größeren, weniger selbstbezogenen Zusammenhang. Zum anderen steht Jacobs' These vom Ausgleich mit der Welt Wilhelms lähmende Unzufriedenheit entgegen.

Für weitere Figuren des Romans wird die Frage nach den Gelingensbedingungen des Lebens in je individuellen Kombinationen von Anlagen, Umfeld und zufälligen Bedingungen anders beantwortet. Der Tod des Harfners bzw. Mignons ist bspw. sicherlich nicht als Beleg dafür heranzuziehen, dass „das Wunderbare und Poetische" in *Wilhelm Meisters Lehrjahren* zu Grunde gehen. Zum einen haben deren Lebensgeschichten keinen Allgemeinheitsanspruch, zum anderen gibt es beim Harfner und bei Mignon jeweils recht unterschiedliche Gründe dafür, weshalb sie sterben. Der Harfner hat nämlich zum Zeitpunkt seines Selbstmordes bereits einen Weg gefunden, trotz der Schuld, die er in seinem Leben auf sich geladen hat, ein Leben in innerem Frieden zu führen. Mignon dagegen kann nicht leben, weil sie von der Natur aus so angelegt ist, nur einen einzigen Menschen zu lieben.
106 Wegmann hat mithilfe des Konzepts der Doppelten Buchführung sehr klar beschrieben, wie sich Gewinne bzw. Lernerfolge und Verluste abwechseln und die Waage halten (vgl. Wegmann: Tauschverhältnisse, S. 187–208).
107 Zu dieser Positionierungsstrategie passen auch Schlegels längere Ausführungen darüber, inwiefern Goethe die Bildung, „seinen eignen Hauptbegriff[,] nicht ganz vollständig ausspricht und entfaltet" in der späteren Rezension des *Wilhelm Meister* von 1808 im Rahmen von Goethes

soll und wie er zu dieser Lebensform findet, werden mit den gängigen Antworten der Zeit beantwortet, aber es wird sehr deutlich, dass alle Konzepte nur jeweils vom Individuum her und in Anpassung an die jeweilige Situation evaluiert werden können. Dennoch lassen sich ein paar Aspekte herauskristallisieren, die immer wieder und vor allem auch zum Schluss des Romans ein glückliches und auch ein gelungenes, weil wirksames, Leben ermöglichen: Anlagengemäße Ausbildung zu einer nützlichen Tätigkeit und Liebesglück. Dadurch dass Wilhelm selbst keine passende Lebensaufgabe gefunden hat, wird der Fokus des Romans eher auf das Problem selbst als auf die Lösungen gelenkt.

Von hier aus lässt sich noch einmal erhellend ein Abgleich der thematischen Schreibstrategien von *Wilhelm Meisters Lehrjahre* mit denen der *Geschichte des Agathon* vornehmen: In beiden Romanen folgt die Darstellung der Hauptfigur dem Muster der Schwärmer-Kritik. Allerdings ist die Schwärmerei von Agathon und Wilhelm verschieden zu bewerten. Agathon schwärmt für Tugend und Seelenliebe. Übertrieben ist nur seine Stärke des Glaubens an diese Ideale, die Ideale selbst werden im Roman und in der Rezeption nicht in Frage gestellt. Wilhelms Schwärmerei für das Theater und für Schauspielerinnen werden dagegen so dargestellt, dass klar ist, dass sie Wilhelms Aufmerksamkeit nicht wert sind. In der Rezeption von *Wilhelm Meisters Lehrjahre* erregt die Schwärmerei dementsprechend auch großen Anstoß. Zudem ist Wilhelm in einem grundlegenderen Sinne ein Schwärmer als Agathon. Gezeigt wird die Disposition Wilhelms seine Vorstellungen auf die Wirklichkeit zu projizieren – seien es nun die Idealvorstellungen vom Theater, von der Leitung durch das Schicksal, durch Gott, durch Natalie oder die Idee von der Turmgesellschaft manipuliert worden zu sein. Agathon ist auch weniger individuell gestaltet als Wilhelm und hat dementsprechend auch nicht das Problem, dass er zunächst herausfinden muss, welche Anlagen er überhaupt hat. Nicht die Bedingungen und Möglichkeiten einer Ausbildung der eigenen Fähigkeiten, sondern ein bestimmter Typus von Mensch mit gewissen Charaktereigenschaften und Ansichten steht im Zentrum der *Geschichte des Agathon*. In verschiedenen Versuchsanordnungen werden Agathons Ansichten auf ihre Passung mit der Wirklichkeit überprüft. Als die Geschichte beginnt, hat Agathon bereits erfolgreich im Staatswesen gewirkt. Dass er zum Redner und Politiker gemacht ist, wird auch im Weiteren nicht in Frage gestellt, er scheitert nur immer wieder an seiner allzu idealistischen Vorstellung von einem tugendhaften Leben. Die Frage, was Agathon kann und lernt, ist allerdings auch gar nicht Thema des Romans. Es geht vielmehr um die Frage ob Tugenden als Naturgegebenheiten zu

---

Werkausgabe. (Friedrich Schlegel: Rezension von *Goethes Werke* [...] 1806. [1808] In: Gille, Goethes *Wilhelm Meister*, S. 81–93, hier: S. 85)

betrachten sind, oder ob sie erlernte Verhaltensmuster darstellen, die unter entsprechenden Bedingungen aufgegeben werden. In *Wilhelm Meisters Lehrjahre* ergibt sich durch die Thematisierung von Individuen eine Grundfrage mit verschiedenen Strategien der Lebensführung und Prioritäten, deren Nutzen nur vom jeweiligen Individuum her bewertet werden kann. Dadurch entsteht eine gewisse Offenheit, die erst von der frühromantischen Rezeption positiv bewertet, ja sogar zum Alleinstellungsmerkmal gemacht wird. Dies soll im Folgenden, auch mit Verweis auf die eigenen Positionierungsversuche der Rezensenten im literarischen Feld, knapp erläutert werden.[108] Friedrich Schlegel hebt an Goethes Roman bspw. diejenigen Strategien hervor, die auf eine ganz neue Form der Bedeutungsproduktion verweisen:

> Man lasse sich also dadurch, daß der Dichter selbst die Personen und die Begebenheiten so leicht und so launig zu nehmen, den Helden fast nie ohne Ironie zu erwähnen, und auf sein Meisterwerk selbst von der Höhe seines Geistes herabzublicken scheint, nicht täuschen, als sei es ihm nicht der heiligste Ernst. Man darf es nur auf die höchsten Begriffe beziehn und es nicht bloß so nehmen, wie es gewöhnlich auf dem Standpunkt des gesellschaftlichen Lebens genommen wird: als einen Roman, wo Personen und Begebenheiten der letzte Endzweck sind. Denn dieses schlechthin neue und einzige Buch, welches man nur aus sich selbst verstehen lernen kann, nach einem aus Gewohnheit und Glauben, aus zufälligen Erfahrungen und willkürlichen Forderungen zusammengesetzten und entstandene Gattungsbegriff beurteilen; das ist, als wenn ein Kind Mond und Gestirne mit der Hand greifen und in sein Schächtelchen packen will.[109]

Schlegel macht demnach deutlich, dass nicht etwa Goethes Roman defizitär ist, sondern vielmehr der alte Gattungsbegriff. Die bisherige Vorstellung davon, was ein Roman ist, wird in *Wilhelm Meisters Lehrjahre* transzendiert. Schlegel hebt hervor, dass jedes Detail intentional gestaltet sei und auf eine zweite Bedeutungsebene verweise: „Der kleinste Zug ist bedeutsam, jeder Strich ist ein leiser Wink und alles ist durch helle und lebhafte Gegensätze gehoben."[110] Dadurch kann man den Roman auf zwei Ebenen rezipieren: Zum einen in einer auf die

---

108 Die frühromantische Rezeption ist sehr gut aufgearbeitet (vgl. z. B. Clemens Hesselhaus: Die *Wilhelm-Meister*-Kritik der Romantiker und die romantische Romantheorie. In: Nachahmung und Illusion. Poetik und Hermeneutik I. Hg. von Hans-Robert Jauß. München 1964, S. 113–127; Hendrik Birus: „Größte Tendenz des Zeitalters" oder „ein Candide, gegen die Poësie gerichtet"? Friedrich Schlegels und Novalis' Kritik des *Wilhelm Meister*. In: Goethes Kritiker. Hg. von Karl Eibl, Bernd Scheffer. Paderborn 2001, S. 27–43). Vgl. auch den Beitrag von Norbert Christian Wolf zu Novalis' *Heinrich von Ofterdingen* im vorliegenden Band.
109 Schlegel: Über Goethes *Meister*, hier: S. 29.
110 Schlegel: Über Goethes *Meister*, hier: S. 21–22.

Handlung fokussierten Lektüre, zum anderen haben einige Elemente eine zusätzliche Bedeutung, wie Schlegel noch einmal näher ausführt:

> So mögen wir uns gern dem Zauber des Dichters entreißen, nachdem wir uns gutwillig haben von ihm fesseln lassen, mögen am liebsten dem nachspähen, was er unserem Blick entziehen oder doch nicht zuerst zeigen wollte, und was ihn doch am meisten zum Künstler macht: die geheimen Absichten, die er im Stillen verfolgt, und deren wir beim Genius, dessen Instinkt zur Willkür geworden ist, nie zu viele voraussetzen können. Der angeborne Trieb des durchaus organisierten und organisierenden Werks, sich zu einem Ganzen zu bilden, äußert sich in den größeren wie in den kleineren Massen.[111]

Schlegel versucht im Folgenden möglichst viele Verknüpfungen aufzuzeigen, die sich durch das gesamte Werk ziehen und so dazu beitragen, dass es ein in sich geschlossenes Ganzes wird. Dabei geht er Band für Band vor und weist darauf hin, dass die Figuren des 1. Buches im 2., 3. und 4. Buch wiederkehren und dass dabei zahlreiche Andeutungen später aufgelöst werden. Schon nach ein paar Kapiteln kommt es dadurch im ganzen Roman zu einem „magische[n] Schweben zwischen Vorwärts und Rückwärts".[112] Die Erkenntnis der ganzheitlichen Struktur ist allerdings dadurch erschwert, dass das ‚Ganze' anders definiert ist als bisher: „Die gewöhnlichen Erwartungen von Einheit und Zusammenhang täuscht dieser Roman eben so oft als er sie erfüllt."[113] Um die Einheit dennoch erfassen zu können, braucht es seiner Meinung nach einen „echten systematischen Instinkt, Sinn für das Universum" und eine „Vorempfindung der ganzen Welt" z. B. so wie Wilhelm sie besitzt. Nur dann könne man die inneren Beziehungen und Ähnlichkeiten erkennen.[114]

Bei den Aussagen Schlegels sind zwei Dinge zu berücksichtigen. Zum einen nutzt er den Roman um seine eigene Kunsttheorie zu entwickeln und zeigt, dass der Roman eine „zugleich reflexive und ironische Struktur" aufweist, und dadurch zum Paradebeispiel einer „universellen, die Gegensätze vereinigenden" romantischen Universalpoesie wird.[115] Schlegel will mit seiner *Wilhelm-Meister*-Rezension demnach nicht nur etwas über *Wilhelm Meisters Lehrjahre* sagen, sondern auch eine neue Form des Redens über Kunst etablieren, die zugleich selbst Kunst

---

111 Schlegel: Über Goethes *Meister*, hier: S. 27–28.
112 Schlegel: Über Goethes *Meister*, hier: S. 27–28.
113 Schlegel: Über Goethes *Meister*, hier: S. 29–30.
114 Schlegel: Über Goethes *Meister*, hier: S. 30.
115 Voßkamp, Wilhelm: „Man muß den Roman mehr als einmal lesen." Zur Wirkungsgeschichte von Goethes *Wilhelm Meisters Lehrjahren*. In: Offene Gefüge. Literatursystem und Lebenswirklichkeit. Festschrift für Wilhelm Nies zum 60. Geburtstag. Hg. von Henning Krauß. Tübingen 1994, S. 199–210, hier: S. 204.

ist. Den Roman positioniert er deshalb als Bruch mit allen bisher besetzten Positionen, der mit dem bisherigen Gattungsbegriff nicht zu fassen ist. Er hat eine weitere Bedeutungsebene, die wiederum nur von einem kongenialen Interpreten zu erkennen ist. Schlegels zweite Absicht ist es demnach, zu zeigen, dass sowohl Werk als auch Interpret ihren eigenen *nomos* in sich tragen, etwas Neues begründen. Wie strategisch dieses Lob zugleich gedacht ist, wird klar, wenn man sich Friedrich Schlegels Notizen aus den vorangegangenen Jahren ansieht.[116] Dort äußert er sich recht abschätzig über den Roman und bemängelt, dass er nicht romantisch sei, weil er keine Synthese beinhalte und es an Mystik fehlen lasse. Später bemerkt er offenbar, dass sich der Roman im Rahmen seines Programms von einer romantischen Poesie instrumentalisieren lässt, das er ab 1797 konzipiert. Nach diesem Programm entwickelt sich die romantische Poesie in drei Zyklen. Der erste Zyklus beginnt mit Cervantes, der zweite mit Shakespeare, der dritte wird durch die Engländer und Franzosen vorbereitet, hat aber erst in *Wilhelm Meisters Lehrjahren* seinen eigentlichen Beginn. Schlegel positioniert den Roman demnach explizit als Traditionsbegründer. Sehr aufschlussreich ist in diesem Sinn die erste Fassung des berühmten Zitates von Schlegel, das in der Endfassung lautet: „Die drei größten Tendenzen des Zeitalters sind die Wissenschaftslehre, Wilhelm Meister und die Französische Revolution."[117] Gestrichen hat Schlegel den hier unmittelbar folgenden Satz: „Aber alle drei sind doch nur Tendenzen ohne gründliche Ausführung."[118] Durch diesen Zusatz wird klar, dass Friedrich Schlegel keinesfalls Goethes Roman als etwas unerreichbar Vollkommenes versteht, sondern ihn als bisher würdigsten Vertreter einer Traditionslinie positioniert, deren Ideen noch zur Vollendung gebracht werden müssen. In der Literatur soll dies durch den wahrhaften romantischen Roman geschehen, der in Rückgriff auf Traditionen über sich selbst hinaus verweist, in der Philosophie durch die Symphilosophie und die Universalpoesie und als Fortsetzung der Französischen Revolution durch neue Formen des gesellschaftlichen Zusammenlebens. Durch diese Charakterisierung macht Schlegel *Wilhelm Meisters Lehrjahre* zur Speerspitze der Avantgarde – die er dann freilich selbst sofort zu übertreffen gedenkt. Es handelt sich demnach um eine Strategie Schlegels, Goethe eine Position mit größtmöglichem symbolischem Kapital zuzuschreiben, die sich daraus ergibt, dass dieser Roman seinen eigenen *nomos* in sich trägt und etwas grundlegend Neues darstellt.

---

116 Kritische Friedrich-Schlegel-Ausgabe. Hg. von Ernst Behler unter Mitwirkung von Jean-Jacques Anstett und Hans Eichner. München/Paderborn/Wien/Zürich 1958 ff., Erste Abteilung. Kritische Neuausgabe, Zweiter Band: Charakteristiken und Kritiken I (1796–1801). Hg. und eingeleitet von Hans Eichner. Darmstadt 1767, S. LXXIII f. (KFSA)
117 KFSA I, 2,1, S. LXXVI.
118 Vgl. KFSA I, 2,1, S. LXXVI.

Indem Friedrich Schlegel allerdings darauf hinweist, dass bei Goethe Vieles noch zu schwach und zu unentschieden gestaltet ist, hofft er sich dann vor dieser Folie mit seiner *Lucinde* (1799) als Überbieter des Goetheschen Romans und als eigentlicher Begründer einer neuen Art von Roman positionieren zu können. Etwas Ähnliches versucht Novalis mit seinem *Heinrich von Ofterdingen* (1802).[119] Dieser formuliert seinen Überbietungswillen (allerdings nicht-öffentlich) am Ende einer Analyse von Goethes Fähigkeiten als Künstler sehr konzise mit dem Satz: „Goethe wird und muß übertroffen werden."[120] Seine eingehenden Analysen von *Wilhelm Meisters Lehrjahre* sind dann durchsetzt von Feststellungen zu den Anforderungen an einen idealen Roman, die in Goethes Roman noch nicht erfüllt sind.

Für die Zeit bis 1820 lässt sich dann klar ein Bewusstsein für eine Reihe von Texten erkennen, die in der *Wilhelm-Meister*-Nachfolge stehen. Einige Zeitgenossen konstatieren eine Schulenbildung im Anschluss an *Wilhelm Meisters Lehrjahre* und nennen dabei Autoren oder Texte. Jean Paul tut dies z.B. in der *Vorschule der Ästhetik* im Anschluss an seine Bestimmung der idealen Form des Romans.[121] Seiner Meinung nach soll der ideale Roman vom Drama die Orientierung an der Einheit und Notwendigkeit der Natur, vom Epos die romantisch-epische Freiheit übernehmen. Letzteres soll durch eine symbolische Darstellung geschehen, in der ein Abbild der Welt im Ganzen geben wird, in dem auch die Vergangenheit präsent ist, wie in einem Spiegel. Im Idealfall ähnelt der Roman in Jean Pauls Vorstellung einem Traum beziehungsweise einem Märchen:

> Wahr und zart ist daher die Ähnlichkeit zwischen Traum und Roman, in welche Herder das Wesen des letzten setzt, und so die zwischen Märchen und Roman, die man jetzo fordert. Das Märchen ist das freiere Epos, der Traum das freiere Märchen. Goethens Roman hat hier einige bessere Schüler gebildet.[122]

In der ersten Auflage der *Vorschule der Ästhetik* (1804) folgt hier der Zusatz „wie Tiecks Sternbald, Novalis' Roman, und Schlegels Florentin",[123] in der zweiten Auflage (1813) ist diese Reihe erweitert, aber um den *Florentin* (1801) gekürzt: „wie Novalis', Tieks, E. Wagners, de la Motte Fouquee's, Arnims Romane."[124] Gemeint

---

119 Vgl. den Beitrag von Wolf in diesem Band. Wird er als Überbieter wahrgenommen?
120 Novalis: [Über Goethe]. In: Gille, Goethes *Wilhelm Meister*, S. 57–58, hier: S. 58.
121 Jean Paul: Werke. Historisch-kritische Ausgabe. Hg. von Helmut Pfotenhauer. Tübingen 2009 ff., Bd. 5,1: Vorschule der Aesthetik nebst einigen Vorlesungen in Leipzig über die Parteien der Zeit; erste Abtheilung. Hg. von Florian Bambeck. Tübingen 2015, XII. Programm, § 67, S. 144 und 146.
122 Jean Paul, Vorschule der Ästhetik, S. 144 und 146.
123 Jean Paul, Vorschule der Ästhetik, S. 146.
124 Jean Paul, Vorschule der Ästhetik, S. 147.

sind Ludwig Tiecks *Franz Sternbalds Wanderungen* (1798) Dorothea Schlegels *Florentin* (1801 von Friedrich Schlegel publiziert), von Novalis der *Heinrich von Ofterdingen* (1802), von Achim von Arnim *Armut, Reichtum, Schuld und Buße der Gräfin Dolores* (1810), Friedrich de la Motte Fouqués *Alwin* (1808) und *Wilibald's Ansichten des Lebens* (1805) von Johann Ernst Wagner.[125] 1817 werden im *Conversations-Lexikon oder enzyklopädisches Handwörterbuch für die gebildeten Stände Franz Sternbalds Wanderungen, Wilibald's Ansichten des Lebens*, der *Florentin* und der *Heinrich von Ofterdingen* als wahre poetische Romane in der Art von *Wilhelm Meisters Lehrjahre* bezeichnet.[126] Auch Friedrich Wilhelm Pustkuchen, der sich ab 1821 selbst an einer Fortsetzung von *Wilhelm Meisters Lehrjahre* versucht, nennt *Franz Sternbalds Wanderungen, Heinrich von Ofterdingen* und *Florentin*.[127] Darüber hinaus scheint es plausibel zu sein, dass Jean Paul bei seiner späteren Erwähnung Johann Ernst Wagners auch dessen 1809 erschienenen *Ferdinand Miller* mitgemeint haben könnte. In diesem Roman wird auf Figurenebene die Frage der ‚Bestimmung des Menschen' thematisiert und auch gezeigt, dass es unglücklich macht, eine eigentliche Bestimmung – im Sinne eines individuellen Talentes – zugunsten eines angesehenen Berufes zu unterdrücken.

Motivliche Parallelen zu *Wilhelm Meisters Lehrjahren* und Zuordnungen zu demselben in Para- und Epitexten lassen sich zudem klar erkennen in Clemens Brentanos *Godwi oder Das steinerne Bild der Mutter* (1801), Jean Pauls *Titan* (1798), Hölderlins *Hyperion*, Eichendorffs *Ahnung und Gegenwart* (1815) und Tiecks *Der junge Tischlermeister* (1827).[128] Als Parodie von Goethes Roman lässt sich E.T.A. Hoffmanns *Kater Murr* (1819/21) verstehen: Den Aufzeichnungen eines Katers, der mit seinen Pfoten philiströse Trivialitäten auf das Papier kleckst, wird die Geschichte des Künstlers Kreißler gegenüber gestellt. Beide Texte sind kunstvoll miteinander verwoben, indem die des Katers auf der Rückseite der Kreißlerschen Niederschrift zu finden ist. Beide Texte bleiben Fragment und bedienen so auch das Merkmal der Offenheit. Hoffmanns *Kater Murr* ist demnach keineswegs als

---

125 Ernst Wagner stellt sich in der „Vorrede" seines 1805 erschienen Romans *Wilibald's Ansichten des Lebens* ganz explizit in die Nachfolge des *Wilhelm Meister*, indem er feststellt, dass ihn „das Göthe'sche Kunstwerk zunächst" zu seinem Roman „veranlaßte" (Ernst Wagner: *Wilibald's Ansichten des Lebens*. Leipzig ²1818, Bd. 1 S. V).
126 [anonym]: Art. Roman. In: Conversations-Lexikon oder enzyklopädisches Handwörterbuch für die gebildeten Stände [4. Aufl. 1817], zit. nach dem Abdruck in: Romantheorie und Romankritik. Hg. von Steinecke. Bd. 2: Quellen. Stuttgart 1976, S. 1–14, hier: S. 13–14.
127 Pustkuchen: Wilhelm Meisters Wanderjahre. [Erster Teil]. Neue, verbesserte Auflage, S. 106.
128 Vgl. den Beitrag von Wolfgang Bunzel in diesem Band. Für den *Hyperion* lässt sich eine Auseinandersetzung Hölderlins mit dem *Agathon* nachweisen (Walter Erhart: In guten Zeiten giebt es selten Schwärmer – Wielands *Agathon* und Hölderlins *Hyperion*. In: Hölderlin-Jahrbuch 28 (1992/1993), S. 173–191.

Anti-Bildungsroman zu verstehen, sondern ist ein Ereignis in der Feldgeschichte der Gattung.

Was einen Roman zu einem Nachfolger von *Wilhelm Meisters Lehrjahre* macht, lässt sich auch sehr schön ex negativo aus der Kritik von Johann Friedrich Wilhelm Pustkuchens *Wilhelm Meisters Wanderjahre* (1821–1828) ablesen. Pustkuchen gibt eine anonyme Fortsetzung von Goethes *Lehrjahren* heraus, deren erste Bände viel Aufsehen erregen. Er lehnt sich dabei in der Gestaltung der Erzählinstanz, in der Kombination von erzählenden und dialogischen Passagen, der Integration von Gedichten und vor allem durch das Erzählen einer individuellen Bildungsgeschichte, in der die Figuren immer wieder über Goethes Roman sprechen, an *Wilhelm Meisters Lehrjahre* an. Der Versuch einer Öffnung des Romantypus für die ‚niederen Klassen' wird hingegen durch die Gestaltung einer moralisch vorbildlichen Hauptfigur und eine Schreibweise bewerkstelligt, die keinerlei Aktivität des Lesers voraussetzt. Aus der Kritik an Pustkuchens Text wird dann ersichtlich, dass an erster Stelle auch gerade die fehlende Poetisierung des Prosaischen problematisch ist. Eine Differenzqualität von *Wilhelm Meisters Lehrjahren* ist offenbar darin zu sehen, dass die Entwicklungsgeschichte eines Einzelnen weder möglichst realistisch noch hauptsächlich idealistisch gestaltet ist. An diese Art des Schreibens lässt sich durch andere anspruchsvolle Formen der Bedeutungsproduktion, wie etwa das arabeske Erzählen in der *Lucinde*, anschließen, aber auch durch die Gestaltung der nicht-adeligen Helden als Künstler, oder durch eine noch stärker symbolisch-märchenhaft gestaltete erzählte Welt wie etwa im *Heinrich von Ofterdingen*. Zum zweiten erregt der didaktische Anspruch von Pustkuchens Text Anstoß. Die Autonomie von *Wilhelm Meisters Lehrjahren*, seine Loslösung von heteronomen Funktionalisierungen des Erzählens ist das zweite wichtige Differenzkriterium zu den Entwicklungsromanen in aufklärerischer Tradition, in der auch noch Pustkuchens Roman steht. Auch der Autor spielt für die Einordnung eines Romans in die *Wilhelm-Meister*-Nachfolge eine Rolle. Romane werden von Dichtern produziert und nicht von Schriftstellern, die damit Geld verdienen wollen. Gelesen werden sie von Expertenlesern. „Der Bildungsroman ‚um 1820' ist also vor allem eines: Ein Medium der Selbstverständigung, Selbstvergewisserung und Selbstakklamation der ‚Gebildeten', er ist: Der Roman von Gebildeten für die Gebildeten."[129]

Ausgehend vom bisher Gesagten möchte ich noch eine kurze Anmerkung zur bisherigen Modellierung der frühen Gattungsgeschichte des Bildungsromans in der literaturwissenschaftlichen Forschung machen. Jacobs und Krause sind der Meinung, dass sich *Franz Sternbalds Wanderungen*, *Heinrich von Ofterdingen*,

---

[129] Vgl. Trilcke, Pustkuchens Pseudo-*Wanderjahre*, S. 141.

Lucinde, und *Ahnung und Gegenwart* „nicht eigentlich als Bildungsromane im Goetheschen Sinn verstehen lassen", weil ihnen die „Tendenz zum Ausgleich von Subjekt und Welt fehle".[130] Dies ist allerdings kein historisch sinnvolles Kriterium für den Ausschluss eines Romans aus der Gattungsgeschichte. Zum einen zeigen schon *Wilhelm Meisters Lehrjahre* diesen harmonischen Ausgleich nicht, zum anderen ist gerade das Fehlen eines solchen und das Fehlen eines eindeutigen Bildungsideals ein Differenzmerkmal von *Wilhelm Meisters Lehrjahren* und derjenigen Romane, die zu Beginn als seine Nachfolger bezeichnet werden, zum spätaufklärerischen Roman. Gemeinsam ist den genannten Romane auch, dass sie sich an der gleichen Problemkonstellation wie *Wilhelm Meisters Lehrjahre* abarbeiten, indem sie ein Individuum in den Mittelpunkt stellen, das sich seiner eigenen Fähigkeiten und der erstrebenswerten Ziele erst bewusst werden muss und versucht sich mit diesen in einer jeweils besonders gestalteten Umwelt zu verwirklichen. Für die faktische Reihenbildung bzw. die Zurechnung zur *Wilhelm-Meister*-Nachfolge – denn ein Gattungsverständnis des Bildungsromans gibt es in dieser frühen Zeit tatsächlich nicht – ist es im Übrigen gerade so, dass das offene Ende und das Fehlen von absoluten Idealen ein wesentliches Differenzkriterium von *Wilhelm Meisters Lehrjahren* darstellen. Gerade die fehlende harmonische Auflösung ist dann offenbar auch der zentrale Unterschied zum spätaufklärerischen Entwicklungsroman, die Morgenstern oder Pustkuchen zu restituieren versuchen.[131] So, wie Morgenstern, der den Begriff wie oben bereits erwähnt, als

---

130 Jacobs, Krause: Der deutsche Bildungsroman, S. 70.
131 Mit denselben Argumenten ließe sich auch Sammons' These vom ‚missing genre' entkräften. Auch seine Argumente gegen die Gattung Bildungsroman beruhen schließlich auf der Annahme, dass es eine Entwicklung des Protagonisten mit dem Ergebnis einer harmonischen Integration in eine Gemeinschaft geben müsse. Er bezeichnet den Bildungsroman 1981 als „phantom genre", weil es seiner Meinung nach nicht mehr als „two and a half other examples" dieser Gattung neben *Wilhelm Meisters Lehrjahren* gebe (Jeffrey L. Sammons: The Mystery of the missing Bildungsroman, or: What happend to *Wilhelm Meisters* Legacy? (1981). In: Jeffrey L. Sammons: Imagination and history. Selected papers on nineteenth-century German literature. New York 1988, S. 7–32, hier S. 17). Diese Aussage bezieht sich auf Darstellungen der Gattung, die Sammons ca. 1981 vorlagen und die dort genannten Werke. Er untersucht die sieben der dort am häufigsten genannten, wobei die Beispiele nur bis 1880 reichen. Im *Heinrich von Ofterdingen* löse sich die Individualität des Protagonisten in einer *unio mystica* auf, *Maler Nolten* (1832) und *Soll und Haben* (1855) seien deshalb keine Bildungsromane, weil sich die Protagonisten nicht veränderten, *Ahnung und Gegenwart* von der Gattungszugehörigkeit durch den Tod der Protagonisten ausgeschlossen (vgl. S. 14–15). Einzig im *Nachsommer* (1857) und im *Hungerpastor* (1864) sieht er das Muster der Entwicklung eines Individuums hin zu einem positiven Zustand gestaltet. (S. 15–17) Im *Grünen Heinrich* (1854/55, 1879/80) ist seiner Meinung nach zwar weder im Protagonisten noch in der Modellierung der Gesellschaft das Bildungsromanmuster verwirklicht, Sammons zählt ihn al-

erster verwendete, von Bildungsromanen spricht, verkennt er gerade diese Tatsache und liest sie idealisierend und vereindeutigend. Dass es den Begriff des Bildungsromans insbesondere zu Beginn des 19. Jahrhunderts nicht gibt, ist im Grunde nur allzu verständlich:[132] Sich mit Fragen der Bildung – nach aufklärerischem Verständnis – zu beschäftigen, ist schließlich ganz normal für den Roman. Neu sind nur die Offenheit und die Autonomie der Bedeutungsproduktion.

Hartmut Steinecke hat herausgearbeitet, dass in den romanpoetologischen Schriften des 19. Jahrhunderts immer wieder der Hinweis gegeben werde „der Meister sei ‚der erste' gewesen, der den ‚neuen Begriff' des Romans gegeben habe".[133] Zudem habe dieser Roman das „Vorverständnis der Gattung Roman in Deutschland fast ein Jahrhundert lang entscheidend bestimmt".[134] *Wilhelm Meisters Lehrjahre* werden zum Musterbeispiel der Gattung erhoben, was hier in aller Kürze mit dem Verweis auf den Artikel *Roman* des *Conversations-Lexikons* von 1817 belegt werden soll:

> Leben und Schicksale eines *Einzelnen* von seiner Geburt bis zu seiner vollendeten Bildung, an und mit welchem aber der ganze Baum der Menschheit nach seinen mannichfaltigen Verzweigungen in der schönen Stillstandszeit seiner Reife und Vollendung, deduciert wird, Lehrjahre des Jüngers, bis er zum Meister erhoben ist, das ist der Roman.[135]

Steinecke hat auch darauf hingewiesen, dass sich auch in den poetologischen Schriften immer wieder der Hinweis findet „der Meister sei ‚der erste' gewesen, der den ‚neuen Begriff' des Romans gegeben habe".[136]

Während der Bezug auf *Wilhelm Meisters Lehrjahre* in Nachfolgewerken nur in einigen Romanen direkt nachweisbar ist, ist seine Vorbildfunktion in poetologischen Texten im gesamten 19. Jahrhundert außerwöhnlich ausgeprägt. In der romanpoetologischen Diskussion des 19. Jahrhunderts werden *Wilhelm Meisters Lehrjahre* in „80 % der etwas ausführlicheren programmatischen Texte und selbst in einer Vielzahl von Besprechungen als das erste große Muster der Gattung an-

---

lerdings dennoch als halben Bildungsroman, weil der Erzähler sich so häufig und so explizit mit *Wilhelm Meisters Lehrjahren* auseinandersetzt.

132 Eine Wirkung von Morgensterns Aufsatz auf die Romanproduktion lässt sich auch nicht nachweisen.
133 Hartmut Steinecke: Die Rolle von Prototypen und kanonisierten Werken in der Romantheorie. In: Erzählforschung. Ein Symposium. Hg. von Eberhard Lämmert. Stuttgart 1982, S. 335–347, S. 338.
134 Hartmut Steinecke: Die Rolle von Prototypen und kanonisierten Werken in der Romantheorie, S. 335–347, S. 338.
135 [anonym]: Art. Roman, S. 5, Hervorhebung original.
136 Hartmut Steinecke: Die Rolle von Prototypen, S. 335–347, S. 338.

geführt, Wielands Roman hingegen wird nur in etwa 15% der Texte, die sich direkt oder indirekt mit dem Bildungsroman befassen, erwähnt."[137] Dass dieser Roman zum Prototyp wird und nicht die *Geschichte des Agathon*, ist damit ein empirisch nachweisbares Faktum der romanpoetologischen Texte des 19. Jahrhunderts.[138]

Dabei zeigt sich allerdings auch, dass die Entwicklungsgeschichte eines jungen, suchenden Menschen, der mit vielen Bereichen seiner Umwelt in Kontakt kommt, auch ein Erzählmuster ist, dass sich für die Darstellung von Geschichte und Gesellschaft nutzen lässt, so dass *Wilhelm Meisters Lehrjahre* bekanntlich auch in zahlreichen romanpoetologischen Texten der nachfolgenden Jahrzehnte als Gründungs- und Ausgangstext neuer Untergattungen des Romans, wie etwa des sozialen, des historischen und des Gesellschaftsromans, verwendet werden. Das hat damit zu tun, dass die Bildungsgeschichte eines schwachen Helden es eben auch erlaubt, einerseits einen jeweils zeittypischen Helden darzustellen, andererseits auch geschichtliche und gesellschaftliche Umstände zu erzählen. Erst nach der Ausdifferenzierung des historischen, des sozialen und des Gesellschaftsromans wird die Vorbildhaftigkeit des *Wilhelm Meister* für den Roman schlechthin wieder auf das Muster der Entwicklung eines Individuums in der Gegenwart in Auseinandersetzung mit seiner Umwelt verengt. Etabliert wird der Begriff des Bildungsromans erst durch Wilhelm Dilthey.[139]

Die eingangs gestellte Frage nach der Gattungsbegründung kann nun wie folgt beantwortet werden:

Der zentrale Unterschied zwischen den beiden Romanen besteht darin, dass die Anschlüsse in Werken und Poetiken an die *Geschichte des Agathon* einerseits wesentlich weniger zahlreich sind, andererseits über einen wesentlich kürzeren Zeitraum hinweg erfolgen als bei den *Lehrjahren*. Das symbolische Kapital der *Geschichte des Agathon* nimmt schnell und stark ab, sowie auch dasjenige Wielands. Bei Goethe und den *Lehrjahren* ist es dagegen genau umgekehrt. Während Wieland zur Arrièregarde wird, wird Goethe zur Avantgarde und sein zweiter Roman kann später als Beginn der Gattung Bildungsroman institutionalisiert

---

137 Hartmut Steinecke: Die Rolle von Prototypen, S. 335–347, S. 338.
138 Von *Wilhelm Meister* als dem „*deutschen Normal-Roman*" spricht 1833 Theodor Mundt: [Auszug aus] Ueber Novellenpoesie [1833], zit. nach dem Abdruck in: Romantheorie und Romankritik. Hg. von Steinecke. Bd. 2: Quellen, S. 94–100, hier: S. 95. Die normbildende Kraft des Romans ist auch damit verbunden, dass im 7. Kapitel des 5. Buches von *Wilhelm Meisters Lehrjahre* eine Theorie des Romans entwickelt wird, die „zu den am häufigsten zitierten Regeln in der theoretischen Literatur des 19. Jahrhunderts" wird (Steinecke: Die Rolle von Prototypen, S. 339).
139 Wilhelm Dilthey: Leben Schleiermachers, 1870. Ges. Schriften XIII, 1. Hg. von Martin Redeker. Göttingen 1970.

werden. Gerade hinsichtlich dieses sozialen Phänomens besteht ein entscheidender Unterschied zwischen der Positionierung der beiden Romane bis heute. Im Fall von *Wilhelm Meisters Lehrjahre* beziehen sich viele Akteure des literarischen Felds auf den Roman und schreiben diesem und dem damit verbundenen Konzept viel symbolisches Kapital zu, so dass es in Produktion- und Rezeption attraktiv erscheint, an ihn anzuschließen. Eine solche Entwicklung fehlt in Bezug auf die *Geschichte des Agathon* weitgehend. Eine Vorbildfunktion für die Produktion von Romanen von 1820 bis heute lässt sich für die *Geschichte des Agathon* dagegen nicht nachweisen und sie ist auch in Zukunft undenkbar. Auch wenn dieser Roman in der Literaturwissenschaft zunehmend häufiger als Bildungsroman bezeichnet wird, handelt es sich dabei um eine Missdeutung zentraler Elemente des Romans.

Norbert Christian Wolf
„Göthe wird und muß übertroffen werden"
Novalis' *Heinrich von Ofterdingen* und die Genrebegründung durch *Wilhelm Meisters Lehrjahre*

I Konzeptionelle und methodologische Vorbemerkungen

Bereits Wilhelm Dilthey hat darauf hingewiesen, dass die „Reihenfolge der Wirkungen *Wilhelm Meisters* auf Novalis" synekdochisch für jene „Wirkung" stehe, welche die „im *Meister* herrschende Weise, die moralische Welt aufzufassen und darzustellen", auf dessen „dichterische Generation" insgesamt ausübte; mehr noch: Goethes Roman sei insofern gattungsprägend gewesen, als er „die gesamte Form geändert" habe, „unter welcher die moralische Welt" fortan „aufgefaßt wurde".[1] Die Veränderung erscheint hier zwar als überindividuelles Phänomen einer ganzen Generation, doch wird ihr spezifisches Movens auf je individuelle ‚Weltauffassungen' zurückgeführt, auf stets subjektive ‚Erlebnisse' einzigartiger Genies. An diese subjektivistische Sicht der Dinge schloss etwa der wirkungsmächtige Germanist Oskar Walzel an, indem er sie konsequent ausbaute und mit Blick auf Friedrich von Hardenbergs wechselnde Urteile über Goethes Roman vermutete: „Sicher war es Hardenberg darum zu tun, sich von den ‚Lehrjahren' zu befreien, die wie Alpdruck auf ihm lagen. Denn das ist ja das Entscheidende angesichts aller Angriffsworte Hardenbergs: ob er recht hatte oder nicht, ist fast ganz gleichgültig neben der Tatsache, daß er sich von den ‚Lehrjahren' freimachen mußte, wenn er selbst etwas wie den ‚Ofterdingen' schaffen sollte."[2] Walzel konstruiert hier psychologistisch eine ganz individuell begründete „Einfluss-

---

[1] Wilhelm Dilthey: Das Erlebnis und die Dichtung. Lessing · Goethe · Novalis · Hölderlin. Leipzig und Berlin [11]1939, S. 328–329; Kursivierungen und Anpassungen der Interpunktion verantwortet N.C.W.
[2] Oskar Walzel: Die Formkunst von Hardenbergs *Heinrich von Ofterdingen* [1915/1919]. In: Novalis. Beiträge zu Werk und Persönlichkeit Friedrich von Hardenbergs. Hg. von Gerhard Schulz. Darmstadt: Wissenschaftliche Buchgesellschaft 1970 (= Wege der Forschung CCXLVIII), S. 36–95, hier: S. 51.

angst",³ aus der sich – historisch betrachtet – dann aber eine regelrechte Gattungstradition ableiten lasse. Dilthey und er haben damit eine auf der Vorstellung voraussetzungsloser Dichterpersönlichkeiten beruhende Auffassung der literarischen Genrebegründung geprägt, die sich in der Fachgeschichte der Germanistik für lange Zeit durchsetzte.

Die nachstehenden Ausführungen bemühen sich um eine nicht-individualistische Erklärungshypothese, ohne die historischen Akteure in einem reinen Systemzusammenhang aufzulösen. Es ist mir dabei nicht um die Präsentation bisher unbekannter Quellen und nur sekundär um unbeachtete literarische Zusammenhänge zu tun, sondern primär um eine neue Perspektivierung des bekannten Materials mittels der Feldsoziologie Pierre Bourdieus. Methodisch schließen meine Überlegungen an einen Befund an, den Werner Michler schon vor einigen Jahren formuliert hat: „Bourdieu hat sich den literarischen Gattungen zwar nicht sehr eingehend gewidmet; die aus seinen Arbeiten zur Literatur- und Kunstsoziologie ableitbaren Fragestellungen sind aber von hoher Bedeutung für eine nicht-reduktive, nicht-anthropologisch fundierte und nicht-essentialistische literaturwissenschaftliche Gattungsreflexion."⁴ Dies gilt nicht zuletzt auch für das Genre des ‚Bildungsromans', wie im Folgenden deutlich werden soll. Mit Blick auf die allgemeinen Tendenzen der Gattungsentwicklung vermutet Michler,

> dass der Entwicklungsstand des literarischen Feldes und der Grad seiner internen Differenzierung mit einer erst allgemeinen, dann sektoral differenzierten unterschiedlichen Bewertung von Innovation korrelieren. Wenn in einem vollständig entfalteten Feld im Subfeld der Avantgarden bzw. der eingeschränkten Produktion ein unbedingtes Innovationsgebot herrscht, wird im Subfeld der großen Produktion derselbe Innovationsdruck als Distinktionsgebot andere Formen annehmen. In Phasen der Instabilität des Feldes hingegen werden die Gattungen zum Kampfeinsatz literarischer Bewegungen.⁵

Das deutsche literarische Feld um 1800 kann zwar noch nicht als ‚vollständig entfaltet' bezeichnet werden, insbesondere was die institutionellen Gegebenhei-

---

3 So der Terminus und das ebenfalls von einem individualistischen Psychologismus grundierte Konzept von Harold Bloom: Einflußangst. Eine Theorie der Dichtung. Basel/Frankfurt a. M. 1995 (= nexus 4).
4 Werner Michler: Möglichkeiten literarischer Gattungspoetik nach Bourdieu. Mit einer Skizze zur ‚modernen Versepik'. In: Text und Feld. Bourdieu in der literaturwissenschaftlichen Praxis. Hg. von Markus Joch, Norbert Christian Wolf (= Studien und Texte zur Sozialgeschichte der Literatur 108). Tübingen 2005, S. 189–206, hier: S. 190.
5 Michler: Möglichkeiten literarischer Gattungspoetik nach Bourdieu, S. 191–192. Vgl. dazu jetzt auch Werner Michler: Kulturen der Gattung. Poetik im Kontext. 1750–1950. Göttingen 2015, S. 9–86, bes. S. 58f., wo Gattungsklassifikation als „habitualisiertes Handeln" konzeptualisiert wird.

ten wie Urheberrecht, Pressefreiheit und die Entwicklung von Konsekrationsinstanzen (Universitäten, Akademien, Schulen etc.) betrifft;[6] es weist aber bereits zu diesem Zeitpunkt – deutlich früher als sein französisches Pendant – eine klar erkennbare Ausdifferenzierung in ein ‚Subfeld der eingeschränkten Produktion' sowie in eines der ‚Massenproduktion' auf.[7] Die Positionen in der Auseinandersetzung um das jeweilige Prestige der unterschiedlichen Gattungen[8] stellen auch hier einen wichtigen Einsatz konkurrierender literarischer Bewegungen dar,[9] wobei das Genre des ‚Bildungsromans' ein zentrales Kampfobjekt ist.

Bekanntlich wurde das Konzept des ‚Bildungsromans' erst *ex post* formuliert: Der Begriff stammt aus Vorträgen des Dorpater Professors für Klassische Philologie und Ästhetik Karl Morgenstern, der den damit bezeichneten Romantypus zur „vornehmsten und das Wesen des Romans im Gegensatz des Epos am tiefsten erfassenden besondern Art desselben" erklärte.[10] Sichtbar wird hier zum einen die Folie des Epos als übermächtige Vergleichsgröße – ein Phänomen, das die ästhetische Debatte langfristig prägt –, zum anderen die Konzeptualisierung des ‚Bildungsromans' als kondensierte ‚Reinform' der Romangattung schlechthin. Morgenstern führt dazu aus:

> *Bildungsroman* wird er heißen dürfen, erstens und vorzüglich wegen seines Stoffs, weil er des Helden Bildung in ihrem Anfang und Fortgang bis zu einer gewissen Stufe der Vollendung darstellt; zweytens aber auch, weil er gerade durch diese Darstellung des Lesers Bildung, in weiterm Umfange als jede andere Art des Romans, fördert. An sich gefallende, schöne und unterhaltsame Darstellung der Bildungsgeschichte eines ausgezeichnet Bildungsfähigen wird sein objectiver, im Kunstwerke überall sich aussprechender Zweck des Dichters eines solchen Romans seyn [...].[11]

---

6 Vgl. Pierre Bourdieu: Der Markt der symbolischen Güter. In: Bourdieu: Kunst und Kultur. Zur Ökonomie symbolischer Güter. Schriften zur Kultursoziologie 4. Hg. von Franz Schultheis, Stephan Egger (= Bourdieu: Schriften 12.1). Berlin 2014, S. 15–96, hier: S. 15–20.
7 Zu dieser Differenzierung vgl. Pierre Bourdieu: Die Regeln der Kunst. Genese und Struktur des literarischen Feldes. Frankfurt a. M. 1999, S. 344–349.
8 Vgl. Bourdieu: Die Regeln der Kunst, S. 187–198.
9 Vgl. dazu Norbert Christian Wolf: Reinheit und Mischung der Künste. Goethes ‚klassische' Position und die frühromantische Poetik Friedrich Schlegels. In: Konstellationen der Künste um 1800. Reflexionen – Transformationen – Konstellationen. Hg. von Albert Meier, Thorsten Valk. (= Schriftenreihe des Zentrums für Klassikforschung 2). Göttingen 2015, S. 21–39.
10 Ueber das Wesen des Bildungsromans. In: Inländisches Museum 1 (1820/21), Heft 2, S. 46–61, Heft 3, S. 13–27, hier: Heft 2, S. 61. Zit. nach Eberhard Lämmert, Hartmut Eggert, Karl-Heinz Hartmann, Gerhard Hinzmann, Dietrich Scheunemann, Fritz Wahrenburg (Hg.): Romantheorie 1620–1880. Dokumentation ihrer Geschichte in Deutschland. Frankfurt a. M. 1988, S. 253–258, hier: S. 257.
11 Inländisches Museum 1 (1820/21), Heft 2, S. 61, bzw. Inländisches Museum 1 (1820/21), Heft 3, S. 13.

„Bildung" wird demnach durch die Romanform sowohl stofflich dargestellt als auch wirkungsästhetisch vermittelt. Wilhelm Dilthey hat dieses Konzept einer im Roman kondensierten „rein menschlichen Bildung, der Ausbildung der Individualität in deren verschiedenen Lebensaltern und Lagen"[12] aufgegriffen, weiterentwickelt und mit breiter Wirkung durchgesetzt.[13] Die der retrospektiven Begriffsprägung inhärente Problematik liegt freilich auf der Hand, setzt sie doch ein intersubjektives, transhistorisches Einverständnis über das normativ verstandene Konzept teleologisch ausgerichteter ‚Bildung' mehr voraus, als dass sie es begründet und am konkreten literaturhistorischen Material plausibilisiert.[14]

In den vergangenen Jahrzehnten hat man deshalb verstärkt nach alternativen Konzeptualisierungen gesucht – etwa im Begriff des ‚anthropologischen Romans',[15] der damit zusammenhängenden Konzeption einer ‚Pathogenese des modernen Subjekts'[16] oder aber des ‚Transzendentalromans'[17] –, die sich in der Forschung zum Teil neben jener des ‚Bildungsromans' durchgesetzt haben, ohne sie freilich zu verdrängen. Im Gegenteil: Die überkommene Nomenklatur erwies sich sogar als bemerkenswert zählebig. So bestimmt Jürgen Jacobs noch 1997 im *Reallexikon der deutschen Literaturwissenschaft* den ‚Bildungsroman' vergleichsweise statisch als „[e]rzählerische Gestaltung des Wegs einer zentralen Figur durch Irrtümer und Krisen zur Selbstfindung und tätigen Integration in die Gesellschaft."[18] Die Problematik einer solchen rein merkmalsorientierten Definition besteht unter anderem darin, dass angeblich konstitutive Elemente wie „Irrtümer und Krisen" hypostasiert werden, obwohl sie in manchen zentralen Vertretern des Genres – man denke an Novalis' *Heinrich von Ofterdingen* oder Stifters *Der Nachsommer* – kaum zu finden sind. Außerdem reißt sie die Texte aus deren historischem Entstehungs- und Wirkungszusammenhang, konstruiert demgegenüber eine in sich stabile Tradition und verzerrt den phänomenal

---

12 Dilthey: Das Erlebnis und die Dichtung, S. 329.
13 Vgl. Jürgen Jacobs: Bildungsroman. In: Reallexikon der deutschen Literaturwissenschaft. Neubearbeitung des Reallexikons der deutschen Literaturgeschichte. Bd. 1: A–G. [...] Hg. von Klaus Weimar. Berlin/New York 1997, S. 230–232, hier: S. 230 u. 232.
14 Vgl. auch die knappen diesbezüglichen Bemerkungen in Jacobs: Bildungsroman, S. 232.
15 Vgl. Hans-Jürgen Schings: Der anthropologische Roman. Von Wieland bis Jean Paul. [zuerst 1980] In: H.-J. Schings: Zustimmung zur Welt. Goethe-Studien. Würzburg 2011, S. 39–69.
16 Vgl. Hans-Jürgen Schings: Agathon – Anton Reiser – Wilhelm Meister. Zur Pathogenese des modernen Subjekts im Bildungsroman [zuerst 1984]. In: H.-J. Schings: Zustimmung zur Welt. Goethe-Studien, S. 71–92.
17 Vgl. Manfred Engel: Der Roman der Goethezeit. Bd. 1: Anfänge in Klassik und Frühromantik – Transzendentale Geschichten. Stuttgart 1993, S. 1–14, bes. S. 7–14.
18 Vgl. Jacobs: Bildungsroman, S. 230.

amorphen literaturgeschichtlichen Befund durch ihre verallgemeinernde ahistorische Kategorisierung im Sinne einer tendenziell scholastischen Doxografie.

Eine Alternative dazu stellt die Rekonstruktion einer generischen Reihenbildung als stets ‚veränderliches System' im Sinne der russischen Formalisten dar. So erklärte es schon Jurij Tynjanov für sinnlos, „eine *statische* Definition des Genres zu geben, die alle seine Erscheinungsformen umfassen würde", denn: „das Genre *verschiebt* sich. Wir haben es hier mit einer gebrochenen und keiner geraden Linie seiner Evolution zu tun – und diese Evolution vollzieht sich gerade auf Kosten der ‚grundlegenden' Züge des Genres".[19] Mit anderen Worten: „Das Genre als System kann auf diese Weise schwanken. Es entsteht (aus Verstößen und Ansätzen in anderen Systemen) und zerfällt wieder, um sich in Rudimente anderer Systeme zu verwandeln. Die Funktion eines bestimmten Verfahrens im System ist nicht unverrückbar." Mehr noch: „Sich das Genre als statisches System vorzustellen, ist schon deshalb nicht möglich, weil das Genre überhaupt erst als Resultat des Zusammenstoßens mit dem traditionellen Genre bewußt wird".[20] Tynjanov betont die „Tatsache, daß jede neue Erscheinung die alte *ablöst* und daß jeder Vorgang einer solchen Ablösung außerordentlich schwierig in seiner Zusammensetzung ist; daß *von einer Erbfolge nur bei dem Auftreten einer Schule, eines Epigonentums gesprochen werden kann, aber nicht bei Erscheinungen einer literarischen Evolution, deren Prinzip Kampf und Ablösung ist.*"[21] Ein methodologischer Vorteil dieser mindestens ebenso auf Differenzen wie auf Kontinuitäten fokussierten Herangehensweise besteht darin, dass die unmittelbaren und mittelbaren Bezugnahmen zwischen den einzelnen Vertretern eines Genres bereits auf der Objektebene der untersuchten Texte einen Gattungszusammenhang konstituieren, der durch die Metaebene der Untersuchung dann als solcher eruiert und kritisch motiviert werden muss,[22] statt einer Definition nach ahistorischen ‚Merkmalen' zu gehorchen.

---

19 Jurij Tynjanov: Das literarische Faktum. [russ. 1924] In: Russischer Formalismus. Texte zur allgemeinen Literaturtheorie und zur Theorie der Prosa. Hg. von Jurij Striedter. München ⁵1994, S. 393–431, hier: S. 397.
20 Tynjanov: Das literarische Faktum, S. 397. Literarhistorisch exemplifiziert wird die gattungstheoretische Modellbildung am Beispiel des (literarischen) Briefes in Tynjanov: Das literarische Faktum, S. 417–423.
21 Tynjanov: Das literarische Faktum, S. 401.
22 Vgl. Tynjanov: Das literarische Faktum, S. 431: „Es geht nicht an, von außer- und überliterarischen Höhen einer metaphysischen Ästhetik auszugehen und mit Gewalt zum Terminus ‚passende' Erscheinungen ‚zusammenzusuchen'. Der Terminus ist konkret, die Definition evolutioniert, wie das literarische Faktum selbst evolutioniert."

Weiterentwickelt hat Tynjanov sein Konzept der Dialektik von ‚Automatisierung' und ‚Entautomatisierung' als Grundprinzip literarischer Evolution[23] unter Berücksichtigung der „Diskrepanz zwischen dem Standpunkt, von dem aus die literarische Reihe betrachtet wird (als solch ein Standpunkt erweisen sich immer die wichtigsten, aber auch die entferntesten sozialen Reihen), und der literarischen Reihe selbst." Denn: „Die Konstruktion einer abgeschlossenen literarischen Reihe und die isolierte Analyse ihrer Evolution stößt ununterbrochen auf die benachbarten kulturellen und gesellschaftlichen, auf die im weitesten Sinn sozialen Reihen und ist folglich zur Unvollständigkeit verurteilt."[24] Tynjanov betont ausdrücklich: „Die Frage nach der Rolle der benachbarten Reihen bei der literarischen Evolution wird damit nicht verworfen, sondern, im Gegenteil, erst gestellt."[25] Mehr noch: „Das System der literarischen Reihe ist vor allem *ein System von Funktionen der literarischen Reihe, das in ständiger Korrelation zu anderen Reihen steht.*"[26] Zugleich warnt er – stets differenztheoretisch argumentierend[27] – aber davor, „einzelne Elemente aus dem System herauszureißen und sie, außerhalb des Systems, d.h. ohne Berücksichtigung ihrer konstruktiven Funktion, mit ähnlichen Reihen anderer Systeme in Korrelation zu setzen"[28] – wie es etwa die soziologistische Widerspiegelungstheorie unternimmt. In der analytischen Praxis führt diese theoretisch nachvollziehbare Vorsicht zu einer gewichtigen Einschränkung des Untersuchungsbereichs, wie sich gerade am „Problem der literarischen Genres" veranschaulichen lässt:

---

23 Vgl. Tynjanov: Das literarische Faktum, S. 411–412: „Bei der Analyse der literarischen Evolution stoßen wir nun auf folgende Etappen: 1) in dialektischer Beziehung zum automatisierten Konstruktionsprinzip kündigt sich ein entgegengesetztes Konstruktionsprinzip an; 2) es vollzieht sich seine Anwendung, das Konstruktionsprinzip sucht sich die leichteste Anwendungsmöglichkeit; 3) das Konstruktionsprinzip dehnt sich auf eine größtmögliche Zahl von Erscheinungen aus; 4) es wird automatisiert und ruft entgegengesetzte Konstruktionsprinzipien hervor."
24 Tynjanov: Über die literarische Evolution. [russ. 1927] In: Russischer Formalismus. Texte zur allgemeinen Literaturtheorie und zur Theorie der Prosa. Hg. von Jurij Striedter. München ⁵1994, S. 433–461, hier: S. 433.
25 Tynjanov: Über die literarische Evolution, S. 437.
26 Tynjanov: Über die literarische Evolution, S. 449.
27 Vgl. Tynjanov: Über die literarische Evolution, S. 441: „Daß ein Faktum als *literarisches* Faktum existiert, hängt von seiner Differenzqualität ab (d.h. von seiner Korrelation sei es zur literarischen, sei es zu außerliterarischen Reihe), mit anderen Worten, von seiner Funktion." Tynjanov: Über die literarische Evolution, S. 451: „Je stärker die Abweichung von der einen oder anderen literarischen Reihe, um so mehr wird eben jenes System betont, zu dem eine Abweichung, eine Differenz besteht."
28 Tynjanov: Über die literarische Evolution, S. 439.

> Der Roman, der ein in sich geschlossenes, innerhalb seiner Grenzen im Verlauf von Jahrhunderten sich entwickelndes Genre zu sein scheint, erweist sich als nicht einheitlich, sondern veränderlich, sein Material ändert sich von einem literarischen System zum anderen, es ändert sich die Methode der Einführung außerliterarischen Sprachmaterials in die Literatur, und auch die Merkmale der Genres selbst evolutionieren.[29]

Auf diese Weise wird die Relevanz außertextueller Aspekte für die literarische Entwicklung zwar durchaus anerkannt, doch werden sie nur als korrelative ‚Reihen' verstanden, zu denen Interferenzen bestehen, indem etwa ‚außerliterarisches Sprachmaterial' in die Literatur importiert wird, nicht aber als Faktoren, die im Inneren einer literarischen Reihe selbst wirksam sind. Tatsächlich ist „die Erforschung isolierter Genres ohne Berücksichtigung der Zeichen des Genresystems, mit dem sie in Korrelation stehen, [...] unmöglich"; dass jedoch der „historische Roman Tolstojs [...] in Korrelation nicht zum historischen Roman Zagoskins, sondern zur zeitgenössischen Prosa" steht,[30] ist damit zwar beschreibbar, aber nicht zu motivieren. Insofern haften dem formalistischen Konzept einer literaturhistorischen Reihenbildung, deren Prinzip ausdrücklich „*Kampf und Ablösung*" ist, theoretische Defizite an, wenn man es aus soziologischer Perspektive betrachtet. Bourdieu hat dies in einer (überscharfen) Kritik an den russischen Formalisten deutlich gemacht:

> Da sie nichts als das System der Werke in Betracht ziehen, das heißt das ‚Netz der Beziehungen zwischen den Texten' (und in zweiter Linie die übrigens sehr abstrakt definierten Beziehungen, die dieses System zu anderen ‚Systemen' unterhält,[31] die in dem ‚System der Systeme' funktionieren, das die Gesellschaft konstituiert – Talcott Parsons ist nicht weit), verurteilen diese Theoretiker sich auch dazu, innerhalb des ‚Literatursystems' selbst den Ursprung seiner Dynamik sehen zu müssen. Obwohl sie realisieren, daß dieses ‚Literatursystem' – weit davon entfernt, eine so ausgeglichene und harmonische Struktur darzustellen, wie die Sprache bei Saussure – zu jedem Zeitpunkt der Austragungsort von Spannungen zwischen einander entgegengesetzten, kanonisierten und nichtkanonisierten literarischen Schulen ist und sich als labiles Gleichgewicht gegensätzlicher Tendenzen darstellt, glauben sie (Tynjanov zumal) weiterhin an die immanente Entwicklung dieses Systems und stehen [...] der Saussureschen Geschichtsphilosophie sehr nahe, wenn sie behaupten, daß alles, was literarisch [...] ist, nur von den vorangegangenen Existenzbedingungen des ‚Literatur-[...] Systems' bedingt sein kann.[32]

---

29 Tynjanov: Über die literarische Evolution, S. 443.
30 Tynjanov: Über die literarische Evolution, S. 447.
31 Also doch mehr als nur „das System der Werke"!
32 Bourdieu: Die Regeln der Kunst, S. 321–322.

Einmal abgesehen davon, dass Bourdieu die bei Tynjanov durchaus vorhandenen Ansätze einer sozialen Kontextualisierung des rein textuell konzipierten ‚Literatursystems' zum Zweck der eigenen Distinktion als Theoretiker geflissentlich unterschlägt,[33] ergänzt er das tatsächlich vorherrschende formalistische Augenmerk auf die „Ebene der Werke, die in Verallgemeinerung der Parodietheorie als sich aufeinander *beziehend* beschrieben werden", konsequent um eine zweite Untersuchungsebene, welche sich in einer Homologiebeziehung zur ersten befindet: die soziale „Ebene der objektiven Positionen innerhalb des Produktionsfeldes und der dadurch begründeten antagonistischen Interessen".[34] Er unternimmt somit eine einzigartige Kombination formalistischer und sozialwissenschaftlicher Theoriebausteine, zu der er sich der von Max Weber entwickelten religionssoziologischen Idealtypen „des Propheten und des Priesters" bedient, die er im literarischen Feld als konträre Position „des arrivierten Künstlers und der des Avantgardisten" reformuliert.[35] Dadurch gelingt es ihm, bisher als *intern* erachtete Zugangsweisen zur Literatur- und Gattungsgeschichte mit gemeinhin als *extern* denunzierten Blickrichtungen zusammenzuführen und auf dieser integrativen Basis ein Funktionsprinzip literarischer (R)Evolution zu modellieren, ohne die geläufigen Reduktionismen zu wiederholen. Erst die bereits angedeutete „Homologie zwischen dem Raum der durch ihren symbolischen Gehalt und insbesondere durch ihre *Form* definierten Werke und dem Raum der Positionen innerhalb des Produktionsfeldes" bewirkt ihm zufolge nämlich die wachsende Eigenlogik bzw. Eigendynamik des literarischen Feldes:

> Der Motor des Wandels, genauer gesagt, des von den russischen Formalisten beschriebenen, genuin literarischen Prozesses von Automatisierung und Entautomatisierung, wohnt nicht

---

33 Tynjanov: Über die literarische Evolution, S. 451–452, beantwortet die „Frage: *wie* und *wodurch* steht das *außerliterarische Leben* in Korrelation zur Literatur?", allerdings tatsächlich relativ sprachimmanent bzw. ‚textualistisch': „*Das außerliterarische Leben steht vor allem durch sein sprachliches Moment in Korrelation zur Literatur.* Ebenso ist die Korrelation zwischen literarischen Reihen und außerliterarischem Leben. Diese Korrelation von literarischen und außerliterarischen Reihen vollzieht sich auf der *sprachlichen* Linie: die Literatur besitzt in Bezug auf das außerliterarische Leben eine *sprachliche* Funktion." So gelangt seine Berücksichtigung der sozialen Dimension literarischer Evolution kaum über Lippenbekenntnisse hinaus: „Die dominierende Bedeutung der wichtigsten sozialen Faktoren wird damit nicht bestritten, sondern soll in ihrem vollen Umfang geklärt werden, aber eben als Frage nach der *Evolution* der Literatur, wogegen die unmittelbare Bestimmung des ‚Einflusses' der wichtigsten sozialen Faktoren der Untersuchung der *Evolution* von Literatur die Untersuchung der *Modifikationen* literarischer Werke, ihrer Deformation, unterschiebt." (Tynjanov: Über die literarische Evolution, S. 461) Sprach*externe* soziale Faktoren erscheinen demnach als der Reihen- und Systementwicklung äußerlich.
34 Bourdieu: Die Regeln der Kunst, S. 323.
35 Vgl. Bourdieu: Die Regeln der Kunst, S. 291–292 u. bes. 326.

den Werken inne, sondern dem für alle Felder der Kulturproduktion konstitutiven Gegensatz zwischen Orthodoxie und Häresie [...]. Der Prozeß, der die Werke mit sich reißt, ist Produkt des Kampfes zwischen denen, denen aufgrund ihrer (dank ihres spezifischen Kapitals auf Zeit) beherrschenden Positionen innerhalb des Feldes am Konservieren, das heißt an der Verteidigung der Routine und der Routinisierung, des Banalen und der Banalisierung, kurz: an der bestehenden symbolischen Ordnung gelegen ist, und denen, die zum häretischen Bruch, zur Kritik an bestehenden Formen, zum Sturz der geltenden Vorbilder und zur Rückkehr zu ursprünglicher Reinheit tendieren.[36]

Auch künstlerische Bezugnahmen, die – seien sie explizit oder implizit, affirmativ oder distinktiv – jeder generischen Reihenbildung zugrunde liegen, müssen demnach stets auf unterschiedliche Strategien der Positionierung eines oder mehrerer Autoren im literarischen Feld zurückgeführt werden, wobei die Produzenten ihrerseits jeweils mit unterschiedlichen Habitūs und Kapitalausstattungen versehen sind. Das Werk als einzelnes Element einer Gattung erscheint unter solcher Optik nun als kommunikativer sowie sozialer Akt der differentiellen Positionsnahme, sein textuelles Verfahren als Funktion einer gleichermaßen thematischen *und* formalen Distinktionsstrategie; die Akzente können dabei allerdings unterschiedlich gesetzt werden. Auf diese Weise lässt sich die Dynamik der literarischen Evolution auch hinsichtlich der Gattungen funktionsgeschichtlich motivieren, ohne dabei auf jene von Bourdieu kritisierten „falschen Wesensanalysen" zu rekurrieren, „die auf überzeitliche Definitionen von Gattungen abzielen, deren nominelle Beständigkeit kaschiert, daß sie ständig auf dem Bruch mit ihrer eigenen jüngst erlassenen Definition aufbauen."[37] Während nämlich die herkömmliche Literaturwissenschaft mittels merkmalsbezogener Gattungsdefinitionen „sämtliche Besonderheiten, die eine *Gattung* ihrer historischen Position in einer (hierarchisierten) Struktur von Differenzen verdankt, zu Aspekten ihres überzeitlichen Wesens erklärt", „entrinnt man der Verewigung und Verabsolutierung" nur durch eine „vergleichende Untersuchung der den unterschiedlichen Gattungen in unterschiedlichen Feldern eigenen Varianten ihrer relationalen Eigenschaften".[38] Bourdieus form- und funktionsgeschichtlich implikationsreiche Beobachtung, „daß die Hierarchie der Gattungen [...] jederzeit und allerorten einer der zentralen Bestimmungsgründe für die Produktion und Rezeption der Werke darzustellen scheint",[39] kann sich dabei auf den an Tynjanovs ‚formalistischem' Ansatz diagnostizierten Vorteil einer Orientierung der literaturwissenschaftlichen

---

36 Bourdieu: Die Regeln der Kunst, S. 328–329.
37 Bourdieu: Die Regeln der Kunst, S. 381.
38 Bourdieu: Die Regeln der Kunst, S. 369.
39 Bourdieu: Die Regeln der Kunst, S. 369.

Gattungskonstitution an vorhandenen innerliterarischen Reihenbildungen[40] (anstelle von ahistorischen und latent normativen Kriterien *ex post*) stützen.

Mit dem erarbeiteten theoretischen Instrumentarium kann nun die gattungshistorische Fragestellung in Angriff genommen werden. Die Literaturgeschichtsschreibung ist sich weitgehend darüber einig, dass das Genre des ‚Bildungsromans' „in der neueren deutschsprachigen Literaturentwicklung ein besonderes Gewicht hat."[41] Aus feldtheoretischer Perspektive erscheint ein Genre allerdings keineswegs – genauso wenig wie die Literatur insgesamt[42] – als „Institution",[43] weil ihm damit einerseits formal bzw. inhaltlich eine relative Einheitlichkeit und Stabilität unterstellt, andererseits der machttheoretisch relativ klar umrissene Begriff der ‚Institution' konturlos werden würde.[44] Es handelt sich

---

40 Tynjanov: Über die literarische Evolution, S. 437, lehnt den „Grundbegriff der alten Literaturgeschichte" – nämlich die ‚Tradition' – ab, weil sie „sich als unrechtmäßige Abstraktion eines oder mehrerer literarischer Elemente desselben Systems" erweise, „in dem sie das gleiche ‚emploi' haben und die gleiche Rolle spielen, und als deren Kontraktion mit eben diesen Elementen eines anderen Systems, in dem sie ein anderes ‚emploi' besitzen, zu einer vermeintlich einheitlichen, scheinbar ungeteilten Reihe." Mehr zum Begriff der ‚Tradition' findet sich in Tynjanov: Über die literarische Evolution, S. 459.
41 Jacobs: Bildungsroman, S. 232.
42 Vgl. dagegen Peter Bürger: Institution Kunst als literatursoziologische Kategorie. In: Seminar: Kunst- und Literatursoziologie. Hg. von Peter Bürger. Frankfurt a.M. 1978, S. 260–279; mit zusätzlichem Untertitel: „Skizze einer Theorie des historischen Wandels der gesellschaftlichen Funktion der Literatur" auch in: Peter Bürger: Vermittlung – Rezeption – Funktion. Ästhetische Theorie und Methodologie der Literaturwissenschaft. Frankfurt a.M. 1979, S. 173–199; Peter Bürger: Institution Literatur und Modernisierungsprozeß. In: Zum Funktionswandel der Literatur. Hg. von Bürger (= Hefte für Kritische Literaturwissenschaft 4). Frankfurt a.M. 1983, S. 9–32.
43 So Wilhelm Voßkamp: Der Bildungsroman als literarisch-soziale Institution: Begriffs- und funktionsgeschichtliche Überlegungen zum deutschen Bildungsroman am Ende des 18. und Beginn des 19. Jahrhunderts. In: Zur Terminologie der Literaturwissenschaft. Akten des IX. Germanistischen Symposions der Deutschen Forschungsgemeinschaft. Hg. von Christian Wagenknecht (= Germanistische Symposien Berichtsbände IX). Stuttgart 1989, S. 337–352; vgl. dazu allgemein: Wilhelm Voßkamp: Gattungen als literarisch-soziale Institutionen. (Zum Problem sozial- und funktionsgeschichtlich orientierter Gattungstheorie und -historie). In: Textsortenlehre – Gattungsgeschichte. Hg. von Walter Hinck (= medium literatur 4). Heidelberg 1977, S. 27–42, bes. S. 35–38 (Diskussion ebd., S. 42–44).
44 Wohl insbesondere aus diesem Grund spricht Bourdieu niemals von einer ‚Institution Literatur', ja lehnt dies ausdrücklich ab: Institutionen sind bei ihm im Sinne Durkheims gesellschaftliche Instanzen, die eine relativ homogene Position in den jeweiligen Feldern innehaben, vor allem aber – wie Akademien, Universitäten oder Schulen – selbst Positionierungen vornehmen und mittels sanktionierender Macht die soziale Ordnung nachhaltig zu prägen in der Lage sind, während das literarische Feld vergleichsweise schwach institutionalisiert und zugleich höchst konfliktreich strukturiert ist; vgl. dazu Bourdieu: Die Regeln der Kunst, S. 365–366, Anm. 22; Karl-Heinz Hillmann: Wörterbuch der Soziologie. Stuttgart ⁴1994, S. 373, bezeichnet als Insti-

bei der (Sub-)Gattung des ‚Bildungsromans' vielmehr um eine gesellschaftlich konsekrierte, weil institutionell bald gestützte, merkmalsbezüglich gleichwohl instabile und heterogene literarische Reihenbildung. Deren rasche Konstitution wird im Folgenden unter Berücksichtigung der in der Einleitung zum vorliegenden Band formulierten Leitfragen exemplarisch betrachtet. Die komplexe Beschaffenheit des literarischen Feldes um 1800 vermag hier freilich nicht hinreichend umrissen zu werden, zumal dazu bisher keine Untersuchungen existieren; sehr vorläufig – und ganz grob formuliert – können die Weimarer Klassiker als Vertreter einer damals bereits ‚etablierten Avantgarde', die Jenaer Romantiker hingegen als Proponenten der ‚neuen Avantgarde' gelten, während zahlreiche, heute meist vergessene Autoren der populären Spätaufklärung die ‚Arrièregarde' bildeten.[45] Einfacher verhält es sich mit der im Medium des Textes verfahrenden Abgrenzung Hardenbergs gegenüber seiner Vorlage, wie sich zeigen wird. Was die Ausgangslage, von der er eine bisher nur im virtuellen Raum des Möglichen präsente Feldposition anstrebt, sowie seine spezifische Positionierung – die besondere Beschaffenheit des Textes als poetisches Werk, seine Publikation, die begleitenden Kommunikationen etc. – betrifft, so handelt es sich bei den Vertretern der Frühromantik vor 1800 insgesamt um „Neuankömmlinge"[46] im literarischen Feld; im Blick auf die unterschiedlichen Habitūs und Kapitalausstattungen ist dabei freilich eine Binnendifferenzierung vorzunehmen, die sich dann tendenziell in den jeweils distinkten Positionsnahmen niederschlägt. Hinsichtlich der Genregründung und Traditionsbildung stellt Goethes Roman *Wilhelm Meisters Lehrjahre* die literarhistorisch entscheidende, weil offensichtlich reiheninitiierende Positionierung dar,[47] auf die sich alle folgenden Vertreter des Genres affirmativ oder distinktiv beziehen und daraus symbolisches Kapital abzuleiten suchen. Die Gattungswahl des von Goethe nachhaltig konsekrierten ‚Bildungsromans' erfolgt insbesondere durch junge Autoren, die in seiner Nachfolge ebenfalls eine dominante Feldposition anstreben und deren strukturell avantgardistische Positionierungsstrategie deshalb des Einsatzes eines innovativen Genres zu Distinkti-

---

tution hingegen eher im Sinne Bürgers und Voßkamps „jegliche Form bewusst gestalteter oder ungeplant entstandener stabiler, dauerhafter Muster menschlicher Beziehungen, die in einer Gesellschaft erzwungen oder durch die allseits als legitim geltenden Ordnungsvorstellungen getragen und tatsächlich ‚gelebt' werden".
45 Die Begrifflichkeit bezieht sich auf Bourdieu: Die Regeln der Kunst, S. 198–205 u. 249–259. Mehr dazu in Wolf: Reinheit und Mischung der Künste, S. 29–31.
46 Bourdieu: Die Regeln der Kunst, S. 254.
47 Vgl. dazu den Beitrag von Katrin Dennerlein im vorliegenden Band.

onszwecken bedarf.[48] Ihre Plausibilität hängt mit der kaum zu überschätzenden feldinternen ‚Notorietät' bzw. Anerkennung Goethes zusammen, wie im Folgenden am Beispiel des Novalis deutlich werden soll.

II Soziologische und poetologische Aspekte der Reihenbildung

Tatsächlich galt der Roman generell lange Zeit als mindere, ja als „allgemein verachtete Gattung",[49] und wurde poetologisch immer wieder dementsprechend diskreditiert. So genoss er bis 1800 auch im deutschsprachigen Raum ein vergleichsweise niederes Prestige,[50] was sich etwa in der relativen Geringschätzung des Genres durch die Vertreter der Weimarer Klassik niederschlägt, die den „Romanschreiber" trotz eigener einschlägiger Projekte mit Schillers Worten „nur" als „Halbbruder" des Dichters gelten ließen.[51] Schiller maß Goethes Versepos *Hermann und Dorothea* (1797) denn auch höhere Bedeutung zu als dem mit besonderem Einsatz und viel größerem Zeitaufwand verfassten Roman *Wilhelm Meisters Lehrjahre* (1795/96).[52] Ein Grund für diese aus heutiger Sicht kaum ver-

---

48 Um einem beliebten Vorurteil bzw. weit verbreiteten Missverständnis entgegenzuwirken, sei an dieser Stelle noch einmal ausdrücklich betont, dass Distinktionen keineswegs immer intentional erfolgen und genauso wenig allein auf die Erringung von Macht und Prestige ausgerichtet sind. Vgl. dazu Bourdieus Antwort auf die Kritik Peter Bürgers in Pierre Bourdieu: Das intellektuelle Feld: Eine Welt für sich. [frz. 1985] In: Pierre Bourdieu: Rede und Antwort. Frankfurt a. M. 1992, S. 155–166, hier: S. 157–158.
49 So Ute Schneider: Friedrich Nicolais Allgemeine Deutsche Bibliothek als Integrationsmedium der Gelehrtenrepublik (= Mainzer Studien zur Buchwissenschaft 1), Wiesbaden 1995, S. 120; mehr dazu sowie zum Kontext in Hartmut Steinecke: Romantheorien der Restaurationsepoche. In: Romane und Erzählungen zwischen Romantik und Realismus. Neue Interpretationen. Hg. von Paul Michael Lützeler. Stuttgart 1983, S. 11–37, bes. S. 14–15.
50 Vgl. dazu auch den Beitrag von Peer Trilcke im vorliegenden Band, bes. S. 122–125.
51 Friedrich Schiller: Über naive und sentimentalische Dichtung [1795]. In: Friedrich Schiller: Sämtliche Werke. Hg. von Gerhard Fricke u. Herbert G. Göpfert. Bd. 5: Erzählungen/Theoretische Schriften. München [8]1989, S. 694–780, hier: S. 741.
52 Vgl. den Brief Schillers an Johann Heinrich Meyer, 21. Juli 1797. In: Schillers Briefe. Mit Einleitung und Kommentar. Hg. von Erwin Steinfeld, Viktor Žmegač. Kronstein i. Ts. 1983, S. 331–332, hier: S. 331: „Sein episches Gedicht haben Sie gelesen, Sie werden gestehen, daß es der Gipfel seiner und unsrer ganzen neueren Kunst ist. [...] Während wir andern mühselig sammeln und prüfen müssen, um etwas Leidliches langsam hervorzubringen, darf er nur leis an dem Baume schütteln, um sich die schönsten Früchte, reif und schwer, zufallen zu lassen." Ähnlich wie Schiller urteilte auch Goethe selbst, wie zumindest Johann Peter Eckermanns Wiedergabe einer Unterhaltung Goethes mit Friedrich Wilhelm Riemer und Wilhelm Rehbein am 18. Januar 1825

ständliche Abwertung besteht wohl im Umstand, dass es sich beim Roman um ein ‚nicht-klassisches' (d.h. nicht durch die antike Poetik nobilitiertes) und ursprünglich direkt auf den literarischen Markt ausgerichtetes Genre handelte – Letzteres in struktureller Analogie zu dem, was Bourdieu später über die Science-Fiction-Literatur sagen wird: „Massenauflage, niedriger Preis, Serienproduktion: alle Bestandteile, die den schlechten Ruf der minderen Gattungen begründen, sind vereinigt. Ein weiteres Indiz: die Abwehr der Bildungsinstitution und der sogenannten ‚seriösen' Presse".[53] Tatsächlich sind schon um 1800 populäre Romane – man denke nur an den von Goethes Schwager Christian August Vulpius verfassten, äußerst erfolgreichen *Rinaldo Rinaldini, der Räuberhauptmann* (1798) – in großer Auflage erschienen und wurden umgehend seriell reproduziert, wie zahlreiche Nachahmer zeigen: etwa Johann Ernst Daniel Bornscheins *Antonia della Roccini, die Seeräuber-Königin* (1801) sowie *Das Nordhäusische Wundermädchen, ein weiblicher Rinaldini* (1802), Johann Friedrich Ernst Albrechts *Dolko der Bandit. Zeitgenosse von Rinaldo Rinaldini* (1801) oder später Friedrich Bartels' *Concino Concini* (1831). Die lange ausbleibende Beschäftigung mit deutschsprachigen Romanen im Schul- und Universitätsunterricht sowie die zögerlich und eher widerwillig erfolgte Beschäftigung mit der Gattung in den maßstabsetzenden gelehrten Zeitschriften[54] – exemplifiziert durch die verspätete Einführung einer eigenen Rubrik ‚Romane' in der *Allgemeinen deutschen Bibliothek*[55] – belegen, dass die institutionellen Voraussetzungen hier zunächst denkbar schlecht waren. Mit Blick auf die französische Literaturgeschichte gibt Bourdieu zu bedenken:

> Wie alle gesellschaftlichen Bewertungssysteme wurzeln auch die Rangfolgen zwischen den Gattungen in den sozialen Strukturen, die sie als legitim absegnen und bestätigen. Auf der einen Seite – und darin kommt eine literatursoziologische Gesetzmäßigkeit zum Ausdruck –

---

nahelegt: „Hermann und Dorothea, sagte er [Goethe] unter andern [sic], ist fast das einzige meiner größeren Gedichte, das mir noch Freude macht; ich kann es nie ohne innigen Anteil lesen. Besonders lieb ist es mir in der lateinischen Übersetzung; es kommt mir da vornehmer vor, als wäre es, der Form nach, zu seinem Ursprunge zurückgekehrt." (MA 19, S. 128) – Zitate mit der Sigle MA und der arabischen Bandangabe werden im Folgenden nachgewiesen nach Johann Wolfgang Goethe: Sämtliche Werke nach Epochen seines Schaffens. Münchner Ausgabe. 20 Bde. in 32 Teilbdn. u. 1 Registerbd. Hg. von Karl Richter in Zusammenarbeit mit Herbert G. Göpfert, Norbert Miller, Gerhard Sauder u. Edith Zehm. München 1985–1998.
53 Pierre Bourdieu: Science-Fiction. In: Pierre Bourdieu: Satz und Gegensatz. Über die Verantwortung des Intellektuellen (= Kleine kulturwissenschaftliche Bibliothek 20). Berlin 1989, S. 59–66, hier: S. 59.
54 Vgl. Lieselotte E. Kurth: Formen der Romankritik im achtzehnten Jahrhundert. In: Modern Language Notes 83 (1968), Nr. 5, S. 655–693, hier: S. 658–659.
55 Vgl. Schneider: Friedrich Nicolais Allgemeine Deutsche Bibliothek als Integrationsmedium der Gelehrtenrepublik, S. 119–120, die allerdings keine Jahreszahl nennt.

wird eine Gattung in starkem Maße durch die soziale Beschaffenheit ihres Publikums bestimmt: Die Stellung einer Gattung im Produktionsfeld deckt sich in hohem Maße mit der Stellung ihrer Konsumentenschicht im sozialen Raum.[56]

Im Unterschied zur Tragödie und dem Epos, die noch im 18. Jahrhundert im Sinne der altehrwürdigen *rota Vergilii* als ‚adelige' Gattungen galten, erschien der Roman damals nicht nur als eine traditionslose Erfindung der Neuzeit, sondern war zudem bürgerlich konnotiert. Die langfristigen Auswirkungen dieser Zuschreibung können kaum überschätzt werden, denn: „Anciennität ist ein Adelskriterium in allen Dimensionen der Kultur [...]. Allerdings gehen in die Rangfolge der Gattungen noch weitere Faktoren ein, in der Malerei etwa bis zur Revolution des Impressionismus der Grad an Adel, an Erlesenheit des Dargestellten";[57] in der Literatur – so könnte man ergänzen – eben die zählebige Ständeklausel etc.[58] Verschärfend kam im Hinblick auf die von Bourdieu problematisierte „soziale Beschaffenheit ihres Publikums" aber noch der (männliche) Chauvinismus gegenüber den (häufig weiblichen) Leser(inne)n von Romanen hinzu.

Andererseits gehen die soziologischen „Merkmale der Gattungen von strukturell geringem Rang [...] wesentlich auf deren Stellung innerhalb eines [sozialen, N.C.W.] Raumes zurück",[59] nämlich auf ihre Anerkennung innerhalb des literarischen Feldes. Bourdieu exemplifiziert dies wiederum an einem Beispiel aus der französischen Literaturgeschichte:

> Während des gesamten 19. Jahrhunderts wurde der Roman als eine im Vergleich zur Dichtung [gemeint ist Lyrik, N.C.W.] mindere Gattung angesehen, so daß sich etwa die Dichter des Symbolismus einem Zola gegenüber als höherrangig einstufen konnten. Und daß Zola nicht von der allgemeinen Verachtung weggespült wurde, die den sogenannten Roman umgab [...], liegt zum großen Teil daran, daß es ihm gelang, die von ihm praktizierte Romanart zu adeln: zunächst durch seine Schreibweise, seine theoretischen Anstrengungen, seine Rückgriffe auf die Experimentalmethode, dann vor allem aber wohl auch, weil sein *J'accuse* ihn rettete, nämlich als Intellektuellen konstituierte.[60]

Wie bereits angedeutet, wurde die Gattung des Romans auch im deutschsprachigen Raum lange Zeit von den maßgeblichen Instanzen diskreditiert, doch setzte eine Umwertung hier offenbar früher ein als in Frankreich: Dies liegt wohl nicht allein daran, dass zentralistische Institutionen mit normierender und konservierender Funktion wie die *Academie française* im territorialisierten Alten Reich

---

56 Bourdieu: Science-Fiction, S. 60.
57 Bourdieu: Science-Fiction, S. 62.
58 Vgl. Michler: Möglichkeiten literarischer Gattungspoetik nach Bourdieu, S. 193–194.
59 Bourdieu: Science-Fiction, S. 61.
60 Bourdieu: Science-Fiction, S. 60.

kaum existierten, jedenfalls – wenn man etwa die überregionalen Rezensionsorgane oder die Universitäten dazu zählen möchte – eine merklich geringere Rolle spielten, und man irgendwann die allerorten gleichermaßen proliferierende Gattung einfach nicht mehr übergehen konnte, wie schon Friedrich von Blanckenburgs früher Versuch ihrer Theoretisierung nahelegt.[61] Wichtiger noch erscheint längerfristig die aktive generische Adelung durch die Legitimierung des Bildungsromans *avant la lettre*, wobei als wirkungsmächtiger Prototyp eben Goethes *Wilhelm Meister* gelten kann. Dessen (mehr qualitativ als quantitativ) intensiv verlaufende Rezeption führte zu einer kontinuierlichen Aufwertung des Genres, für die insbesondere die avancierte frühromantische Kunsttheorie verantwortlich war, die nicht von ungefähr in einer Theorie des Romans gipfelte.[62] Ohne die emphatische künstlerische und vor allem die konzentrierte poetologische Rezeption *Wilhelm Meisters* wäre etwa Friedrich Schlegels normative Bestimmung der „vortrefflichsten Romane" als „Kompendium" bzw. „Enzyclopädie des ganzen geistigen Lebens eines genialischen Individuums" (KFSA I, 2, S. 156)[63] in den *Kritischen Fragmenten* (*Lyceum*, Nr. 78) kaum denkbar gewesen, ebenso wenig seine zeitkritische Diagnose (*Lyceum*, Nr. 26): „Die Romane sind die sokratischen Dialoge unserer Zeit. In diese liberale Form hat sich die Lebensweisheit vor der Schulweisheit geflüchtet." (KFSA I, 2, S. 149) Aufgrund der damit angesprochenen thematischen und formalen Ungebundenheit schien der Roman eine vordem ungekannte Möglichkeit zur *„Mischung aller Dichtarten"* zu eröffnen: „Mit der positiven Akzentuierung dieser von der bisherigen Gattungstheorie verworfenen Schreibweise vollzieht sich an der Wende zum 19. Jahrhundert ein qualitativer Umschlag in der Geschichte der deutschen Romantheorie."[64]

Man kann sich aus dem historischen Abstand kaum vorstellen, welche Furore der (beim großen Publikum nie sonderlich beliebte[65]) Roman Goethes innerhalb

---

61 Vgl. Friedrich von Blanckenburg: Versuch über den Roman. Faksimiledruck der Originalausgabe von 1774. Mit einem Nachwort von Eberhard Lämmert. Stuttgart 1965.
62 So Karl-Heinz Hartmann: Einführung. In: Romantheorie 1620–1880. Dokumentation ihrer Geschichte in Deutschland. Hg von Eberhard Lämmert u. a. Frankfurt a.M. 1988, S. 177–179, hier: S. 177.
63 Zitate werden im Folgenden nachgewiesen mit der Sigle KFSA und der römischen Abteilungs- sowie der arabischen Bandangabe nach: Kritische Friedrich-Schlegel-Ausgabe. Hg. von Ernst Behler unter Mitwirkung von Jean-Jacques Anstett und Hans Eichner. München/Paderborn/Wien/Zürich 1958 ff., Erste Abteilung: Kritische Neuausgabe.
64 Fritz Wahrenburg: Einführung. In: Romantheorie 1620–1880, S. 105–108, hier: S. 105, unter Bezug auf die *Fragmente zur Litteratur und Poesie I* aus Friedrich Schlegels nachgelassenen Notizbüchern: vgl. ebd., S. 196, Nr. 55.
65 Die zeitgenössischen Absatzzahlen des *Wilhelm Meister* waren jedenfalls nicht annähernd vergleichbar mit denen der *Leiden des jungen Werthers*; vgl. Waltraud Hagen: Goethes Werke auf

der literarischen Avantgarde seiner Zeit machte, insbesondere bei der nachwachsenden Generation. So hat der 1772 geborene Friedrich Schlegel schon 1797 – als 25-Jähriger – im *Lyceums*-Fragment 120 festgestellt: „Wer Goethes ‚Meister' gehörig charakterisierte, der hätte damit wohl eigentlich gesagt, was es jetzt an der Zeit ist in der Poesie." Mehr noch: „Er dürfte sich, was poetische Kritik betrifft, immer zur Ruhe setzen." (KFSA I, 2, S. 162) Weiter noch ins Register der Superlative griff Schlegel ein Jahr später im *Athenaeums*-Fragment 216: „Die Französische Revolution, Fichtes Wissenschaftslehre, und Goethes Meister sind die größten Tendenzen des Zeitalters." (KFSA I, 2, S. S. 198) Die ausführlichste laudative Auseinandersetzung mit dem Roman, deren Einzelheiten hier nicht auseinandergelegt werden können, fand im selben Jahr in Friedrich Schlegels Essay *Über Goethes Meister* (1798) statt (vgl. KFSA I, 2, S. 126–146). Gemeinsam mit weiteren Belegen zeugen diese drei Beispiele davon, wie intensiv Goethes Roman in der zeitgenössischen literarischen Elite diskutiert wurde, ohne dass davon etwas an ein großes Publikum gelangte. Feldtheoretisch betrachtet, handelt es sich folglich um ein frühes Exempel jener eingeschränkten Produktion für Spezialisten, die Bourdieu zufolge auf den „Pol der größten Autonomie" ausgerichtet ist und deren Autoren wenig „andere[] Abnehmer als die eigenen Konkurrenten" haben.[66] Als soziologische Möglichkeitsbedingung gilt dabei: „Eine den Sanktionen des Marktes sich entziehende Avantgarde-Literatur kann sich erst ausbilden, wenn es ein Avantgarde-Publikum gibt."[67] Genau ein solches Publikum, das zudem selbst schriftstellerische Ambitionen hatte, stellten die Kreise um die Weimarer Klassiker und die Jenaer Frühromantiker dar.

Eine ähnliche Goethe-Begeisterung wie Friedrich Schlegel hegte zunächst auch der ebenfalls 1772 geborene Friedrich von Hardenberg, der sich seit 1798 ästhetisch-programmatisch ‚Novalis' nannte.[68] Er hatte *Wilhelm Meisters Lehrjahre* wohl schon gleich beim Erscheinen gelesen. Erst nach dem Tod seiner Verlobten Sophie von Kühn aber begann für ihn der Roman, den er dem Zeugnis des Kreisamtsmannes August Coelestin Just zufolge „fast auswendig" kannte

---

dem Markt des deutschen Buchhandels. Eine Untersuchung über Auflagenhöhe und Absatz der zeitgenössischen Goethe-Ausgaben. In: Goethe-Jahrbuch 100 (1983), S. 11–57, hier: S. 21 u. 29–30.

66 Pierre Bourdieu: Für eine Wissenschaft von den kulturellen Werken: In: Pierre Bourdieu: Praktische Vernunft. Zur Theorie des Handelns. Frankfurt a.M. 1998, S. 53–74, hier: S. 69.
67 Bourdieu: Science-Fiction, S. 65.
68 Der Künstlername Novalis, „welcher Name ein alter Geschlechtsname von mir ist und nicht ganz unpassend", leitet sich von lat. ‚de novali' (‚von Roden') her und meint den „Neuland Bestellende[n]": Vgl. Herbert Uerlings: Novalis (Friedrich von Hardenberg). Stuttgart 1998, S. 44.

(N IV, S. 540),[69] eine entscheidende Rolle zu spielen. Zwar blieb er die von Schlegel eingeforderte eigene Besprechung schuldig. Stattdessen verfasste er jedoch zahlreiche einzelne Bemerkungen über Goethe und den *Wilhelm Meister* in seinen postum veröffentlichten Fragmenten, verstreuten Notizen, Briefen sowie in einem kleinen Goethe-Essay,[70] die – von den Herausgebern Schlegel und Ludwig Tieck durch erhebliche Auslassungen, Verstümmelungen, Umstellungen und stilistische Bearbeitungen freilich auf charakteristische Weise verfälscht[71] – bald breit rezipiert werden sollten. Hardenbergs Bewertung des *Wilhelm Meister* wandelte sich im Laufe der Zeit radikal. Zunächst hatte er dessen Erscheinen enthusiastisch begrüßt und bewunderte die Poetik dieses Romans: Angesichts der in den *Vorarbeiten zu verschiedenen Fragmentsammlungen* diagnostizierten Goethe'schen „Kunst, das gewöhnliche Leben zu poetisieren" (N II, S. 568), und Goethes erzählerischer „Verknüpfungen kleiner, unbedeutender Vorfälle mit wichtigern Begebenheiten" (N II, S. 425), die er in den *Blüthenstaub*-Fragmenten (Nr. 27) als seltene Begabung feierte, war Novalis anfänglich begeistert gewesen. Es ging ihm dabei um die darstellerische Fähigkeit, ganz „fremde und uninteressante Gegenstände für die Poesie fruchtbar zu machen" sowie „selbst das Unbedeutende durch den ‚Kunstgriff' der Verknüpfung auf die Ebene des Bedeutsamen zu heben".[72] Diese Diagnose kongruiert nicht von ungefähr mit den Befunden aktueller Literaturwissenschaft, die dem *Wilhelm Meister* als historische Leistung konzediert,

> den Alltag ‚wiederzubeleben', ihm Lebendigkeit und Offenheit zu verleihen; und auch wenn nicht alle Verheißungen eintreffen (der *Bildungsroman* ist eben strukturell das Genre der Enttäuschungen), wird dieser Eindruck von Offenheit doch nie ganz verlorengehen. Das ist eine vollkommen neue und wahrhaft *weltliche* Weise der Imagination eines *Sinns* im Leben: Dieser erscheint als hinter zahllosen winzigen Vorfällen verborgen, brüchig, mit den Indifferenzen und kleinen Egoismen der Welt vermischt: aber stets verlockend *gegenwärtig*. [...]

---

69 Zitate mit der Sigle N und der römischen Bandangabe werden im Folgenden nachgewiesen nach Novalis: Schriften. Die Werke Friedrich von Hardenbergs. Hg. von Paul Kluckhohn, Richard Samuel. Band 1: 3., nach den Handschriften ergänzte, erw. und verb. Auflage, Band 2–4: 2. nach den Handschriften ergänzte, erw. und verb. Auflage. Stuttgart 1960–1977. – Weiter heißt es im zitierten Bericht von 1805: „Sein liebstes Buch aus dem Gebiet des Schönen war damals 1795 Göthens Wilhelm Meister; [...] ich glaube; [sic] man wird es in seinen [sic] Ofterdingen vielleicht bemerken, daß Wilhelm Meister sein Liebling war." (N IV, S. 540)
70 Vgl. Lothar Pikulik: Frühromantik. Epoche – Werk – Wirkung. München ²2000, S. 217.
71 Vgl. Hans-Joachim Mähl: Goethes Urteil über Novalis. Ein Beitrag zur Geschichte der Kritik an der deutschen Romantik. In: Jahrbuch des Freien deutschen Hochstifts (1967), S. 130–270, hier: S. 175–190.
72 Pikulik: Frühromantik, S. 218.

> Goethe haucht also dem Alltäglichen mit seinem Sinn für Möglichkeiten wieder Leben ein [...].[73]

In den *Blüthenstaub*-Fragmenten (Nr. 106) pries Novalis den späteren Klassiker deshalb als den „wahre[n] Statthalter des poetischen Geistes auf Erden" (N II, S. 459). Dessen technische Meisterschaft, jener „große Styl der Darstellung, den man mit Recht an Goethe so sehr bewundert" (N II, S. 425), stellte ihm stets einen Fundus zur Anregung für die eigene literarische Verfahrensweise dar.

Hardenbergs Verhältnis zu Goethe entwickelte sich dann aber von einer glühenden Verehrung über wachsende Distanz bis zu schroffer Ablehnung bzw. „Erbitterung und Hassliebe", wie es der Romantikforscher Hans-Joachim Mähl genannt hat.[74] Anstoß nahm er insbesondere an der zunächst so geschätzten Weltlichkeit jener romanesken „Imagination eines *Sinns* im Leben". Als erster Frühromantiker brach er schließlich kategorisch mit seiner früheren Verehrung des *Wilhelm Meister* und verurteilte den Roman fortan vehement. Diese Entwicklung ist an zahlreichen Zeugnissen abzulesen. Bereits in seinem fragmentarischen Essay *Über Goethe* (1798), der noch im Geist der Verehrung verfasst ist, stellte Novalis fest: „Göthens Meister. / Der Sitz der eigentlichen Kunst ist lediglich im Verstande. Dieser konstruirt nach einem eigenthümlichen Begriff. Fantasie, Witz und Urtheilskraft werden nur von ihm requirirt. So ist Wilhelm Meister ganz ein Kunstproduct – ein Werk des Verstandes." (N II, S. 641) In diesen knappen Worten deutet sich leise eine Distanzierung an, indem die betonte Kunsthaftigkeit des Goethe'schen Romans abwertend im Sinne von (‚unnatürlicher') Künstlichkeit erscheint und auch die spätere Denunziation der angeblichen Verstandeslastigkeit schon anklingt. Dass es sich bei Letzterem um einen – zumal im deutschsprachigen Kontext – topischen Vorwurf prophetischer Häretiker im literarischen Feld handelt, zeigt eine Generation zuvor eine briefliche Mitteilung des jungen Goethe an Herder vom Juli 1772; im Kontext einer Selbstkritik der *Geschichte Gottfriedens von Berlichingen* – der Erstfassung des *Götz* – hatte er nämlich ganz ähnlich geurteilt, es sei darin, wie auch in Lessings *Emilia Galotti* (1772), „alles nur gedacht" (WA IV, 2, S. 19).[75] Novalis seinerseits verdammte den *Meister* nun als

---

73 Franco Moretti: Der Bourgeois. Eine Schlüsselfigur der Moderne. Berlin 2014, S. 112–113.
74 Hans-Joachim Mähl: Novalis' *Wilhelm-Meister*-Studien des Jahres 1797. In: Neophilologus 47 (1963), S. 286–305, hier: S. 302.
75 Zitate werden im Folgenden nachgewiesen mit der Sigle WA und der römischen Abteilungs- sowie der arabischen Bandangabe nach Goethes Werke. Hg. im Auftrage der Großherzogin Sophie v. Sachsen. Abt. I bis IV. Weimar: Böhlau 1887–1919 (fotomechanischer Nachdruck München 1987). – Mit Blick auf Lessings erst kurz vorher erschienenes Trauerspiel betont der junge Goethe nämlich: „‚Emilia Galotti' ist auch nur gedacht, und nicht einmal Zufall oder Caprice spinnen

undichterisch im höchsten Grade, denn Goethe beschränke sich in seinem Roman allein auf das Profane und Pragmatische. Den Stein des Anstoßes benennt er im 505. seiner *Fragmente und Studien* (1799–1800) wie folgt:

> Wilhelm Meisters Lehrjahre sind gewissermaaßen durchaus *prosaïsch* – und modern. Das Romantische geht darinn zu Grunde – auch die Naturpoësie, das Wunderbare – Er handelt blos von gewöhnlichen *menschlichen* Dingen – die Natur und der Mystizism sind ganz vergessen. Es ist eine poëtisirte bürgerliche und häusliche Geschichte. Das Wunderbare darinn wird ausdrücklich, als Poesie und Schwärmerey, behandelt. Künstlerischer Atheïsmus ist der Geist des Buchs. / Sehr viel Oeconomie – mit prosäischen, wohlfeilen Stoff ein poëtischer Effect erreicht. (N III, S. 638–639)

Der hier erhobene Vorwurf des ‚Prosaischen' und ‚Modernen' kann vor dem Hintergrund der frühromantischen Poetik als veritables Vernichtungsurteil gelten, wenn es an den normativ aufgeladenen Komplementärbegriffen ‚poetisch' und ‚romantisch' gemessen und als Ausdruck einer – am autonomen Pol des Feldes symbolisch perhorreszierten[76] – ‚bürgerlichen' Ökonomisierung verstanden wird. Dementsprechend beklagt Novalis in seinen *Fragmenten und Studien*, Nr. 506: „Wilhelm soll oeconomisch werden durch die *oeconomische* Familie, in die er kommt." (N III, S. 639) Gänzlich abwertend äußert er sich dann im Fragment Nr. 536 – und gibt dabei so implizit wie *ex negativo* die polemische Stoßrichtung seines eigenen poetischen Projekts zu erkennen: „*Gegen* Wilhelm Meisters Lehrjahre. Er ist im Grunde ein fatales und albernes Buch – so pretentiös und pretiös – undichterisch im höchsten Grade, was den Geist betrifft – so poëtisch auch die Darstellung ist. Es ist eine Satyre auf die Poësie, Religion etc. Aus Stroh und Hobelspänen ein wolschmeckendes Gericht, ein Götterbild zusammengesetzt." (N III, S. 646) Während „Poësie" und „Religion" hier offenbar als zusammengehörig verstanden werden, löst ein polytheistisch konnotiertes „Götterbild" aus „Stroh und Hobelspänen" – statt Gold – augenscheinlich nur noch Verachtung aus.

In seiner langjährigen Beschäftigung mit dem *Wilhelm Meister* gelangte Friedrich von Hardenberg schließlich zu folgendem sprichwörtlich gewordenen Verdikt: „Das Ganze ist ein nobilitirter Roman. / Wilhelm Meisters Lehrjahre, oder

---

irgend drein. Mit halbweg Menschenverstand kann man das Warum von jeder Scene, von jedem Wort, möcht' ich sagen, auffinden. Drum bin ich dem Stück nicht gut, so ein Meisterstück es sonst ist, und meinem eben so wenig. Wenn mir im Grunde der Seele nicht noch so vieles ahndete, manchmal nur aufschwebte, daß ich hoffen könnte, wenn Schönheit und Größe sich mehr in dein Gefühl webt, wirst du Gutes und Schönes thun, reden und schreiben, ohne daß du's weißt, warum." (WA IV, 2, S. 19)

[76] Vgl. Bourdieu: Die Regeln der Kunst, S. 198, 228 u. 342–343.

die Wallfahrt nach dem Adelsdiplom. / W[ilhelm] M[eister] ist eigentlich ein Candide, gegen die Poësie gerichtet." (N III, S. 646) In diesem Urteil, das auf Voltaires (in Deutschland) verhasste Satire der Leibniz'schen Theodizee-Lösung anspielt, ist nicht allein ein Nachhall der traditionellen Verachtung des ‚bürgerlichen' Genres ‚Roman' zu vernehmen, das Novalis ja selbst aufzuwerten trachtete, sondern überdies wohl auch der versteckte Dünkel eines jüngeren Angehörigen des Altadels gegenüber dem erst spät nobilitierten älteren Bürgersohn.[77] Pikant ist dabei der Umstand, dass der im allgemeinen sozialen Raum ‚tiefer' stehende Goethe im literarischen Feld eine beherrschende Stellung innehatte, die ihm der jüngere, aber adelige Autor offenbar durch die Ablehnung jedes Kompromisses mit den weltlichen Mächten sowie durch eine Forcierung des poetischen Geistes streitig zu machen suchte. Nur so wird die Radikalität der Ablehnung nachvollziehbar, die etwa aus dem Brief an Tieck vom 23. Februar 1800 spricht:

> Wenn die Litt[eratur] Zeit[ung] nicht so jämmerlich wäre, so hätt ich Lust gehabt eine Recension von Wilh[elm] Meist[ers] L[ehrjahren] einzuschicken – die freylich das völlige Gegenstück zu Fridrichs [sic] Aufsatz seyn würde. Soviel ich auch aus Meister gelernt habe und noch lerne, so odiös ist doch im Grund das ganze Buch. Ich habe die ganze Recension im Kopfe – Es ist ein Candide gegen die Poesie – ein nobilitirter Roman. [...] Es ist mir unbegreiflich, wie ich so lange habe blind seyn können. [...] [E]s ist mir alles so klar[,] und ich sehe so deutlich die große Kunst, mit der die Poësie durch sich selbst im Meister vernichtet wird – und während sie im Hintergrunde scheitert, die Oeconomie sicher auf festem Grund und Boden mit ihren Freunden sich gütlich thut, und Achselzuckend [sic] nach dem Meere sieht. (N IV, S. 323)

Mittels seiner rekurrenten Angriffe gegen die im *Wilhelm Meister* angeblich vorherrschende ökonomische Weltsicht sowie durch seine kompromisslose Totalisierung und Universalisierung des poetischen Kalküls trachtete Novalis danach, den damals schon arrivierten Autor Goethe – immerhin den wohl literarisch wirkmächtigsten Proponenten ästhetischer Autonomie – künstlerisch in den Schatten zu stellen und sich selbst als viel autonomeren Superdichter zu inszenieren, wozu er als Adeliger in gesellschaftlicher Hinsicht auch prädisponiert war. Zugleich übertraf er auf diese Weise seinen goethefreundlichen, bürgerlichen

---

[77] Vgl. Uerlings: Novalis, S. 9: „Die Hardenbergs konnten ihre Abstammung bis ins 12. Jahrhundert zurückverfolgen und waren damit eines der ältesten niederdeutschen Adelsgeschlechter". Genaueres findet sich in Richard Samuel: Ahnentafel des Dichters Friedrich von Hardenberg (gen. Novalis). [1929] In: Ahnentafeln berühmter Deutscher. Hg. von der Zentralstelle für Deutsche Personen- und Familiengeschichte e.V. zu Leipzig. Leipzig: Selbstverlag 1929; wiederabgedruckt mit Nachträgen von 1969 und ohne Klammersetzung im Titel in: Novalis. Beiträge zu Werk und Persönlichkeit Friedrich von Hardenbergs, S. 106–130.

Altersgenossen Friedrich Schlegel entschieden an Radikalität und vollzog dergestalt eine geschickte Binnendistinktion im Kreis der Frühromantiker.

Als wichtigstes Zeugnis von Hardenbergs Auseinandersetzung mit Goethes *Meister* gilt allerdings nicht sein essayistisches Werk, sondern der Roman *Heinrich von Ofterdingen*, der 1799–1800 entstand und 1802 von Friedrich Schlegel und Ludwig Tieck postum als Fragment herausgegeben wurde. *Heinrich von Ofterdingen* ist in vielfacher Hinsicht als direkte Antwort auf Goethes *Wilhelm Meister* angelegt, ja als dessen forcierte Potenzierung. Der Text sollte nach dem ausdrücklichen Willen des Autors sogar beim gleichen Berliner Verleger Johann Friedrich Unger, mit dem schon zu Lebzeiten Hardenbergs ein entsprechender Vertrag geschlossen worden war, und in der gleichen Aufmachung erscheinen, um die prätendierte Reihenbildung auch typographisch-materiell sowie verlegerisch-institutionell zum Ausdruck zu bringen.[78] Wie die Paralipomena zu erkennen geben, strebte Novalis im *Ofterdingen* zwar nach jener „Ruhe und Ökonomie des Styls", die er im *Wilhelm Meister* exemplarisch vorgebildet fand, wertete aber zugleich die Fantasie, die ‚Einbildungskraft' und nicht zuletzt „das Wunderbare" programmatisch auf (N I, S. 340): Wohl sei der *Wilhelm Meister* ein „Roman schlechtweg, ohne Beywort", doch schloss bereits der ja noch laudative Goethe-Essay mit dem Aufruf: „Göthe wird und muß übertroffen werden" (N II, S. 642). Das Pensum für den eigenen Roman war damit schon 1798 ein für allemal formuliert. Zwei Jahre später berichtete Hardenberg seinen beiden Freunden und Kollegen Friedrich Schlegel und Ludwig Tieck am 5. April 1800 in zwei Briefen stolz von der Fertigstellung des ersten Romanteils; er bat Schlegel um die geneigte „Approbatur" (N IV, S. 328 u. 329–330), die dieser ihm nicht erst postum gern gewährte. Vom geplanten zweiten Teil konnte Novalis vom August bis zum Oktober 1800 noch das Anfangskapitel fertig stellen, bevor er die Arbeit am Roman krankheitshalber ganz einstellen musste.[79]

---

[78] Vgl. den Brief August Wilhelm Schlegels an Ludwig Tieck, 10. Juli 1801. In: Briefe an Ludwig Tieck. Ausgewählt u. hg. von Karl von Holtei. Bd. 3. Breslau 1864, S. 258–265, hier: S. 260. Die tatsächliche Erstausgabe ist dann aber bei Georg Andreas Reimer mit folgendem Titelblatt erschienen: Heinrich von Ofterdingen. Ein nachgelassener Roman von Novalis. Zwei Theile. Berlin: In der Buchhandlung der Realschule 1802. Vgl. dazu die Angaben in Novalis: Werke, Tagebücher und Briefe Friedrich von Hardenbergs. Hg. von Hans-Joachim Mähl, Richard Samuel. Bd. 3: Kommentar. Hg. von Hans-Jürgen Balmes. München, Wien 1978, S. 136.
[79] Vgl. Uerlings: Novalis, S. 177.

III Hardenbergs Roman als Überbietung von Goethes *Wilhelm Meister*

Mit seinem eigenen Roman wollte Novalis mithin denjenigen Goethes übertreffen, wie er offenherzig zu erkennen gibt. Der in diesem Fall sogar ausdrücklich formulierte Überbietungswille wird im Folgenden deshalb als ein maßgebliches ‚Erzeugungsprinzip' behandelt, dem die künstlerische Konzeption und Gestaltung des *Ofterdingen* folgt,[80] ohne dass sie deshalb allein daraus erklärbar wäre.[81] Gegenüber *Wilhelm Meisters Lehrjahren*, die ihm als zentrales poetisches Paradigma dienten, an dem es sich abzuarbeiten galt, sollte die profane Welt in Poesie überführt werden. Hinsichtlich der Gattungsfrage im engeren Sinn schrieb Novalis am 27. Februar 1799 an Caroline Schlegel, sein in Arbeit befindlicher Roman könne „vielleicht Lehrjahre einer *Nation* enthalten", aber: „Das Wort *Lehrjahre* ist falsch – es drückt ein bestimmtes *Wohin* aus. Bey mir soll es aber nichts, als – *Übergangs Jahre* vom Unendlichen zum Endlichen bedeuten. Ich hoffe damit zugleich meine historische und philosophische Sehnsucht zu befriedigen." (N IV, S. 281) In diesen Worten, die nicht ein einzelnes Individuum, sondern gleich die ganze Nation zum Gegenstand der darstellerischen Bemühungen erklärt, wird zum einen das Votum gegen das lineare oder gar teleologische Modell ersichtlich, das Goethes Roman zweifelsohne prägt; Hardenberg entwirft demgegenüber eine zirkuläre Struktur, in der jedes Teil das Ganze spiegelt und Bekanntes verwandelt und gesteigert wiederkehrt.[82] Zum anderen spricht daraus aber generell der Griff ins Große oder gar ins Absolute,[83] der für einen superlativischen Anspruch steht. In fast jeder Hinsicht will Novalis seinen Vorgänger übertrumpfen; so betont er, er habe „Lust [s]ein ganzes Leben an Einen Roman zu wenden – der allein eine ganze Bibliothek ausmachen" soll (N IV, S. 281). Es ist wohl nicht zuletzt auch die vorerst marginale Position des ehrgeizigen Frühromantikers als ‚Neuankömmling' im literarischen

---

[80] Vgl. Bourdieu: Die Regeln der Kunst, S. 61–66 u. 261–262.
[81] Gegen eine subjektivistische Deutung des Produktionsvorgangs und für dessen systemisch-relationale Konzeptionalisierung argumentiert schon Tynjanov: Über die literarische Evolution, S. 453: „Die konstruktive Funktion, die Korrelation der Elemente innerhalb des Werks, verwandelt die ‚Absicht des Autors' in ein Ferment, und nicht mehr. Die ‚schöpferische Freiheit' erweist sich als optimistische Losung, entspricht aber nicht der Realität und macht der ‚schöpferischen Notwendigkeit' Platz. / Die literarische Funktion, die Korrelation des Werks mit literarischen Reihen, vollendet den Vorgang."
[82] Vgl. Uerlings: Novalis, S. 185–186.
[83] Vgl. Uerlings: Novalis, S. 183.

Feld, die ihn zu solch gewaltiger Ambition und zur Wahl des in avancierten literarischen Kreisen damals wohl ‚würdigsten Gegners' befeuert hat.

Die These eines unbedingten Überbietungswillens lässt sich an der charakteristischen Makrostruktur des *Heinrich von Ofterdingen* erhärten: So sollte er nach den überlieferten Plänen aus zwei Teilen bestehen, deren erster den Untertitel *Die Erwartung* trägt und neun Kapitel umfasst, während im zweiten mit dem Untertitel *Die Erfüllung* nur das Anfangskapitel (mehr oder weniger) ausgeführt werden konnte: *Das Kloster, oder der Vorhof*. In dieser Zweiteilung hat man eine Strukturanalogie zu keinem geringeren als dem Buch der Bücher erkannt.[84] Die Aufteilung der Bibel in das Alte und das Neue Testament gab seit alters her, besonders aber zu Hardenbergs Zeit Anlass zu typologischen Spekulationen:

> Der *biblisch-theologische Begriff* Typologie wurde in der protestantischen Theologie des 18. Jahrhunderts entwickelt und meint aus heutiger Sicht jene Interpretations- bzw. Auslegungsform, die nach Entsprechungen zwischen bestimmten historischen Gegebenheiten und Gestalten in verschiedenen Phasen der biblischen Heils-Geschichte sucht. Wichtig ist dabei der eschatologische Bezug zu einer Endzeit, die nicht mehr zu übertreffen ist. [...] Worte, Geschehnisse, Personen und Institutionen des Alten Testament werden als Typen betrachtet, die ihre Entsprechung im Neuen Testament haben. Durch die Gegenüberstellung von Typos (AT) und Antitypos (NT) soll im Glauben eine Kontinuität der Geschichte entdeckt werden, die das Alte Testament als Präfiguration (Vorbild) der vollkommenen Wirklichkeit des Neuen Testaments betrachtet. Dieses typologische Denken äußert sich in verschiedenen literarischen Formen und theologischen Inhalten, so z. B. [...] in der Verhältnisbestimmung von ‚Verheißung' und ‚Erfüllung'.[85]

Novalis eignet sich diese Struktur an und deutet sie ebenfalls als Steigerung: „Der Anfang des neuen Testaments ist der 2te, höhere Sündenfall – und der [...] Anfang einer neuen *Periode:* Jedes Menschen Geschichte soll eine Bibel seyn – wird eine Bibel seyn. [...] Eine Bibel ist die höchste Aufgabe der Schriftstellerey." (N III, S. 321) Dementsprechend geht aus den Notizen zu seinem eigenen Roman hervor, dass auch die Figuren und Motive des ersten Teils später in variierter Form wieder begegnen sollten, indem „der erste Theil [...] eine noch innigere Mischung im 2ten Theile profezeyhte" (N IV, S. 330), wie es im oben zitierten Brief an Friedrich Schlegel vom 5. April 1800 heißt. Bereits am 23. Februar 1800 hat Hardenberg an

---

84 Vgl. Uerlings: Novalis, S. 184.
85 Christoph Dohmen, Erwin Dirscherl: Art. Typologie. In: Lexikon für Theologie und Kirche. Sonderausgabe. Bd. 10: Thomaschristen bis Žytomyr. Freiburg/Basel/Wien 2009, Sp. 321–323; die Abkürzungen wurden größtenteils aufgelöst. Mehr und Genaueres dazu findet sich in: F. Hesse, H. Nakagawa, E. Fascher: Art. Typologie. In: Die Religion in Geschichte und Gegenwart. Handwörterbuch für Theologie und Religionswissenschaft. 3. Auflage. Bd. 6. Tübingen 1962, Sp. 1094–1098.

Tieck geschrieben: „Das Ganze soll eine Apotheose der Poësie seyn. Heinrich von Afterdingen [sic] wird im 1sten Theile zum Dichter reif – und im Zweyten, als Dichter verklärt." (N IV, S. 322) Andererseits könnte man aber auch den *Wilhelm Meister* in Gänze als ‚Typos' bezeichnen, der durch den ‚Antitypos' *Heinrich von Ofterdingen* vollendet werden sollte.

Den Abschluss des ersten Romanteils bildet ein von Klingsohr erzähltes Märchen, das die gesamte geplante Romanhandlung in sich spiegelt. Es handelt sich um einen hochgradig allegorischen Text, zu dessen Vorlagen nicht allein Wielands Sammlung *Dschinnistan oder auserlesene Feen- und Geistermährchen* (1786–89) zählt, sondern – für die hier verfolgte Fragestellung nach den Konsequenzen des autorschaftlichen Überbietungswillens noch einschlägiger – auch das *Märchen* aus Goethes *Unterhaltungen deutscher Ausgewanderten* (1795). An dessen Stil, Figurenarsenal und Handlungsführung erinnert das 9. Kapitel sogar zu einem guten Teil, wenngleich Novalis die Funktion der Figuren bis zur Kontrafaktur umformt.[86] Im gegenwärtigen Zusammenhang interessieren daran vor allem ein paar bezeichnende strukturelle Elemente, auf die noch zurückzukommen ist. Generell sollte der Roman „allmälich in Märchen übergehn", wie Hardenberg seinem Freund Friedrich Schlegel berichtet und im selben Atemzug auch „einige Lieder drinn" ankündigt (N IV, S. 330). Letztere bzw. die ihnen zugrunde liegenden lyrischen Texte stehen gemeinsam mit den erzählten Träumen und Gesprächen sowie dem von Klingsohr zu Gehör gebrachten Märchen für das von den Frühromantikern verfochtene Ideal „einer glücklichen Mischung" der poetischen Gattungen (N IV, S. 330).[87] Novalis radikalisiert auf diese Weise die im *Wilhelm Meister* bereits implizit angelegte und von Friedrich Schlegel für die Romanform explizit, ja programmatisch eingeforderte „*Mischung* aller Dichtarten, der kunstlosen Naturp[oesie] und der Mischgattung[en] der Kunstp[oesie]",[88] die er mit unzähligen Liedern sowie Träumen, Gesprächen, Reflexionen und Berichten in ein damals beispielloses Extrem treibt. Goethe hingegen hatte seiner Romanfigur Serlo noch ein Gattungsmischungsverbot in den Mund gelegt,[89] wodurch er seine damaligen ästhetischen und poetologischen Überzeugungen artikulierte, nicht

---

86 Zum Bezug von Klingsohrs Märchen zu jenem Goethes vgl. Uerlings: Novalis, S. 217–218.
87 Vgl. dazu Wolf: Reinheit und Mischung der Künste, S. 23.
88 Friedrich Schlegel: Fragmente zur Litteratur und Poesie I. In: F. S.: Literary Notebooks 1797–1801. Hg. von Hans Eichner. London 1957, S. 24, Nr. 55; zit. nach Lämmert u. a. (Hg.): Romantheorie 1620–1880, S. 197.
89 Vgl. Wilhelm Meisters Lehrjahre, 5. Buch, 7. Kapitel: „Einen Abend stritt die Gesellschaft ob der Roman oder das Drama den Vorzug verdiene? Serlo versicherte, es sei ein vergeblicher, mißverstandner Streit; beide könnten in ihrer Art vortrefflich sein, nur müßten sie sich in den Grenzen ihrer Gattung halten." etc. (MA 5, S. 305)

aber die eigene poetische Praxis beschrieb, die neben einigen Gedichten und Liedern[90] immerhin auch die *Bekenntnisse einer schönen Seele* in den Romantext integriert.

Damit ist die Rekonstruktion der Überbietungsgeste als Motor der Reihenbildung nun bei der Mikrostruktur des Textes bzw. bei seinem Darstellungsprinzip angelangt, die bzw. das nicht nur von der antiklassizistischen Forcierung der Gattungsmischung geprägt erscheint, sondern überdies auf Überlegungen zurückzuführen ist, die Hardenberg in seiner enzyklopädischen Notizensammlung *Das Allgemeine Brouillon* (1798) als Ergebnis seiner erneuten Beschäftigung mit Schlegels Essay *Über Goethes Meister* angestellt hatte. Dort notiert er über Goethes Roman (Nr. 445):

> Gespräch, Beschreibung und Reflexion wechseln im Meister mit einander ab. Das Gespräch ist der vorwaltende Bestandtheil. Am wenigsten kommt die bloße Reflexion vor. Oft ist die Erzählung und Reflexion verwebt – oft die Beschreibung und das Gespräch. Das Gespräch bereitet die Erzählung vor – meistens aber die Erzählung das Gespräch. *Schilderung* der Caractere, oder Raisonnement üb[er] d[ie] Karactere wechseln mit Thatsachen ab. So ist das ganze Raisonnement von Thatsachen begleitet – die dasselbe bestätigen, widerlegen, oder beydes nur zum Schein thun. (N III, S. 326)

Hardenbergs Notizen anlässlich des *Wilhelm Meister* bezeugen seine konzeptionelle Reflexion über dessen darstellerisches Verfahren, die dann in die Niederschrift des eigenen Romans einmündet. Seine Arbeit am Text kann hier nicht im Einzelnen nachgezeichnet werden, doch lässt sich pauschal konstatieren, dass auch im *Ofterdingen* „Gespräch, Beschreibung und Reflexion" einander abwechseln. Dabei haben Beschreibung und Reflexion ein tendenziell stärkeres Gewicht als im *Meister* und scheinen diesen auch darin übertrumpfen zu sollen, ohne dass die Gespräche deshalb in den Hintergrund gedrängt werden würden; sie fallen im Vergleich indes weniger lebendig aus.[91] Aus heutiger Sicht wirken sie streckenweise eher wie eine Abfolge vorab fertiger Deklarationen verschiedener Romanfiguren, selten aber wie ergebnisoffene Konversationen oder gar wie veritable Kontroversen. Zugleich fehlt dem Roman der gehobene und gleichwohl lockere Konversationston, der Goethes Roman auszeichnet.[92] Diese Struktureigen-

---

90 Vgl. MA 5, S. 127–128, 134, 135–136, 142–143, 180–181, 207, 238–239, 315–317, 335, 357–359, 517–518 u. 606.
91 Vgl. dagegen Uerlings: Novalis, S. 186.
92 Vgl. Hardenbergs eigene Diagnose: „Das erste Buch im Meister zeigt, wie angenehm sich auch gemeine, alltägliche Begebenheiten hören lassen, wenn sie gefällig modulirt vorgetragen werden, wenn sie in eine gebildete, geläufige Sprache, einfach gekleidet mäßigen Schritts vorübergehn." (N III, S. 326)

schaft, die dem ganzen Text ein stärker statuarisches Gepräge verleiht, ist wohl nicht allein auf ein dichterisches Unvermögen, sondern auch auf die philosophisch-theoretische Grundierung des *Ofterdingen* zurückzuführen und weist in gestalterischer Hinsicht auf die didaktischen Gespräche in Stifters *Nachsommer* voraus. Bei Novalis ist sie eher ein unfreiwilliges Resultat des unbedingten Überbietungswillens, der auch die philosophischen Ambitionen des Romans in ein vordem unerreichtes Extrem steigert.

Dennoch dient auch hier die Abfolge unterschiedlicher Darstellungsmodi „dazu, dem Roman einen eigenen Rhythmus zu geben, der dem Gang von Progression und Regression angemessen ist und die Wechselrepräsentation der Reisen durch die äußere und durch die innere Welt, von Objekt- und Subjektbezug gestalten hilft."[93] Hardenberg selbst hat ja zu Goethes Erzählweise lobend bemerkt: „Der Text ist nie übereilt – Thatsachen und Meynungen werden beyde genau bestimmt in der gehörigen Folge vorgetragen. Die retardirende Natur des Romans zeigt sich vorzüglich im Styl." (N III, S. 326) Novalis' eigene Narration wird sich daran orientieren; jede Form der Übereilung ist ihr fremd. Über Goethes erzählerische Gewichtung und dessen spezifischen Darstellungsmodus notiert Hardenberg zu diesem frühen Zeitpunkt noch identifikatorisch bewundernd und ohne jede Distinktion:

> Das Gemeinste wird wie das Wichtigste, mit romantischer Ironie angesehn und dargestellt. Die *Verweilung* ist überall dieselbe. Die Accente sind nicht logisch sondern (metrisch und) melodisch – wodurch eben jene wunderbare romantische Ordnung entsteht – die keinen Bedacht [...] auf Rang und Werth, Ernstheit und Lezheit – Größe und Kleinheit nimmt. Die Beywörter gehören zur Umständlichkeit – in ihrer geschickten Auswahl und ihrer oeconomischen Vertheilung zeigt sich der poëtische Takt. Ihre Auswahl wird durch die Idee des Dichterwercks bestimmt. (N III, S. 326)

Herbert Uerlings kommentiert diese Worte im Sinne darstellerischer Integration: „Es geht also um einen Stil, der, im Gegenzug zu dem Gewicht der erzählten Einzelheiten, die Idee des Ganzen überall fühlbar werden läßt, mithin um den Vorrang der Konstruktion vor der Nachahmung, der Darstellung vor dem Dargestellten."[94] Die hier angedeutete, epochale ästhetische Schwerpunktverlagerung ist bezeichnend, denn im deutschen Sprachraum gilt schon seit der Weimarer Klassik als Voraussetzung ‚hoher' Literatur, dass „die ‚Form' vor dem ‚Gehalt'

---

93 Uerlings: Novalis, S. 186.
94 Uerlings: Novalis, S. 187.

rangiert und Probleme des Aufbaus, der Komposition im Vordergrund stehen."[95] Schiller hat diese Vorstellung, deren Aufkommen von einer fortgeschrittenen Autonomisierung des literarischen Feldes zeugt,[96] in die bekannte Formel der ‚Vertilgung des Stoffs durch die Form'[97] gebracht, und Novalis bestätigte in seinem Roman: „Der Stoff ist nicht der Zweck der Kunst, aber die Ausführung ist es." (N I, S. 286) In Übereinstimmung damit propagiert der *Ofterdingen* wie sein Vorgänger *Wilhelm Meister*[98] die damals noch neue ästhetische Doktrin der Kunstautonomie, verbindet sie aber mit einer romantischen Aufwertung der Fantasie bzw. der subjektiven Reflexion und Kreation. So reklamiert Heinrich schon gleich zu Beginn seine eigeninteresselose Haltung – also Moritz und Kant zufolge eine grundsätzlich ästhetische Einstellung und Weltwahrnehmung –, die bei ihm mit einer schier unbändigen Poetisierungslust einhergeht: „Nicht die Schätze sind es, die ein so unaussprechliches Verlangen in mir geweckt haben, sagte er zu sich selbst; fern ab liegt mir alle Habsucht: aber die blaue Blume sehn' ich mich zu erblicken. Sie liegt mir unaufhörlich im Sinn, und ich kann nichts anders dichten und denken." (N I, S. 195) Seiner „so seltsamen Leidenschaft für eine Blume" (N I, S. 195) liegt im Blick auf die Welt eine dezidiert ästhetische Disposition zu Grunde, deren Kompromisslosigkeit jene seines Vorgängers Wilhelm augenscheinlich übertrifft; sie charakterisiert zugleich die distinkte Erzählhaltung des gesamten Romans.

Bezeichnend für die darin dominante ästhetische Disposition – und mithin für die reihenbildende strukturelle Überbietungsgeste – ist etwa die besondere poetologische Bedeutung, welche *Heinrich von Ofterdingen* den Träumen seines Protagonisten implizit und sogar explizit zubilligt. Nachdem Träume im *Wilhelm Meister* entweder eine warnende Rolle spielen[99] oder aber für einen geistig abwesenden[100] bzw. – sogar meistens – illusionären Bewusstseinszustand stehen,[101]

---

95 Uerlings: Novalis, S. 187; zum Kontext vgl. Norbert Christian Wolf: Ästhetische Objektivität. Goethes und Flauberts Konzept des Stils. In: Poetica. Zeitschrift für Sprach- und Literaturwissenschaft 34 (2002), H. 1–2, S. 125–169, bes. S. 135–137.
96 Vgl. Norbert Christian Wolf: Streitbare Ästhetik. Goethes kunst- und literaturtheoretische Schriften 1771–1789 (= Studien und Texte zur Sozialgeschichte der Literatur 81). Tübingen 2001, S. 4–5.
97 Vgl. Friedrich Schiller: Über die ästhetische Erziehung des Menschen [1795], 22. Brief. In: Friedrich Schiller: Sämtliche Werke, Bd. 5, S. 636–641, hier: S. 639.
98 Vgl. MA 5, S. 573–575.
99 Vgl. MA 5, S. 44, 115, 276 u. 536.
100 Vgl. MA 5, S. 110.
101 Vgl. MA 5, S. 16, 55, 82, 65, 72–73, 140, 199, 200, 233, 244, 319, 447, 539 u. 591.

sind sie dort kaum positiv konnotiert.[102] So kennzeichnet Wilhelms Haltung in einem Gespräch mit Werner eine später überwundene Auffassung, indem er – ganz im ‚romantischen' Sinne – ausführt:

> Wenn der Weltmensch in einer abzehrenden Melancholie über den großen Verlust seine Tage hinschleicht, oder in ausgelassener Freude seinem Schicksale entgegen geht, so schreitet die empfängliche, leichtbewegliche Seele des Dichters, wie die wandelnde Sonne, von Nacht zu Tag fort, und mit leisen Übergängen stimmt seine Harfe zu Freude und Leid. Eingeboren auf dem Grund seines Herzens wächst die schöne Blume der Weisheit hervor, und wenn die andern wachend träumen, und von ungeheuren Vorstellungen aus allen ihren Sinnen geängstiget werden, so lebt er den Traum des Lebens als ein wachender, und das seltenste, was geschieht, ist ihm zugleich Vergangenheit und Zukunft. Und so ist der Dichter zugleich Lehrer, Wahrsager, Freund der Götter und der Menschen. (MA 5, S. 82)

Goethes Erzähler weiß zwar, dass „im Traum das Seltsamste aus dem Seltsamsten sich entwickelnd uns überrascht" (MA 5, S. 199), misst den daraus entstehenden subjektiven Eindrücken aber keinen privilegierten Erkenntniswert zu. Sein Protagonist Wilhelm versucht dementsprechend, sich von bloßen ‚Traumgesichten' zu befreien und zu einem abgesicherten Wissen zu gelangen, wie seine Verarbeitung der ersten Begegnung mit Natalie zeigt: „Oft kam ihm die Geschichte wie ein Traum vor, und er würde sie für ein Märchen gehalten haben, wenn nicht das Kleid zurück geblieben wäre, das ihm die Gewißheit der Erscheinung versicherte." (MA 5, S. 233) Träume begegnen hier einem grundsätzlichen Vorbehalt, den Goethe in seinem Brief an Herder vom 27. Dezember 1788 artikuliert:

> Wenn ich nur deiner Frau, wie auch der Frau von Stein, die verwünschte Aufmercksamkeit auf Träume wegnehmen könnte. Es ist doch immer das Traumreich wie ein falscher Loostopf, wo unzählige Nieten und höchstens kleine Gewinnstchen unter einander gemischt sind. Man wird selber zum Traum, zur Niete, wenn man sich ernstlich mit diesen Phantomen beschäftigt. (WA IV 9, S. 69)

Im *Ofterdingen* vertritt nun charakteristischerweise Heinrichs Vater eine analoge Position, die auf diese Weise als überkommene Haltung der fantasiefeindlichen Elterngeneration und zugleich als Produkt einer fragwürdigen Verdrängung[103] gekennzeichnet wird:

---

[102] Eine singuläre und schon deshalb bezeichnende Ausnahme bildet Wilhelms Reaktion auf die erste Begegnung mit Natalie: „Er verfiel in eine träumende Sehnsucht" (MA 5, S. 238).
[103] Heinrichs Vater hat einst nämlich selbst den Zauber der ‚blauen Blume' empfunden bzw. eine künstlerische Ader gehabt, seinen diesbezüglichen Traum bzw. „den Ruf seiner eigensten Natur" aber später „ganz vergessen" (vgl. N I, S. 199–202 u. 326, Zit. S. 199 u. 326).

> Träume sind Schäume, mögen auch die hochgelahrten Herren davon denken, was sie wollen, und du thust wohl, wenn du dein Gemüth von dergleichen unnützen und schädlichen Betrachtungen abwendest. Die Zeiten sind nicht mehr, wo zu den Träumen göttliche Gesichte sich gesellten, und wir können und werden es nicht begreifen, wie es jenen auserwählten Männern, von denen die Bibel erzählt, zu Muthe gewesen ist. Damals muß es eine andere Beschaffenheit mit den Träumen gehabt haben, so wie mit den menschlichen Dingen. (N I, S. 198)

Gegen das gemeinaufklärerische Verdikt der Nutzlosigkeit, ja häufig sogar Schädlichkeit von Traumdeutungen führt Heinrich das besondere schöpferische, ja bewusstseinsverändernde Potenzial des Träumens ins Feld:

> Mich dünkt der Traum eine Schutzwehr gegen die Regelmäßigkeit und Gewöhnlichkeit des Lebens, eine freye Erholung der gebundenen Fantasie, wo sie alle Bilder des Lebens durcheinanderwirft, und die beständige Ernsthaftigkeit des erwachsenen Menschen durch ein fröhliches Kinderspiel unterbricht. Ohne die Träume würden wir gewiß früher alt, und so kann man den Traum, wenn auch nicht als unmittelbar von oben gegeben, doch als eine göttliche Mitgabe, einen freundlichen Begleiter auf der Wallfahrt zum heiligen Grabe betrachten. Gewiß ist der Traum, den ich heute Nacht träumte, kein unwirksamer Zufall in meinem Leben gewesen, denn ich fühle es, daß er in meine Seele wie ein weites Rad hineingreift, und sie in mächtigem Schwunge forttreibt. (N I, S. 199)

Heinrichs vehemente Verteidigung des Traumes steht für das poetische Prinzip der Fantasie, das er dem pragmatischen und rationalistischen Weltzugang der von Goethe verkörperten Vätergeneration[104] entgegenstellt und das in seinen eigenen Träumen spürbar wird, von denen es etwa heißt: „[E]ine himmlische Empfindung überströmte sein Inneres; mit inniger Wollust strebten unzählbare Gedanken in ihm sich zu vermischen; neue, niegesehene Bilder entstanden, die auch in einander flossen und zu sichtbaren Wesen um ihn wurden" etc. (N I, S. 196–197). Während Wilhelm Meister im Lauf des nach ihm benannten Romans allmählich lernt, seine subjektiven Wünsche und Projektionen an der widerständigen Wirklichkeit zu messen und zu korrigieren, versenkt Heinrich sich bevorzugt ins eigene Innere. Das ‚klassische' Postulat einer Wendung nach Außen beantwortet der *Ofterdingen* mit einer forcierten Wiederaufwertung der von Goethe diskreditierten Introspektion. Ganz programmatisch fällt Heinrich gleich zu Beginn des

---

[104] Vgl. etwa folgende Argumentation des Vaters: „In dem Alter der Welt, wo wir leben, findet der unmittelbare Verkehr mit dem Himmel nicht mehr Statt. Die alten Geschichten und Schriften sind jetzt die einzigen Quellen, durch die uns eine Kenntniß von der überirdischen Welt, so weit wir sie nöthig haben, zu Theil wird; und statt jener ausdrücklichen Offenbarungen redet jetzt der heilige Geist mittelbar durch den Verstand kluger und wohlgesinnter Männer und durch die Lebensweise und die Schicksale frommer Menschen zu uns." (N I, S. 198)

Romans in einen tiefen, schweren Traum, der in eine Apotheose der ‚blauen Blume' der Romantik mündet (vgl. N I, S. 197). Er kann durchaus als Rehabilitation jener „schöne[n] Blume der Weisheit" (MA 5, S. 82) gelesen werden, die durch Wilhelms fortschreitende Entfernung vom Dichterischen gleichsam in den Schatten gestellt worden ist. In einem Gespräch mit den Kaufleuten postuliert Heinrich deshalb

> zwey Wege um zur Wissenschaft der menschlichen Geschichte zu gelangen. Der eine, mühsam und unabsehlich, mit unzähligen Krümmungen, der Weg der Erfahrung; der andere, fast Ein Sprung nur, der Weg der innern Betrachtung. Der Wanderer des ersten muß eins aus dem andern in einer langwierigen Rechnung finden, wenn der andere die Natur jeder Begebenheit und jeder Sache gleich unmittelbar anschaut, und sie in ihrem lebendigen, mannichfaltigen Zusammenhange betrachten, und leicht mit allen übrigen, wie Figuren auf einer Tafel, vergleichen kann. (N I, S. 208)

Während Goethes Roman dieser Differenzierung zufolge offensichtlich den ersten, mühseligen Weg beschreitet, votiert jener Hardenbergs unübersehbar für den zweiten. Dessen als unmittelbar beanspruchte innere ‚Anschauung' der „Natur jeder Begebenheit und jeder Sache" mutet demgegenüber wie ein Tigersprung in die Erkenntnis an. Novalis toppt damit Goethes Philosophie der ‚Anschauung' als *scientia intuitiva*[105] und bezieht die unmittelbare Schau der ‚lebendigen, mannigfaltigen Zusammenhänge' direkt auf das gleichsam entelechisch angelegte ‚dichterische' Vermögen seines Protagonisten, indem er die Kaufleute vermuten lässt: „Es dünkt uns, ihr habt Anlage zum Dichter. Ihr sprecht so geläufig von den Erscheinungen eures Gemüths, und es fehlt Euch nicht an gewählten Ausdrücken und passenden Vergleichungen. Auch neigt Ihr Euch zum Wunderbaren, als dem Elemente der Dichter." (N I, S. 208) Heinrichs Bildungsweg sollte ja schließlich nicht in einen ‚nützlichen' bürgerlichen Beruf münden wie jener Wilhelm Meisters, der Wundarzt wird, sondern ins ‚wunderbare', transzendentalpoetisch als reflexive *und* produktive Möglichkeitsbedingung von Erkenntnis verstandene Dich-

---

[105] Vgl. Wolf: Streitbare Ästhetik, S. 413–416; mehr dazu in Momme Mommsen: Spinoza und die deutsche Klassik (I). In: Carleton Germanic Papers 2 (1974), S. 67–88, hier: S. 73–74. Hans-Jürgen Schings: Natalie und die Lehre des †††. Zur Rezeption Spinozas in *Wilhelm Meisters Lehrjahren* [zuerst 1987]. In: H.-J. Schings: Zustimmung zur Welt. Goethe-Studien, S. 155–208, hier: S. 205–207; Norbert Christian Wolf: Der kalte Blick. Goethes und Flauberts ästhetischer Spinozismus. In: Ein neuer Blick auf die Welt. Spinoza in Literatur, Kunst und Ästhetik. Hg. v. Martin Bollacher, Thomas Kisser, Manfred Walther. Würzburg 2010 (=Schriftenreihe der Spinoza-Gesellschaft 14), S. 29–56, hier: S. 39–41.

tertum.[106] Dieses erscheint nicht nur von Goethes selbstkritischem Kunstverständnis, sondern auch von den auf die Außenwelt bezogenen Künsten Malerei und Tonkunst abgehoben:

> Dagegen ist von der Dichtkunst sonst nirgends äußerlich etwas anzutreffen. Auch schafft sie nichts mit Werkzeugen und Händen; das Auge und das Ohr vernehmen nichts davon: denn das bloße Hören der Worte ist nicht die eigentliche Wirkung dieser geheimen Kunst. Es ist alles innerlich, und wie jene Künstler die äußern Sinne mit angenehmen Empfindungen erfüllen, so erfüllt der Dichter das inwendige Heiligthum des Gemüths mit neuen, wunderbaren und gefälligen Gedanken. Er weiß jene geheimen Kräfte in uns nach Belieben zu erregen, und giebt uns durch Worte eine unbekannte herrliche Welt zu vernehmen. Wie aus tiefen Höhlen steigen alte und künftige Zeiten, unzählige Menschen, *wunderbare* Gegenden, und die seltsamsten Begebenheiten in uns herauf, und entreißen uns der bekannten Gegenwart. Man hört fremde Worte und weiß doch, was sie bedeuten sollen. Eine magische Gewalt üben die Sprüche des Dichters aus; auch die gewöhnlichen Worte kommen in reizenden Klängen vor, und berauschten die festgebannten Zuhörer. (N I, S. 209–210)

Wenig später räumen die Kaufleute sogar ein, dass „die Musik und Poesie wohl ziemlich eins seyn mögen und vielleicht eben so zusammengehören, wie Mund und Ohr, da der erste nur ein bewegliches und antwortendes Ohr ist" (N I, S. 211). Sie bestätigen auf diese Weise den sich von der Mimesis emanzipierenden Darstellungsanspruch des frühromantischen Romans, dessen Postulat der Introspektion sich nicht allein auf die subjektive Innenwelt des Dichters, sondern auch auf die ‚Innenwelt der Außenwelt' bezieht.[107]

Generell steht das transzendentalpoetische Dichtertum im *Ofterdingen* für jene programmatische Rationalismuskritik, die etwa in einer ‚dunklen Ahndung' des jungen Heinrich zum Ausdruck kommt und das strukturell avantgardistische, sich allen definitorischen Zugriffen letztlich entziehende Projekt seines Autors bezeichnet:

> Schon oft habe ich von Dichtern und Sängern sprechen gehört, und habe noch nie einen gesehn. Ja, ich kann mir nicht einmal einen Begriff von ihrer sonderbaren Kunst machen, und doch habe ich eine große Sehnsucht davon zu hören. Es ist mir, als würde ich manches besser verstehen, was jetzt nur dunkle Ahndung in mir ist. Von Gedichten ist oft erzählt worden, aber nie habe ich eins zu sehen bekommen, und mein Lehrer hat nie Gelegenheit gehabt Kenntnisse von dieser Kunst einzuziehn. Alles, was er mir davon gesagt, habe ich nicht deutlich begreifen können. (N I, S. 208)

---

[106] Vgl. dazu Roland Heine: Transzendentalpoesie. Studien zu Friedrich Schlegel, Novalis und E. T. A. Hoffmann. Bonn 1974.
[107] Vgl. dazu Pikulik: Frühromantik, S. 222.

Einer *cognitio clara et distincta* scheint der Begriff von Dichtung demzufolge nicht zugänglich zu sein, sie ist – anders als scheinbar im *Wilhelm Meister* – durch den Verstand nicht zu fassen. Auch Novalis' ‚alter Bergmann' vermag die „volle Befriedigung" seines „angebornen Wunsches", die Berge zu ergründen, „diese wundersame Freude an Dingen, die ein näheres Verhältniß zu unserm geheimen Daseyn haben mögen, zu Beschäftigungen, für die man von der Wiege an bestimmt und ausgerüstet ist, nicht [zu] erklären und beschreiben." (N I, S. 242) Demgegenüber erscheinen die Vertreter des herkömmlichen Rationalismus im *Ofterdingen* allesamt kritisch perspektiviert, was sich an Klingsohrs Märchen aus dem 9. Kapitel veranschaulichen lässt, das von der spätaufklärerischen Kritik (hinter dem Verfasserkürzel „Gk." verbirgt sich offenbar ein Berliner Regierungsrat namens v. Rohr) nicht von ungefähr als „höchste[r] Gipfel des Verwirrten, wir sind versucht zu sagen, Unvernünftigen"[108] gegeißelt wurde: Die Figur des pedantischen Schreibers will darin alle Macht an sich reißen, um eine Herrschaft des Verstandes zu etablieren: An ihm verwandeln sich etwa die von der „edlen, göttergleichen Frau" verspritzen Wassertropfen in bezeichnender Weise: „Traf einer davon zufällig auf den Schreiber, so fielen eine Menge Zahlen und geometrische Figuren nieder, die er mit vieler Ämsigkeit auf einen Faden zog, und sich zum Zierrath um den magern Hals hing." (N I, S. 294) Seine fantasielosen Bemühungen um eine rein utilitaristische Durchdringung der Welt und ihrer Erscheinungen, die an das Verdikt des Novalis über den *Meister* erinnern, sind dauerhaft zum Scheitern verurteilt: „Der Schreiber ward bald des Betrachtens überdrüßig. Er schrieb alles genau auf, und war sehr weitläuftig über den Nutzen, den dieser Fund gewähren könne. Wie ärgerlich war er aber, als sein ganzes Schreibwerk die Probe nicht bestand, und das Papier weiß aus der Schaale hervorkam." (N I, S. 294–295) Immer stärker wird die Intoleranz des Verstandes gegenüber der Fantasie: „Der Schreiber jagte die kleine Fabel mit vielen Schmähungen von seinem Sitze, und hatte einige Zeit nöthig seine Sachen in Ordnung zu bringen. Er reichte Sophien die von Fabel vollgeschriebenen Blätter, um sie rein zurück zu erhalten, gerieth aber bald in den äußersten Unwillen, wie Sophie die Schrift völlig glänzend und unversehrt aus der Schaale zog und sie ihm hinlegte." (N I, S. 295–296) Als Vertreter des ‚tintenkleksenden Säkulums' vermag er auch die von der Romantik hoch gehaltene mündliche Überlieferung nicht zu würdigen: „Der Schreiber rührte die Feder, und machte immer eine Fratze, wenn er genöthigt war, Ginnistan um etwas zu fragen, die ein sehr gutes Gedächtniß hatte, und alles behielt, was sich zutrug." (N I, S. 296) Im weiteren Verlauf des Märchens entfacht er dann eine alle Überlieferung vernichtende Revolution, deren Verlauf die Zeit-

---

[108] Neue Allgemeine Deutsche Bibliothek 90 (1803), 1. St., 1. H., S. 49–56, hier: S. 52.

genossen wohl in mancher Hinsicht an die noch recht aktuellen Ereignisse in Frankreich erinnert hat:

> Unterdessen war zu Hause eine traurige Veränderung vorgegangen. Der Schreiber hatte das Gesinde in eine gefährliche Verschwörung verwickelt. Sein feindseliges Gemüth hatte längst Gelegenheit gesucht, sich des Hausregiments zu bemächtigen, und sein Joch abzuschütteln. Er hatte sie gefunden. Zuerst bemächtigte sich sein Anhang der Mutter, die in eiserne Bande gelegt wurde. Der Vater ward bey Wasser und Brod ebenfalls hingesetzt. Die kleine Fabel hörte den Lärm im Zimmer. Sie verkroch sich hinter dem Altare, und wie sie bemerkte, daß eine Thür an seiner Rückseite verborgen war, so öffnete sie dieselbe mit vieler Behendigkeit, und fand, daß eine Treppe in ihm hinunterging. Sie zog die Tür nach sich, und stieg im Dunkeln die Treppe hinunter. Der Schreiber stürzte mit Ungestüm herein, um sich an der kleinen Fabel zu rächen, und Sophien gefangen zu nehmen. Beyde waren nicht zu finden. Die Schaale fehlte auch, und in seinem Grimme zerschlug er den Altar in tausend Stücke, ohne jedoch die heimliche Treppe zu entdecken. (N I, S. 300–301)

Auf die zuletzt angedeutete religionsfeindliche Haltung des rationalistischen Schreibers wird noch kurz zurückzukommen sein. Im gegenwärtigen Kontext ist bezeichnend, dass er im Bund mit der fantasielosen Vätergeneration steht:

> Die Alten waren froh, wie sie den Schreiber kommen hörten, aber voll Ingrimms gegen die kleine Fabel. Sie riefen sie heraus, schnarchten sie fürchterlich an und verboten ihr fortzuspinnen. Der Schreiber schmunzelte höhnisch, weil er die kleine Fabel nun in seiner Gewalt zu haben glaubte und sagte: Es ist gut, daß du hier bist und zur Arbeit angehalten werden kannst. Ich hoffe, daß es an Züchtigungen nicht fehlen soll. Dein guter Geist hat dich hergeführt. Ich wünsche dir langes Leben und viel Vergnügen. (N I, S. 303)

Die hier zum Ausdruck kommende Brutalität zeichnet auch die weiteren Aktionen des Schreibers aus, der die Fabel „mit entsetzlicher Wuth" verfolgt und sich an Unschuldigen fürchterlich „rächt" (N I, S. 306). Zuletzt verursacht er „einen entsetzlichen Lärm", nachdem er sich mit seinen Gesellen „an dem Flammentode der Mutter geweidet" hat, dann „aber gewaltig" erschrickt, als er „den Untergang der Sonne" wahrnimmt (N I, S. 307). Gemeinsam mit dem verhassten „Sonnenreich" – allegorisch als Herrschaft der Aufklärung (*lumières*) zu dekodieren – kann er schließlich von der Fabel besiegt werden, wodurch nun das goldene Zeitalter der ‚blauen Blume' eingeläutet wird (vgl. N I, S. 342) und in einer Offenbarung des ‚ewig unergründlichen großen Geheimnisses' (vgl. N I, S. 312–313) die Herrschaft des Königs restituiert erscheint. In Fabels vorderhand schlichten, aber bedeutungsschweren Worten: „Die alten Zeiten kehren zurück." (N I, S. 310) Diese Worte sind trotz der ihnen innewohnenden utopischen Überformung ‚realer' Geschichte durchaus auch als politische Beschwörung angesichts der gesellschaftlichen Umwälzungen infolge der Französischen Revolution zu verstehen, die dem alteuropäischen Adel, dem Hardenberg ja selbst angehörte, einen Todesstoß zu versetzen drohte. Insofern kann man hier mit guten Gründen die ästhetische Form „als strukturierte Reaktion[] auf soziale Widersprüche" interpretieren, wie das nach jahrzehntelanger, ideologisch bedingter Zurückhaltung neuerdings wieder Franco Moretti erfolgreich postuliert.[109]

In Anbetracht dessen verwundert es nicht, dass Hardenberg die Folgen der revolutionären Veränderungen sogar im symbolischen Bereich jener Literatur zu registrieren glaubte, die – wie auch ihr Urheber – keinerlei Sympathie mit den französischen Verhältnissen verdächtig schien; wohl durchaus im Zusammenhang damit beklagt Novalis im 536. seiner *Fragmente und Studien* (1799–1800) die ‚schlechte Gesellschaft' in Goethes *Meister:* „Im Grunde kommt der Adel dadurch schlechtweg [sic], daß er ihn zur Poësie rechnet, und die Poësie, daß er sie vom Adel repraesentiren läßt. / Er macht die Musen zu Comödiantinnen, anstatt die Comoediantinnen zu Musen zu machen. [...] Avanturiers, Comoedianten, Maitressen, Krämer und Philister sind die Bestandtheile des Romans. Wer ihn recht zu Herzen nimmt, ließt keinen Roman mehr." (N III, S. 647) Der Sozialdünkel Hardenbergs ist hier mit Händen zu greifen, zeugt seine Enttäuschung doch von einer unbedingten Auratisierungssehnsucht gegenüber der Dichtung und ihrem Personal – so als wolle er die alte Ständeklausel wieder restituieren, auf die ‚niedere' Gattung des Romans übertragen und auch dadurch den ‚profanen' Goethe übertrumpfen. Eine Mariane oder Philine hat in seinem Romanprojekt jedenfalls keinen Platz. Wie wichtig ihm dieses Ansinnen ist, zeigt der Umstand, dass er im Brief an Tieck vom 23. Februar 1800 in fast wörtlicher Übereinstimmung mit seinem zitierten Fragment am *Meister* kritisiert:

> Man weiß nicht[,] wer schlechter wegkömmt – die Poësie oder der Adel, jene[,] weil er sie zum Adel, dieser, weil er ihn zu Poësie rechnet. Mit Stroh und Läppchen ist der Garten der Poësie nachgemacht. Anstatt die Comoediantinnen zu Musen zu machen, werden die Musen zu Comoediantinnen gemacht. [...] Der Verstand ist darinn, wie ein naïver Teufel. Das Buch ist unendlich merckwürdig – aber man freut sich doch herzlich, wenn man von der ängstlichen Peinlichkeit des 4ten Theils erlößt und zum Schluß gekommen ist. (N IV, S. 323)

Die zuletzt wieder topische Unterstellung der Verstandeslastigkeit ist die Kehrseite der eigenen forcierten Aufwertung des ‚Wunderbaren' in der Poesie, das offenbar auch soziale, ja sogar politische Implikationen hat. In programmatischer Absicht stellt Novalis dem „jungen, zärtlichen, unbefiederten Kaufmannssohn" Wilhelm (MA 5, S. 10) einen keineswegs verwöhnten jugendlichen Adelsspross gegenüber:

> Heinrich war eben zwanzig Jahr alt geworden. Er war nie über die umliegenden Gegenden seiner Vaterstadt hinausgekommen; die Welt war ihm nur aus Erzählungen bekannt. Wenig

---

[109] Franco Moretti: Der Bourgeois, S. 30–31; mehr dazu ebd., S. 29–30.

Bücher waren ihm zu Gesichte gekommen. Bey der Hofhaltung des Landgrafen ging es nach der Sitte der damaligen Zeiten einfach und still zu; und die Pracht und Bequemlichkeit des fürstlichen Lebens dürfte sich schwerlich mit den Annehmlichkeiten messen, die in spätern Zeiten ein bemittelter Privatmann sich und den Seinigen ohne Verschwendung verschaffen konnte. (N I, S. 203)

Verglichen mit dieser als noch als ‚unentfremdet' imaginierten höfischen Gemeinschaft erscheint Goethes ‚denaturierte' Turmgesellschaft aus Hardenbergs Perspektive sozial diskreditiert: „Das viele Intriguiren und Schwatzen und Repraesentiren am Schluß des 4ten Buchs verräth das vornehme Schloß [...] – und erregt eine ärgerliche Peinlichkeit. [...] Der Thurm in Lotharios *Schlosse* ist ein großer Widerspruch mit *demselben*." (N III, S. 646) Anstelle des reichlich artifiziell wirkenden, weil traditionslosen und rein rational begründeten, neuzeitlichen Geheimbundes mit seinen komplizierten, scheinbar ‚äußerlich' determinierenden Lenkungstechniken propagiert *Heinrich von Ofterdingen* eine ‚innerlich' begründete, weil angeblich natürliche Adelswelt des Mittelalters, das er als „eine tiefsinnige und romantische Zeit" verklärt, „die unter schlichtem Kleide eine höhere Gestalt verbirgt." (N I, S. 204) Die Situierung des Romanplots in die von Novalis stets als christlich konnotierte ‚Übergangsepoche'[110] ermöglichte ihm die Zeichnung einer Gesellschaft, in der die Aristokratie noch auf ungebrochene Akzeptanz seitens der von ihr beherrschten Untertanen stößt. Deren unbedingtes Zutrauen kommt etwa gegen Ende des von Klingsohr erzählten Märchens ostensibel zum Ausdruck:

Heil unsern alten Beherrschern, rief das Volk. Sie haben immer unter uns gewohnt, und wir haben sie nicht erkannt! Heil uns! Sie werden uns ewig beherrschen! Segnet uns auch! Sophie sagte zu der neuen Königinn: Wirf du das Armband eures Bundes in die Luft, daß das Volk und die Welt euch verbunden bleiben. Das Armband zerfloß in der Luft, und bald sah man lichte Ringe um jedes Haupt, und ein glänzendes Band zog sich über die Stadt und das Meer und die Erde, die ein ewiges Fest des Frühlings feyerte. (N I, S. 314)

Der hier apostrophierte ‚neue Bund' verweist nicht nur wiederum auf das Neue Testament, sondern scheint zudem bestens dazu angetan, die um 1800 nach wie

---

110 Vgl. die im Haupttext nur auszugsweise zitierte Charakterisierung des Mittelalters durch den Erzähler in ihrem Zusammenhang: „In allen Übergängen scheint, wie in einem Zwischenreiche, eine höhere, geistliche Macht durchbrechen zu wollen; und wie auf der Oberfläche unseres Wohnplatzes, die an unterirdischen und überirdischen Schätzen reichsten Gegenden in der Mitte zwischen den wilden, unwirthlichen Urgebirgen und den unermeßlichen Ebenen liegen, so hat sich auch zwischen den rohen Zeiten der Barbarey, und dem kunstreichen, vielwissenden und begüterten Weltalter eine tiefsinnige und romantische Zeit niedergelassen, die unter schlichtem Kleide eine höhere Gestalt verbirgt." (N I, S. 204)

vor aktuelle Französischen Revolution und die damit einhergehenden gesellschaftlichen Umwälzungen symbolisch ungeschehen zu machen: „Sie waren mit Blumenkränzen umwunden; die königliche Familie empfing sie mit der herzlichsten Zärtlichkeit, und das neue Königspaar rief sie zu seinen Statthaltern auf Erden aus." (N I, S. 314) Die abschließenden Worte klingen fast wie eine poetische Restitution des nicht erst mit dem Sturz der französischen Monarchie fragwürdig gewordenen Gottesgnadentums.[111] Novalis' Erzähler hingegen ist nicht nur dieses, sondern das Christentum insgesamt heilig, gegen dessen gesellschaftliche Manifestationen selbst die Vertreter der Aufklärung im Roman argumentativ nicht ankommen:

> Wenn ihr auch, fuhren die Kaufleute fort, die Kunst eures Vaters nicht ergreifen, und lieber, wie wir gehört haben, euch mit gelehrten Dingen befassen wollt: so braucht ihr nicht Geistlicher zu werden, und Verzicht auf die schönsten Genüsse dieses Lebens zu leisten. Es ist eben schlimm genug, daß die Wissenschaften in den Händen eines so von dem weltlichen Leben abgesonderten Standes, und die Fürsten von so ungeselligen und wahrhaft unerfahrenen Männern berathen sind. In der Einsamkeit in welcher sie nicht selbst Theil an den Weltgeschäften nehmen, müssen ihre Gedanken eine unnütze Wendung erhalten, und können nicht auf die wirklichen Vorfälle passen. (N I, S. 207)

Novalis' träumerischer Protagonist lässt sich von solchen gemeinaufklärerischen Argumenten, gegen deren – auch noch Goethe zugeschriebenen – Utilitarismus der gesamte Roman gerichtet ist, keineswegs beirren. Er beruft sich auf „unsern trefflichen Hofkaplan", den er als „ein Muster eines weisen Mannes" rühmt, „dessen Lehren und Rathschläge mir unvergessen seyn werden" (N I, S. 207), und erläutert in der Folge:

> [S]ollte nicht jene höhere Kunde ebenfalls geschickt machen, recht unpartheiisch den Zügel menschlicher Angelegenheiten zu führen? sollte nicht jene kindliche unbefangene Einfalt sicherer den richtigen Weg durch das Labyrinth der hiesigen Begebenheiten treffen, als die durch Rücksicht auf eigenen Vortheil irregeleitete und gehemmte, von der unerschöpflichen Zahl neuer Zufälle und Verwickelungen geblendete Klugheit? (N I, S. 207–208)

Besonders augenscheinlich wird die nicht nur transzendentalpoetische, sondern auch eminent religiöse Grundierung des gesamten Romangeschehens in der Liebesgeschichte zwischen Heinrich und Mathilde, deren Höhepunkt nicht etwa – wie gleich mehrmals im *Wilhelm Meister* – als geschlechtliche Vereinigung erfolgt,

---

111 Vgl. dazu aus historischer Perspektive Otto Brunner: Vom Gottesgnadentum zum monarchischen Prinzip. Der Weg der europäischen Monarchie seit dem hohen Mittelalter. In: Die Entstehung des modernen souveränen Staates. Hg. von Hanns Hubert Hofmann (= Neue Wissenschaftliche Bibliothek 17). Köln, Bonn 1967, S. 115–136 u. S. 402–405).

sondern als Gemeinsamkeit der Liebenden in Gott. Zunächst macht Mathilde klar, wem das gemeinsame Glück zu verdanken ist: „Du glaubst nicht Lieber, wie inbrünstig ich heute früh, wie wir nach Hause kamen, vor dem Bilde der himmlischen Mutter niederkniete, wie unsäglich ich zu ihr gebetet habe. Ich glaubte in Thränen zu zerfließen. Es kam mir vor, als lächelte sie mir zu. Nun weiß ich erst was Dankbarkeit ist." (N I, S. 288) Heinrich nimmt nun den Faden auf und erläutert im Liebesgespräch den engen Konnex zwischen der Liebe zu Menschen und der Liebe zu Gott, wobei er sich eines beliebten Bibelzitats (Matthäus 18,20) bedient:

> Du bist die Heilige, die meine Wünsche zu Gott bringt, durch die er sich mir offenbart, durch die er mir die Fülle seiner Liebe kund thut. Was ist die Religion, als ein unendliches Einverständniß, eine ewige Vereinigung liebender Herzen? Wo zwey versammelt sind, ist er ja unter ihnen. Ich habe ewig an dir zu athmen; meine Brust wird nie aufhören dich in sich zu ziehn. Du bist die göttliche Herrlichkeit, das ewige Leben in der lieblichsten Hülle. (N I, S. 288)

Damit kein Zweifel über die Wertigkeit in der Relation zwischen Dies- und Jenseitigem aufkommen kann, lässt Novalis seinen Protagonisten im Sinne eines christlichen Platonismus ausrufen: „Könntest du nur sehn, wie du mir erscheinst, welches wunderbare Bild deine Gestalt durchdringt und mir überall entgegen leuchtet, du würdest kein Alter fürchten. Deine irdische Gestalt ist nur ein Schatten dieses Bildes. Die irdischen Kräfte ringen und quellen um es festzuhalten, aber die Natur ist noch unreif; das Bild ist ein ewiges Urbild, ein Theil der unbekannten heiligen Welt." (N I, S. 288–289) Oder noch eindeutiger: „Ja Mathilde, die höhere Welt ist uns näher, als wir gewöhnlich denken. Schon hier leben wir in ihr, und wir erblicken sie auf das Innigste mit der irdischen Natur verwebt." (N I, S. 289) Es ist wohl nicht zu weit hergeholt, diese Ausrichtung auf das Transzendente – wie auch auf das Transzendentale im Sinne Kants[112] – als Kontrafaktur des sprichwörtlichen Immanenzbekenntnisses Goethes zu lesen.

Wie schon angedeutet wurde, ist der soziale Hintergrund für Novalis' forcierte Aufwertung des Adels und der christlichen Religion in Hardenbergs familiärer Herkunft zu sehen, die mit dem Verweis auf den Altadel indes nur unzureichend gekennzeichnet ist. Tatsächlich gehörte Hardenbergs engere Familie nämlich nicht zur niedersächsischen, gräflichen Linie des Geschlechts, aus welcher u. a. der bekannte preußische Staatskanzler Karl August von Hardenberg (1750–1822) hervorging, sondern zur obersächsischen, freiherrlichen Linie, die Herbert Uer-

---

[112] Dies kann hier aus thematischen Gründen nicht weiter ausgeführt werden. Genaueres dazu findet sich etwa in Roland Heine: Transzendentalpoesie, S. 93–153; Manfred Engel: Der Roman der Goethezeit. Bd. 1: Anfänge in Klassik und Frühromantik – Transzendentale Geschichten, S. 444–496.

lings folgendermaßen charakterisiert: „kleiner, im Mansfeldischen ansässiger mitteldeutscher Landadel",[113] dessen Bemühungen um den Grafentitel erfolglos blieben.[114] Es handelt sich bei Friedrich Freiherrn von Hardenberg mithin zwar um einen der wenigen altadeligen Autoren neuzeitlicher deutscher Literatur, der sogar in einem veritablen Schloss (Oberwiederstedt bei Halle) aufwuchs, dabei aber in soziologischer Hinsicht einem tendenziell absteigenden Kleinadel angehörte und insgesamt „keine glückliche Kindheit" hatte: „Der Vater, Heinrich Ulrich Erasmus von Hardenberg [1738–1814], war ein harter, strenger Charakter. Er hatte die Kinderlosigkeit seiner ersten Ehe und den Tod der Frau als Strafe Gottes für einen sündigen Lebenswandel gedeutet und war, Buße und Besserung gelobend, der Herrnhuter Brüdergemeinde beigetreten."[115] Nicht die Frömmigkeit, wohl aber die Härte und relative Verständnislosigkeit des Vaters findet im Plot des *Ofterdingen* einen Reflex, ebenso wie die familiäre Rolle der liebevollen realen Mutter als Gegengewicht zu ihrem „innerlich unsicheren und gebrochenen" Mann:

> Die Mutter der Kinder, des Vaters zweite Frau, war die 12 Jahre jüngere Bernhardine Auguste von Bölzig (1749–1818), eine arme Verwandte. Sie hatte dem scheinbar nichts entgegenzusetzen und keine andere Wahl, als sich zu fügen. [...] Dennoch bildete die Mutter einen Gegenpol zum Vater. Die von Hardenbergs lebten ohne große gesellschaftliche Verpflichtungen und Repräsentation, sie waren eher einer bürgerlichen Kernfamilie vergleichbar, und dazu gehört auch, daß sich eine besondere emotionale Intimität zwischen Mutter und Kindern ausgeprägt hat. Das galt vor allem für die Beziehung der Mutter und Novalis. Friedrich war zunächst ein schwächliches, zartes Kind, dessen geistige Entwicklung zu wünschen übrig ließ. Der Vater verlor schnell das Interesse an dem Erstgeborenen, und dieser wurde das Lieblingskind der Mutter, die die Zeitgenossen als kluge, feingeistige und verständnisvolle Frau beschrieben.[116]

Wie zahlreiche bürgerliche Autoren seiner Zeit genoss auch Friedrich als zweitältestes von elf Kindern eine streng pietistische Erziehung, wurde aber bis zum Eintritt ins Eislebener Gymnasium standesgemäß von einem privaten Hauslehrer sowie in der örtlichen Lateinschule unterrichtet.[117] Es mag neben den allgemeinen Zeitläufen auch mit seiner für einen deutschen Dichter atypischen Herkunft und mit dem ebenfalls atypischen Bildungsweg zu tun haben, dass er – im Unterschied etwa zu dem gut 15 Jahre älteren (klein)bürgerlichen Zeitgenossen Karl Philipp Moritz (1756–1793) – die habituelle und intellektuelle Prägung durch

---

113 Uerlings: Novalis, S. 9.
114 Vgl. Wolfgang Hädecke: Novalis. Biographie. München/Wien 2011, S. 15–16.
115 Uerlings: Novalis, S. 11; mehr dazu in Wolfgang Hädecke: Novalis, S. 16–18.
116 Uerlings: Novalis, S. 13.
117 Vgl. Uerlings: Novalis, S. 20.

einen rigorosen Pietismus genauso wenig kritisch überwand wie jene durch den abstiegsbedrohten Kleinadel, der sich gemeinhin durch eine besonders ernsthaft betriebene und ostentative soziale Distinktion gegenüber den „Angehörigen der neuen Berufssparten" und ihrem Lebensstil hervortut.[118] In diesem Zusammenhang sollte freilich nicht der ‚Brechungseffekt' übersehen werden, den relativ autonome literarische Felder mittels ihrer internen Kraftlinien strukturell auf jene Faktoren ausüben, die von außen importiert werden: „[E]xterne Einflüsse wirken sich stets nur über die spezifischen Kräfte und Formen des Feldes aus, das heißt nachdem sie in einer Weise *umstrukturiert* wurden, die um so tiefer greift, je autonomer das Feld ist, je fähiger es ist, seine spezifische Logik zur Geltung zu bringen, die wiederum nichts anderes ist als seine gesamte, in Institutionen und Mechanismen objektivierte Geschichte."[119] Die durch die interne Struktur des zunehmend autonomen literarischen Feldes bewirkte ‚prismatische Brechung', der Hardenbergs politische und gesellschaftliche Haltungen um 1800 unterlagen, verweist auf die wachsende Eigengesetzlichkeit jenes der ‚äußeren' Sozialgeschichte „parallelen kulturellen Strang[s], der – als Teil einer Doppelhelix – die Erschütterungen" in der zeitgenössischen Gesellschaft „mit den Mitteln literarischer Formgebung abbildet und interpretiert"[120] – aber eben keineswegs im Sinne einer eindimensionalen „Widerspiegelung" externer Kräfte.[121] Bei Hardenberg schlägt sich das etwa in der vielsagenden Wahl des historischen Stoffes für seinen Roman nieder. Im Gegensatz etwa zu dem in die Antike versetzten *Agathon* oder zu

---

118 In partieller Homologie zu den von Bourdieu rekonstruierten habituellen Charakteristika des absteigenden Kleinbürgertums; vgl. Pierre Bourdieu: Die feinen Unterschiede. Kritik der gesellschaftlichen Urteilskraft. Frankfurt a. M.⁴1991, S. 541–549, bes. S. 549.
119 Bourdieu: Die Regeln der Kunst, S. 367. Die Vorzüge dieses Konzeptes gegenüber der formalistischen Vorstellung korrespondierender Reihen liegen auf der Hand, weil sich hier nicht zwei mehr oder weniger eigenständige ‚Systeme' gegenüberstehen, die bloß interferieren, sondern das literarische Feld gleichsam wie ein Prisma wirkt, indem es feldexterne Faktoren in die eigene Form- und Problemgeschichte ‚übersetzt'.
120 Moretti: Der Bourgeois, S. 29. Demnach „ist die Literatur ein ziemlich seltsames Universum, in dem nur die ‚Auflösungen' [sozialer Konflikte, N.C.W.] – in Form der überlieferten Texte – erhalten bleiben, während von den für sie ursächlichen ‚Grunddissonanzen' nur noch wenig zu erkennen ist: und desto weniger, je mehr Erfolg der Auflösung beschieden war." Eine so verstandene Historiographie der Literatur als Teil der allgemeinen Sozialgeschichtsschreibung impliziere, „daß literarische Formen gleichsam versteinerte Überbleibsel einer einst lebendigen und problemgeladenen Gegenwart sind", weshalb Literaturhistoriker „nach dem Vorbild des *reverse engineering* von ihnen auf die zugrundeliegenden Probleme zurückschließen" müssen; auf dieser Basis könne „eine formale Analyse unter Umständen [...] Dimensionen der Vergangenheit aufschließen, die ansonsten verborgen blieben. Hier liegt der potentielle Beitrag der Literatur zum Verständnis der Geschichte" (S. 29–30).
121 Vgl. Bourdieu: Die Regeln der Kunst, S. 323–326 u. 367–368.

dem in der vorrevolutionären Neuzeit spielenden *Wilhelm Meister* ist dieser nicht allein in dem von der Renaissance, der Aufklärung und noch der Weimarer Klassik als ‚finstere Zwischenzeit' diskreditierten Mittelalter angesiedelt, sondern greift zudem Elemente aus der mittelalterlichen Mythologie auf und verarbeitet sie poetisch, wie die Forschung gezeigt hat:

> Der Titel des *Ofterdingen* besaß um 1800 Signalwert: Heinrich von Ofterdingen galt unter den Gebildeten nicht als fiktive, sondern als historische Figur und als bedeutender mittelalterlicher Dichter. Als solcher erschien er im *Sängerkrieg auf der Wartburg*, einem um die Mitte des 13. Jahrhunderts entstandenen mittelhochdeutschen Gedichtzyklus, der vom sagenhaften Wettstreit u. a. der Dichter Wolfram von Eschenbach, Walther von der Vogelweide, Reinmar von Hagenau und Heinrich von Ofterdingen berichtet. Ähnliches galt für Klingsohr, den Zauberer in Wolframs von Eschenbach *Parzival* (1200–1210), der in verschiedenen thüringischen Chroniken in Zusammenhang mit dem Sängerkrieg um 1205 erwähnt wird.[122]

Die gewählten Bezugstexte sowie die historisch nicht belegte Figur des Protagonisten stehen keineswegs bloß für „eine positive Sicht auf die mittelalterliche Dichtung", der etwa Goethe damals in aufklärerischer Manier noch wenig Interesse entgegenbrachte; sie zielen vielmehr auf „eine umfassende Neubewertung der Zeit"[123] als eine die Poesie beheimatende Epoche:

> Die im Roman entwickelte neue Sicht des Mittelalters knüpft [...] an Bekanntes an, führt es aber auch weiter, und natürlich werden die Quellen wieder selektiv rezipiert. So läßt sich das Mittelalter-Bild nur dann angemessen verstehen, wenn man seine Funktion in einem Roman beleuchtet, der auf die Betonung des Ökonomischen in *Wilhelm Meisters Lehrjahren* mit einer ‚Apotheose der Poësie' antwortet: Novalis verlegt die Handlung seines Romans ins Mittelalter, um so ein positives, poetisches Gegenbild zu seiner eigenen Zeit, der duch einen prosaischen Zweckutilitarismus geprägten Gegenwart, zu gewinnen.[124]

Novalis betreibt keine plane Gleichsetzung des Mittelalters mit einem goldenen Zeitalter, sondern stilisiert es als Zeit der „*Übergänge* und heterogène[n] Mischungen" (N III, S. 587) bzw. der Schwelle oder „des möglichen Übergangs in eine bessere Welt", die im Roman von Heinrich eingeläutet werden sollte.[125] Während der Protagonist des *Wilhelm Meister* seine hochfliegenden Pläne und Projektionen allmählich der profanen Wirklichkeit anzupassen lernt, verhält es sich im *Ofterdingen* gerade umgekehrt: Die Realität soll an der Utopie gemessen und womöglich dementsprechend (um)gestaltet werden.

---

[122] Uerlings: Novalis, S. 188–189.
[123] Uerlings: Novalis, S. 189.
[124] Uerlings: Novalis, S. 190.
[125] Uerlings: Novalis, S. 191.

Dies zeigt sich etwa am Beispiel des Kaufmannsstandes, der in beiden Romanen eine nicht unerhebliche Rolle spielt. Bei Goethe wird er von Wilhelms Jugendfreund Werner vertreten, der der dazugehörigen profanen „Vorstellungsart" eine regelrechte Eloge hält:

> [I]ch wüßte nicht, wessen Geist ausgebreiteter wäre, ausgebreiteter sein müßte, als der Geist eines echten Handelsmanns. Welchen Überblick verschafft uns nicht die Ordnung, in der wir unsre Geschäfte führen! Sie läßt uns jederzeit das Ganze überschauen, ohne daß wir nötig hätten, uns durch das Einzelne verwirren zu lassen. Welche Vorteile gewährt die doppelte Buchhaltung dem Kaufmanne! Es ist eine der schönsten Erfindungen des menschlichen Geistes, und ein jeder gute Haushalter sollte sie in seiner Wirtschaft einführen. (MA 5, S. 37)

In diesen laudativen Worten mit ihrer Betonung von „Ordnung", ‚Ganzheit' und ‚Geist' als Epitheta „eines echten Handelsmanns" meint man fast schon den „Wirtschaftsästheten"[126] Dr. Paul Arnheim aus Robert Musils Roman *Der Mann ohne Eigenschaften* zu vernehmen. Goethes Wilhelm hingegen vermag einer solchen ökonomischen Denkungsart zunächst nur wenig abzugewinnen: „Verzeih mir, sagte Wilhelm lächelnd, du fängst von der Form an, als wenn das die Sache wäre; gewöhnlich vergeßt ihr aber auch über eurem Addieren und Bilanzieren das eigentliche Fazit des Lebens." (MA 5, S. 37) Im weiteren Verlauf des Gesprächs zeigt Wilhelm sich freilich trotz aller Skepsis „nicht abgeneigt", und Werner fährt fort, gegen den „falsche[n] Enthusiasmus" anzureden und sogar die „dichterische Einbildungskraft" zum Lobe der Ökonomie vereinnahmen zu wollen (MA 5, S. 38). Dies geht dann auch Wilhelm zu weit, der darauf bedacht bleibt, das „Handwerk" der Dichtkunst, „dem er sich mit Leidenschaft gewidmet hatte, unangefochten zu lassen." (MA 5, S. 39) Es ist indessen der profan-pragmatische, völlig unmusische Werner, der in dieser Diskussion das letzte Wort hat, und auf einer allgemeineren Ebene behält er trotz aller Einsprüche Wilhelms gegen seine entwaffnend simple Anthropologie (vgl. MA 5, S. 285–291) überhaupt Recht, nachdem Wilhelm seiner gegen Werners Ermahnungen getroffenen Entscheidung zum Schauspielerberuf letztendlich nicht treu bleiben wird.

Dass Novalis die Gesamtanlage dieses Plots auf längere Sicht nicht goutieren konnte, dürfte bereits deutlich geworden sein. In den *Vorarbeiten zu verschiedenen Fragmentsammlungen* (1798) führt er dazu aus (Nr. 242):

> Einheit muß jede Darstellung haben – wenn Sie Eine Darstellung – Ein Ganzes sein will – und nicht etwa aus Prinzip im Großen gestaltlos und nur im Einzelnen poëtisch seyn will. Dann aber ist es auch insofern kein Kunstwerk – sondern nur ein Sack voll Kunstfragmente. / Je

---

[126] Robert Musil: Gesammelte Werke in neun Bänden. Bd. 7. Hg. von Adolf Frisé. Reinbek bei Hamburg 1978, S. 940–941.

> größer der Dichter, desto weniger Freyheit erlaubt er sich, desto philosophischer ist er. Er begnügt sich mit der willkührlichen Wahl des ersten Moments und entwickelt nachher nur die Anlagen dieses Keims – bis zu seiner Auflösung. Jeder Keim ist eine *Dissonanz* – ein Mißverhältniß, was sich nach gerade ausgleichen soll. Dieser erste Moment begreift die Wechselglieder in einem Verhältniß – das nicht so bleiben kann – z. B. bei Meister – Streben nach dem Höchsten und Kaufmannsstand. Da kann nicht so bleiben – Eins muß des Andern Herr werden – Meister muß den Kaufmannsstand verlassen oder das Streben muß vernichtet werden – [...] Sinn für schöne Kunst – und Geschäftsleben streiten sich um Meister in ihm. Das Erste und das Zweyte – Schönheit und Nutzen sind die Göttinnen, die ihm einigemal unter verschiednen Gestalten auf Scheidewegen erscheinen – Endlich kommt Natalie – die beyden Wege und die beyden Gestalten fließen in Eins. (N II, S. 581)

Während Hardenberg 1798 in der gleichsam *ex machina* eingeführten Figur der Natalie noch einen Ausweg aus der von ihm konstatierten strukturellen Aporie des *Wilhelm Meister* sehen will, urteilt er Anfang 1800 in seinen *Fragmenten und Studien* (Nr. 536) vernichtend, dass „das Eindringen des Evangeliums der Oeconomie" vom Helden nur noch „retardirt" werden könne, denn: „Hinten wird alles Farce. Die Oeconomische Natur ist die Wahre – *Übrig bleibende.*" (N III, S. 646) Nachdem dieser Deutung zufolge in Goethes Roman die schlechte Ökonomie den Sieg davonträgt, kann darin auch nicht die von Friedrich Schlegel behauptete „Synthese der Antinomien" stattfinden.[127] Novalis' eigener, ‚romantischer' Roman verfährt hier konträr, indem er „den mittelalterlichen Großhandel" nicht als Konkurrenten, sondern „als Beförderer menschlicher Kultur" stilisiert.[128] Im *Ofterdingen* stehen die stets als Kollektivsubjekt auftretenden Kaufleute der Poesie denn auch wohlwollend gegenüber (vgl. N I, S. 209–211), ja befördern und nobilitieren sie bei Heinrich durch das Erzählen von Geschichten, in denen der „wohlthätige Einfluß der beschützten und geehrten Dichter" zum Ausdruck kommt (vgl. N I, S. 211–229, Zit. S. 214).

Bei allen eklatanten Unterschieden, welche die beiden Romane voneinander trennen und deren tragende Strukturelemente sich im Vergleich bisweilen als regelrechte Gegensatzpaare erweisen, sei zuletzt doch anhand dreier Beispiele auch der überaus zahlreichen Motiventsprechungen und -spiegelungen[129] gedacht, die zwischen dem *Meister* und dem *Ofterdingen* zweifelsohne bestehen und den genannten Differenzen als „*collusio* der Akteure in der *illusio* der Konkurrenz zugrunde" liegen,[130] ja sie erst ermöglichen: So begegnen überraschenderweise in

---

[127] Vgl. Uerlings: Novalis, S. 181–182.
[128] Uerlings: Novalis, S. 191.
[129] Vgl. dazu auch Hans-Joachim Beck: Friedrich von Hardenberg. „Oeconomie des Styls". Die „Wilhelm Meister"-Rezeption im „Heinrich von Ofterdingen". Bonn 1976, S. 40–43.
[130] Bourdieu: Die Regeln der Kunst, S. 360.

beiden Texten Reflexe jener aufklärerischen Schwärmerkur gegen Melancholie, Enthusiasmus und Hypochondrie, die in Wielands *Agathon* gattungsprägend vorgeführt wird. Für den Lebensweg Wilhelms hat man das schon hinlänglich herausgearbeitet;[131] doch auch Heinrichs Mutter bemerkt im 2. Romankapitel bereits „seit einiger Zeit",

> daß Heinrich weit stiller und in sich gekehrter war, als sonst. Sie glaubte, er sey mißmüthig oder krank, und eine weite Reise, der Anblick neuer Menschen und Länder, und wie sie verstohlen ahndete, die Reize einer jungen Landsmännin würden die trübe Laune ihres Sohnes vertreiben, und wieder einen so theilnehmenden und lebensfrohen Menschen aus ihm machen, wie er sonst gewesen. (N I, S. 203)

Die diätetische Begründung der bald darauf angetretenen Reise, die dann zu Heinrichs Lebensweg mit den bekannten Folgen werden wird, verweist auf die von Wieland begründete Genretradition des anthropologischen Romans.[132] Entsprechende Überlegungen werden sogar dort sichtbar, wo sie überhaupt nicht zu erwarten sind, nämlich im Lebensbericht des adeligen Einsiedlers, der sich bald als Graf von Hohenzollern (vgl. N I, S. 257 u. 259) entpuppt:

> Es war eine Zeit in meiner Jugend, wo eine heiße Schwärmerey mich veranlaßte, Einsiedler zu werden. Dunkle Ahndungen beschäftigten meine jugendliche Fantasie. Ich hoffte volle Nahrung meines Herzens in der Einsamkeit zu finden. Unerschöpflich dünkte mir die Quelle meines innern Lebens. Aber ich merkte bald, daß man eine Fülle von Erfahrungen dahin mitbringen muß, daß ein junges Herz nicht allein seyn kann, ja daß ein Mensch erst durch vielfachen Umgang mit seinem Geschlecht eine gewisse Selbstständigkeit erlangt. (N I, S. 256)

Diesen Worten kann die Einsicht entnommen werden, dass erst ein fortgeschrittenes Alter sowie die dementsprechende Reife des Gemüts dazu befähigen, nach der erfolgten „Zurückziehung aus der menschlichen Gesellschaft" die zuletzt auch von Heinrich angestrebte „höhere Gemeinschaft" (N I, S. 256) mit Gott einzugehen – ansonsten droht auch hier Melancholie, die selbst vom Einsiedler durch umfangreiche diätetische Übungen ferngehalten werden muss (vgl. N I, S. 256).

Ein zweites Beispiel für die erwähnten Motiventsprechungen und -spiegelungen besteht in einer charakteristischen *mise en abyme*-Struktur der eigenen Geschichte der jeweiligen Protagonisten bzw. ihrer Niederschrift, die auf vergleichbare Weise in beiden Texten begegnet und jeweils kompositorisch eine

---
131 Vgl. den Einführungskommentar von Hans-Jürgen Schings (MA 5, S. 635–638).
132 Vgl. Schings: Der anthropologische Roman; Schings: Zur Pathogenese des modernen Subjekts.

wichtige Reflexionsfunktion erfüllt: Während Wilhelm Meister erst gegen Ende des Romans in einer profanisierten Kapelle (vgl. MA 5, S. 495) von Lotharios Schloss nicht allein seinen persönlichen „*Lehrbrief*" findet (MA 5, S. 497), sondern zudem eine papierene Rolle, in der „*seine eignen Lehrjahre*" (MA 5, S. 498) niedergeschrieben sind, fällt Heinrich bereits im ersten Teil des *Ofterdingen* in der Höhle des christlichen Einsiedlers „ein Buch in die Hände, das in einer fremden Sprache geschrieben war", nämlich der Minnesängersprache Provenzalisch – in der Romantik als ‚Ursprache der Poesie' gefeiert –, wie er später erfährt. Heinrich vermag das titellose Buch nicht zu verstehen und konzentriert sich deshalb auf die darin befindlichen Bilder:

> Sie dünkten ihm ganz wunderbar bekannt, und wie er recht zusah, entdeckte er seine eigene Gestalt ziemlich kenntlich unter den Figuren. Er erschrak und glaubte zu träumen, aber beym wiederhohlten Ansehn konnte er nicht mehr an der vollkommenen Ähnlichkeit zweifeln. Er traute kaum seinen Sinnen [...]. Allmählich fand er auf den [...] Bildern [...] manche [...] seiner Bekannten; doch waren ihre Kleidungen verändert und schienen aus einer andern Zeit zu seyn. Eine große Menge Figuren wußte er nicht zu nennen, doch däuchten sie ihm bekannt. Er sah sein Ebenbild in verschiedenen Lagen. Gegen das Ende kam er sich größer und edler vor. (N I, S. 264–265)

Diese Szene ist wohl nicht allein angeregt von Wielands Feenmärchen *Der goldene Zweig* aus der oben schon erwähnten Sammlung *Dschinnistan oder auserlesene Feen- und Geistermährchen*, das selbst eine Übertragung eines Feenmärchens der Madame d'Aulnoy darstellt.[133] Wie die einschlägigen Kommentare mehr andeuten als ausführen (vgl. N I, S. 606; N III, S. 167), handelt es sich zudem auch um eine Potenzierung der entsprechenden Passage des *Wilhelm Meister,* indem hier nicht bloß die Vergangenheit kondensiert, sondern überdies die Zukunft weisgesagt erscheint: „Ein Mann von ernstem Ansehn [d.i. Klingsohr, N.C.W.] kam häufig in seiner Gesellschaft vor. Er fühlte tiefe Ehrfurcht vor dieser hohen Gestalt, und war froh sich Arm in Arm mit ihm zu sehn. Die letzten Bilder waren dunkel und unverständlich; doch überraschten ihn einige Gestalten seines Traumes mit dem innigsten Entzücken; der Schluß des Buches schien zu fehlen." (N I, S. 265) Das im *Wilhelm Meister* angeblich zu Schanden gehende ‚Wunderbare' erscheint hier wieder in sein Recht gesetzt, ja nobilitert.

Ein drittes Beispiel für die zahlreichen motivischen Entsprechungen zwischen den Texten, das für die spätere Bezeichnung beider als ‚Bildungsromane' nicht unerheblich sein wird, sind die in beiden an entscheidenden Stellen auftretenden Erziehergestalten. Durch sie stiftet sich auch ein weiterer Bezug in gattungsge-

---

[133] So Werner Michler: Utopie des Buches und Bücher der Utopie. In: Seitenweise. Was das Buch ist. Hg. von Thomas Eder, Samo Kobenter, Peter Plener. Wien 2010, S. 119–131, hier: S. 119–120.

schichtlicher Hinsicht, indem sie als zentrale Vermittler der sukzessive erworbenen ‚Bildung' figurieren. So begegnen sowohl Wilhelm als auch Heinrich jeweils Figuren mit Vorbildfunktion, wie sich zumindest *ex post* herausstellen wird. Bei Goethe ist darunter – einmal abgesehen von den erst relativ spät auftretenden Figuren Jarno und Lothario – zunächst ein gänzlich Unbekannter (MA 5, S. 67–71), sodann ein sich nicht sonderlich fromm gebender französischer Landgeistlicher (MA 5, S. 117–120) und schließlich ein weiterer Unbekannter im Kostüm des Geistes von Hamlets Vater (MA 5, S. 321–323), bei Novalis ein Hofkaplan (N I, S. 207) – also wiederum ein Geistlicher, doch ein viel frommerer –, ein ebenso gläubiger ‚alter Bergmann' (N I, S. 239–255) sowie der christliche Einsiedler Friedrich von Hohenzollern (N I, S. 255–265). An diesen zwei Figurenreihen lässt sich der „Konsensus im Dissensus"[134] zwischen den beiden Romanen besonders gut beobachten, weil die Erziehergestalten des Novalis nachgerade so wirken, als seien sie gegen jene Goethes konstruiert. Vor allem mit dem Abbé, der mit den anderen beiden Unbekannten offenbar sogar identisch ist und überdies gegen den blinden Schicksalsglauben an die „Vernunft eines menschlichen Meisters" (MA 5, S. 119) appelliert, ja schließlich in der Verkleidung eines Geistes Wilhelm mittels geheimer Botschaft vom Theater abbringen will (MA 5, S. 328–329), hat der Leser Hardenberg massive Probleme, wie er in seinen *Fragmenten und Studien* (Nr. 536) ausdrücklich inkriminiert: „Der Abbé ist ein fataler Kerl, dessen geheime Oberaufsicht lästig und lächerlich wird." (N III, S. 646) Demgegenüber berichtet Novalis' ‚alter Bergmann', mit welcher „Inbrunst" er nach seiner Berufung „gebetet" und wie er „die hohe Bedeutung der Messe lebhafter" denn je „empfunden" habe (N I, S. 241). Und der adelige Einsiedler setzt dem noch hinzu:

> Die Kirche ist das Wohnhaus der Geschichte, und der stille Hof ihr sinnbildlicher Blumengarten. Von der Geschichte sollten nur alte, gottesfürchtige Leute schreiben, deren Geschichte selbst zu Ende ist, und die nichts mehr zu hoffen haben, als die Verpflanzung in den Garten. Nicht finster und trübe wird ihre Beschreibung seyn; vielmehr wird ein Strahl aus der Kuppel alles in der richtigsten und schönsten Erleuchtung zeigen, und heiliger Geist wird über diesen seltsam bewegten Gewässern schweben. (N I, S. 258)

Es wirkt fast, als sei diese Beschwörung des christlich-transzendenten *memento mori* als Voraussetzung jeder Form von Geschichtsschreibung jener immanentistischen Maxime von Goethes Turmgesellschaft entgegengesetzt, die für Harden-

---

[134] Vgl. Pierre Bourdieu: Künstlerische Konzeption und intellektuelles Kräftefeld. In: Pierre Bourdieu: Zur Soziologie der symbolischen Formen. Frankfurt a.M. ⁴1991, S. 75–124, hier: S. 123.

berg 1797 auch eine wichtige biografische Rolle[135] gespielt hatte: „*Gedenke zu leben*" (MA 5, S. 542).

Misst man den *Ofterdingen* schließlich im Ganzen direkt an der von Karl Morgenstern etablierten generischen Nomenklatur, dann handelt es hier ebenfalls um einen ‚Bildungsroman', dem aber ein vollkommen anderes poetisches Konzept als dem *Meister* zugrunde liegt: Während in Goethes Roman eine durch zahlreiche Irrtümer und Sackgassen verlaufende Bildung bzw. Erziehung zur Gesellschaft dargestellt wird, führt Novalis eine weitgehend krisenfreie Bildung bzw. Erziehung zur Einsamkeit, ja zur Gemeinschaft mit Gott sowie zu einem transzendentalen Bewusstsein vor Augen.[136] Und während Wilhelm seine Erfahrungen vor allem in der äußeren, empirischen Welt sammelt, die ihm hilft, seine überspannten Vorstellungen und Projektionen zu korrigieren, lernt Heinrich „in einem hermeneutischen Prozess des Verstehens" das verborgene Innere der Welt kennen.[137] Es stehen sich also gewissermaßen die Konzepte ‚äußerer' und ‚innerer' Bildung gegenüber: Das Ziel der Bildung Heinrichs besteht in den „Entwickelungen seines ahndungsvollen Innern" (N I, S. 263). Dennoch wird im *Ofterdingen* nicht allein die ‚Bildung' eines einzelnen Individuums dargestellt, es „wird die Individual- und Sozialutopie erweitert zur frühromantischen Universalutopie. Aus der individuellen Bildungsgeschichte dessen, der irrt, um etwas Beschränktes zu finden, wird die umfassende, nicht mehr auf ein Individuum beschränkte, indirekte Konstruktion eines höheren Gesamtzusammenhangs."[138] Mit Novalis' Worten formuliert, handelt es sich eben nicht um „Lehrjahre", sondern um die „*Übergangs-Jahre*" als Schwellenzeit, die im Unterschied zum *Wilhelm Meister* einer transzendentalistischen ‚unendlichen Idee' folgen und nichts Geringeres als ein ‚goldenes Zeitalter' einleiten sollten.

IV Voraussetzungen und Geschichte der Reihenbildung

Zwar verteidigte Friedrich Schlegel 1808 in seiner Rezension der Cotta-Ausgabe von Goethes Werken (1806) *Wilhelm Meister* gegenüber den massiven Vorwürfen,

---

135 Vgl. dazu Mähl: Novalis' *Wilhelm-Meister*-Studien des Jahres 1797, S. 294.
136 Vgl. Roland Heine: Transzendentalpoesie, S. 138–153; Manfred Engel: Der Roman der Goethezeit. Bd. 1: Anfänge in Klassik und Frühromantik – Transzendentale Geschichten, bes. S. 461 (Anm. 40), 474–475 u. 480.
137 Pikulik: Frühromantik, S. 219. Mehr und Genaueres dazu in Roland Heine: Transzendentalpoesie, S. 128–138.
138 Uerlings: Novalis, S. 182–183.

die Novalis nach dem Verfliegen der ersten Begeisterung formuliert hatte (vgl. KFSA I, 3, S. 109–144, hier S. 127–143, bes. S. 130–133). Doch hatte er schon 1803 *Heinrich von Ofterdingen* in einem Aufsatz für seine Zeitschrift *Europa* als ein Werk bewertet, welchem – wäre es vollendet worden – „für die Bildung und Erregung der Phantasie kein anderes an Nützlichkeit gleich kommen dürfte, und welches uns den Reichthum der Alten an philosophischen Dialogen weniger beneiden lassen würde" (KFSA I, 3, S. 3–16, hier S. 12)[139] – mithin offenbar noch höher,[140] jedenfalls aber superlativisch. Er beurteilte damit nicht allein den gewaltigen ästhetischen Anspruch des fragmentarischen Romans als realisiert, sondern sanktionierte zudem implizit jene Reihenbildung, die Hardenberg offensichtlich selbst angestrebt hatte. Indem der *Ofterdingen* in dieser Wahrnehmung dem *Meister* gleichkam oder ihn sogar ‚übertraf', war dieser indirekt als Muster bestätigt, an dem es sich zu messen galt. Die (Sub-)Gattung des ‚Bildungsromans' sollte sich ja in dem Maß konstituieren, in dem affirmative und vor allem auch distinktive Verweise auf ältere Exemplare zu Reihenbildungen aufeinander bezogener Texte führten.

Bourdieu zufolge ist eine marginalisierte Gattung stets „durch ihre Beziehung zur herrschenden Gattung definiert, die sie aber [...] ausschließt".[141] Im gegenwärtigen Fall ist die ‚herrschende Gattung' das Epos. „Diese Situation hat Auswirkungen auf die beherrschten Produzenten – in Gestalt von Minderwertigkeitskomplexen, aber auch von ‚Prätention', der die Herrschenden wiederum nur mit Abschätzigkeit und Abwertung begegnen."[142] Ersteres ist tendenziell bei Goethe zu beobachten, wenn er sich mit der ‚niederen' Gattung des Romans abgibt, Letzteres bei Novalis – insbesondere dann, wenn man das von Tiecks und Schlegels tendenziöser Nachlassedition geschaffene Bild berücksichtigt. Erst „von einem bestimmten Moment an" beginnt sich die bisher marginalisierte Gattung „als relativ autonomer Raum abzugrenzen, mit eigenen Gesetzmäßigkeiten des Funktionierens, eigenen Theoretikern, eigenen Historikern, eigenen Zeitschriften", die „jeweils den Anspruch erheben", die ‚wirklichen' Vertreter zu kennen und zu sanktionieren. Genau an diesem entscheidenden Augenblick der Gattungsgeschichte befand sich der Bildungsroman um 1800, als insbesondere die Frühromantiker Goethes *Wilhelm Meister* zunächst zu einem einzigartigen Muster er-

---

139 Verwirrend ist dabei allerdings der Begriff „Nützlichkeit", der den radikalen Autonomieanspruch Hardenbergs (unwillentlich?) hintertreibt und zugleich impliziert, dass Goethes *Meister* in anderer Hinsicht dem *Ofterdingen* überlegen sein könnte.
140 So zumindest Karl-Heinz Hartmann in Lämmert u. a. (Hg.): Romantheorie 1620–1880, S. 194.
141 Bourdieu: Science-Fiction, S. 61.
142 Bourdieu: Science-Fiction, S. 61.

hoben, ihn wenig später relativierten und zuletzt zu übertreffen trachteten. Es handelt sich hierbei um einen kritischen Zeitpunkt der Gattungsetablierung, denn erst jetzt

> bildet sich ein Feld dieser Literaturgattung aus, das einen Komplex spezifischer Konsekrationsinstanzen [...] enthält. Zugleich bildet sich eine eigene Legitimität aus, worauf u. a. das Auftreten von Historikern verweist, die die Geschichte der Gattung verzeichnen, Biographien schreiben, bestimmte Formen auf Kosten anderer kanonisieren, gut und schlecht unterscheiden (mit ausgewählten Beispielen), die kodifizieren und Normen setzen.[143]

Die anfänglich von Tieck und Schlegel gesteuerte Wirkungsgeschichte des Hardenberg'schen Romans kann dies exemplifizieren. Dabei hat die oben angesprochene Aufwertung der Form gegenüber dem Gehalt massive Auswirkungen auf die Möglichkeitsbedingungen der Rezeption avancierter Kunstwerke: „Es kommt der Zeitpunkt, da man nicht mehr verstehen kann, was in einem Feld produziert wird, wenn man dessen Geschichte nicht kennt: Eine spezifische geschichtliche Bildung geht in die Produktion ein [...]; gleichzeitig wird dieses Bildungselement auch vom legitimen Leser gefordert."[144] Wie nicht allein durch die vorstehenden Ausführungen deutlich geworden sein sollte, ist die Kenntnis des *Wilhelm Meister* bereits zur adäquaten Lektüre des *Heinrich von Ofterdingen* erforderlich, mindestens genauso wie später zu jener des *Grünen Heinrich* (1854/55 bzw. 1879/80) oder des *Nachsommer* (1857). Letzterer bringt dies sogar durch die Namensgebung seiner beiden Hauptfiguren zum Ausdruck: An die Stelle der Paare Wilhelm/Natalie und Heinrich/Mathilde setzt Stifter Heinrich und Natalie, die ihrerseits Tochter einer Mathilde und des Edlen von Riesach ist. Er kombiniert also die Namen zentraler Protagonisten aus den Romanen Goethes *und* Hardenbergs und konsekriert somit *beide* als maßgebliche poetische Bezugsgrößen. Auch für den im 19. Jahrhundert etablierten ‚Bildungsroman' gilt mithin:

> Von einem gewöhnlichen Publikum wird er auf einer ersten Ebene gesehen, von einem gebildeten Publikum auf einer zweiten Ebene ‚gelesen' – unter Bezug auf die Geschichte der Gattung und durch Entschlüsselung der winzig kleinen Veränderungen innerhalb dieser Gattung mit [...] vorgegebenen Regeln. Diese Art der ‚Lektüre' ist übrigens typisch für Klassiker: vor dem Hintergrund einer [...] Regelhaftigkeit zieht der Kenner wesentlich daraus seinen Genuß, daß er herauszufinden sucht, wie der Autor mit den Zwängen gespielt hat.[145]

---

143 Bourdieu: Science-Fiction, S. 61.
144 Bourdieu: Science-Fiction, S. 61.
145 Bourdieu: Science-Fiction, S. 61. Die Regeln sind im gegenwärtigen Fall freilich weder ‚strikt vorgegeben', noch werden sie ‚streng' exekutiert, weshalb die entsprechenden Formulierungen Bourdieus im Zitat adaptiert wurden.

Die Kanonisierung des *Heinrich von Ofterdingen* als legitimer Nachfolger oder gar als Überwinder des Goethe'schen Romans hat bereits zu Beginn des 19. Jahrhunderts eingesetzt, als sich in Romantik und Vormärz zunächst eine von Autoren, Liebhabern und Schulleuten getragene literarische Ästhetik und Literaturgeschichtsschreibung herausbildete und eine Generation später sich schließlich die Germanistik als universitäres Fach etablierte. Im gegebenen Rahmen müssen ein paar exemplarische Belege[146] dafür genügen: So bezeichnete bereits der Romancier Jean Paul in seiner *Vorschule der Ästhetik* (1804/1813) den Novalis mit seinem *Ofterdingen* – neben Tieck, Ernst Wagner, de la Motte Fouqué und Arnim – als einen der „bessere[n] Schüler" von „Goethens Meister"[147] und ging in der Folge auch auf die oben diskutierten konzeptionellen Differenzen zwischen den beiden Romanpoetiken ein: „Die deutsche Schule, welche gemäß Goethens Manier das bürgerliche oder Prose-Leben am reichsten spielen ließ, trug vielleicht dazu bei, daß Novalis, dessen breites poetisches Blätter- und Buschwerk gegen den nackten Palmenwuchs Goethens abstach, den Meisters Lehrjahren Parteilichkeit *für* prosaisches Leben, und *wider* poetisches zur Last gelegt."[148] Zur selben Zeit stellte der romantische Philosoph, Diplomat, Publizist und Staatstheoretiker Adam Heinrich Müller in seinen *Vorlesungen über die deutsche Wissenschaft und Literatur* (1806) die beiden Romane noch expliziter und ausführlicher einander gegenüber, ja behandelte sie als regelrechtes Gegensatzpaar:

> Goethes schöner Gehorsam gegen die äußerliche Gestalt des gegenwärtigen Lebens, gegen das von Novalis so schnöde behandelte ‚*Evangelium der Oekonomie*', erlaubte ihm die Scene seines Romans in die Gegenwart zu versetzen, dagegen Novalis nur im Mittelalter den Boden für seine Gestaltungen der Welt finden konnte: damals, meine ich; als Heinrich von Ofterdingen entstand; denn er selbst, [sic] wird in jedem kommenden Zeitalter deutscher Kunst, sich und seine Werke der Gegenwart näherbringen, und seinen Geist in *geschloßnen* Arbeiten ächter Nachfolger bewundern sehen.[149]

Ausdrücklich ist hier mit Blick auf die Romane *Wilhelm Meisters Lehrjahre* und *Heinrich von Ofterdingen* von „diese[n] beiden Vermittler[n] des deutschen Geis-

---

146 Vgl. zum Kontext auch: „Blüthenstaub". Rezeption und Wirkung des Werkes von Novalis. Hg. von Herbert Uerlings (= Schriften der Internationalen Novalis-Gesellschaft 3). Tübingen 2000.
147 Jean Paul: Vorschule der Aesthetik nebst einigen Vorlesungen in Leipzig über die Parteien der Zeit. Erste Abtheilung. Zweite, verbesserte und vermehrte Auflage. Stuttgart und Tübingen 1813, S. 541 (§ 70).
148 Jean Paul: Vorschule der Aesthetik, S. 550 (§ 72).
149 Vgl. Adam H.[einrich] Müller: Vorlesungen über die deutsche Wissenschaft und Literatur. Zweite vermehrte und verbesserte Auflage. Dresden 1807, S. 73–79, hier: S. 78.

tes" im Sinne einer gattungsgeschichtlich konstitutiven Komplementarität die Rede.

Daran konnte dann die spätere wissenschaftliche Kanonisierung anknüpfen, wie die im 19. Jahrhundert wirkungsmächtigen Literaturgeschichten von Georg Gottfried Gervinus, Hermann Hettner und Wilhelm Scherer zeigen: So heißt es in Gervinus' umfassend an- und mehrfach aufgelegter *Geschichte der poetischen National-Literatur der Deutschen* (1835–1842) zur künstlerischen Wirkung des *Wilhelm Meister*: „Das nun, was hier gleichsam begonnen war, sollte *Novalis* (Fr. von Hardenberg [...]) in seinem (unvollendeten) Heinrich von Ofterdingen weiter ausgebildet haben, und was nur so klar zur Anschauung gekommen war, sollte hinfort ins Leben gesetzt werden".[150] Hettners historisch fokussierte *Geschichte der deutschen Literatur im 18. Jahrhundert* (1869) setzt hingegen – viel ausführlicher als vordem – mehr auf die ebenfalls reihenkonstitutiven Differenzen zwischen den Texten:

> Den ersten Anstoß zum Heinrich von Ofterdingen hatte Goethe's Wilhelm Meister gegeben. So sehr Novalis von der schönheitsvollen Anmuth der Goethe'schen Darstellung ergriffen war, das letzte Ziel, die Einfügung und Beschränkung der eigenlaunigen Herzensgelüste in die unüberspringbaren Lebensbedingungen, widerstrebte seiner träumerischen Gefühlsseligkeit aus tiefster Seele. [...] Heinrich von Ofterdingen sollte die Widerlegung werden; ja dieser Roman ist so sehr als Gegenstück des Wilhelm Meister gedacht, daß [...] nach des Dichters ausdrücklicher Anordnung Format und Druck der ersten Ausgabe durchaus dem Format und Druck des Wilhelm Meister nachgebildet wurde. Es war auf eine unbedingte Apotheose der Poesie abgesehen. Zug um Zug der umgestaltende Gegensatz. Entfernt sich in den Lehrjahren Meister's der Held mit jedem Schritt, den er vorwärts thut, immer mehr und mehr von allen Luftgebilden und trügerischen Hoffnungen eitler Jugendphantastik, bis er zuletzt die ideale Auffassung der werkthätigen Lebens als höchstes Ziel aller menschlichen Bildungsmühen erkennt, so nähert sich dagegen im ersten Theil des Ofterdingen der Held grad umgekehrt mit jedem Schritt nur mehr und mehr der immer helleren Erkenntniß und Erfüllung des dunkel in ihm schlummernden Dichtertraumes.[151]

Eine Auswahl jener Topoi, die bereits in Novalis' eigenen Notaten vorbereitet worden waren, kehrt hier verwandelt zurück und bereitet den Grund für die retrospektive Konfrontation beider Romane. In Scherers historisch wiederum

---

150 Georg Gottfried Gervinus: Historische Schriften. Bd. 6: Geschichte der deutschen Dichtung V (= Neuere Geschichte der poetischen National-Literatur der Deutschen. Zweiter Theil: Von Göthes Jugend bis zur Zeit der Befreiungskriege). Leipzig 1842, S. 587.
151 Hermann Hettner: Geschichte der deutschen Literatur im achtzehnten Jahrhundert. Bd. 3: Das klassische Zeitalter der deutschen Literatur. 2. Abteilung: Das Ideal der Humanität. Braunschweig 1869, S. 439–440; Neuausgabe: Bd. II. Berlin [Ost]: Aufbau 1961, S. 642. In der weiteren Folge der Darstellung wird die These vom ‚umgestaltenden Gegensatz' anhand der Makrostruktur beider Romane weiter vertieft.

breiter angelegten *Geschichte der deutschen Literatur* (1883) wird Novalis' *Ofterdingen* zwar nur *en passant* erwähnt, doch trotz gewisser Vorbehalte angesichts seiner Fragmentarizität gemeinsam mit anderen romantischen ‚Bildungsromanen' immerhin der „Schule des ‚Wilhelm Meister'" zugeschlagen, zu der es nun heißt:

> Ein solches Werk nachzuahmen, durften kaum die Besten unternehmen; und lediglich gebildete Schriftsteller, die den rohen Effect auf die Masse verschmähten, konnten sich dazu versucht fühlen. Die älteren Romantiker waren rasch bei der Hand, kamen jedoch über unvollendete Versuche nicht hinaus: ‚Franz Sternbalds Wanderungen' von Tieck sollten einen Schüler Albrecht Dürers nach Rom und wieder zurück geleiten; Friedrich Schlegels ‚Lucinde' war das freche Product eines philosophischen Fragmentisten ohne alles episches Talent; der ‚Heinrich von Ofterdingen' des Novalis ging ins Mittelalter zurück und wählte einen vermeintlichen Dichter zum Helden.[152]

Selbst eine solche merklich kritische Bewertung bestätigt, ja zementiert die erfolgte Reihenbildung. Die angeführten Handbücher, allesamt von bestallten Universitätsprofessoren und Akademiemitgliedern mit dem entsprechenden symbolischen und kulturellen Kapital verfasst, sind frühe Beispiele einer akademisch-nationalen Literaturgeschichtsschreibung, welche die Herausbildung eines modernen nationalstaatlichen Wissenschaftssystems voraussetzt. Solche institutionellen Bedingungen müssen bei der Rekonstruktion einer Gattungsetablierung stets mit berücksichtigt werden, wie Bourdieu in anderem Zusammenhang betont:

> Die Entstehung eines Feldes (worin genauso wie anderswo die zentralen Positionen markiert sind – im betreffenden Fall durch Zeitschriften [...], die als Versammlungsort oder totemistische Embleme fungieren) sowie die Ausbildung [...] als theoretisch entfaltete Gattung decken sich mit dem Auftreten neuartiger Merkmale in den Werken selbst: denken wir nur an die Phänomene der Selbstreferenz (Bezug auf Vorgänger, auf die Gattungsgeschichte usw.) und an die Zeichen der Intellektualisierung der Gattung [...] oder der literarischen Ambition (Stilbemühen, Darstellungswille usw.).[153]

Das Zusammenspiel all dieser Faktoren ermöglicht erst die Entwicklung einer adäquaten Rezeptionsdisposition für den Bildungsroman als Genre, denn – wie bereits aus den Bemerkungen der historischen Literaturgeschichten hervorgeht: „Bildung, das ist diese historische Kenntnis, den Zuletztgekommenen auf die Vorgänger und die Zeitgenossen beziehen zu können. Mit einem Wort, in der Lage zu sein, Unterschiede auszumachen, Distinktionen vorzunehmen, Unterschei-

---

152 Wilhelm Scherer: Geschichte der deutschen Literatur. Berlin [11]1908, S. 669.
153 Bourdieu: Science-Fiction, S. 61–62.

dungen zu treffen."[154] Der Bildungsroman vermittelt eben nicht nur Bildung, sondern setzt sie zugleich voraus.

Beim Blick auf die vergleichsweise früh einsetzenden Konsekration des *Heinrich von Ofterdingen* wird zudem eine Besonderheit der deutschen Entwicklung sichtbar, die in diesem speziellen Fall wohl eine nicht unerhebliche Rolle spielt: Während es etwa der französischen Literatur „seit Flaubert eigentümlich ist [...], einen Bruch zwischen literarischem Diskurs und philosophisch-metaphysischen Gehalten zu vollziehen", und Verstöße gegen das ungeschriebene Gesetz dort konsequent durch einen „Mißkredit" bestraft werden, „dem diese Literatur ausgesetzt ist",[155] genießen literarische Gestaltungen genuin philosophischer Problemstellungen in Deutschland seit dem Siegeszug des Idealismus besondere Wertschätzung. Diese Spezifik der deutschen Literaturgeschichte, die ein Auseinanderdriften von ‚hoher' und ‚niederer' Dichtung mehr als in Westeuropa beförderte, kam im Zeitalter des Nationalismus der raschen und dauerhaften Legitimierung des frühromantischen ‚Transzendentalromans' im Sinne einer ‚national' konnotierten Ausformung des ohnehin schon als ‚deutsches' Genre behandelten ‚Bildungsromans' sicherlich zu Gute. Im 19. Jahrhundert ist dann generell ein rapide wachsendes Prestige des Wissens über den (Bildungs-)Roman zu beobachten, wie die proliferierenden Diskurse über „Schulen und Filiationen"[156] der Gattung belegen. Entscheidend dazu beigetragen hat seitdem auch die Aufnahme der anerkannten Exemplare „in die Schulbücher",[157] wodurch die skizzierte Etablierung des Genres längerfristig und breitenwirksam befestigt wurde. Dies ist aber ein historisch vor allem im 20. Jahrhundert angesiedelter Aspekt seiner Durchsetzung, der im vorliegenden Beitrag nicht mehr behandelt werden kann.

---

154 Bourdieu: Science-Fiction, S. 62.
155 Bourdieu: Science-Fiction, S. 63.
156 Bourdieu: Science-Fiction, S. 60.
157 Bourdieu: Science-Fiction, S. 65.

Peer Trilcke
Pustkuchens Pseudo-*Wanderjahre* in der Feldgeschichte des Bildungsromans
Mit einem Vorschlag zur Konzeptualisierung von Gattungen als generische Felder

> So zum Beispiel noch fünf Jahre nach Goethes Tod, als ein junger Brausekopf sich genötigt fühlte, dem „Weltkind in der Mitten" gegen Pustkuchen beizustehen. Karl Marx – denn dies war sein Name – verfasste 1837 als Berliner Student ein derbes Schmähgedicht auf den Afterdichter, der es gewagt hatte, Goethe zu parodieren. „So knete deine Kuchen nur zurecht / Dann bleibst du immer noch ein Bäckerknecht", so Marx. Der arme Pustkuchen starb übrigens als Landprediger, zwei Jahre nach dem Weimaraner, aber in Wiebelskirchen im Saarländischen, wo etliche Jahre später der sattsam bekannte Erich Honecker als Paukist der dortigen Schalmeienkapelle geboren wurde. Nachtigall, ick hör dir trapsen!
> *Titanic*, Juli 2001.

In die Literaturgeschichte ist Johann Friedrich Wilhelm Pustkuchen (1793–1834) in erster Linie als derjenige Autor eingegangen, über dessen Namen – „ein Name, der sich allerdings zum Umtausch eignet"[1] – bereits alle Witze gemacht wurden.[2] Daneben spielt Pustkuchen, der Anfang der 1820er Jahre mit einer eigenen Fortsetzung von Goethes *Lehrjahren* kurzfristig für Furore sorgte, meist nur als Fußnote, im besten Fall als Kapitel zur Rezeption der *Wilhelm Meister*-Romane eine Rolle.[3] Aus ästhetischer Sicht mag das sogar gerechtfertigt sein. Widmet man sich

---

[1] So heißt es kurz nach Aufdeckung der Anonymität Pustkuchens 1822 im *Gesellschafter*, zit. nach Wolfgang Merkel: Johann Friedrich Pustkuchen und die „falschen Wanderjahre". Ein Beitrag zum Verständnis der späten Goethezeit. Diss. masch. Frankfurt 1975, S. 67.
[2] Vgl. u. a. die Belege, die Thomas Wolf: Pustkuchen und Goethe. Die Streitschrift als produktives Verwirrspiel. Tübingen 1999, S. 211–238 aufführt.
[3] In Jürgen Jacobs, Markus Krause: Der deutsche Bildungsroman. Gattungsgeschichte vom 18. bis zum 20. Jahrhundert. München 1989 ist Pustkuchen allerdings noch nicht einmal einen Registereintrag wert; auch bei Selbmann (Zur Geschichte des deutschen Bildungsromans. Hg. von Rolf Selbmann. Darmstadt 1988) gibt es keinen Registereintrag zu Pustkuchen. Etwas ausführlicher zu Pustkuchen äußert sich Klaus F. Gille: *Wilhelm Meister* im Urteil der Zeitgenossen. Ein Beitrag zur Wirkungsgeschichte Goethes. Assen 1971, S. 209–238; eher kurz hingegen Karl Robert Mandelkow: Goethe in Deutschland. Rezeptionsgeschichte eines Klassikers. Bd. 1: 1773–1918. München 1980, S. 62–64. Neben den oben bereits angeführten Dissertationen von Merkel und Wolf liegen zu Pustkuchen noch einige Einzelbeiträge vor, u.a.: Volker Bohn: Pustkuchens *Wanderjahre*. In: Karl Corino (Hg.): Gefälscht! Betrug in Politik, Literatur, Wissenschaft, Kunst und Musik. Frankfurt a.M. 1990, S. 229–239; Hans-Martin Kruckis: Enträtselte Welt. Anmerkungen zu Pustkuchens *Falschen Wanderjahren*. In: Grabbe-Jahrbuch 6 (1987), S. 122–133. Verwiesen sei

Pustkuchens ‚großem Wurf', den sogenannten Pseudo- oder auch ‚falschen' *Wanderjahren* (1821–1828), hingegen aus einer mit Hilfe von Pierre Bourdieus soziologischer Feldtheorie entwickelten gattungsgeschichtlichen Perspektive, dann lassen sich, wie im Folgenden zu zeigen ist, einige Einsichten in die Entstehungsgeschichte einer Gattung gewinnen, die noch heute zu den symbolischen Schwergewichten im generischen Haushalt gerade der ‚bürgerlichen' Literatur und Literaturwissenschaft zählt.

Interessant ist dabei, warum die auf durchaus merkwürdige Weise als antielitärer Gegenentwurf zu Goethes *Lehrjahren* konzipierten ‚falschen' *Wanderjahre* Pustkuchens von den Zeitgenossen mit einer angesichts der Unerheblichkeit des Werkes immer noch erstaunlichen Vehemenz angefeindet wurden, warum ihnen, anders gesagt, mit großem Nachdruck die Legitimität abgesprochen wurde: als Kunstwerk im Allgemeinen wie als Kunstwerk in der Nachfolge von Goethes *Meister* im Besonderen. In dieser Delegitimierung konturiert sich nämlich, so meine These, der Feldwert eines Romantypus, den die ‚Gebildeten' unter den Literaten, Literaturkritikern und frühen Literaturhistorikern dazu erkoren hatten, das doch eigentlich allzu populäre Romangenre mit den Insignien bürgerlich-literarischer Exzellenz zu adeln – es konturiert sich der Feldwert des Bildungsromans. Denn in der Abgrenzung von Pustkuchens *Wanderjahren*, in der Markierung einer Differenz zwischen ihnen und den *Lehrjahren* Goethes gewinnt der Bildungsroman als Projekt einer (symbolisch) kapitalstarken und entsprechend deutungsmächtigen bürgerlichen ‚Kaste' (wie Pustkuchen gesagt hätte) sein soziales Profil. Pustkuchens *Wanderjahre* sind, in aller Kürze, genau das, was der Bildungsroman in den Augen seiner Verfechter ‚um 1820' auf keinen Fall sein durfte.

Um dem damit grob skizzierten Darstellungsinteresse des vorliegenden Beitrags nachzukommen, möchte ich zunächst einen Vorschlag unterbreiten, wie sich Gattungen als historische Phänomene im Sinne der Feldtheorie Bourdieus konzipieren lassen und welche möglichen Operationalisierungen für die historische Analyse aus dieser Konzeption abgeleitet werden können. Die bei Bourdieu zuweilen anklingende, aber bisher noch nirgendwo zu Ende gedachte Idee ist dabei, auch Gattungen als Felder zu begreifen: als *generische Felder*, wie ich sie zu

---

des Weiteren auf Ludwig Geigers Studie *Goethe und Pustkuchen*, die einen 1913 erschienenen Neudruck von Pustkuchens *Wanderjahren* einleitet (Ludwig Geiger: Goethe und Pustkuchen. In: Johann Friedrich Wilhelm Pustkuchen: Wilhelm Meisters Wanderjahre. Erster Theil. Berlin 1913, S. 1–74 [eigene Paginierung innerhalb des Bandes]). – Demnächst erscheint darüber hinaus eine weitere Dissertation zu Pustkuchen, auf die hier mit Nachdruck verwiesen sei: Nora Ramtke: Anonymität – Onymität. Autorname und Autorschaft in Wilhelm Meisters an/onymen *Wanderjahren* [erscheint voraussichtlich Heidelberg 2016].

nennen vorschlagen möchte. Vom Konzept der generischen Felder aus werden ich dann Pustkuchens *Wilhelm Meisters Wanderjahre* in den Blick nehmen.

I Generische Felder

Eine feldtheoretische Herangehensweise[4] an das Phänomen literarischer Gattung muss sich, wie jede andere Herangehensweise, zunächst darüber verständigen, was überhaupt als Gattung gelten soll. Zu diesem Zweck ist es angebracht, einen Blick darauf zu werfen, wie Bourdieu das Gattungskonzept in einigen hierfür einschlägigen Passagen aus den *Regeln der Kunst* verwendet.

Dabei zeigt sich, dass Bourdieu in erster Linie mit den drei ‚Hauptgattungen' operiert, also mit Drama, (fiktionaler) Prosa und Lyrik, wobei er, so im Rahmen seiner Überlegungen zur Gattungshierarchie, die Prosa in der Regel auf den Roman beschränkt.[5] Neben den drei ‚Hauptgattungen' kommen in Bourdieus Ausführungen zudem von ihm sogenannte „Untergattungen"[6] vor, etwa „Boulevardstücke" oder „historische Romane"[7], das „Vaudeville", der „Gesellschaftsroman", der „Sittenroman" oder der „Heimatroman".[8] In ähnlicher Weise spricht Bourdieu an anderer Stelle von Science-Fiction als ‚Gattung' (und meint dabei offenbar eine Untergattung der fiktionalen Prosa).

Eine eingehende Reflexion, was ‚Gattungen' sind, findet man bei Bourdieu allerdings nicht, doch lässt sich sein Gattungsverständnis zumindest rudimentär anhand einer ob ihrer Wiederholung signifikanten Abgrenzungsgeste bestimmen; man könnte von der Zurückweisung eines transhistorischen Gattungsverständnisses sprechen. So wendet sich Bourdieu zweimal in den *Regeln der Kunst* gegen „all die falschen Wesensanalysen [...], die auf überzeitliche Definitionen von

---

4 Vgl. zum Folgenden auch die Ausführungen von Werner Michler: Möglichkeiten literarischer Gattungspoetik nach Bourdieu. Mit einer Skizze zur ‚modernen Versepik'. In: Markus Joch, Norbert Christian Wolf (Hg.): Text und Feld. Bourdieu in der literaturwissenschaftlichen Praxis. Tübingen 2005, S. 189–207, insbes. S. 189–195. Kurz vor Drucklegung dieses Beitrags erschien zudem die grundlegende Studie Werner Michler: Kulturen der Gattung. Poetik im Kontext, 1750–1950. Wallstein 2015. Michler begreift Gattungen darin als „habitualisierte Klassifikationshandlungen" (ebd., S. 47), fokussiert damit insbesondere das Habitus-Konzept von Bourdieu, weniger hingegen das Feld-Konzept.
5 Vgl. z. B. Pierre Bourdieu: Die Regeln der Kunst. Genese und Struktur des literarischen Feldes. Frankfurt a. M. 2001, S. 189; so auch Joseph Jurt: Gattungshierarchie und Karrierestrategien im XIX. Jahrhundert. In: lendemais 36 (1984), S. 33–41.
6 Zum Beispiel Bourdieu: Die Regeln der Kunst, S. 148, S. 365.
7 Bourdieu: Die Regeln der Kunst, S. 149.
8 Bourdieu: Die Regeln der Kunst, S. 190.

Gattungen abzielen";[9] man müsse, so Bourdieu, jener „Verewigung und Verabsolutierung" der Gattungen ‚entrinnen', bei der „sämtliche Besonderheiten, die eine *Gattung* ihrer historischen Position in einer (hierarchisierten) Struktur von Differenzen verdankt, zu Aspekten ihres überzeitlichen Wesens erklärt" werden.[10]

In Abgrenzung von einem solchen transhistorischen Gattungsverständnis (wie es etwa im ontologischen Strukturalismus Propps, Todorovs oder Greimas', von dem Bourdieu sich hier distanzieren mag, zu finden ist), bei dem dasjenige zu einer allgemeinen Gattungsnorm ‚verabsolutiert' wird, was doch nur der konkreten Feldsituation geschuldet ist, besteht Bourdieu auf einer *konsequent historischen* Konzeptualisierung von Gattungen. Wie für die Akteure im literarischen Feld, so gilt auch für Gattungen, dass Identität nur als Effekt des je aktuellen, des je historischen Systems von Differenzen gedacht werden kann.[11] Hier freilich lauern Fallen: Denn wenn es keinerlei „nominelle Beständigkeit" von Gattungen gibt, da diese „ständig auf dem Bruch mit ihrer eigenen, jüngst erlassenen Definition aufbauen",[12] dann droht, wie Bourdieu zurecht konstatiert, das „historizistische[ ] Eintauchen in die Einzigartigkeit einer besonderen Situation".[13] Dies ist allerdings analytisch unbefriedigend, ist doch die historisch „vergleichende Untersuchung der den unterschiedlichen Gattungen in unterschiedlichen Feldern eigenen Varianten"[14] unbedingt erforderlich, um „wahre Invarianten" aufzudecken. Diese „Invarianten" sieht Bourdieu jedoch offenbar nicht in den Gattungen als mehr oder weniger invariante Phänomene der Textgeschichte – etwa im Sinne von (dann ja wieder tendenziell transhistorischen oder zumindest eine Zeit lang beständigen) Merkmalen –, sondern in der sozial-hierarchischen Logik, nach der Gattungen allgemein im literarischen Feld funktionieren.[15]

Auf den ersten Blick besteht also bei Bourdieu folgendes Problem: Zwar betrachtet er Gattungen als wichtiges Strukturierungsprinzip des literarischen Feldes, doch kann er nicht erklären, wie im steten Wandel des Feldes überhaupt etwas Allgemeines wie Gattungen Bestand haben kann. Allerdings gibt es – in einzelnen

---

9 Bourdieu: Die Regeln der Kunst, S. 381.
10 Bourdieu: Die Regeln der Kunst, S. 369.
11 Zur Analogie zwischen Gattungen und Akteuren äußert sich kurz Bourdieu: Die Regeln der Kunst, S. 368.
12 Bourdieu: Die Regeln der Kunst, S. 381.
13 Bourdieu: Die Regeln der Kunst, S. 369.
14 Bourdieu: Die Regeln der Kunst, S. 369.
15 So nennt er als eine ‚wahre Invariante' den Mechanismus, „daß die Hierarchie der Gattungen [...] jederzeit und allerorten einer der zentralen Bestimmungsgründe für die Produktion und Rezeption der Werke darzustellen scheint" (Bourdieu: Die Regeln der Kunst, S. 369).

Formulierungen und kurzen Passagen[16] – einige Hinweise, wie sich das Problem lösen ließe: Man könnte auch Gattungen als Felder beschreiben.[17]

Als Felder beschreibt Bourdieu, meist eher beiläufig, insbesondere die drei ‚Hauptgattungen'. Wodurch ein *generisches Feld*, wie ich es nennen möchte, charakterisiert ist, hat er hingegen so deutlich wie sonst nirgendwo in einem Interview dargelegt, das von der ‚Untergattung' der Science-Fiction handelt:

> Doch von einem bestimmten Moment an beginnt sich Science-fiction (wie Comic, wie Film und Photographie) als relativ autonomer Raum abzugrenzen, mit eigenen Gesetzmäßigkeiten des Funktionierens, eigenen Theoretikern, eigenen Historikern, eigenen Zeitschriften, die jeweils den Anspruch erheben, die „wirkliche" Science-fiction auszuwählen. Kurzum, es bildet sich ein Feld dieser Literaturgattung aus, das einen Komplex spezifischer Konsekrationsinstanzen – Jurys, Preise usw. – enthält. Zugleich bildet sich eine eigene Legitimität aus, worauf u. a. das Auftreten von Historikern verweist, die die Geschichte der Gattung verzeichnen, Biographien schreiben, bestimmte Formen auf Kosten anderer kanonisieren, gut und schlecht unterscheiden (mit ausgewählten Beispielen), die kodifizieren und Normen setzen. Es kommt der Zeitpunkt, da man nicht mehr verstehen kann, was in einem Feld produziert wird, wenn man dessen Geschichte nicht kennt: Eine spezifische geschichtliche Bildung geht in die Produktion ein [...]; gleichzeitig wird dieses Bildungselement auch vom legitimen Leser gefordert.[18]

Am Beispiel der Science-Fiction-Literatur umreißt Bourdieu hier einen verallgemeinerbaren Prozess der ‚Feldwerdung' einer Gattung, bei dem es zu einer *‚Abgrenzung' nach außen* sowie zu *internen Strukturierungen* kommt. Was auf diese Weise entsteht, ist ein vergleichsweise selbständiger Bereich, ein „relativ autonomer Raum", zu dessen Konstitutionsbedingungen gehört, dass in ihm über die Grenzen, die Struktur und die Geschichte dieses Raumes reflektiert und diskutiert wird. Als Exemplar einer Gattung kann dabei jeweils das gelten, *was in einer je spezifischen historischen Situation innerhalb eines generischen Feldes als legitimiert gilt*.[19] Eine überzeitliche „nominelle Beständigkeit" haben Gattungen vor diesem

---

16 Vgl. die Rede vom „Subfeld des Theaters" (Bourdieu: Die Regeln der Kunst, S. 196; vgl. auch S. 197); außerdem die Ausführungen zur „Spaltung" und „Ausdifferenzierung" der Gattungen in experimentelle und kommerzielle Sektoren (Bourdieu: Die Regeln der Kunst, S. 197–198).
17 Insgesamt gilt dabei, dass Gattungen aus feldtheoretischer Perspektive nicht – um eine Unterscheidung von Harald Fricke aufzugreifen – als ‚Textsorten', mithin nicht als „rein systematische[ ] literaturwissenschaftliche[ ] *Ordnungsbegriff*[e]" zu konzipieren sind, sondern als ‚Genres', also als „historisch begrenzte[ ] literarische[ ] *Institution*[en]" (Harald Fricke: Norm und Abweichung. Eine Philosophie der Literatur. München 1981, S. 132).
18 Pierre Bourdieu: Science-fiction. In: ders.: Satz und Gegensatz. Über die Verantwortung des Intellektuellen. Berlin 1989, S. 59–66, hier: S. 61.
19 Die Frage, wie eine konkrete Gattung definiert ist, wird damit an das Feld und dessen Geschichte delegiert, genauso wie die Definition des Schriftstellers (Literaten, Autors, Dichters etc.);

Hintergrund in der Tat nicht: Stets herrschen soziale Kämpfe um Definitionen und um Definitionsmacht. Das aber bedeutet auch, dass Werke in Folge von Definitionskämpfen aus einem generischen Feld ausgeschlossen, andere eingeschlossen werden können.[20] Die Grenzen einer Gattung verschieben sich, nach Bourdieu, ständig.

Allerdings macht gerade das Beispiel der Science-Fiction deutlich, dass Bourdieus Annahme, Gattungen seien prinzipiell ‚nominell unbeständig', da sie „ständig auf dem Bruch mit ihrer eigenen, jüngst erlassenen Definition aufbauen", in dieser Allgemeinheit nicht haltbar ist, weil diese vermeintliche generische Gesetzmäßigkeit – durchaus nicht untypisch für Bourdieu – allzu stark vom Prinzip der ‚Avantgarde' und der permanenten literarischen Revolution her gedacht ist. Gerade in Bereichen der Großproduktion, etwa dort, wo massenhaft – und häufig nach dem Prinzip der Serialität – Schemaliteratur produziert wird, wäre der stete avantgardistische Bruch mit der Gattungsdefinition bzw. den Gattungskonventionen vermutlich ein (ökonomischer) Misserfolgsgarant: Der Leser eines Science-Fiction-Pulp-Magazines will gewiss nicht, dass mit jedem Heft seine geliebte Gattung neu erfunden wird. An Stelle steter generische Revolution wird man hier eher Variationen, vielleicht auch Evolutionen und mitunter schlicht ein generisches *business as usual* beobachten.

Was für den kommerziellen Pol gilt, wird weniger prägnant, aber doch vergleichbar auch für weitere Bereiche des literarischen Feldes gelten: Auch wenn es innerhalb eines generischen Feldes immer wieder zu revolutionären Phasen kommen mag, in denen das Prinzip der *generischen Agonalität* (oder auch der *generischen Häresie*) offen und radikal hervorbricht und die Grenzen wie die Struktur des generischen Feldes auf dem Spiel stehen, wird es stets auch Phasen geben, in denen die Distinktionskämpfe innerhalb eines generischen Feldes nicht gleich die Definition des Feldes betreffen, in denen also die *generische Konventionalität* (oder auch die *generische Orthodoxie*) und damit die weitgehende Akzeptanz des „historisch-institutionellen Charakter[s] von Gattungen im Sinne literarisch-sozialer Konsensbildungen" vorwaltet.[21] – Mit Bezug auf Bourdieu und

---

vgl. dazu Bourdieu: Die Regeln der Kunst, S. 353–360, z.B. S. 355: „Die semantische Unschärfe von Begriffen wie Schriftsteller oder Künstler [oder eben von Gattungsbegriffen, P.T.] ist gleichzeitig Ergebnis und Voraussetzung der Kämpfe um die Durchsetzung einer Definition. Insofern bilden sie selbst einen Bestandteil der zu interpretierenden Wirklichkeit."

20 Dies analog zu den Definitionskämpfen im literarischen Feld, vgl. Bourdieu: Die Regeln der Kunst, S. 353–360.

21 Wilhelm Voßkamp: Gattungen als literarisch-soziale Institutionen (Zu Problemen sozial- und funktionsgeschichtlich orientierter Gattungstheorie und -historie). In: Walter Hinck (Hg.): Textsortenlehre – Gattungsgeschichte. Heidelberg 1977, S. 27–44, hier: S. 29.

ein von ihm angeführtes Beispiel veranschaulicht: Würde man die „Geschichte des Romans [...] mindestens seit Flaubert [...] als eine lange Arbeit an der Aufgabe [...], ‚das Romanhafte zu töten'", beschreiben, so würde man keine ‚Geschichte des Romans', sondern lediglich die Geschichte einiger kanonisierter Werke schreiben, in der vermutlich weit mehr als 90 % der Romane keine Rolle spielen würden, einfach weil sich in ihnen das ‚Romanhafte' im jeweils historisch-konsensuellen Sinn quicklebendig zeigt.

Die soeben als *generische Konventionalität* und *generische Agonalität* benannten Prinzipien sind bedingt durch das, was Bourdieu – u. a. in Auseinandersetzung mit Foucault – als ‚Raum des Möglichen' entwickelt hat.[22] Wie für das literarische Feld insgesamt, so lassen sich auch für generische Felder solche jeweils spezifischen Räume des generisch Möglichen ansetzen, in denen die Geschichte (in diesem Fall: der Gattung) „überdauert".[23] Durch diesen Raum des Möglichen wird „das Universum des Denkbaren wie des Undenkbaren definiert und begrenzt",[24] indem eine „Menge wahrscheinlicher *Zwänge*" wie eine „Menge *möglicher Nutzungen*"[25] als „eine Art *historisches Transzendentale*"[26] vorgegeben wird. Mit Blick auf generische Felder lässt sich der Raum des Möglichen dabei als Menge

- der vollzogenen und in „den Status von Klassikern"[27] erhobenen Positionierungen (i. e. Werke) und
- der explizit – z. B. von den Historikern und Theoretikern einer Gattung – auf Grundlage dieser ‚klassierten' Werke aufgestellten generischen Normen und/oder der nur impliziten generischen Konventionen begreifen.

Erst vor dem Hintergrund dieses Raumes des Generisch-Möglichen lässt sich dann das Maß an generischer Konventionalität oder Agonalität eines Werkes bestimmen, wobei zugleich deutlich wird, dass ein Werk, das in hohem Maße generisch agonal konzipiert ist, nur dann noch als legitime Positionierung innerhalb des generischen Feldes anerkannt wird, wenn es nicht gänzlich mit dem bricht, was durch den Raum des Möglichen als noch ‚denkbar' vorgegeben ist. Selbst ein generisch agonales Werk muss, mit anderen Worten, in bestimmter Hinsicht einem generischen Konsens verpflichtet sein, muss in bestimmte Konventionen ein-

---

22 Vgl. Bourdieu: Die Regeln der Kunst, S. 371–378.
23 Bourdieu: Die Regeln der Kunst, S. 385.
24 Bourdieu: Die Regeln der Kunst, S. 373.
25 Bourdieu: Die Regeln der Kunst, S. 372.
26 Bourdieu: Die Regeln der Kunst, S. 373.
27 Bourdieu: Die Regeln der Kunst, S. 371.

stimmen; es darf zwar, wie Bourdieu formuliert, „mit den Zwängen spielen',[28] darf sie aber nicht verwerfen. Selbst der Roman, der das Romanhafte töten will, muss seiner Agonalität zumindest insofern Grenzen setzen, als er weiterhin Roman sein möchte und sich also innerhalb des „endliche[n] Universum[s] der zum gegebenen Zeitpunkt denk- und durchführbaren Möglichkeiten"[29] positioniert.

Skizziert ist damit ein feldanalytisches Konzept der literarischen Gattung als generisches Feld. Aus diesem Konzept lassen sich Fragen und Untersuchungsaufträge ableiten, die sowohl in allgemeinen gattungsgeschichtlichen Studien als auch in Studien zu konkreten Gattungen sowie schließlich in gattungsorientierten Studien zu einzelnen Werken aufgegriffen werden könnten. Einige dieser Fragestellungen seien in Form einer offenen Liste angeführt und kurz kommentiert:

– In einer vornehmlich synchronen Perspektive wäre die *Lagerung der generischen Felder innerhalb des literarischen Feldes insgesamt* zu beschreiben. Welche Gattungen versprechen besonders hohes symbolisches Kapital? Wer hat Zugang zu welchen Gattungen, mit welchen Rezipienten rechnen welche Gattungen? Zwischen welchen Gattungen herrschen Abgrenzungs- oder Verdrängungskämpfe? Welche Gattungen konkurrieren um bestimmte Sektoren im literarischen Feld (etwa um den autonomen oder um den kommerziellen Sektor)? – Es sind dies Fragen, die sich u. a. der für Bourdieu besonders interessanten ‚Hierarchie der Gattungen' widmen.

– Fragen ließe sich aber auch, daran anknüpfend, nach der *spezifischen Lagerung eines konkreten generischen Feldes*. Für den französischen Roman in der zweiten Hälfte des 19. Jahrhunderts konstatiert Bourdieu etwa eine große „Streuung":[30] Das generische Feld ‚Roman' erstreckt sich vom kommerziellen bis zum autonomen Sektor des literarischen Feldes. Eine solche Lagerung zu untersuchen, setzt dabei auch voraus, sich der internen Struktur des konkreten generischen Feldes zu vergewissern. So hat Bourdieu zum Beispiel darauf hingewiesen, dass sich im Laufe des 19. Jahrhunderts im literarischen Feld Frankreichs eine Strukturierung der drei ‚Hauptgattungen' herausbildet, die auch für das literarische Feld insgesamt charakteristisch ist. So kommt es in „jeder Gattung [...] zu einer Spaltung in einen experimentellen und einen kommerziellen Sektor";[31] innerhalb der drei generischen Subfelder entstehen jeweils „zwei Märkte", die „zwei durch ihre antagonistischen Beziehungen definierte Pole ein und desselben Raumes darstellen".[32] Entsprechend dieser

---

[28] Siehe Bourdieu: Science-fiction, S. 61.
[29] Bourdieu: Die Regeln der Kunst, S. 373.
[30] Bourdieu: Die Regeln der Kunst, S. 189.
[31] Bourdieu: Die Regeln der Kunst, S. 197.
[32] Bourdieu: Die Regeln der Kunst, S. 197.

internen Strukturierung lagern sich die Gattungen dann innerhalb des literarischen Feldes.
- Die interne Strukturierung der Hauptgattungen ließe sich davon ausgehend weiter untersuchen, indem man die *Lagerung von Subgenres innerhalb der supragenerischen Felder* beschreibt, indem man also danach fragt, wie die Untergattungen innerhalb der Hauptgattungen verortet sind. Auch hier spielen Fragen der Hierarchie eine Rolle. Eine interne Hierarchisierung sei, so Bourdieu, zum Beispiel „[s]ehr gut erkennbar [...] am Fall des Theaters, mit dem Gegensatz zwischen dem klassischen Theater, dem Boulevardtheater, dem Vaudeville und dem Cabaret oder, noch eindeutiger, am Beispiel des Romans", wo sich gegen Ende des 19. Jahrhunderts folgende „Hierarchie der Romangattungen" beobachten lässt: „Gesellschaftsroman, der sich zum psychologischen Roman wandelt, naturalistischer Roman, Sittenroman, Heimatroman, Massenliteratur".[33]
- Betrachtet man eine einzelne Gattung, lassen sich des Weiteren die jeweils *„eigenen Gesetzmäßigkeiten des Funktionierens"*[34] dieses generischen Feldes beschreiben, lassen sich die spezifischen Konsekrationsinstanzen und deren Agieren bestimmen, lassen sich der eigenartige Raum des Möglichen und die darin inhärenten Entwicklungsoptionen charakterisieren. In diesem Zusammenhang wäre auch *der jeweils spezifische ‚Institutionalisierungsgrad' eines generischen Feldes* zu bestimmen, liegt doch – zumal bei subgenerischen Feldern – keineswegs in jedem Fall eine derart ausgeprägte Institutionalisierung vor, wie sie Bourdieu etwa für die Science-Fiction beschrieben hat und wie man sie zum Beispiel auch beim Krimi oder, um eine Gattung aus dem autonomen Sektor zu nennen, bei der Konkreten Poesie beobachten kann.
- Weiterhin aus einer vornehmlich synchronen Perspektive lässt sich ein einzelnes Werk bzw. *eine einzelne Positionierung innerhalb eines generischen Feldes verorten*, wobei dann unter anderem zu fragen ist, welches Maß an generischer Konventionalität oder generischer Agonalität in den textuellen Merkmalen des Werks manifest wird. Dies setzt nicht zuletzt voraus, den Raum des Möglichen zu beschreiben, der die Optionen innerhalb des generischen Feldes zu jenem bestimmten Zeitpunkt definiert und begrenzt. Zu berücksichtigen wären dabei auch – im Sinne der „Begegnung zweier Geschichten"[35] – die Position und Disposition des Autors, sein praktischer Sinn, sein

---

33 Bourdieu: Die Regeln der Kunst, S. 190.
34 Bourdieu: Science-fiction, S. 61.
35 Vgl. dazu Bourdieu: Die Regeln der Kunst, S. 405–409.

Agieren mittels seines Werkes im generischen wie allgemein im literarischen Feld.
- Nimmt man Gattungen hingegen aus einer vornehmlich diachronen Perspektive in den Blick, dann werden neben Fragen nach dem allgemeinen Wandel der Gattungshierarchie solche nach der ‚*Laufbahn*' eines generischen *Feldes* interessant. Die ‚Feldwerdung' einer Gattung wäre dabei als Prozess einer relativen Autonomisierung zu beschreiben, die zur Ausbildung einer spezifischen Legitimität und zur Etablierung von (institutionellen) Strukturen und Instanzen, wie etwa Gattungstheorien und -geschichten, Zeitschriften, Preisen usw. führt. Die Feldgeschichte einer Gattung ließe sich dann zum Beispiel in Phasen des generischen *business as usual* (mit einer dominanten generischen Konventionalität) und Phasen der generischen Revolution (mit einer dominanten generischen Agonalität) einteilen. Schließlich wäre, in einzelnen Fällen, der Abbau, das Verschwinden eines generischen Feldes zu konstatieren und mittels der Situation im literarischen Feld zu erklären.[36]

Einige der damit angesprochenen Fragestellungen sollen in der folgenden Fallstudie aufgegriffen werden. Gegenstand der Fallstudie ist die Publikation von Johann Friedrich Wilhelm Pustkuchens *Wilhelm Meisters Wanderjahre,* deren erster Teil etwa zeitgleich[37] mit der von Goethe selbst verantworteten Fortsetzung der *Lehrjahre* im Frühjahr 1821 auf den Markt kam und dort für „beträchtliches Aufsehen"[38] sorgte – „so ist nun die belletristische Republik im Aufstande und bürgerlichen Kriege um ihren selbsterwählten Dictator",[39] schrieb ein Rezensent in der goethekritischen *Allgemeinen Literatur Zeitung.* Wie es zu diesem ‚Bürgerkrieg' kam, soll in drei Schritten dargelegt werden, wobei ich zuerst feldorientiert die Gattungssituation des Romans, darunter die des Bildungsromans ‚um 1820' skizziere (Abschnitt 2), dann Pustkuchens soziale Identität, seine ästhetische Programmatik sowie die textuellen Eigenarten seines Romans beschreibe (Abschnitt 3) und schließlich die Feldeffekte darlege, die der Roman hervorrief (Ab-

---

36 Siehe dazu auch den letzten Teil der Fallstudie zum Versepos im 19. Jahrhundert von Michler: Möglichkeiten literarischer Gattungspoetik nach Bourdieu, S. 201–206.
37 Den Publikationszeitpunkt (irgendwann im Frühjahr 1821) diskutiert Wolf: Pustkuchen und Goethe, S. 106–108.
38 Mandelkow: Goethe in Deutschland, S. 62.
39 [anonym]: Rez. zu *Göthe und Pustkuchen* v. Prof. Schütz zu Halle. In: Allgemeine Literatur Zeitung Bd. 3 (1822), S. 796–800, hier: S. 797.

schnitt 4). Da sowohl Pustkuchen als auch seine *Wanderjahre* wenig bekannt sind, führe ich zuvor einige Daten zum Autor und zu dessen Werk an.[40]

II In Kürze: Pustkuchens Laufbahn

Als der erste Teil von Pustkuchens *Wilhelm Meisters Wanderjahre* Anfang 1821 im Quedlinburger Verlag Gottfried Basse (bekannt vor allem für Unterhaltungsliteratur) erscheint, war der gebürtige Detmolder 28 Jahre alt und fest angestellter evangelischer Pfarrer einer bei seinem Amtsantritt, wie es heißt, „verwilderte[n] Gemeinde"[41] in Lieme bei Lemgo. Als fünftes Kind eines Kantors, Elementarschullehrers und regional populären Musikschriftstellers erhält er eine grundlegende ästhetische Bildung, kommt mit dem regionalen Adel in Kontakt, absolviert erfolgreich das Gymnasium und beginnt ein Theologie-Studium an der Georgia Augusta Göttingen, das er wegen seiner schlechten physischen Kondition (verursacht angeblich durch ein Bad während eines Gewitters)[42] abbricht, um eine Zeitlang als Hauslehrer eines Enkels von Friedrich Heinrich Jacobi, ab 1815 dann als Elementarlehrer in Elberfeld zu arbeiten. Unzufrieden mit und ernüchtert vom Lehrerdasein nimmt er jedoch auch hier Abschied, reist in West- und Mitteldeutschland umher, verbringt einige Zeit in Leipzig im Umkreis des (sächsisch-romantischen) Johann August Apel, reicht 1817 erfolgreich eine philosophische Promotionsschrift in Halle ein, wird aber durch eine familiäre Notlage dazu gezwungen, sein Theologie-Studium wieder aufzunehmen und sich für die Laufbahn als Pfarrer zu qualifizieren. 1820 tritt er die besagte Stelle in Lieme an, heiratet, verliert nach etwas mehr als einem halben Jahrzehnt, in Folge eines Skandals um einen selbstverfassten Katechismus, sein Pfarramt, ist danach als Zeitschriftenredakteur und als vor allem populärpädagogischer Schriftsteller in Herford tätig, nimmt 1831 noch einmal ein Pfarramt, nun im saarländischen Wiebelskirchen, an – und stirbt Anfang 1834: „Er hinterließ sieben Kinder, davon das älteste 13 Jahre, und nicht das geringste Vermögen."[43]

Pustkuchens Lebensweg, der insgesamt durch das Ringen um den Aufstieg von einem gebildeten Klein- ins etablierte Bildungsbürgertum gekennzeichnet ist,

---

40 Die folgenden Ausführungen orientieren sich an den bio-bibliographischen Überblicken bei Merkel: Johann Friedrich Wilhelm Pustkuchen, v. a. S. 14–49, und Wolf: Pustkuchen und Goethe, v. a. S. 41–71 u. 103–105.
41 Merkel: Johann Friedrich Wilhelm Pustkuchen, S. 39.
42 Vgl. Wolf: Pustkuchen und Goethe, S. 46.
43 Meldung des Landrats von Ottweiler zu Pustkuchens Tod, zit. nach Merkel: Johann Friedrich Wilhelm Pustkuchen, S. 48.

begleiten dabei gleichermaßen ökonomische Sorgen wie der Wille, sich innerhalb der gelehrten Stände ‚einen Namen zu machen'.⁴⁴ 1813, im Alter von 20 Jahren, veröffentlicht er unter dem Titel *Rhapsodische Gedanken* eine Reihe von Aphorismen ästhetischen, philosophischen und theologischen Inhalts in mehreren Ausgaben der *Zeitung für die elegante Welt*, die auch zwei antikisierende, teils an Klopstock, teils an Schiller gemahnende Gedichte Pustkuchens druckt.⁴⁵ Schon in den Aphorismen zeigt sich dabei, was Wolfgang Merkel als „absolut gesetzte Moralästhetik idealistisch-platonischer Prägung" bezeichnet hat,⁴⁶ basierend auf einer tiefen und entsprechend absolut gesetzten Religiosität. „Etwas Unmoralisches, Irreligiöses ist nie poetisch",⁴⁷ heißt es da etwa oder auch: „Dichter sollen das Leben zeichnen, wie Engel es zeichnen würden, *wahrer* und doch *schöner*."⁴⁸ Wie für Feldeinstiegsanwärter nicht unüblich, publiziert Pustkuchen in seinen ersten Jahren vor allem Gedichte, darunter 1814 Kriegslieder,⁴⁹ mit denen er auf den Zug der deutsch-nationalen Befreiungskriegslyrik aufspringt (Arndts *Fünf Lieder für deutsche Soldaten* z. B. waren 1813 erschienen); und eine 1817 bei Reclam in Leipzig gedruckte, immerhin über 100 Gedichte umfassende Sammlung mit dem Titel *Die Poesie der Jugend* zeigt den zwar geschult-formgewandten, aber in jeder Hinsicht epigonalen (empfindsamen, romantisch-biederen, idealistischen) Jugenddichter.⁵⁰ Einen Teil der in *Die Poesie der Jugend* veröffentlichten Gedichte hatte Pustkuchen dabei bereits 1815, begleitet von einem (später noch durch einen insistierenden zweiten ergänzten) bekenntnishaften, um Unterstützung bei der Verlagssuche werbenden Brief an Goethe geschickt – doch Goethe antwortete nicht, weder auf Pustkuchens erstes noch auf dessen zweites Ersuchen.⁵¹ Aber auch ohne die Schützenhilfe des Olympiers konnte der junge Dichter erste, wenngleich bescheidene Erfolge verbuchen. Ende der 1810er, Anfang der 1820er

---

44 „Was ist es, daß man künftig vielleicht meinen Namen nennt, daß ein Kind, welches neben mir spielt, vielleicht einst wünscht mich gesehen zu haben?", schreibt Pustkuchen 1813 in seinen *Erinnerungen an mich selber* (zit. nach Wolf: Pustkuchen und Goethe, S. 333).
45 Vgl. Fr[iedrich] Pustkuchen: Mathilde. In: Zeitung für die elegante Welt, 29.01.1813, S. 167 – 168; Fr[iedrich] Pustkuchen: Distichen. In: Zeitung für die elegante Welt, 01.02.1813, S. 182 – 183.
46 Merkel: Johann Friedrich Wilhelm Pustkuchen, S. 50.
47 Fr[iedrich] Pustkuchen: Rhapsodische Gedanken. In: Zeitung für die elegante Welt, 26.01.1813, S. 151 – 152, hier: S. 151.
48 Pustkuchen: Rhapsodische Gedanken, S. 151.
49 Vgl. den Hinweis bei Merkel: Johann Friedrich Wilhelm Pustkuchen, S. 22.
50 Friedrich Pustkuchen: Die Poesie der Jugend. Erzählungen, Gedanken und Lieder. Leipzig 1817.
51 Die beiden Briefe sind abgedruckt bei Wolf: Pustkuchen und Goethe, S. 354 – 359.

Jahre publiziert er theologische und pädagogische Abhandlungen;[52] 1820 erscheint, nun erstmals im Verlag von Basse, die zweiteilige Novellensammlung *Die Perlenschnur*.[53] 1822 – die *Wanderjahre* sind bereits, allerdings zunächst anonym erschienen – heißt es dann in der Ankündigung einer theologischen Streitschrift im *Intelligenzblatt* des *Allgemeinen Repertoriums*, von Pustkuchen seien bereits „mehrere mit Beyfall aufgenommene Werke" auf dem Markt.[54]

Aufsehen erregte Pustkuchen jedoch vor allem mit seinen ‚falschen' *Wanderjahren*, die einschließlich zweier Beilagen zwischen 1821 und 1828 erscheinen: 1821 die beiden ersten Teile, 1822 der dritte Teil sowie die Beilagen *Wilhelm Meisters Tagebuch* (eine poetologische und moralphilosophische Aphorismensammlung) und die an den *Bekenntnissen einer schönen Seele* orientierten *Gedanken einer frommen Gräfin*; nachdem die Jahre 1823 und 1824 eine zweite Auflage der ersten drei Teile und des *Tagebuchs* brachten, erscheinen die Teile vier und fünf der *Wanderjahre* erst 1827 und 1828 – und stießen, wie auch die zweite Auflage, schon auf nahezu keine Resonanz mehr.[55] Was insbesondere den frühen Bänden eine für einen Schriftsteller vom Formate Pustkuchens doch erhebliche Resonanz verschaffte, war der publikationsstrategisch gewitzte Schachzug, dem Publikum, das auf Goethes Fortsetzung der *Lehrjahre* wartete, in einer Parallelaktion einen Text unterzuschieben, der, zunächst anonym publiziert, auf den ersten (allerdings auch nur auf den ersten) Blick durchaus mit der erwarteten Fortsetzung aus der Feder des Klassikers verwechselt werden konnte. Denn: Pustkuchens *Wanderjahre* schließen unmittelbar an das Ende der *Lehrjahre* an, greifen Teile des Personals, vor allem natürlich Wilhelm, auf und erzählen in einem stark an Goethes Stil und Erzählweise angelehnten Duktus die weitere Entwicklung des Helden. Wie Goethes *Lehrjahre*, doch in wesentlich größerem Umfang, enthalten Pustkuchens *Wanderjahre* zudem ausführliche Gespräche über Fragen der Ästhetik und der Poesie, wobei sich die Gespräche bei Pustkuchen immer wieder um einen Autor drehen – nämlich um Goethe, über dessen Dichtung aus moralischen, religiösen und patriotischen Gründen der Stab gebrochen wird.

---

52 U.a. Friedrich Pustkuchen: Die Natur des Menschen und seines Erkenntnisvermögens als Fundament der Erziehung psychologisch entwickelt, für Aeltern, Lehrer und Jünglinge, die sich selbst fortbilden, faßlich dargestellt. Leipzig 1818; oder Friedrich Pustkuchen: Die Urgeschichte der Menschheit in ihrem vollen Umfange. Erster oder historischer Theil. Lemgo 1821.
53 Friedrich Pustkuchen: Die Perlenschnur. 2 Bde. Quedlinburg 1820.
54 [anonym]: Ankündigung von Fr. Pustkuchen, Die Rechte der christlichen Religion, Schleswig 1822. In: Allgemeines Repertorium der neuesten in- und ausländischen Literatur für 1822. Hg. von einer Gesellschaft Gelehrter und besorgt von Christian Daniel Beck. 2. Bd. (Intelligenzblatt zum allgemeinen Repertorium. No. 12). Leipzig 1822, [o.S.].
55 Vgl. Merkel: Johann Friedrich Wilhelm Pustkuchen, S. 166.

Vor allem diese direkt auf den Autor Goethe gemünzten Passagen haben Thomas Wolf, dessen Dissertation den jüngsten und umfangreichsten Beitrag zu Pustkuchens *Wanderjahren* darstellt, dazu veranlasst, dem Text den Romancharakter abzusprechen und ihn als Streitschrift in „stilistische[r] und formale[r] Tarnung"[56] zu werten. „[A]llenfalls als einen Pseudo-Roman"[57] könne man, so Wolf, Pustkuchens *Wanderjahre* bezeichnen, reduziere sich der Text doch, lasse man „die romanhafte Folie" beiseite, auf die „Anti-Goethe-Thesen".[58] Da mag durchaus etwas dran sein. Andererseits liegen Interpretationen vor, die Pustkuchens *Wanderjahre* nicht nur als Roman ernst nehmen, sondern sie zudem, wenn auch ohne Nennung des Begriffs, als einen Bildungsroman lesen, in dem der – in den Augen Pustkuchens – „vorher verhinderte Bildungsprozeß" Wilhelms „als Bekehrungsgeschichte triumphal nach[ge]holt" wird.[59] Ob sich Pustkuchens *Wanderjahre* als Bildungsroman klassifizieren lassen (was ja zunächst eine Klärung dieses Gattungsbegriffs voraussetzen würde), soll hier allerdings gar nicht im Zentrum der Argumentation stehen. Worum es primär geht, das ist vielmehr der Nachweis, dass diese ‚falschen' *Wanderjahre* ein Ereignis in der Feldgeschichte des Bildungsromans sind.

III Zur Lagerung des Bildungsromans ‚um 1820'

Von einem voll ausgebildeten generischen Feld ‚Bildungsroman' kann um 1820 jedoch noch nicht die Rede sein. Zwar taucht der Begriffsname, ins Spiel gebracht von Karl Morgenstern, in den 1810er Jahren erstmals auf; auch erscheint 1820 im *Inländischen Museum* Morgensterns Vortrag *Ueber das Wesen des Bildungsromans*. Insgesamt aber ist die Gattung ‚Bildungsroman' Anfang der 1820er Jahre nicht als relativ autonomes generisches Feld, sondern lediglich als ein nicht klar abgegrenzter Raum einiger ähnlicher Werke anzusehen, mit Goethes *Lehrjahren* als alles überstrahlendem Erstling und Höhepunkt.[60] Die Lagerung dieses ‚Raumes ähnlicher Werke' innerhalb des Feldes der Positionierungen hat gleichwohl Aussagekraft für die Entstehungsgeschichte des generischen Feldes ‚Bildungsro-

---

[56] Wolf: Pustkuchen und Goethe, S. 145.
[57] Wolf: Pustkuchen und Goethe, S. 144.
[58] Wolf: Pustkuchen und Goethe, S. 145.
[59] Siehe u. a. die überzeugende Interpretation der ‚romanhaften Folie' bei Kruckis: Enträtselte Welt.
[60] Vgl. dazu auch die Ausführungen von Rolf Selbmann: Einleitung. In: ders. (Hg.): Zur Geschichte des Bildungsromans. Darmstadt 1988, S. 1–44, zur „Mustergültigkeit des *Wilhelm Meister*", S. 6–9.

man' wie auch für das Auftreten von Pustkuchens *Wanderjahren* und sei deshalb an dieser Stelle skizziert; dabei kann auf bereits vorliegende Forschungen zurückgegriffen werden.[61]

Allein, Probleme ergeben sich schon bei der Wahl der spezifischen Perspektive, die für eine Beschreibung der Gattungssituation um 1820 anzusetzen ist. Denn faktisch befinden wir uns hier in einer unübersichtlichen Übergangsphase, in der zwar die triadische Gattungspoetik im Geiste der idealistischen Ästhetik bereits verschiedentlich zur Strukturierung und Hierarchisierung herangezogen wird;[62] doch ist diese Dreiteilung, wie Georg Jäger materialreich dargelegt hat, „bis 1850 eine Ausnahme":[63] Neben der Dreiteilung (Epik, Dramatik, Lyrik) finden sich Zwei- (nur Epik und Dramatik), Vier- (zusätzlich die Didaktik)[64] und Fünfteilungen (zusätzlich das beschreibende Gedicht);[65] hinzu kommen zahlreiche ‚kleinere Gattungen', die in unterschiedlich dimensionierten Ergänzungsklassen zusammengefasst werden.[66] Der Roman wird in diesem Zusammenhang mal in der Ergänzungsklasse verortet,[67] mal wird er als epischer, dramatischer, lyrischer oder didaktischer Roman als Möglichkeit aller vier Gattungen konzipiert.[68] Und nicht selten wird er aus dem Gegenstandsbereich der Poetik ausgeschlossen und als Prosa an die Rhetorik verwiesen.

---

[61] Ich verweise hier summarisch v. a. auf die Arbeiten von Hartmut Steinecke: Romantheorie und Romankritik in Deutschland. Die Entwicklung des Gattungsverständnisses von der Scott-Rezeption bis zum programmatischen Realismus. 2 Bde. Stuttgart 1975–1976, insb. Bd. 1, S. 1–60, sowie die Quellen Bd. 2, S. 1–86; Hartmut Steinecke: Romantheorien der Restaurationsperiode. In: Paul Michael Lützeler (Hg.): Romane und Erzählungen zwischen Romantik und Realismus. Neue Interpretationen. Stuttgart 1983, S. 11–37; des Weiteren die Arbeiten von Gille: *Wilhelm Meister* im Urteil der Zeitgenossen, sowie die Quellensammlung: Goethes *Wilhelm Meister*. Zur Rezeptionsgeschichte der Lehr- und Wanderjahre. Hg. von Klaus F. Gille. Königstein i. Taunus 1979; zudem: Bruno Hillebrand: Theorie des Romans. Erzählstrategien der Neuzeit. 3., erw. Auflage. Stuttgart/Weimar 1993, v. a. die Kap. 6. u. 7 (S. 125–191); schließlich: Dennis F. Mahoney: Der Roman der Goethezeit (1774–1829). Stuttgart 1988.
[62] Dazu grundlegend Stefan Trappen: Gattungspoetik. Studien zur Poetik des 16. bis 19. Jahrhunderts und zur Geschichte der triadischen Gattungslehre. Heidelberg 2001, insbes. der III. Teil „Die klassische Trias der Gattungen", S. 175–264.
[63] Georg Jäger: Das Gattungsproblem in der Ästhetik und Poetik von 1780–1850. Elektr. Pub. URL: epub.ub.uni-muenchen.de/6358/1/jaeger_georg_6358.pdf (15. Januar 2014) [ED in: Zur Literatur der Restaurationsepoche 1815–1848. Hg. von Jost Hermann, Manfred Windfuhr. Stuttgart 1970], S. 12.
[64] Vgl. Jäger: Das Gattungsproblem, S. 16–20.
[65] Vgl. Jäger: Das Gattungsproblem, S. 21–22.
[66] Vgl. Jäger: Das Gattungsproblem, S. 23–25.
[67] Vgl. Georg Jäger: Empfindsamkeit und Roman. Wortgeschichte, Theorie und Kritik im 18. und frühen 19. Jahrhundert. Stuttgart u. a. 1969, S. 107.
[68] Vgl. Jäger: Empfindsamkeit und Roman, S. 111.

Auch wenn angesichts dieser Situation der Gattungs*reflexion* eine verlässliche Beschreibung der Lagerung der generischen Felder ein an dieser Stelle hoffnungsloses Unterfangen darstellt (zumal von den Genrekonventionen der literarischen *Produktion* noch gar nicht die Rede war), lassen sich doch zwei Aspekte festhalten,[69] die meines Erachtens für die weitere Analyse von besonderem Interesse sind, und zwar erstens: Was der Roman ist, wie er einzuordnen ist und wo er sich verorten ließe, ist in den ersten Jahrzehnten des 19. Jahrhunderts umstritten. Zweitens: in den Augen nicht weniger Gattungstheoretiker ist der Roman gar kein Gegenstand der Poetik, er ist, mit anderen Worten: gar keine Poesie (die häufig, aber keineswegs immer[70] an das Verskriterium gebunden ist) – oder, noch grundsätzlicher: er ist keine Kunst.[71]

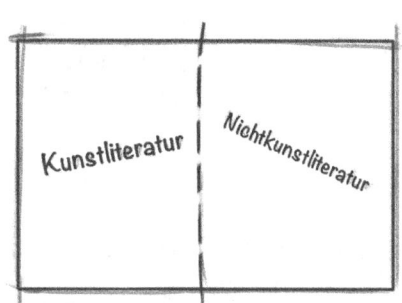

Abb.1: Polarisierung des Feldes Anfang des 19. Jahrhunderts

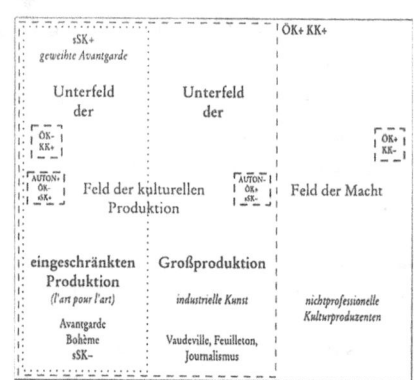

Abb. 2: Das Feld der kulturellen Produktion nach Bourdieu

Diese Differenz zwischen Kunstliteratur bzw. Poesie auf der einen und Nichtkunstliteratur bzw. Nicht-Poesie auf der anderen Seite sollte allerdings nicht als eine *externe Begrenzung des Feldes der literarischen Produktion* begriffen werden:

---

69 Ich verzichte aus darstellungsökonomischen Gründen darauf, auf den umfangreichen Diskurs über die Abgrenzung von Roman und Epos einzugehen; hier würden sich gewiss weitere Studien lohnen. In jedem Fall lassen sich ergänzend zu meinen Skizzen die Ausführungen zum Epos im 19. Jahrhundert von Michler: Möglichkeiten literarischer Gattungspoetik nach Bourdieu, S. 196–206 heranziehen.
70 Als nicht hinreichend für die Differenz Poesie vs. Prosa wird das Verskriterium bereits von Johann Jacob Engel in seinen *Anfangsgründen einer Theorie der Dichtungsarten* (ED 1783) diskutiert; vgl. den Abdruck in der Werkausgabe: Johann Jacob Engel: Schriften. Bd. 11: Poetik. Berlin 1806, darin das Erste Hauptstück „Von dem Gedicht überhaupt", (S. 1–24).
71 Vgl. Jäger: Empfindsamkeit und Roman, S. 107.

Es geht nicht darum, dass die Produktion nur aus Kunstliteratur besteht, dass also die Differenz Kunstliteratur vs. Nichtkunstliteratur die Zugehörigkeit zum literarischen Feld regelt. Vielmehr ist diese Differenz eine von den (grob der ‚autonomistischen' Tendenz zuzuordnenden) Anhängern, Theoretikern und Historikern der Kunstliteratur, die im Besitz des Legitimitätsmonopols sind, vorgenommene *interne Strukturierung des literarischen Feldes* dieser Zeit, die man in aller Grobheit so skizzieren könnte (Abb. 1).

Zieht man zudem exemplarisch die wirkungsmächtige Gattungspoetik von Johann Jacob Engel heran,[72] der gleich zu Beginn seiner *Anfangsgründe* konstatiert: „Der *Poesie* steht die *Prosa* entgegen",[73] dann zeigt sich des Weiteren, dass die Differenz an ein Zweck-Kriterium gekoppelt ist:[74] Während in der Poesie (Kunstliteratur) die Darstellung um ihrer selbst willen erfolgt,[75] ist sie in der – gewissermaßen heteronomen – Prosa (Nichtkunstliteratur) „nur Mittel oder untergeordneter Zweck".[76] Durch die Differenz von Kunstliteratur und Nichtkunstliteratur, die als oberste generische Ordnung angesehen werden kann, wird also eine Polarisierung des Feldes erzeugt, die vergleichbar ist mit jener, die Bourdieu als charakteristisch für das Feld der kulturellen Produktion beschrieben hat (Abb. 2).[77]

Versucht man ausgehend von dieser Strukturierung die Lagerung jener Texte, die als ‚Roman' verhandelt werden, zu bestimmen, dann zeigen sich in den ersten beiden Jahrzehnten des 19. Jahrhunderts zwei Varianten, wobei sich in den folgenden Jahrzehnten die zweite Variante durchsetzt. Die erste Variante kann sich unter anderem auf Schiller berufen, der in *Über naive und sentimentalische Dichtung* den Roman aus dem Bereich der „schönen Werk[e]" ausschließt:[78] Der Roman kann nach Schiller, so die bekannte Formulierung in einem Brief an Goethe, „schlechterdings nicht poetisch" sein.[79] Der Ausschluss des Romans erfolgt dabei aus Gründen der Qualität des Produktes; aber er erfolgt auch – ganz im

---

72 Zu Engels Gattungspoetik siehe grundlegend Trappen: Gattungspoetik, S. 140–172.
73 Engel: Poetik, S. 1.
74 Neben dem Zweckkriterium diskutiert Engel die Kriterien Vers vs. Nicht-Vers, Erdichtung vs. Wahrheit und ungewöhnliche vs. gewöhnliche Sprachverwendung (Engel: Poetik, S. 1–20).
75 Der Kunstdichter zielt „auf lebhafte Vorstellungen, als auf den letzten Zweck seiner Kunst" (Engel: Poetik, S. 19).
76 Engel: Poetik, S. 21.
77 Vgl. Pierre Bourdieu: Das literarische Feld. Die drei Vorgehensweisen. In: Streifzüge durch das literarische Feld. Hg. von Louis Pinto, Franz Schultheis. Konstanz 1997, S. 33–147, hier: S. 48.
78 Friedrich Schiller: Über naive und sentimentalische Dichtung [1795/96]. In: ders.: Sämtliche Werke. Hg. von Peter-André Alt, Albert Meier und Wolfgang Riedel. Bd. V: Erzählungen, Theoretische Schriften. Hg. von Wolfgang Riedel. München 2004, S. 694–780, hier: S. 740.
79 Zit. nach Hillebrand: Theorie des Romans, S. 138.

Sinne von Bourdieus Vorstellung einer Homologie zwischen Gattungs- und sozialer Hierarchie – aus Gründen der ‚Qualität' und der Quantität der Rezipienten.

Eine ähnliche Argumentation findet sich im Roman-Artikel des *Conversations-Lexikons* von 1809, wo der Roman, der nicht zu den „eigentlich poetischen Gattungen" zählt, allenfalls als eine „Abart von Poesie"[80] begriffen wird. Als „eine Gattung der zahlreichsten Geistesprodukte des neuern Europa"[81] werde er von „sehr Vielen" gelesen, sei eine „mehr sinnliche als intellectuelle (die Sphäre der eigentlichen, höhern Bildung von Geist und Herz) Gattung", die – die Stigmatisierungen sind bekannt – der „Unterhaltung, Erhohlung [sic], Erheiterung" diene, ja mitunter als „Geist und Herz tödendes [sic] Gift" wirke.[82] Dabei gebe es zwar auch einige „vorzüglich[e] Romane[], welche die Probe der Zeit gehalten haben";[83] vor allem aber machen die Romane „einen großen Zweig der schriftstellerischen, so wie der merkantilischen Industrie des Buchhandels" aus.[84] Beschrieben ist damit eine Art dreieckige Lagerung des Romans im Feld der Nicht-Poesie-Produktion, mit einer kleinen Elite und einer breiten, merkantilen Masse (Abb. 3).[85]

Zieht man hingegen den Roman-Artikel aus der 1817er-Auflage des *Conversations-Lexikons* heran, so zeigt sich eine zweite Variante, bei der es zu einer Verlagerung kommt – ein erstes Moment jener „völlige[n] Umwertung" des Romans „von der verachteten zur hochgeschätzten Gattung",[86] die Hartmut Steinecke beschrieben hat. Gleich zu Beginn ist der Verfasser des Roman-Artikels nämlich darum bemüht, den Roman zur Poesie zu rechnen: „Wir bemerken vor allen Dingen, daß wir den Roman durchaus dem Gebiet der Poesie vindiciren".[87] Freilich gilt dies nicht uneingeschränkt: Für „jene bunten Farbenbilder gemeiner Jahrmarktsmahler […], die den Pöbel ergötzen", also für die „leicht anziehenden *vorgeblichen* Romane", so konstatiert der Verfasser, finde sich in „unsrer Theorie

---

80 [anonym]: Art. Roman. In: Conversations-Lexikon oder kurzgefasstes Handwörterbuch […]. Bd. 4. Amsterdam 1809, S. 322–326, hier S. 324 u. 323.
81 [anonym]: Art. Roman [1809], S. 322.
82 Alle Zitate: [anonym]: Art. Roman [1809], S. 324.
83 [anonym]: Art. Roman [1809], S. 325.
84 [anonym]: Art. Roman [1809], S. 322.
85 Vgl. auch [anonym]: Art. Roman [1809], S. 325: „die Zahl der Meisterwerke im Fach des Romans ist, der Fluth von Romanen zum Trotz, sehr klein".
86 Steinecke: Romantheorien der Restaurationsperiode, S. 15.
87 [anonym]: Art. Roman. In: Conversations-Lexikon oder enzyklopädisches Handwörterbuch für die gebildeten Stände [4. Aufl. 1817], zit. nach dem Abdruck in: Romantheorie und Romankritik. Hg. von Steinecke. Bd. 2: Quellen, S. 1–14, hier S. 1; vgl. auch: „Daß der Roman dem Gebiete der Poesie angehöre, ist nicht bloß von uns, sondern sehr oft gesagt worden, und wird auch wohl von jedem zugegeben" ([anonym]: Art. Roman [1817], S. 2).

kein[...] Platz".[88] In das generische Feld des Romans wird auf diese Weise eine interne Grenze eingezogen, die den poetischen Roman vom prosaischen Roman, den Kunstroman vom Nichtkunstroman scheidet (Abb. 4).

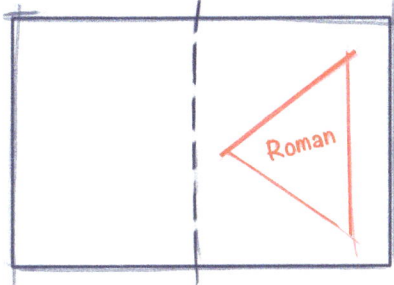
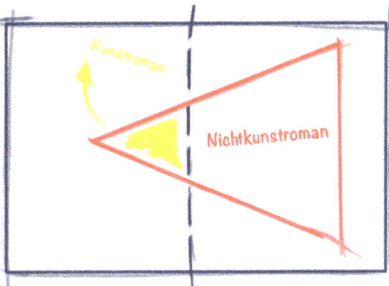

Abb.3: Der Roman als Nichtkunstliteratur   **Abb. 4:** Kunstroman vs. Nichtkunstroman

Um den Ort des Bildungsromans um 1820 zu beschreiben, bedarf es nun nur noch eines Schrittes. Denn betrachtet man die Definitionen des Romans in dieser Zeit, bei denen in der Regel die *„vorgeblichen"* Nichtkunstromane – etwa „die in den Leihbibliotheken der größeren Städte abgelesenen Ritter-, Liebes- und Banditenromane"[89] – keine Berücksichtigung finden, dann fällt der Kunstroman mit dem, was man später ‚Bildungsroman' nennt, zusammen. So heißt es im *Conversations-Lexikon* von 1817:

> Individuelle Bildungsgeschichte derselben [d.i. die Menschheit], Leben und Schicksale eines *Einzelnen* von seiner Geburt bis zu seiner vollendeten Bildung, an und mit welchem aber der ganze Baum der Menschheit nach seinen mannichfaltigen Verzweigungen in der schönen Stillstandszeit seiner Reife und Vollendung, deducirt wird, Lehrjahre des Jüngers, bis er zum Meister erhoben ist, das ist der Roman.[90]

---

88 [anonym]: Art. Roman [1817], S. 7; Hervorh. P.T.
89 Willibald Alexis: [Auszug aus] The Romances of Walter Scott [1823], zit. nach dem Abdruck in: Romantheorie und Romankritik. Hg. von Steinecke. Bd. 2: Quellen, S. 21 – 35, hier S. 21.
90 [anonym]: Art. Roman [1817], S. 5; vgl. auch: „Daher ist Bildung zur Vernünftigkeit recht eigentlich Gegenstand des Romans überhaupt; die besondere Seite, welche an der Bildung als identisch mit der Eigenthümlichkeit des Subjects hervorgehoben wird, giebt den besonderen Inhalt des Romans"; sowie: „Im Roman dagegen braucht der Charakter des interessirenden Subjectes nur erst eine allgemeine Bestimmtheit zu haben, als *Anlage*. Die *Entwicklung* dieser Anlage ist das Leben des Romans. Das Resultat der Bildung, wo also das Individuum in gewissem Sinne fertig ist, wird auch das Ende des Romans. Die Bildung muß immer an Einem Subjecte (der Held) haften, welches an sich die Totalität des mannigfaltigen Lebens ist, worin er sich bewegt"

Explizit wird diese Verortung des Bildungsromans als *der im Kunstsektor des Feldes legitimierte Roman* bei Karl Morgenstern vorgenommen, wenn es dort – im Rahmen der Abgrenzung vom ohne Frage poetischen Epos – heißt: „So sind wir bey unserer allgemeinen Bestimmung der Grenzlinien zwischen Epos und Roman von selbst geführt auf den Begriff des *Bildungsromans,* als der vornehmsten und das Wesen des Romans im Gegensatz des Epos am tiefsten erfassenden besondern Art desselben".[91] Für Morgenstern steht insofern außer Frage, dass, wie er 1824 schreibt, *„jeder gute Roman ein Bildungsroman"* ist.[92] Wiederum skizzenhaft lässt sich die Lagerung des Bildungsromans um 1820 – und damit kurz vor dem Aufstieg des historischen Romans in Folge der Scott-Rezeption – also wie folgt darstellen (Abb. 5).

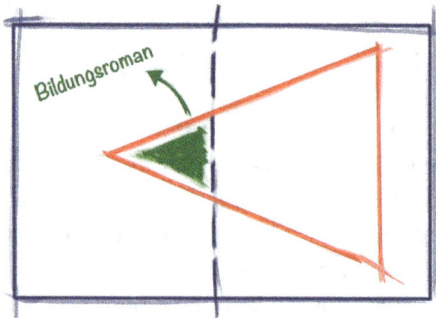

Abb.5: Der Bildungsroman als der im Kunstsektor des Feldes legitimierte Roman

Die sich hier abzeichnende Feldwerdung des Bildungsromans als symbolisch geadelter Roman ist bedingt durch den inhaltlich wie formalen Vorbildcharakter von Goethes *Lehrjahren*, von denen schon Friedrich Schlegel gesagt hatte, sie seien „Prosa und doch Poesie".[93] Goethes Roman liefert so einerseits die meist nicht explizit benannte Folie für die Definition des ‚echten' oder auch ‚wahren'

(Karl Rosenkranz: [Auszug aus] Einleitung über den Roman [1827], zit. nach dem Abdruck in: Romantheorie und Romankritik. Hg. von Steinecke. Bd. 2: Quellen, S. 61–67, hier S. 61 u. 66).
91 Karl Morgenstern: Ueber das Wesen des Bildungsromans. In: Inländisches Museum 1.2 (1820), S. 48–61, hier S. 61.
92 Die Formulierung im Kontext: „Zunächst also liegt uns die Frage zur Beantwortung: *Ist jeder gute Roman ein Bildungsroman? Will und soll jeder es seyn?* Wenn er, erwiedern wir, ein Kunstwerk seyn und auf mehr als bloß flüchtige Unterhaltung Anspruch machen will, allerdings" (Karl Morgenstern: Zur Geschichte des Bildungsromans [1824], zit. nach dem Abdruck in: Zur Geschichte des deutschen Bildungsromans. Hg. von Selbmann, S. 73–99, hier S. 75).
93 Zit. nach: Goethes *Wilhelm Meister.* Hg. von Gille, S. 29.

Romans, und dies in inhaltlicher Hinsicht,[94] aber auch in formaler[95] und in stilistischer.[96] Noch gelten Goethes *Lehrjahre* allerdings – und das spricht dagegen, bereits ein ausgebildetes generisches Feld ‚Bildungsroman' anzusetzen – als (normativer) „Prototyp der Gattung Roman schlechthin"[97] und nicht als prototypisches Werk einer spezifischen Subgattung. Gleichwohl wird andererseits um die *Lehrjahre* herum bereits ein Raum ähnlicher Werke wahrgenommen, der einen vom Gravitationszentrum der *Lehrjahre* bestimmten Raum möglicher Romane des Typus ‚Bildungsroman', und das heißt zu diesem Zeitpunkt eben noch: des Typus ‚Wilhelm Meisters Lehrjahre' umreißt. So habe etwa Johann Ernst Wagner „in seiner gelungensten Schrift, ‚Wilibalds Ansichten des Lebens', ihn [d.i. der erste *Wilhelm Meister*-Roman] vor Augen gehabt"; und auch in „*Tiecks* Sternbalds-Wanderungen ist", wie es heißt, „der Einfluß des göthe'schen Originals nicht zu verkennen", ebenso in dem damals noch Friedrich Schlegel zugeschriebenen (tatsächlich aber von Dorothea Schlegel stammenden) Roman *Florentin*.[98]

Es ist dies die Situation des Romans, darunter der Bildungsroman,[99] in die hinein Pustkuchens *Wanderjahre* erscheinen.

---

94 So in der bereits angeführten Passage aus dem Conversations-Lexikon von 1817, in der unter anderem von „Lehrjahre[n]" gesprochen wird.
95 Die „*wahre Form des Romanes*" sei „nicht eine blos dialogische, oder blos erzählende, blos epistolarische, sondern vielmehr ist die Form des Romanes die concrete, lebendige Ineinsbildung aller poetischer Formen, so daß bald diese, bald jene hervortritt", heißt es bei Rosenkranz in passgenauer Beschreibung der Form von *Wilhelm Meisters Lehrjahre* (Rosenkranz: [Auszug aus] Einleitung über den Roman, S. 64).
96 Der Roman, so stellt der anonyme Verfasser des Brockhaus-Roman-Artikels von 1817 fest, „liebt wohl überhaupt vor allen jene ruhig fließende, edle, nicht ungeschmückte, aber höchst durchsichtige und biegsame Sprache, die wohl keiner vollendeter und unübertroffener gebraucht hat als derjenige, dem es überhaupt vorbehalten war, im Roman die Palme zu ersiegen, dem unsterblichen Göthe in seinem Wilhelm Meister" ([anonym]: Art. Roman [1817], S. 6).
97 Steinecke: Romantheorien der Restaurationsperiode, S. 13; von *Wilhelm Meister* als dem „*deutschen Normal-Roman*" spricht 1833 Theodor Mundt: [Auszug aus] Ueber Novellenpoesie [1833], zit. nach dem Abdruck in: Romantheorie und Romankritik. Hg. von Steinecke. Bd. 2: Quellen, S. 94–100, hier S. 95.
98 [anonym], Art. Roman [1817], S. 13–14. – Nicht genannt wird hier *Heinrich von Ofterdingen* von Novalis, der an anderen Stellen allerdings zu diesem ‚Raum ähnlicher Werke' gezählt wird. Zu Novalis' Roman siehe den Beitrag von Norbert Christian Wolf im vorliegenden Sammelband.
99 Es sei noch einmal darauf hingewiesen, dass diese Darstellung der Gattungssituation letztlich gebrochen ist durch die Wahrnehmungskategorien jener, denen das ‚Legitimitätsmonopol' im literarischen Feld zukommt.

IV Pustkuchens Strategien

Vor dem Hintergrund der skizzierten Gattungssituation liegt eine Erklärung für Pustkuchens Versuch einer Fortsetzung der *Lehrjahre* nahe. Die *Lehrjahre* weisen schlicht einen hohen ‚Klassizitätsgrad' auf; an sie anzuschließen, versprach insofern eine entsprechend hohe Resonanz. Dies ist auch die Antwort, die Merkel anbietet, wenn er davon ausgeht, Pustkuchen sei „[w]egen seiner dauernden Erfolglosigkeit [...] auf den Gedanken" gekommen, „nicht zuletzt um wahrscheinlich endlich einen durchschlagenden schriftstellerischen und finanziellen Erfolg zu erzielen, das Werk des berühmtesten deutschen Dichters fortzusetzen".[100] Die spezifische Lagerung des Romantypus ‚*Wilhelm Meister*' als nobilitierte Variante einer populären Gattung bot sich für dieses doppelte Erfolgsstreben besonders gut an. Dass Pustkuchen sich mit seinem Werk darüber hinaus massiv gegen Goethe und seinen Roman wendete, ließe sich dann mit einem nach Bourdieu typischen häretischen Verhalten gerade der „strukturell ‚jüngsten' Autoren" erklären, die ihre frühen Positionierungen nicht selten auf der „Geste der Herausforderung, der Verweigerung, des Bruchs" gründen.[101] Und auch die Tatsache, dass Pustkuchens *Wanderjahre* zunächst anonym erschienen, fügt sich in diese Deutung, wirkte diese Anonymität doch insofern resonanzverstärkend, als sie die literarische Welt zu allerlei Spekulationen – und damit zu weiteren Anschlusskommunikationen – anregte.

Diese Deutung, die bei Pustkuchen ein mehr oder weniger gut ausgeprägtes ‚spielerisches Gespür'[102] für die Möglichkeiten, als Neuling im Feld zu agieren, ansetzt, ist nicht ganz von der Hand zu weisen.[103] Was sie aber nicht zu erklären vermag, ist Folgendes: Tatsächlich hat das Erscheinen der ‚falschen' *Wanderjahre* zunächst große Resonanz hervorgerufen. Diese war allerdings in erster Linie vehement *gegen* deren Autor gerichtet,[104] dem gleichwohl selbst in negativen Kri-

---

100 Merkel: Johann Friedrich Wilhelm Pustkuchen, S. 39.
101 Bourdieu: Die Regeln der Kunst, S. 379.
102 Dies im Sinne von Bourdieus Strategie-Begriff, vgl. Pierre Bourdieu: Von der Regel zu den Strategien. In: ders.: Rede und Antwort. Frankfurt a. M. 1992, S. 79–98, u. a. S. 81.
103 Eine auf Resonanz zielende „Geste der Herausforderung" war jedenfalls schon die Verlagsankündigung, in der der Verleger Basse im Wesentlichen ein Schreiben seines anonymen Autors anführt; dort heißt es gleich zu Beginn: „Das Werk [...] wird Widerspruch erfahren" (zit. nach Wolf: Pustkuchen und Goethe, S. 369).
104 Zur kritischen zeitgenössischen Rezeption der Pustkuchen'schen *Wanderjahre* vgl. Merkel: Johann Friedrich Wilhelm Pustkuchen, S. 161–173, sowie Wolf: Pustkuchen und Goethe, S. 211–251.

tiken durchaus Talent attestiert wurde.[105] Wäre es Pustkuchen allein um die Etablierung im Feld oder auch nur um ökonomischen Ertrag gegangen, er hätte spätestens nach dem dritten, schon nicht mehr allzu resonanzstarken Teil seiner *Wanderjahre* umgeschwenkt und das ihm attestierte Talent in einem genuin eigenständigen, onymen Kunstwerk – dem angesichts Pustkuchens zweifelhafter, aber immerhin vorhandener Berühmtheit gewiss einige Aufmerksamkeit entgegengebracht worden wäre – unter Beweis zu stellen versucht. Aber Pustkuchen machte weiter, setzte seine *Wanderjahre* ohne Rücksicht auf ausbleibende Resonanz fort.

Man mag dieses nach Maßstäben sowohl der anti-ökonomischen Ökonomie des autonomen als auch der ökonomischen Ökonomie des kommerziellen Sektors nicht sinnvolle Verhalten mit einem dann doch nicht allzu ausgeprägtem ‚spielerischen Gespür' erklären. Meines Erachtens kommt jedoch zu dem ohne Frage eher dürftigen Spielsinn Pustkuchens noch etwas anderes hinzu, nämlich eine Art (mehr oder weniger bewusste) ‚Ideologie', ja vielleicht sogar eine Mission. So spricht die Forschung nicht selten von Pustkuchen als einem „Idealisten und Moralisten",[106] zuweilen hat man geradezu den Eindruck, man habe es mit einem moralistischen oder religiösen Fanatiker zu tun.

Fassen lässt sich diese ‚Ideologie' innerhalb von Bourdieus Konzeption mit der Kategorie des Habitus, der bei Pustkuchen wesentlich geprägt ist durch eine gespaltene soziale Identität. Diese irritierte soziale Existenz will ich im Folgenden kurz darlegen. Im Anschluss daran möchte ich zeigen, wie sie sich auch in Pustkuchens literaturpolitischem Programm niederschlägt, um dann anhand der Pseudo-*Wanderjahre* deutlich zu machen, wie Pustkuchen den Bildungsroman letztlich zu einer Art plebejischer Bildungsschrift umarbeiten wollte.

Sichtet man die Information über Pustkuchens Biographie und zieht zudem die wenigen Tagebuchnotizen heran, die derzeit öffentlich sind, dann zeigt sich das Bild eines Akteurs, der (durchaus tragisch) zwischen den sozialen Schichten steht: Ausgestattet mit einer humanistischen Bildung, im Besitz eines Doktortitels und eines Theologieexamens, zudem, um 1820, bereits als Verfasser belletristischer und populärtheologischer Werke hervorgetreten, ist er zwar im Grunde als Bildungsbürger anzusehen; er verfügt jedoch über nur sehr wenige Kontakte ins Bildungsbürgertum, in die gelehrte oder literarische Welt, ins Verlags- oder Zei-

---

105 So gesteht der Rezensent der *Allgemeinen Literatur Zeitung* ein, der Autor der falschen *Wanderjahre* habe sich als „wahrhaft talentvolle[r] Dichter und geistreiche[r] Denker, in diesem Werke bewährt" ([anonym]: Rez. zu Goethes und Pustkuchens *Wanderjahren*. In: Allgemeine Literatur Zeitung Bd. 3 (1822), S. 793–796, hier S. 796). Solche Zugeständnisse sind des Öfteren zu lesen.
106 Merkel: Johann Friedrich Wilhelm Pustkuchen, S. 39.

tungswesen, über kaum soziales Kapital also; zudem stammt er aus ökonomisch prekären Verhältnissen, hat finanziell keinerlei Spielräume.[107] Changierend zwischen einem gebildeten Kleinbürger und einem verarmten Bildungsbürger ist es dabei gerade die ökonomisch dürftige Situation, die Pustkuchens Aufsteigerbestrebungen immer wieder zunichte macht, so etwa wenn er seinen Versuch, sich innerhalb der gelehrten Welt Leipzigs sozial zu etablieren, abbrechen muss, um die finanziell in Schieflage geratene Familie durch Annahme der Landpfarrerstelle in Lieme zu entlasten.[108] Schon früh bildet sich bei Pustkuchen so ein Denkmuster aus, bei dem das Streben nach bildungsbürgerlicher Freiheit und das Wissen um die ökonomische Unfreiheit in stetem Konflikt miteinander stehen.[109] Anders gesagt: Pustkuchen will mehr, als er aufgrund seiner sozialen Situation erreichen kann – und er ist sich dessen bewusst. So schreibt er 1815 in sein Tagebuch:

> Es ist ein großer Entschluß, Lehrer von Menschen in schriftlicher Weise werden zu wollen, aber ich bin immer mehr entschlossen, die mir unpaßenden Verhältnisse zurückzustoßen u. mit Kraft mein Leben nach der mir zusagenden Weise fortzuführen. Sollte der gute Wille, wenn er die Kraft unterstützt nicht das kleine Leben eines Menschen nähren, wessen Vorstellungen vom Glück sich immer mehr bescheiden? Sollte alle Arbeit nicht jährlich 500 rhtl. abwerfen? Wer es mit der Welt gut meint nicht einmal in der Welt bestehen? Und wenn es nicht wäre – ich werde thun, was ich nicht laßen kann.[110]

Die trotzig ertragene Spannung zwischen den hehren Zielen und den „unpassenden Verhältnisse[n]" führt dabei zu einer gespaltenen sozialen Identität Pustkuchens, der sich einerseits sozial deplatziert, weil eigentlich zu Höherem berufen fühlt und entsprechend um Gunst und Anerkennung der sozial und literarisch Mächtigen buhlt.[111] Andererseits bildet Pustkuchen zugleich ein beinahe

---

107 Zu Kontrastzwecken ziehe man an dieser Stelle die Ausführungen von Norbert Christian Wolf zu Goethes Ein- und Aufstieg im Feld heran – ein Aufstieg, der auch auf einer guten Portion sozialen und ökonomischen Kapitals beruhte. Siehe Norbert Christian Wolf: Goethe als Gesetzgeber. Die struktur- und modellbildende Funktion einer literarischen Selbstbehauptung um 1800. Elektr. Pub. URL: http://www.goethezeitportal.de/db/wiss/goethe/wolf_gesetzgeber.pdf [letzter Zugriff: 15. Januar 2014] [ED in: „Für viele stehen, indem man für sich steht". Formen literarischer Selbstbehauptung in der Moderne. Hg. v. Eckart Goebel, Eberhard Lämmert. Berlin 2004].
108 Siehe Wolf: Pustkuchen und Goethe, S. 69.
109 „Sollte ich nicht Geld genug erübrigen können, um ein halbes Jahr in Heidelberg zuzubringen – ohne Collegien zu hören, blos des geistigen Umgangs, der erweckenden Gegend und der größern Freiheit wegen?", klagt Pustkuchen 1815 (zit. nach Wolf: Pustkuchen und Goethe, S. 334).
110 Zit. nach Wolf: Pustkuchen und Goethe, S. 336.
111 Symptomatisch hierfür sind neben den oben bereits erwähnten und bei Wolf abgedruckten Werbungsbriefen an Goethe die Widmungsschreiben, die Pustkuchen seinen (populär-)theolo-

revolutionäres Bewusstsein (und ein damit einhergehendes Querulantentum)[112] aus, das zum einen zur Solidarisierung mit seiner ‚niederen' Herkunft führt und das zum anderen auf den Widerstand sowohl gegen die sozial als auch und insbesondere gegen die literarisch Mächtigen zielt.

Ein Zeugnis dieser gespaltenen sozialen Identität ist eine unpublizierte und undatierte Schrift mit dem Titel *Die Schriftsteller sollen für das deutsche Volk schreiben*,[113] in der Pustkuchen seine Idee einer sozialen Ordnung der literarischen Produktion entfaltet. Er zieht darin gegen den Elitarismus der gegenwärtigen Schriftsteller ins Feld, die den Großteil des ‚Volkes' ignorieren und „gleich beim Schreiben nur einen besonderen, willkührlich ausgeschiedenen Theil des Volkes vor Augen haben";[114] „[k]einer will für alle, jeder für seine Parthei schreiben", heißt es weiter. „Litteratur", so Pustkuchen, sei gegenwärtig das „Privilegium einer gewissen Kaste",[115] die sich der „größte[n] Aufgabe [...], so zu schreiben, daß das ganze Volk es versteht",[116] verweigert. Damit wendet sich Pustkuchen gegen jene nobilitierten Produzenten,[117] die „ganz in der Lage des Adels [sind] und [...] mit diesem dieselben Anmaßungen [theilen]".[118] Verworfen wird so ein Literaturkonzept, wie es im von Bourdieu sogenannten ‚Unterfeld der eingeschränkten Produktion' dominiert, eine Art der autonomen literarischen Produktion mithin, bei der „keine Zugeständnisse an die Wünsche des großen Publikums" gemacht

---

gischen Schriften voranstellt und die in (selbst für Widmungen bemerkenswert) anbiedernder Weise um die Gunst von ‚mächtigen' Persönlichkeiten werben; siehe z.B. die Widmung an Georg Wilhelm, Fürst zu Lippe-Bückeburg in: Pustkuchen: Die Urgeschichte der Menschheit, [S. II–X] oder die Widmung an den preußischen Staatsminister Baron Stein von Altenstein in: Friedrich Pustkuchen: Historisch-kritische Untersuchung der biblischen Urgeschichte. Nebst Untersuchungen über Alter, Verfasser und Einheit der übrigen Theile des Pentateuch. Halle 1823, [S. II–VIII].

112 Dieses wird sichtbar z.B. in seinen beiden Auseinandersetzungen mit Vorgesetzten: Die erste erfolgte gleich nach Antritt der Stelle in Lieme und drehte sich um Pustkuchens Bezahlung, wobei er offenbar bei seinem Protest ausfällig gegenüber dem lippischen Generalsuperintendenten wurde (vgl. Merkel: Johann Friedrich Wilhelm Pustkuchen, S. 38); die zweite Auseinandersetzung, die zum Ausscheiden Pustkuchens aus dem Pfarramt führte, drehte sich um einen von Pustkuchen selbstverfassten und im Unterricht eingesetzten Katechismus – in Folge der Auseinandersetzung kam es unter anderem zu einem Beleidigungsprozess (vgl. Merkel: Johann Friedrich Wilhelm Pustkuchen, S. 43).
113 In Auszügen abgedruckt bei Wolf: Pustkuchen und Goethe, S. 340–348.
114 Zit. nach Wolf: Pustkuchen und Goethe, S. 346.
115 Zit. nach Wolf: Pustkuchen und Goethe, S. 341.
116 Zit. nach Wolf: Pustkuchen und Goethe, S. 340.
117 Vgl. Wolf: Pustkuchen und Goethe, S. 346.
118 Wolf: Pustkuchen und Goethe, S. 341.

werden.[119] Pustkuchen hingegen fordert eine (jedenfalls partiell) heteronome Literatur, die sich ihrer volkspädagogischen Verantwortung bewusst ist: „Jeder der unsere Sprache redet, hat das heilige Recht, daß deren Schriftsteller auch für ihn da sind. In der Litteratur muß Republik sein, keine privilegirte Klasse".[120] Dabei geht es Pustkuchen allerdings nicht darum, eine Literatur allein für die „niedrigste Klasse"[121] zu entwickeln; mit seiner Forderung, ‚für das Volk zu schreiben', sei nicht „gemeint, daß durchaus alle [...] [diese Literatur, P.T.] verstehen müßten. Auch Luther wurde wahrhaftig nicht von allen verstanden. Aber in der Republik der Schriftstellerei müssen alle Stände ihre Repräsentanten, ihre Abgeordneten haben, nämlich die zum Lesen Geneigten und Geeigneten und diese müssen das Geschriebene verstehen können."[122]

Wie eine solche Literatur aussehen könnte, sagt Pustkuchen leider nicht. Seine Poesie für das Volk bleibt letztlich vage, changierend zwischen einem Konzept, das die soziale Differenzierung als gegeben voraussetzt und für jeden ‚Stand' eigene Dichter, eigene ‚Abgeordnete' fordert, und einem integrativen Konzept, bei dem sich – wie Schiller in seiner Bürger-Rezension schrieb – die Dichtung „dem *Allerschwersten*" widmet, nämlich der Aufgabe, „den ungeheuern Abstand", der zwischen „der Fassungskraft des großen Haufens" und „dem Beifall der gebildeten Klasse" besteht, durch die Kunst „aufzuheben".[123] Gerade in dieser Unentschiedenheit der Pustkuchen'schen Programmatik zeigt sich dabei die gespaltene soziale Identität des jungen Dichters. Der Angriff auf den Schriftsteller-‚Adel' wird zwar rhetorisch vehement durchgeführt, doch bleibt nicht nur die entschiedene Identifikation mit den ‚niederen Klassen' aus, auch die Möglichkeit der Anerkennung durch die ‚höheren Klassen' ist in seinem Konzept eines Schreibens „für die Fähigen in allen Ständen zugleich"[124] weiterhin gegeben. Offenbar theoretisiert hier einer, der sich über seine eigene Zugehörigkeit nicht recht im Klaren ist, der sich weder den ‚höheren' noch den ‚niederen Klassen' zuordnen mag und so eine die Stratifikation durchkreuzende, in seinen Augen republikanische ‚Klasse' der ‚Fähigen aller Stände' postuliert. Das Ergebnis ist ein Kuriosum, das man als einen anti-elitaristischen Elitarismus bezeichnen könnte.

---

119 Bourdieu: Das literarische Feld, S. 39.
120 Zit. nach Wolf: Pustkuchen und Goethe, S. 341.
121 Zit. nach Wolf: Pustkuchen und Goethe, S. 340.
122 Zit. nach Wolf: Pustkuchen und Goethe, S. 340.
123 Friedrich Schiller: Über Bürgers Gedichte [1791]. In: ders.: Sämtliche Werke. Hg. von Peter-André Alt, Albert Meier und Wolfgang Riedel. Bd. V: Erzählungen. Theoretische Schriften. Hg. von Wolfgang Riedel. München 2004, S. 970–985, hier S. 973.
124 Zit. nach Wolf: Pustkuchen und Goethe, S. 340.

Eben diese habituelle ‚Ideologie' vermag nun meines Erachtens die merkwürdige Vehemenz (und auch den Misserfolg) zu erklären, mit der Pustkuchen seinen Feldzug gegen Goethe, dessen *Lehrjahre* und vor allem das darin entfaltete Bildungs- wie das darin verwirklichte Literaturkonzept bestritt. Dabei stellt der Romantypus ‚Wilhelm Meister' für Pustkuchen nicht nur die nobilitierte und insofern besonders kapitalverheißende Variante des Romans dar; dieser Typus, allen voran die *Lehrjahre*, muss vielmehr in seiner Wahrnehmung der generischen Ordnung auch gewissermaßen als der ‚Adlige' unter den Romanen erschienen sein, geschrieben für eine ‚privilegierte Kaste' von Gebildeten, die diesem Romantypus auch deshalb zu seinem symbolischen Gewicht verholfen hatte, weil darin das eigene ‚Klassenbewusstsein' in besonderer Weise zum Ausdruck kam. Was Pustkuchen mithin bewusst oder unbewusst erkannt hatte, war jener von Bourdieu beschriebene Mechanismus, nach dem die Hierarchie der Gattungen „sehr direkt der gesellschaftlichen Hierarchie des betreffenden Publikums entspricht".[125]

Vor diesem Hintergrund lässt sich Pustkuchens Fortschreibung der *Lehrjahre* als ein Versuch begreifen, dem Romantypus ‚Wilhelm Meister' über die ‚gebildeten Stände' hinaus Leserkreise zu erschließen. Pustkuchens Verständnis eines Schreibens für ‚das Volk' als Schreiben für ‚die Fähigen aller Stände' wie auch seinem ungebrochenen Streben nach literarischer Exzellenz entsprechend, bedeutete dies allerdings, prinzipiell am nobilitierten Status des Romantypus ‚Wilhelm Meister' festzuhalten, diesen aber zugleich so zu gestalten, dass er nicht nur der Selbstvergewisserung einer ‚privilegierten Klasse' dient, sondern auch bei den ‚Fähigen' der ‚niederen Klassen' auf Zustimmung stößt. Dass Pustkuchen im Prinzip am Typus ‚Wilhelm Meister' festhält, zeigt sich dabei in dem hohen Maß an generischer Konventionalität, die sich in einer stilistischen Mimikry, in der an Goethe orientierten Anlage der Erzählinstanz, in der Kombination von erzählenden und dialogischen Passagen, der Einstreuung von Gedichten und vor allem in der Beibehaltung des Erzählschemas ‚individuelle Bildungsgeschichte' manifestiert. Der Versuch einer Öffnung des Romantypus für die ‚niederen Klassen' wird hingegen deutlich in dem generisch-agonalen Umbau des Bildungs- und des Literaturkonzepts, wie Pustkuchen es jeweils bei Goethe verwirklicht sah. Die genannten Punkte möchte ich im Folgenden in gebotener Kürze darlegen.

Die von Pustkuchen selbst so vermutlich gar nicht erkannte, folgenreichste Verschiebung gegenüber Goethes Mustertext betrifft die dem Rezipienten zugestandene Lektüreweise bzw., mit Bourdieu gesagt: „die besondere Kompetenz, die

---

[125] Bourdieu: Die Regeln der Kunst, S. 190.

dem Konsumenten zuerkannt wird".[126] Pustkuchen rechnet nämlich mit einer identifikatorischen Lektüre, die eher für den ‚ungebildeten' Leser charakteristisch ist, und nicht mit einer intellektuell-distanzierten. Dies nun hat Konsequenzen für die Art, wie ein ‚Bildungsroman für das Volk' beschaffen sein, welchem Literatur-, Bildungs- und Figurenkonzept er entsprechen muss. Veranschaulichen lässt sich das anhand einer jener durchaus witzigen Passagen aus dem ersten Teil von Pustkuchens *Wanderjahren*, in denen – in Anwesenheit Wilhelms – über die Figuren Goethes diskutiert wird. Angeleitet vom Hauptmann Coucy, einem Bruder des Abbé und Wilhelms Lehrmeister in den Pseudo-*Wanderjahren*, hatte Wilhelm sich erneut und nunmehr kritisch mit den von ihm zu Beginn des Romans verehrten Goethe'schen Figuren[127] auseinandergesetzt. Seine Studien bringen ihn zu folgendem Ergebnis:

> Durch die freilich nicht unpassende Vergleichung zwischen mir und den Hauptcharaktern des Dichters [d.i. Goethe], so sehr Sie dieselbe auch zu mildern suchten, haben Sie doch meine Blicke geschärft. O, man lieset und urtheilt anders, sobald man anfängt *in Beziehung auf sich selbst zu lesen und zu urtheilen*. Ich habe es empfunden, wie unaussprechlich viel ein festes, klares Wesen, vom Glauben und von Begeisterung erhoben, werth sey und, wenn ich vorher mit Wohlgefallen wiederholt hatte, was man so oft sagt, daß Göthe uns die Menschen schildere, wie sie sind, so erröthete ich nun, in seinen Helden nur meine eigenen Gebrechen gespiegelt zu sehen. Ich erkannte jene Behauptung sogar als durchaus falsch. Denn gerade die großen Charaktere, welche am meisten Aufmerksamkeit verdienen, weil sie etwas Hohes klar erkannt haben und mit Entschiedenheit ausführen, die Helden der Freiheit, des Patriotismus, der Kraft, der sittlichen Strenge, des Glaubens, der Liebe, der Freundschaft, gerade die vermißt man völlig. Vor uns liegt sie da, eine Welt ohne Heroen, in der nur die untergeordnete Größe, Lebensgewandtheit, Klugheit, Sinnlichkeit, Leidenschaften der Schwäche, Anmaßung, vornehme Bildung, guter Wille eine Anerkennung finden. Ist denn das die Menschheit ganz? Ist das ihr durch die Kunst erhobenes Bild, und soll die Wirklichkeit noch gemeiner, niedriger seyn? Nein, der schildert uns nicht die Menschheit, wie sie ist, welcher die edelste Classe derselben ausläßt, die eigentlich alles entscheidet.[128]

---

126 Bourdieu: Die Regeln der Kunst, S. 190.
127 „[N]ennen Sie nur unter allen denjenigen unsrer Dichter, dessen Ansichten Sie für die richtigsten halten, dessen Poesie Ihnen die geläutertste scheint, dem Sie selbst, wenn Sie Versuche machten, sich vorzüglich zu nähern strebten", hatte der Hauptmann Wilhelm aufgefordert, worauf dieser antwortete: „[U]nter allen deutschen Dichtern kenne ich nur den einzigen Göthe, auf den ich das, was Sie sagen, anzuwenden wüßte" (Johann Friedrich Wilhelm Pustkuchen: Wilhelm Meisters Wanderjahre. [1. Teil]. Quedlinburg/Leipzig 1821, S. 106). Goethe sei für Wilhelm jener Schriftsteller gewesen, „dessen Manier ihm so vorzüglich gefallen, in dessen Ansichten er so viel Bildendes gefunden, der seinen meisten spätern Versuchen in der Poesie als Muster vorgeschwebt hatte"; Goethe zu verteidigen sei für ihn entsprechend fast so, „als ob es gelte, daß er sich selbst vertheidige" (Pustkuchen: Wilhelm Meisters Wanderjahre. [1. Teil], S. 145).
128 Ich führe hier eine erweiterte Passage aus der neuen, verbesserten Auflage (Quedlinburg/Leipzig 1823) an, da in ihr Pustkuchens Konzept noch prägnanter zum Ausdruck kommt; in der

Aus der identifikatorischen Lektüre, dem Lesen „in Beziehung auf sich selbst", folgt hier nahtlos die Forderung nach der Darstellung ‚großer Charaktere' – und damit zugleich die Verdammung der nach Pustkuchen allzu ‚gemeinen' Figuren Goethes, die „ohne festes Wollen, ohne innere Klarheit, ohne sichere Kraft, ohne eigentlichen Muth" seien.[129] Für Wilhelm bedeutet dies zugleich eine Selbstverdammung, muss er doch erkennen, dass er selbst noch voller „Gebrechen" ist, dass er bisher „vornämlich nur die gesellige Bildung im Auge hatte[]",[130] dass es ihm, wie der Hauptmann erklärt, „noch bisher an der rechten Einheit, an einem entschiedenen Mittelpunkte, auf den sich alle Erkenntnisse, Kräfte, Grundsätze und Bestrebungen beziehen, fehlte".[131] Und so schickt Pustkuchen seinen Wilhelm gewissermaßen auf einen zweiten Bildungsweg, in dessen Verlauf dieser lernt, „nach männlichem Werthe, nach festem Charakter, nach großartiger Treue innig [zu] verlangen".[132]

Diskursiv, in den Gesprächen über Literatur, und performativ, in der Umerziehung Wilhelms, wird hier eine massive Komplexitätsreduktion durchgeführt, bei der die psychologisch vielschichtigen und moralisch ambivalenten Individualfiguren Goethes ersetzt werden durch Typen, die als Repräsentanten unhinterfragt gültiger Werte fungieren. Dabei zielt Pustkuchens Kritik nicht nur auf Goethe und dessen Figuren im Allgemeinen wie auf die Figuren der *Lehrjahre* im Besonderen. Sie schließt auch all „die Jünglinge und geschäftslosen, unbedachten oder unreifen Wanderer", die „[j]ungen Künstler, Schauspieler, Flüchtlinge, Wahnwitzige[n], Verbrecher, Bettler, Menschen ohne feste Lage, in schwankenden oder zerrütteten Verhältnissen"[133] mit ein, die in der Nachfolge des Goethe'schen Wilhelm Meisters die Literatur bevölkerten. Explizit genannt werden unter anderem „Sternbald, Ofterdingen, Florentin"[134] und damit ein nicht unwesentlicher Teil jenes ‚Raumes ähnlicher Werke', der sich bereits um den Typus ‚Wilhelm Meister' herum ausgebildet hatte.

Den in diesen Bildungsromanen entworfenen Figuren stellt Pustkuchen seinen Wilhelm entgegen, der in den Pseudo-*Wanderjahren* zu einem idealistischen

---

ersten Auflage finden sich die Bestandteile der Passage auf S. 207 u. 210, in der zweiten auf S. 96 – 97. Herv. P.T.
129 Pustkuchen: Wilhelm Meisters Wanderjahre. [Erster Teil]. [1. Aufl.], S. 142.
130 Johann Friedrich Wilhelm Pustkuchen: Wilhelm Meisters Wanderjahre. Zweiter Theil. Quedlinburg/Leipzig 1821, S. 65.
131 Pustkuchen: Wilhelm Meisters Wanderjahre. [Erster Teil]. [1. Aufl.], S. 188–189.
132 Johann Friedrich Wilhelm Pustkuchen: Wilhelm Meisters Wanderjahre. Dritter Theil. Quedlinburg/Leipzig 1822, S. 136.
133 Pustkuchen, Wilhelm Meisters Wanderjahre. [Erster Teil]. Neue, verbesserte Auflage, S. 105.
134 Pustkuchen, Wilhelm Meisters Wanderjahre. [Erster Teil]. Neue, verbesserte Auflage, S. 106.

Repräsentanten herangezogen wird. Verworfen wird damit zugleich ein Konzept der behutsam angeleiteten Selbstbildung, das im Sinne des Goethe'schen Abbé auch den Irrtum als Bildungsmoment begreift.[135] Dieses Konzept wird ersetzt durch das stark leitende Erziehungsprogramm des Pustkuchen'schen Hauptmanns, der, wie man erfährt, sich in einem Gespräch mit dem Abbé gegen dessen Vorstellungen ausgesprochen hat, „weil es Irrthümer gebe, die nicht nur bis ans Ende bleiben, sondern auch auf Andre, selbst auf die folgenden Geschlechter übergehen könnten".[136] Und dieses stark leitende Erziehungsprogramm wird schließlich zur Grundlage von Pustkuchens Literaturkonzept: Auf den allein zur identifikatorischen Lektüre fähigen Leser muss die Literatur einwirken, indem sie ihm Figuren vorführt, die sich zielsicher zur Idealität heraufbilden. Nur so wahrt Literatur ihren „didaktischen Werth",[137] nur so kann sie sich, wie der Hauptmann Coucy – ein Bruder, wie gesagt, des Abbé – ausführt,

> zu dem wunderbar kräftigen Mittel erheben, wodurch die Kraft des Jünglings ihre harmonische Vollendung, die Seele des Weibes ihre höchste Anmuth erhält, wodurch alle Stände verherrlicht, der Glaube verklärt, die Leidenschaften gemäßigt, die Sitten gemildert, wodurch ganze Völker gehoben und des unsterblichen Ruhmes werth werden.[138]

Dem Bildungsroman wird hier eine volkspädagogische, mehr noch eine nationalpädagogische Funktion zugewiesen, wobei es eben nicht nur darum geht, lediglich den niedrigen ‚Stand' zu „verherrlich[en]; nein ‚allen Ständen' will Pustkuchen das ihnen entsprechende Ideal vorstellen. Damit wäre dann, in Pustkuchens Perspektive, der Bildungsroman tatsächlich von einem Roman für Gebildete zu einer Art allgemein plebejischen Roman für die ‚Fähigen in allen Ständen' geworden, die sich im Rahmen einer identifikatorischen Lektüre an dem ihnen jeweils standesgemäßen Ideal heraufbilden könnten.

Dass hier eben auch ein konservatives, jedem seinen angestammten Ort in der vor- und das heißt gottgegebenen Ordnung zuweisendes Gedankengut erkennbar wird, das deutlich vom Geist der Restauration geprägt ist und auf grundsätzliche Wandlungen im intellektuellen wie im Feld der Macht hinweist, sei an dieser Stelle nur vermerkt.[139] Und auch eine psychologisierende Lesart, die in Pustkuchens

---

135 Vgl. Johann Wolfgang Goethe: Sämtliche Werk nach Epochen seines Schaffens. Münchner Ausgabe. Hg. von Karl Richter in Zusammenarbeit mit Herbert G. Göpfert, Norbert Miller und Gerhard Sauder. Bd. 5.: Wilhelm Meisters Lehrjahre. Ein Roman. Hg. von Hans-Jürgen Schings. München 1988, S. 496.
136 Pustkuchen: Wilhelm Meisters Wanderjahre. [Erster Teil]. [1. Aufl.], S. 182.
137 Pustkuchen: Wilhelm Meisters Wanderjahre. [Erster Teil]. Neue, verbesserte Auflage, S. 109.
138 Pustkuchen: Wilhelm Meisters Wanderjahre. [Erster Teil]. [1. Aufl.], S. 209.
139 Vgl. dazu auch Wolf: Pustkuchen und Goethe, u. a. S. 207–208.

schließlich vor ‚Männlichkeit' nur so strotzender und am Ende des Romans zudem literarisch erfolgreicher Wilhelm Meister-Figur eine Wunschprojektion des kränklichen, literarisch erfolglosen Autors sieht, soll hier nicht weiter verfolgt werden. Aufgegriffen sei hingegen das, was sich in diesen beiden Bemerkungen bereits andeutet: Pustkuchens Bildungsprogramm mag zwar auch für die ‚höheren Klassen', für die ohnehin schon ‚Gebildeten' *gedacht* sein; diese werden aber angesichts der Pustkuch'schen Werte, angesichts der unterkomplexen Figurenkonzeptionen und angesichts des allzu anspruchslosen wie allzu übergriffigen Literaturkonzeptes dankend abwinken. – Sie winkten nicht nur dankend, sondern drohend.

V Der Bildungsroman und die ‚Ungebildeten' unter seinen Autoren

Die Reaktionen auf Pustkuchens *Wanderjahre* waren bemerkenswert umfangreich. Merkel zählt mehr als dreißig Rezensionen, insbesondere zu den ersten Teilen;[140] hinzu kamen zahlreiche private Äußerungen in Briefen oder Tagebüchern.[141] Unter den Äußerungen waren dabei auch einige eher zustimmende, in denen die sich ohnehin formierende Goethe-Opposition die Gelegenheit ergriff, ihrem Unmut über die dominante Feldstellung des Olympiers Luft zu machen. Die bei nicht wenigen auf Unverständnis stoßenden Goethe'schen *Wanderjahre* taten da ihr Übriges. Vor allem sah Pustkuchen sich jedoch einer breiten Front des Spottes, der Verachtung, aber auch der kritischen Auseinandersetzung gegenüber, die einigen Aufschluss nicht nur über das symbolische und soziale Kapital Goethes gibt, sondern zugleich über den Feldwert des Romantypus ‚*Wilhelm Meister*' – und damit des im Werden begriffenen generischen Feldes ‚Bildungsroman'.

Bezeichnend sind in diesem Zusammenhang allein schon die unter anderem sozial konnotierten Degradierungen, etwa in Apostrophierungen Pustkuchens als „quedlingburger Lumpenpopanz" (Johann Heinrich Voß),[142] „Handwerksbursche" (Grillparzer)[143] oder schlicht „Schmeißfliege" (anonym).[144] Diesen Schmähungen treten weniger polemisch argumentierende Nachweise zur Seite, in

---

140 Vgl. Merkel: Johann Friedrich Wilhelm Pustkuchen, S. 166.
141 Vgl. die Auswertungen bei Merkel: Johann Friedrich Wilhelm Pustkuchen, S. 174–179, sowie bei Wolf: Pustkuchen und Goethe, S. 211–256.
142 Zit. nach Wolf: Pustkuchen und Goethe, S. 211.
143 Zit. nach Wolf: Pustkuchen und Goethe, S. 226.
144 Zit. nach Wolf: Pustkuchen und Goethe, S. 213.

denen dem Autor der Pseudo-*Wanderjahre* die ästhetische und philosophische Bildung, also inkorporiertes kulturelles Kapital, abgesprochen wird. „[W]ie verlassen von aller tiefern philosophischen Betrachtungsweise der Dinge"[145] sei der Verfasser, bemerkt der anonyme Rezensent der *Heidelberger Jahrbücher*; „die wahre Entstehungsweise und Tendenz eines echten Kunstwerks" scheine Pustkuchen „völlig verborgen zu sein",[146] schreibt Beneke in den Wiener *Jahrbüchern der Literatur*; nichts zeuge davon, dass Pustkuchen „die Götheschen Charaktere verstanden und studirt habe",[147] heißt es an anderer Stelle; und auch der junge Karl Immermann attestiert dem „*Pseudoverfasser*", von den „Grundgedanken des Werks [d.i. die *Lehrjahre*] wenig geahnt" zu haben.[148] Begleitet werden diese Delegitimierungen Pustkuchens, die ihm mangelnde reflexive und exegetische Kompetenz zusprechen, von eigenen Reflexionen und Exegesen der Kritiker, in denen diese Pustkuchen teilweise ausufernd widerlegen (der Essay in den *Jahrbüchern der Literatur* umfasst beinahe siebzig Seiten) und damit die Differenz zwischen ihrer legitimen, ‚gebildeten' Sicht auf Goethe bzw. auf dessen *Lehrjahre* und der ‚ungebildeten' Sicht Pustkuchens markieren.

Diese Ausgrenzung von Pustkuchen aus dem Kreis jener, die überhaupt fähig sind, sich zu den *Lehrjahren* zu äußern, erfolgt dabei im Detail durch die Darlegung der Missverständnisse, die für den Verfasser der Pseudo-*Wanderjahre* und sein Verständnis dessen, was der Romantypus ‚Wilhelm Meister' sein sollte, als charakteristisch angesehen werden. Eine entscheidende Rolle spielt hier die Zurückweisung von Pustkuchens idealistischer Literaturkonzeption, der die an Goethe und dessen *Lehrjahren* veranschaulichte realidealistische Konzeption gegenübergestellt wird.[149] Auch in diesem Zusammenhang wird die Kompetenzgrenze gezogen: Es gehöre ein „viel grösseres Talent und ein viel tieferes Studium

---

[145] [anonym]: Rez. zu Pustkuchens *Wanderjahren*, 1. u. 2. Teil. In: Heidelberger Jahrbücher der Literatur 15.1 (1822), S. 193–202, hier S. 196.
[146] F.E. Beneke: Rez. zu Pustkuchens *Wanderjahren*, 1. bis 3. Teil, und Wilhelm Meisters Tagebuch. In: Jahrbücher der Literatur 23 (1823), S. 1–67, hier S. 52.
[147] [anonym]: Rez. zu Pustkuchens *Wanderjahren*, 1. u. 2. Teil, S. 197.
[148] Karl Immermann: Brief an einen Freund über die falschen Wanderjahre Wilhelm Meisters und ihre Beilagen. Münster 1823, S. 12; ebenso Grillparzer: „Die falschen Wanderjahre sind dadurch entstanden, daß ihr Verfasser Göthes Wilhelm Meister nicht verstanden hat" (zit. nach Wolf: Pustkuchen und Goethe, S. 229).
[149] Vgl. u.a. Beneke: Rez. zu Pustkuchens *Wanderjahren*, S. 12–13. In den *Heidelberger Jahrbüchern der Literatur* hält der Rezensent Pustkuchen entgegen, man solle nicht „*absolut* idealisiren", sondern „*relativ* idealisiren"; es gehe darum, „das Reale, Gegebene in der Bescheinung des Idealen" darzustellen ([anonym]: Rez. zu Pustkuchens *Wanderjahren*, 1. u. 2. Teil, S. 195).

dazu [...], Charaktere *nach den Lebensverhältnissen poetisch* darzustellen, als *absolut* ideale zu schaffen", heißt es in den *Heidelberger Jahrbüchern*.[150]

Verhandelt werden hier letztlich Zugangsvoraussetzungen zu jenem Bereich der literarischen Produktion, in dem der Romantypus ‚Wilhelm Meister' angesiedelt ist. Nicht jeder kann (was in diesem Fall gleichbedeutend ist mit: darf) sich in diesem Bereich der literarischen Produktion reflexiv oder produzierend betätigen – und nicht jeder kann die dort verfertigten Produkte verstehen. Diese von Pustkuchen ja bekämpfte, in der kritischen Rezeption dann jedoch behauptete Eingrenzung des Rezipientenkreises zeigt sich unter anderem in der Diskussion über das Konzept der identifikatorischen Lektüre, das Pustkuchen, wie oben dargelegt, voraussetzt. So argumentiert Benke in den *Jahrbüchern der Literatur* gegen Pustkuchens Forderung, Figuren müssten idealisch sein, da sie sonst die Unmoral forcieren könnten, mit einem differenzierten Rezipientenkonzept: Zwar komme es bei Goethe durchaus vor, dass „mit dem Unsittlichen das Schöne und Liebenswürdige zu Einem Charakterbilde" verknüpft werde, wodurch „schwache und beschränkte Geister in die Gefahr kommen, mit diesen zugleich auch jenes lieb zu gewinnen und nachzuahmen".[151] Doch: „nicht Alle stehen in diesem Verhältnisse, und der zugleich hinlänglich *reinen* und *kräftig=gebildeten* Seele wird das Lesen dieser und ähnlicher Schriften keinen Nachtheil bringen".[152]

Nur diese moralisch-integren und intellektuellen Leser kommen als Rezipienten für den Romantypus ‚Wilhelm Meister' in Betracht und das auch deshalb, weil sie im Grunde nicht mehr belehrt werden müssen und insofern mit einer der von den professionellen Rezipienten am vehementesten gegen Pustkuchen behaupteten Eigenarten dieses Romantypus umzugehen wissen, nämlich seiner prinzipiellen Autonomie. Schon Karl Morgenstern, der in seiner doppelten Definition des Bildungsromans[153] noch dessen bildende Funktion berücksichtigte, zeigte sich ja überaus bemüht, nicht den Eindruck zu erwecken, er würde den Bildungsroman ob dieser bildenden Funktion als heteronomes Kunstwerk begreifen, das nur Mittel zum Zweck sei: „wie bey jedem wahrhaft schönen Kunst-

---

150 [anonym]: Rez. zu Pustkuchens *Wanderjahren*, 1. u. 2. Teil, S. 200.
151 Beneke: Rez. zu Pustkuchens *Wanderjahren*, S. 51.
152 Beneke: Rez. zu Pustkuchens *Wanderjahren*, S. 51.
153 „Bildungsroman wird er heissen dürfen, erstens und vorzüglich wegen seines Stoffes, weil er des Helden Bildung in ihrem Anfang und Fortgang bis zu einer gewissen Stufe der Vollendung darstellt; zweytens aber auch, weil er gerade durch diese Darstellung des Lesers Bildung, in weitem Umfange als jede andere Art des Romans, födert" (Karl Morgenstern: Ueber das Wesen des Bildungsromans (Fortsetzung). In: Inländisches Museum 1.3 (1820), S. 13–27, hier S. 13).

werke", habe der Bildungsroman „nichts Didaktisches".[154] Dieses Verständnis des Romantypus ‚Wilhelm Meister' als nicht-didaktische, sondern autonome Kunst wird denn auch in der Pustkuchen-Rezeption ‚zornig' verteidigt:

> Die Dichtung wird in heiligem Zorn endlich ihre ursprünglichen Rechte zurückfordern, und laut erklären, daß sie nicht da sey, Hinz und Kunz tugendhaft zu machen, sondern daß sie um ihrer selbstwillen zwischen Erde und Himmel mit Geistschritten wandle[155]

wettert etwa Immermann. Und Beneke hält, etwas nüchterner, fest: „Was also als reines Kunstwerk entstanden ist, will an und für sich *nichts lehren*, will überhaupt *weiter nichts*, als *seyn*".[156] Vor dem Hintergrund dieser Bemühungen, den Romantypus ‚Wilhelm Meister' nachhaltig im autonomen Sektor des Feldes zu etablieren, kam Pustkuchens Versuch, die *Lehrjahre* zur plebejischen Bildungsschrift zu transformieren, einem Sakrileg gleich.

Die referierte Kritik an Pustkuchen macht deutlich, dass dasjenige, was Pustkuchen am Romantypus ‚Wilhelm Meister', mithin am Bildungsroman ändern wollte, aus Sicht der Legitimationsinstanzen des literarischen Feldes dessen eigentliches ‚Wesen' ausmachte. Zielsicher, wenn auch wesentlich seinem Habitus geschuldet, trat Pustkuchen bei aller Nachahmung des Goethe'schen Erzählstils und -modells in eine radikale agonale Differenz zu dem, was sich als Definition des ‚Bildungsromans' herauszubilden begann. Dabei führte gerade diese Differenzialität der Pustkuch'schen *Wanderjahre* zu einer Reflexion über die Eigenarten desjenigen Romantypus, den man angesichts dieses dreisten Angriffs eines ebenso verzweifelten wie ernüchterten Aufsteigers zu verteidigen sich genötigt sah.

Die historische Definition des Bildungsromans, die in Abgrenzung zu Pustkuchens Werk Kontur gewinnt, geht dabei im Erzählschema der ‚individuellen Bildungsgeschichte' nicht auf. Als Bildungsroman – und das heißt noch immer:

---

154 Die Zitate im Kontext: „An sich gefallende, schöne und unterhaltende Darstellung der Bildungsgeschichte eines ausgezeichnet Bildungsfähigen wird sein objectiver, im Kunstwerke überall sich aussprechender Zweck des Dichters eines solchen Romans seyn; ursprünglich und zunächst also, wie bey jedem wahrhaft schönen Kunstwerk, nichts Didaktisches. Aber, da der Dichter zugleich Mensch ist, der, wie er dem Grundgesetz der Aesthetik zufolge als Dichter und als Künstler überhaupt nach Hervorbringung des Schönen strebt, so dem Grundgesetz der Moral zufolge als Mensch Gutes erstreben soll in sich und in Andern: so wird der Romandichter mit dem Zweck der Kunst, durch Schönes zu gefallen und zu erfreuen, die reinmenschliche Absicht zu nützen, zu belehren, zu bessern, – mit Einem Worte, zu *bilden*, weise verbinden" (Morgenstern: Ueber das Wesen des Bildungsromans, S. 13–14).
155 Immermann: Brief an einen Freund, S. 28.
156 Beneke: Rez. zu Pustkuchens *Wanderjahren*, S. 53.

als ein dem Romantypus ‚Wilhelm Meister' generisch ähnliches Werk – ist eine solche Bildungsgeschichte vielmehr nur dann legitimiert, wenn sie einem realidealistischen und autonomen Literaturkonzept verpflichtet ist. Der damit erst ermöglichten Lagerung im nobilitierten Sektor des Feldes der literarischen Produktion entspricht darüber hinaus eine soziale und symbolische Lagerung der Produzenten und der Rezipienten: Produziert wird der Bildungsroman – so könnte man in Anschluss unter anderem an Siegfried J. Schmidts Darstellung zur Genese des modernen Sozialsystems ‚Literatur' formulieren – von Dichtern (und nicht von Schriftstellern);[157] und rezipiert wird er von Expertenlesern, von ‚Bildungsbürgern' als „kritisch räsonierende[n] Rezipienten",[158] nicht von den einfachen Lesern. Gemein ist beiden, Lesern wie Schreibern des Bildungsromans, dass sie selbst gebildet sind, oder anders gesagt: dass sie als Gebildete gelten dürfen, weil sie im Besitz ausreichend ökonomischen, sozialen und kulturellen Kapitals sind, um sich in eine legitimierte Differenz zu einem ‚ungebildeten' Pseudo-Verfasser wie Pustkuchen stellen zu können. Der Bildungsroman ‚um 1820' ist also vor allem eines: Ein Medium der Selbstverständigung, Selbstvergewisserung und Selbstakklamation der ‚Gebildeten', er ist der Roman von Gebildeten für die Gebildeten.

VI Was folgte

Pustkuchens Beitrag zur Feldgeschichte des Bildungsromans liegt in diesem Sinne weniger in den Eigenarten seines Werkes, sondern darin, dass dieses Werk dazu herausforderte, die Grenzen zu ziehen, innerhalb derer sich ein legitimierter Bildungsroman bewegen durfte. Schon diese Reflexion der Grenzen und Eigenarten kann als ein wichtiger Schritt im Zuge der Herausbildung des generischen Feldes ‚Bildungsroman' angesehen werden.

Hinzu kamen weitere Effekte. So führten Pustkuchens *Wanderjahre* zu umfangreichen Exegesen der *Lehrjahre*. Damit wurde nicht nur der klassische Status dieses Romans verfestigt; herausgefordert durch Pustkuchens (wie auch durch Goethes) Fortsetzung, erschienen die *Lehrjahre* vielmehr wie ein aktueller Roman: Die Geschichte des Feldes wurde gleichsam unmittelbare Gegenwart.

Darüber hinaus wurde auch die Reflexionsgeschichte der *Lehrjahre* erinnert. Eindrücklichstes Zeugnis dafür ist eine kommentierte Sammlung – veranstaltet vom goethekritischen Professor Friedrich Karl Julius Schütz aus Halle – mit dem

---

157 Vgl. Siegfried J. Schmidt: Die Selbstorganisation des Sozialsystems Literatur im 18. Jahrhundert. Frankfurt a. M. 1989, S. 285–313 (Kap. *Handlungsrolle Literaturproduzent*).
158 Schmidt: Die Selbstorganisation des Sozialsystems Literatur, S. 357; vgl. auch S. 335–359 (Kap. *Handlungsrolle Literaturrezipient*).

Titel *Göthe und Pustkuchen*, die auf zwei Teile angelegt war, wobei nur der erste, den Goethe'schen *Meister*-Romanen sich widmende Teil erschien.[159] Auf über 450 Seiten werden in dieser breit rezensierten Sammlung, insbesondere im Kapitel *Ueber die Tendenz von Göthe's Wilhelm Meister überhaupt*, umfangreich Rezeptionsdokumente zu den *Lehrjahren* – darunter neben noch heute bekannten etwa von Friedrich Schlegel und Novalis auch eine Unmenge unbekannter Rezensionen und Kommentare – angeführt und damit wieder in die aktuelle Diskussion um den Romantypus ‚Wilhelm Meister' eingespeist.

Das, was auf dem Weg war, das generische Feld ‚Bildungsroman' zu werden, trat in Folge Pustkuchens also in eine Phase der forcierten Reflexion und der Aufbereitung der eigenen Geschichte ein, die den Raum generisch ähnlicher Werke, der um Goethes Roman entstanden war, weiter konturierte, präzisierte, definierte. Um zu einem voll ausgebildeten Feld zu werden, bedarf es jedoch, so scheint mir, noch weiterer Differenzen.[160] Eine davon trat bereits kurze Zeit später in Kraft; sie sorgte für eine Profilierung des Bildungsromans innerhalb des supragenerischen Feldes ‚Roman insgesamt'. Denn in der bisherigen Darstellung wurde die ‚Identität' des Bildungsromans durch die Differenz zum ‚Roman für die Masse' bestimmt, mit allem, was damit an legitimen Literaturkonzepten, an autorisierten Produzenten, an erwarteten Rezipienten einherging. Damit aber wäre der Bildungsroman im Grunde identisch mit der nobilitierten Variante des Romans insgesamt. Erst durch eine weitere Differenz gewann er jenes Maß an Kontur, an differenzieller Identität, die es möglich machte, ihn als eine von mehreren Varianten im ästhetisch ‚wertvollen' Sektor des Feldes wahrzunehmen. Der für diese Differenz ursächliche Romantypus spielte dabei bereits in der Pustkuchen-Rezeption eine Rolle, und zwar dort, wo man Pustkuchens Forderung nach Heroen, also nach national repräsentativen Figuren, im Prinzip, nur eben nicht in Hinblick

---

159 Göthe und Pustkuchen, oder: über die beiden Wanderjahre Wilhelm Meister's und ihre Verfasser. Ein Beitrag zur Geschichte der deutschen Poesie und Poetik. Hg. von Professor [Friedrich Karl Julius] Schütz. Erster Theil: Ueber die *Wanderjahre Wilhelm Meister's* von Göthe, und die Tendenz seines *Wilhelm Meister* überhaupt. Halle 1823.

160 Nebenbei besteht – was ich bisher nur beiläufig erwähnt habe – mit einer im Laufe des 19. Jahrhunderts abnehmenden Relevanz eine Differenz des Romans (wie des Bildungsromans) zum Versepos, auf die sich ja auch Karl Morgenstern u. a. stützt. Zum Versepos aus feldanalytischer Perspektive siehe grundlegend die schon angeführte Arbeit von Michler: Möglichkeiten literarischer Gattungspoetik nach Bourdieu. Für den weiteren Verlauf des 19. Jahrhunderts wäre darüber hinaus die Differenz des Romans und damit auch des Bildungsromans zur Novelle zu berücksichtigen. – Bereits diese beiden Beispiele machen deutlich, dass die hier exemplarisch unternommene Analyse eines generischen Feldes faktisch ein ganzes System, eine Struktur von Differenzen beschreiben müsste. Insofern erfassen meine Ausführungen nur einen Ausschnitt der ‚Feldsituation' wie der differenziellen ‚Lagerung' des Bildungsromans ‚um 1820'.

auf den Bildungsroman zustimmte. Der Name, der in diesem Zusammenhang fällt, der Autor, bei dem solche Figuren entdeckt wurden, war Walter Scott,[161] der Romantypus der historische Roman:

> Der Verfasser der falschen Wanderjahre hat – obwohl als Künstler nicht glänzend – doch über Göthe's moralisch-anbrüchige [sic] Charaktere vieles Recht und trifft sehr mit Herders Tischreden zusammen. Welch' ein ganz anderes Bethlehem von großen, reinen und doch wahren Charakteren ist nicht in W. Scott's Gebärhaus, gegen Göthe's heidnisch-sinnliches Heroum![162]

heißt es etwa 1822 in einem Brief Jean Pauls. Die in solchen Kommentaren etablierte Dichotomie wird Ende der 1820er Jahre zu einem verbreiteten Ordnungsprinzip für den Bereich der angesehenen Romandichtung. Wilhelm Meyer legt sie in seinen *Drei Vorlesungen* zugrunde, noch mit einer leichten Tendenz zum Typus ‚Wilhelm Meister';[163] und auch Wolfgang Menzel unterscheidet 1830 zwei Romangruppen: „Die eine bilden Schilderungen des *modernen Lebens*, die anderen Schilderungen der *Vorzeit*."[164]

Die nobilitierte Position des Bildungsromans war damit nicht in Frage gestellt, aber ihm war eine weitere Option des exzellenten Romanschreibens an die Seite getreten. Dass dahinter wiederum Verlagerungen im Feld der Macht standen, die auch die relative Autonomie des literarischen Feldes betrafen, ist eine andere Geschichte. Hätte diese andere Geschichte etwas früher begonnen: Wer weiß, vielleicht wäre Pustkuchen, unter diesen Umständen, mit der Möglichkeit des historischen Romans, nicht nur als Fußnote zum Olympier Goethe, nicht nur als ‚ungebildetes' Opfer einiger verspäteter Spottverse aus der Feder Karl Marxens in die Geschichte eingegangen. Ob *das* allerdings eine gute Geschichte geworden wäre, steht zu bezweifeln.

---

161 Vgl. z. B. Beneke: Rez. zu Pustkuchens *Wanderjahren*, S. 23 u. 26.
162 Zit. nach Wolf: Pustkuchen und Goethe, S. 240.
163 Siehe Wilhelm Meyer: [Auszug aus] Drei Vorlesungen über das Wesen der epischen Poesie und über den Roman und die Novelle insbesondere [1829/30], abgedruckt in: Romantheorie und Romankritik. Hg. von Steinecke. Bd. 2: Quellen, S. 67–74.
164 Wolfgang Menzel: [Auszug aus] Romane [1830], zit. nach dem Abdruck in: Romantheorie und Romankritik. Hg. von Steinecke. Bd. 2: Quellen, S. 74–79, hier S. 75.

Wolfgang Bunzel
Positionierung ex post

Ludwig Tiecks „Novelle" *Der junge Tischlermeister* (1836) in feldtheoretischer Perspektive

Als im Frühjahr 1836 Ludwig Tiecks romanlange „Novelle" *Der junge Tischlermeister* erschien, wirkte sie wie ein zwar ambitionierter, aber hoffnungslos unzeitgemäßer Nachzügler von Goethes *Lehrjahren* (1795/96).[1]

> „Wilhelm Meister" fällt uns unwillkürlich bei dieser Lectüre ein und, so sehr man sich auch dagegen sträubt, man ist zuletzt doch genöthigt, zu glauben, Tieck habe sich jenen Roman zum Muster genommen und eine sehr schwache Nachahmung desselben in dieser Novelle geliefert[2],

bemerkt ebenso verwundert wie enttäuscht ein zeitgenössischer Rezensent. Die Leser irritierte vor allem, dass der Autor der Gattung des Bildungsromans weitgehend ungebrochen zu folgen schien – und das zu einer Zeit, zu der sie längst unzeitgemäß wirkte,[3] weil das Erzählmodell den aktuellen ästhetischen Forderungen nicht mehr entsprach.[4] Gerade Tieck aber war ein sehr erfahrener, mit dem

---

[1] Die Orientierung am Vorbild des Bildungsroman konstatiert bereits Joachim Worthmann: Probleme des Zeitromans. Studien zur Geschichte des deutschen Romans im 19. Jahrhundert. Heidelberg 1974, S. 41. Schweikert stellt den *Jungen Tischlermeister* dann „in die Reihe jener Bildungs- und Entwicklungsromane des 19. Jahrhunderts, die in der Nachfolge und Auseinandersetzung mit Goethes *Wilhelm Meisters Lehrjahren* stehen"; Ludwig Tieck: Schriften in zwölf Bänden. Hrsg. von Manfred Frank, Achim Hölter, Paul Gerhard Klussmann, Uwe Schweikert. Bd. 11: Schriften 1834–1836. Hrsg. von Uwe Schweikert unter Mitarbeit von Gabriele Schweikert. Frankfurt a.M.: Deutscher Klassiker Verlag 1988 (= Bibliothek deutscher Klassiker 35), S. 1097. Tiecks „Novelle" wird nach dieser Ausgabe zitiert; Belege finden sich mit Seitenangabe direkt im Text.
[2] W.: [Rez.:] Ludwig Tieck: Der junge Tischlermeister. In: Zeitung für die elegante Welt, Nr. 156 und 157, 11. und 12.8.1836, S. 623 und 627f., hier: S. 627. Minor bemerkt später: „Daß *Wilhelm Meister* das Vorbild für diese Novelle gewesen ist, zeigt schon das ganze Gerüst der Handlung"; Jakob Minor: Tieck als Novellendichter. In: Akademische Blätter. Beiträge zur Litteratur-Wissenschaft 1 (1884), S. 129–161 und 193–220, hier: S. 215.
[3] Siehe hierzu etwa Jürgen Jacobs: Wilhelm Meister und seine Brüder. Untersuchungen zum deutschen Bildungsroman. München: Fink 1972 (Kapitel VI: „Romantik"), und Rolf Selbmann: Der deutsche Bildungsroman. Stuttgart: Metzler 1984 (Sammlung Metzler 214) (Kapitel VI.1.: „Zwischen Individualroman und Gesellschaftsroman").
[4] Koopmann bemerkt in diesem Zusammenhang zu Recht über den Text: „als er 1836 erschien, mußten die veränderten politischen und literarischen Verhältnisse diesen Roman von vornherein

Literaturbetrieb vertrauter und bei der Vermarktung seiner Werke überaus findiger Schriftsteller. Wenn er also seinen Text zu einem Zeitpunkt veröffentlichte, der denkbar ungünstige Rahmenbedingungen für seine Wirkung bot und nicht nur eine vergleichsweise geringe Publikumsresonanz, sondern sogar das Unverständnis, ja die Ablehnung der Leser in Kauf nahm,[5] dann muss es gute Gründe für ein solch riskantes und unprofitables Verhalten gegeben haben.

Entscheidende Hinweise darauf, welche Motive ihn dazu bewogen haben, so vermeintlich unklug zu handeln, liefert das dem „Zweiten Theil" vorangestellte „Vorwort". Dort berichtet Tieck ausführlich über die – angebliche – Vorgeschichte seiner „Novelle":

> Der Plan zu dieser Erzählung ist geradezu einer meiner frühesten Entwürfe, denn er entstand schon im Frühjahr 1795. [...] Manche andere Entwürfe wurden ausgeführt, und drängten diese Novelle, welche meine früheste war, und den Anlaß zu den spätern gab, zurück. Erst im Jahre 1811 begann ich die Ausarbeitung, die jetzt sich mehr ausdehnte und bunter ausfiel, als es im ersten Entwurfe lag. Rasch schritt ich vor, und damals, wenn das Werk geendigt worden, war mancher Gedanke über Zünfte, Bürgerlichkeit und dergleichen mehr an der Tagesordnung; vieles gewissermaßen neu und noch unbesprochen. Die Ruhe aber fand sich nicht, um die Aufgabe zu vollenden, doch wurde schon im Jahre 1819 das, was geschrieben war, der Presse übergeben, und ich hoffte, mit dem Sommer meinem befreundeten Verleger das ganze Werk dessen Druck er sogleich begann, übersenden zu können. Diese Erfüllung ist aber jetzt erst eingetreten, und so bietet sich nun die Erfindung, so früh begonnen, so oft verzögert und so spät vollendet, dem Wohlwollen des Lesers. (S. 11)

Allerdings lassen sich Tiecks Angaben nicht verifizieren, weil Quellen fehlen, die sie stützen könnten. Die ersten, freilich noch recht vagen Belege für den Plan zur Abfassung einer Novelle, bei der es sich möglicherweise um den *Tischlermeister* handelt, stammen aus den Jahren 1815 bis 1818.[6] Plausibilisiert wird eine solche zeitliche Einordnung des Textes durch eine späte Äußerung von Tiecks Tochter

---

als antiquiert erscheinen lassen"; Helmut Koopmann: Ein Roman gegen die Revolution. Ludwig Tieck: Der junge Tischlermeister. In: Helmut Koopmann: Freiheitssonne und Revolutionsgewitter. Reflexe der Französischen Revolution im literarischen Deutschland zwischen 1789 und 1840. Tübingen: Niemeyer 1989 (= Untersuchungen zur deutschen Literaturgeschichte 50), S. 171–202, hier: S. 171. Auf manchen Zeitgenossen wirkte *Der junge Tischlermeister* deshalb „als epigonales Werk"; ebd., S. 176.

5 Koopmann urteilt, *Der junge Tischlermeister* sei eine „halbvergessene Produktion" Tiecks, die dem Autor weder Erfolg noch „Ruhm" eingebracht habe; ebd., S. 171.

6 Vgl. die Bemerkung aus dem Jahr 1815 im sog. Arbeitsbuch; Ludwig Tieck. Hrsg. von Uwe Schweikert. München: Heimeran 1971 (= Dichter über ihre Dichtungen 9), Bd. 3, S. 258. Des weiteren das Schreiben an Georg Andreas Reimer aus dem Herbst 1817; ebd., Bd. 2, S. 134. Und schließlich den Brief an Solger vom 15. Februar 1818; Percy Matenko: Tieck and Solger – the complete correspondence. New York/Berlin: Westermann 1933, S. 417.

Dorothea, die am 20. Januar 1836 in einem Brief an Friedrich von Uechtritz bemerkt, ihr Vater habe „die Novelle vom jungen Tischler [...] vor 20 Jahren angefangen"[7]. Aber erst 1821 hat Tieck einen Teil des Manuskripts (oder – was unwahrscheinlicher ist – Druckbögen seines Werks) Friedrich von Raumer zur Lektüre gegeben.[8] Die „Aushängebogen"[9] des ersten Bandes jedenfalls lagen erst im Herbst 1831 nachweislich vor.

Dies bedeutet, dass Tiecks Behauptungen als mehr oder weniger dreiste „Mystifikation" (S. 1114) einzustufen sind.[10] Der vermeintliche Werkstattbericht, in dem er – unter Verweis auf das „bekannte Sprichwort" ‚habent sua fata libelli' – Rechenschaft über das wechselvolle „Schicksal" (S. 11) seines Werks ablegt und dessen lange Entstehungsgeschichte rekapituliert, erweist sich bei genauerer Betrachtung als wenig subtiles Instrument der Lesersteuerung. Der Autor will den Eindruck erwecken, er habe den Text in seinen Grundzügen schon „im Frühjahr 1795" (S. 11) konzipiert, mithin zu einem Zeitpunkt, zu dem weder der Briefroman *Die Geschichte des Herrn William Lovell* (1795/96) noch der Künstlerroman *Franz Sternbalds Wanderungen* (1798) vorlag. Noch wesentlich wichtiger als die nachträgliche Korrektur der eigenen Werkchronologie[11] aber ist der Bezug zu dem für

---

7 Erinnerungen an Friedrich von Uechtritz und seine Zeit. Briefe von ihm und an ihn. Mit einem Vorwort von Heinrich von Sybel. Leipzig: Hirzel 1884, S. 199.
8 Vgl. Ludwig Tieck. Hrsg. von Uwe Schweikert, Bd. 1, S. 276. Drei Jahre später durfte dann auch der Historiker Johann Wilhelm Löbell den „Anfang" des Textes lesen. Dass diese Lektüre „vor zwölf Jahren in der Stadt Gotha" stattgefunden habe, geht aus dessen Brief an Tieck vom 28. Mai 1836 hervor; Letters of Ludwig Tieck: hitherto unpublished, 1792–1853. Collected and ed. by Edwin H. Zeydel, Percy Matenko and Robert Herndon Fife. New York [u. a.]: Modern Language Association of America 1937 (= The Modern Language Association of America – General series 7), vol. 2, S. 177.
9 Karl Leberecht Immermann: Briefe. Textkritische und kommentierte Ausgabe in drei Bänden. Hrsg. von Peter Hasubek. Bd. 2. München: Hanser 1979, S. 10.
10 Nach dem Erscheinen seiner „Novelle" hielt Tieck diese Deutung dann auch im privaten Umgang aufrecht. So beteuert er am 5. August 1838 in einem Brief an Wilhelmine Hallwachs, dass er den „Tischlermeister [...] 40 Jahre in" sich „herumgetragen" habe; Ludwig Tieck. Hrsg. von Uwe Schweikert, Bd. 1, S. 279.
11 Solche Vordatierungen hat Tieck auch bei anderen Texten seines Werks vorgenommen. In der „Vorrede zur zweiten Auflage" (1813) des *William Lovell* etwa weist Tieck darauf hin, dass „dessen erster Theil schon im Winter 1793 und 94 geschrieben war, als der Verf. noch nicht sein ein und zwanzigstes Jahr vollendet hatte"; Ludwig Tieck's Schriften. Sechster Band. Berlin: G. Reimer 1828, S. 5. Und im „Vorbericht" zum sechsten Band seiner *Schriften* (1828) heißt es gar: „Der Plan zu diesem Buche schreibt sich schon vom Jahre 1792 her, und im folgenden wurde es angefangen." Ebd., S. XVI. Der Hinweis auf die frühe Lektüre von John Websters *The White Devil* wiederum suggeriert, dass ihm die Grundidee zu seinem letzten Roman *Vittoria Accorombona* (1840) bereits als angehender Autor gekommen sei: „Es war im Jahre 1792, als ich [...] zuerst die Tragödie

die Gattungsentwicklung des Bildungsromans zentralen (freilich ungenannt bleibenden) Text. Denn Tieck hat den „Entwurf" zum *Tischlermeister* vor allem „darum mit Absicht auf 1795 vordatiert, um den Einfluß von Goethes [...] *Wilhelm Meisters Lehrjahre* chronologisch auszuschließen" (S. 1114).[12]

Gewagt ist sein Manöver vor allem deshalb, weil sich die Handlung der „Novelle" nicht etwa vor diesem Datum, sondern erst mehrere Jahre danach abspielt. Ein anonymer Rezensent hat seinerzeit sehr sorgfältig die entsprechenden im Text verstreuten Hinweise zusammengetragen und rekonstruiert, wo und wann genau das erzählte Geschehen angesiedelt ist:

> In einer ohne Zweifel norddeutschen Stadt lebt ein junger Tischlermeister, Namens Leonhard; wann, erfährt man nicht sogleich aus der Novelle, allmälig aber zeichnet sich die Zeit, in welcher dieselbe spielt, immer bestimmter, und einzelne Andeutungen lassen uns sogar zuletzt nicht mehr im Zweifel über das Jahr, in welches die Hauptbegebenheit fällt. Die alte Reichsverfassung blüht noch; kurze Beinkleider und Schnallenschuhe sind die höchste Mode; die Revolution ist vorüber, aber das Zeitalter der Aufklärung und Nivellirung ist im schnellsten Fortschritte begriffen; die Überbleibsel des alten bürgerlichen Lebens sind nur noch in einigen ehrwürdigen deutschen Städten, in den Bergen und Dörfern zu suchen; Adel und Bürgerstand ist längst verflacht; doch liegt „Werther" und „Götz von Berlichingen" erst ein Menschenalter hinter den Zeitgenossen; Schlegels Shakspeare ist schon anerkannt, Novalis eben erst herausgekommen; der luneviller Frieden ist geschlossen, die Bisthümer Bamberg und Würzburg sind secularisirt; Iffland ist auf der Bühne im höchsten Flor, ein dreißigjähriger Narr ist 1772 geboren; beim Schlusse der Geschichte, der etwa dritthalb Jahre später erfolgt als der Anfang, ist Schiller eben erst gestorben. So ist die Zeit mit aller Bestimmtheit angegeben. Die Erzählung beginnt mit dem Jahre 1802 und endet um die Mitte des Jahres 1805.[13]

Die Diskrepanz dieses Befundes zu der im „Vorwort" aufgestellten Behauptung, der „Plan" zu seiner „Novelle" sei bereits zehn Jahre zuvor entwickelt worden, kann Tieck noch durch den Hinweis aus der Welt schaffen, er habe mit der

---

Webster's las: The white Devil, or Vittoria Corombona." Ludwig Tieck: Vittoria Accorombona. Ein Roman in fünf Büchern. Erster Theil. Breslau: Josef Max und Komp. 1840, S. I.

12 Koopmann dagegen vertraut Tiecks Angaben unbesehen und gelangt daher zu der grotesk wirkenden Schlussfolgerung: „Am wenigsten will einleuchten, daß er [= Tieck] sich hier noch mit Goethes *Wilhelm Meister* auseinandergesetzt habe"; Helmut Koopmann: Ein Roman gegen die Revolution. Ludwig Tieck: Der junge Tischlermeister, S. 180.

13 Blätter für literarische Unterhaltung, Nr. 72, 13.3.1837, S. 289. Diese zeitliche Verortung übertrifft an Exakt- und Differenziertheit Schwerings pauschalisierende Angabe: „Die Handlung des Romans ist in das Jahr 1804 verlegt, wie aus mehreren indirekten Zeitangaben zu entnehmen ist." Markus Schwering: Epochenwandel im spätromantischen Roman. Untersuchungen zu Eichendorff, Tieck und Immermann. Köln/Wien: Böhlau 1985 (= Kölner germanistische Studien 19), S. 87.

„Ausarbeitung" der Geschichte „erst im Jahre 1811" (S. 11) begonnen. Wie sich zeigt, finden sich im *Tischlermeister* aber zahlreiche weitere Anachronismen, die das Werk in seinem Kern als Text der zwanziger und dreißiger Jahre des 19. Jahrhunderts ausweisen. Das beginnt damit, dass schon die *Lehrjahre* im Text erwähnt[14] und sogar verballhornend zitiert werden.[15] Tieck nimmt aber auch Bezug auf seine romantischen Autorenkollegen. Primus-Heinz Kucher etwa erkennt im „Gespräch zwischen Leonhard und Elsheim über einen bacchantischen Musiker" eine „unverkennbare Anspielung auf E. T. A. Hoffmann".[16] Darüber hinaus spielt Tieck an einer Stelle auf Joseph von Eichendorffs Erzählung *Aus dem Leben eines Taugenichts* (1826) an, wobei er deren Protagonisten kurzerhand zur ordnungsgefährdenden Warnfigur umakzentuiert:

> Stand bei Eichendorff die Gestalt des Taugenichts […] als Chiffre für eine sich den normierenden Zwängen des modernen Lebens entziehende Existenzweise, so korrigiert nun Tieck […] den Bedeutungsgehalt, den die Romantiker dem Begriff zugemessen hatten: Der Taugenichts wird wieder zum – mit dem Geruch des Asozialen behafteten – Vagabunden, der sich seinen bürgerlichen Pflichten verweigert.[17]

Mit der Figur namens Wassermann wiederum zitiert er unübersehbar seine 1835 erschienene Novelle *Der Wassermensch*, in der er seine Kollegen vom Jungen Deutschland polemisch attackiert hatte.[18] Damit freilich stört im Text des *Jungen*

---

14 Im „Vierten Abschnitt" von Tiecks „Novelle" paraphrasiert Professor Emmrich eine Bemerkung aus *Wilhelm Meisters Lehrjahre*: „Goethe sagt einmal im Meister, es wäre zu wünschen, die Spielenden bewegten sich auf dem schmalen Streifen einer Leine." (S. 240) Die Pointe dieser Erwähnung besteht darin, dass Emmrich den Ausspruch Wilhelms wörtlich nimmt und damit missversteht.
15 So stimmt im „Fünften Abschnitt" der Bassist, dem Leonhard und Elsheim begegnen, folgenden, Mignons berühmtestes Lied parodierenden „Gesang" an: „Kennst du die dunklen Stufen – die uns so lockend rufen? – Dahin – dahin, –" (S. 296).
16 Primus-Heinz Kucher: „Der Rausch ist auch oft nüchterner als wir uns gestehen möchten". Zwischen Romantik und Früh-Realismus. Ludwig Tiecks Romannovelle *Der Junge Tischlermeister*. In: Studia theodisca 3 (1996), S. 127–141, hier: S. 131, Anm. 9.
17 Markus Schwering: Epochenwandel im spätromantischen Roman, S. 88.
18 Zu dieser Auseinandersetzung siehe Jeffrey Sammons: Der Streit zwischen Ludwig Tieck und dem Jungen Deutschland. Verpaßte Möglichkeiten in einem Dialog der Tauben. In: Resonanzen. Festschrift für Hans Joachim Kreutzer zum 65. Geburtstag. Hrsg. von Sabine Doering, Waltraud Maierhofer und Peter Philipp Riedl. Würzburg: Königshausen & Neumann 2000, S. 343–352, und Wolfgang Bunzel: Ludwig Tieck und das Junge Deutschland. In: Germanistische Mitteilungen, Heft 70, 2009, S. 5–18; unter dem Titel „Das Junge Deutschland" in verkürzter Form auch in: Ludwig Tieck. Leben – Werk – Wirkung. Hrsg. von Claudia Stockinger und Stefan Scherer. Berlin/Boston: de Gruyter 2011 (= De Gruyter Lexikon), S. 120–130. Schon zuvor war in der *Vogelscheuche* (1834) von einer Dilettanten-Akademie der „Wässrigen" (S. 562) die Rede.

Tischlermeisters „die veränderte Epochensituation seiner Entstehungszeit [...] die Glaubwürdigkeit der Fiktion des Jahres 1804 als Zeit der Romanhandlung"[19] – oder anders gesagt: „Tieck diskutiert im fingierten Jahr 1804 Probleme des Jahres 1836."[20]

Aus dem bisher Gesagten wird ersichtlich: Ludwig Tieck nimmt im *Jungen Tischlermeister* die Gattung des Bildungsromans zum Anlass, um mit Blick darauf einerseits sein Verhältnis zu Goethe zu definieren und um andererseits eine Neubewertung der (Früh-)Romantik vorzunehmen. Der Autor sah sich dazu aufgerufen, weil er Mitte der dreißiger Jahre eine zentrale Stellung im literarischen Feld einnahm. Schon auf Friedrich Wilhelm von Schadows 1826 entstandenem Gemälde *Der Genius der Poesie* war er in einem Zug mit Homer, Shakespeare, Dante und Goethe genannt[21] worden und galt damit neben bzw. gemeinsam mit dem Letztgenannten als größter lebender Dichter deutscher Sprache. In der Folgezeit dann suchten einige Literaturkritiker Tieck gegenüber Goethe zusätzlich zu profilieren. Die Goethe-Rezeption hatte sich in den zwanziger Jahren des 19. Jahrhunderts nämlich stark dichotomisiert mit dem Ergebnis, dass Bewunderung und Ablehnung unvermittelt nebeneinander standen. Vor allem von national-patriotischer Seite wurde Goethe als gewissenloser Kosmopolit und vaterlandsloser Geselle gebrandmarkt.[22] Um nun Goethes Universalität als unpatriotisch erscheinen zu lassen, wurde Tieck zur positiven Gegenfigur erklärt. So bemerkt etwa der überaus einflussreiche Wolfgang Menzel 1828 über ihn, den einen gegen den anderen ausspielend:

> Ludwig Tieck [...] ist kein blos antiquarischer Poet, der mit rückwärtsgedrehtem Halse in die verlorne Vergangenheit sieht. Er hat vielmehr die Vergangenheit der Gegenwart lebendig verknüpft, und auf den Grund der alten echtdeutschen Poesie die neue fortgebaut. Als Vermittler zwischen den beiden großen Bildungsstufen der deutschen Nation wird er in der Entwicklungsgeschichte derselben stets eine der ersten Stellen behaupten.[23]

---

19 Markus Schwering: Epochenwandel im spätromantischen Roman, S. 87.
20 Ebd., S. 139. Der Rezensent der *Zeitung für die elegante Welt* bezeichnet Tiecks Text denn auch als „neu-alte Novelle"; W.: [Rez.:] Ludwig Tieck: Der junge Tischlermeister. In: Zeitung für die elegante Welt, Nr. 156 und 157, 11. und 12.8.1836, S. 623 und 627f., hier: S. 623.
21 Siehe die Abbildung in: Ludwig Tieck. Leben – Werk – Wirkung, S. 828.
22 Siehe hierzu vor allem Karl Robert Mandelkow: Goethe in Deutschland. Rezeptionsgeschichte eines Klassikers. Bd. 1: 1773–1918. München: C.H. Beck 1980, S. 62–65.
23 Wolfgang Menzel: Die deutsche Literatur. Zweiter Theil. Stuttgart: Gebrüder Franck 1828, S. 156f.

Als Goethe 1832 starb, galt Tieck weitgehend unangefochten als „erster Dichter Deutschlands"[24]. Ein Indiz der allgemeinen Verehrung waren die Feierlichkeiten zu seinem 60. Geburtstag am 31. Mai 1833, die in rund 300 Städten begangen wurden. Ihren sinnfälligsten symbolischen Ausdruck fand die künstlerische Nobilitierung Tiecks dann im Jahr darauf, als der französische Bildhauer Jean David d'Angers sich dazu entschloss, eine Monumentalbüste von ihm anzufertigen – eine Ehre, die Goethe selbst erst fünf Jahre zuvor zuteil geworden war:

> Daß David nun auch Tiecks Kopf modellieren sollte, darf als Teil jener literaturpolitischen Strategie oder jener zeitgenössischen Überzeugung genommen werden, in dem alternden Romantiker den letzten überlebenden Repräsentanten der klassischen Kunstperiode und den legitimen Anwärter auf Goethes verwaisten Thron zu sehen. (S. 1099)[25]

Von nun an wurde Ludwig Tieck allgemein als legitimer „Statthalter Goethes auf Erden"[26] angesehen. Genau betrachtet war sein Erbe aber ein zweifaches: Er trat nicht nur die „Goethe-Nachfolge als Dichterfürst"[27] an, sondern übernahm auch endgültig die Rolle des „Königs der Romantik"[28], verkörperte er doch wie kaum ein anderer die ungebrochene Kontinuität der Bewegung von ihren Anfängen an bis in

---

24 Justinus Kerner: Bilderbuch aus meiner Knabenzeit. Aus Justinus Kerners Jugenderinnerungen. Stuttgart: Kohlhammer 1943 (= Die bunten Hefte für unsere Soldaten 88), S. 216. Spätestens ab diesem Zeitpunkt verfügte Tieck über jenes spezifische literarische „Konsekrationskapital, das die Macht zur Konsekration von Objekten [...] beinhaltet, Macht also, Wert zu verleihen und aus dieser Operation Gewinn zu schlagen"; Pierre Bourdieu: Die Regeln der Kunst. Genese und Struktur des literarischen Feldes. Übersetzt von Bernd Schwibs und Achim Russer. Frankfurt a.M.: Suhrkamp 2001 (= suhrkamp taschenbuch wissenschaft 1539), S. 239.
25 Auf Carl Christian Vogel von Vogelsteins Gemälde, das Davids Modellierakt in Szene setzt, sieht man Tieck „gravitätisch in einem Sessel, der auf einem erhöhten, mit einem Teppich ausgelegten Postament steht" (S. 1100), was den Eindruck erweckt, als sitze er „gleichsam auf dem durch Goethes Tod freigewordenen Thron"; König der Romantik. Das Leben des Dichters Ludwig Tieck in Briefen, Selbstzeugnissen und Berichten, vorgestellt von Klaus Günzel. Berlin (Ost): Verlag der Nation 1981, S. 401. Maaz zieht daraus folgendes Resümee: „Wenn Malerei und Skulptur solchermaßen im Wettstreit stehen, wird der Dargestellte zu einer Berühmtheit und werden Ort und Zeit – Dresden 1834 – nobilitiert zu einem auratischen, einem welthistorischen Moment"; Bernhard Maaz: Tieck im Bildnis. In: Ludwig Tieck. Leben – Werk – Wirkung, S. 642–648, hier: S. 645 f.
26 Jeffrey Sammons: Der Streit zwischen Ludwig Tieck und dem Jungen Deutschland, S. 343. Diese nicht ganz unironische Charakterisierung war ursprünglich von Heinrich Heine auf Karl August Varnhagen von Ense gemünzt worden.
27 Roger Paulin: Ludwig Tieck. Stuttgart: Metzler 1987 (= Sammlung Metzler 185), S. 93.
28 Diese Formel wählte Hebbel als Überschrift für seinen Nachruf auf Tieck; Friedrich Hebbel: Sämtliche Werke. Historisch-kritische Ausgabe. Besorgt von Richard Maria Werner. Bd. 11: Vermischte Schriften III. Berlin: Behr 1903, S. 22–24.

die Spätphase und stellte eindrucksvoll deren anhaltende literarische Produktivität unter Beweis.

Dieser Doppelstatus bestimmte Tiecks Stellung im literarischen Feld der dreißiger Jahre des 19. Jahrhunderts. Der damit verbundene Nimbus wiederum war die Voraussetzung dafür, dass der Autor es wagen konnte, nicht nur seine ästhetischen Anschauungen teilweise zu revidieren, sondern auch die eigene Feldposition rückwirkend zu korrigieren. Wie Schwering gezeigt hat, findet im *Jungen Tischlermeister* eine breitflächige „Umdeutung romantischer Bildmotive"[29] statt. Für Wilhelm Leonhard gilt denn auch: „Bereits mit seinem ersten Auftreten kommen alle Tieckschen Romantizismen zu Wort: das Abendlied, die Wehmut, die Träumerei, die Sättigung durch den bürgerlichen Lebenszirkel Arbeit-Verdienst-Familie oder eine geradezu pathologische Lust am Reisen"[30]. Der Leser begegnet dabei aber nahezu durchgängig einer „zitierten Romantik"[31], wie der Einsatz von Figuren, welche die „romantische Lebenshaltung"[32] verkörpern, die Verwendung des Venusberg-Motivs[33] und von Elementen der Schauerromantik sowie intertextuelle Verweise auf romantische Bezugstexte zeigen. Wenn beispielsweise „von einer ‚dithyrambischen Verwirrung' die Rede ist" (vgl. S. 326), dann zitiert Tieck damit einen „Schlüsselbegriff aus Schlegels *Lucinde*"[34]. Die „Umwertung des Philister-Begriffs"[35], die Einengung der Bedeutungsvielfalt des Terminus ‚Arabeske'[36], die „Verbürgerlichung des romantischen Menschen"[37] und die „Absage

---

[29] Markus Schwering: Epochenwandel im spätromantischen Roman, S. 84.
[30] Primus-Heinz Kucher: „Der Rausch ist auch oft nüchterner als wir uns gestehen möchten". Zwischen Romantik und Früh-Realismus. Ludwig Tiecks Romannovelle *Der Junge Tischlermeister*, S. 133.
[31] Markus Schwering: Epochenwandel im spätromantischen Roman, S. 85.
[32] Ebd., S. 89. Zu diesen gehören neben Baron Elsheim vor allem die zahlreichen Künstler- und Sonderlingsgestalten.
[33] Im „Vierten Abschnitt" äußert Leonhard: „Jetzt versteh' ich die alten wunderlichen Märchen, die ich wohl vormals habe erzählen hören, wie ein Mensch in den Venusberg gerät und dort für immer verloren ist, von bösen Geistern fest gehalten, die ihn in der Gestalt blendender Reize und verlockender Lüste umgeben." (S. 262) Tieck verweist damit auf seine frühe Erzählung *Der getreue Eckart und der Tannenhäuser* (1799).
[34] Primus-Heinz Kucher: „Der Rausch ist auch oft nüchterner als wir uns gestehen möchten". Zwischen Romantik und Früh-Realismus. Ludwig Tiecks Romannovelle *Der Junge Tischlermeister*, S. 135.
[35] Markus Schwering: Epochenwandel im spätromantischen Roman, S. 88.
[36] Vgl. ebd., S. 96.
[37] Ebd., S. 90. Thalmann hatte zuvor schon von der „Verbürgerlichung des musischen Menschen" gesprochen; Ludwig Tieck: Werke in vier Bänden. Hrsg. von Marianne Thalmann. Bd. 4. Darmstadt: Wissenschaftliche Buchgesellschaft 1966, S. 824. Siehe hierzu auch Barbara Neymeyr:

an den Universalitätsanspruch der Kunst"[38] indizieren eine partielle Rücknahme frühromantischer Postulate. Selbst die Form des Textes bietet sich als Korrektur früherer Muster dar: Mit Hilfe eines streng symmetrischen Aufbaus und einer gezielten Rekurrenz von Motiven zielt Tieck auf eine „Geschlossenheit", „die in scharfem Widerspruch zum offenen oder latenten Fragmentcharakter des romantischen Romans steht".[39]

Doch die Relativierung des Programms einer auf die Verschmelzung von Kunst und Leben zielenden „Universalpoesie" erschöpft sich nicht in der „Kritik [...] an einer mißverstandenen trivialisierten Romantik"[40], Tieck hebt parallel dazu den „unbedingten Gegensatz vom Poetischen und Unpoetischen"[41] auf und führt die poetischen Elemente bürgerlicher Existenz vor. Leonhards Frau Friederike bemerkt denn auch am Schluss des Textes angesichts der Geräusche lebhaften „Hobelns, Lärmens und Hämmerns", die an ihr Ohr dringen: „so müßten denn auch einmal Dichter kommen, die uns zeigten, daß auch alles dies unter gewissen Bedingungen poetisch sein könnte" (S. 417). Im Grunde lässt sich eine Doppelbewegung feststellen: „Einerseits wird der ‚totalitäre' romantische Kunstbegriff als überzogen und unangemessen aufgegeben, andererseits die empirische Realität als ‚poetisierbar' aufgewertet."[42] Bei der Neubestimmung dessen, was unter veränderten Umständen noch als ‚romantisch' gelten kann, macht Tieck auch vor seinem eigenen Œuvre nicht halt. Rücksichtslos nimmt er den panästhetischen Anspruch seines Künstlerromans *Franz Sternbalds Wanderungen* zurück[43] und setzt dessen von einer autonomen Kunst träumendem Held im *Tischlermeister* einen biederen, obschon ästhetisch empfänglichen Handwerker entgegen.[44]

Aporien des Subjektivismus. Aspekte einer impliziten Romantikkritik bei Tieck und E.T.A. Hoffmann. In: Germanisch-Romanische Monatsschrift 55 (2005), S. 61–70.
38 Markus Schwering: Epochenwandel im spätromantischen Roman, S. 92.
39 Ebd., S. 109. Zugleich gilt freilich auch: „Gespräche über Kunst (Dionysische, Komische bzw. Mozart) und Bildung sowie über das Eintauchen in die Welt des Theaters verwandeln den Text schließlich in einen literarischen Metatext, der Brücken zum Literaturgespräch der Frühromantik herstellt"; Primus-Heinz Kucher: „Der Rausch ist auch oft nüchterner als wir uns gestehen möchten". Zwischen Romantik und Früh-Realismus. Ludwig Tiecks Romannovelle *Der Junge Tischlermeister*, S. 132.
40 Markus Schwering: Epochenwandel im spätromantischen Roman, S. 100.
41 Ludwig Tieck's Schriften. Eilfter Band. Berlin: G. Reimar 1829, S. LXXXVII.
42 Markus Schwering: Epochenwandel im spätromantischen Roman, S. 152.
43 Kremer resümiert zutreffend: „Im Zentrum romantischer Bildungsprozesse steht die Entwicklung eines oder mehrerer Helden zum Künstler, sei es als Dichter, als Musiker oder als Maler"; Detlef Kremer: Prosa der Romantik. Stuttgart/Weimar: Metzler 1997 (= Sammlung Metzler 298), S. 123.
44 Wie Tiecks Biograf Köpke feststellt, wird im *Tischlermeister* „das frühere Leben des deutschen Handwerkerstandes dargestellt"; Rudolf Köpke: Ludwig Tieck. Erinnerungen aus dem Leben des

Treffend bezeichnet Karl Immermann dessen Hauptfigur Wilhelm Leonhard als „eine Art Sternbald mit dem Hobel".⁴⁵

Obzwar der Text „kein Bildungs[...]roman" (S. 1129) im herkömmlichen Sinne ist, darf er doch mindestens als Spielart des Entwicklungsromans gelten: „Wenn der Roman einsetzt, hat Leonhard seine Lehr- und Wanderjahre bereits erfolgreich hinter sich gebracht, hat sich niedergelassen, ist verheiratet und steht als respektabler Meister einem Zunftbetrieb vor, der vier Gesellen und drei Lehrburschen Beschäftigung gibt." (S. 1129) Doch just dieser so zielgerichtete Lebensgang erweist sich als das eigentliche Problem der „Novelle". Denn Leonhard ist einer schnurgeraden (Ausbildungs-)Linie gefolgt, hat sich nicht ablenken lassen und daher früher als andere sein Ziel erreicht. Er erscheint insofern als Frühvollendeter, aber eben auch als einer, der vorzeitig das Mannesstadium erreicht hat, ohne diesem charakterlich bereits ganz zu entsprechen. Daher rührt seine diffuse Unruhe, die ihn weder vollwertiger Gatte noch in sich ruhender Handwerksmeister und erfahrungsgesättigtes Vorbild für die jüngere Generation sein lässt. Zur vollständigen Reifung und Abrundung seiner Persönlichkeit fehlt ihm schlicht das Durchstehen jener „Verirrungen", welche die eigene Charakterstärke auf den Prüfstand stellen und dem eigenen Lebensweg erst Tiefe und Dynamik verleihen. Nach und nach erkennt Leonhard die seinem Lebensgang innewohnende Problematik, die etwa aus seinem standhaft-stolzen Umgang mit dem weiblichen Geschlecht resultiert: „[...] ich entzog mich allen, ich verlor mein Herz nicht, und muß jetzt, nach Jahren, im reifen Alter, so knabenhaft untergehen?" (S. 261). Um die Leitmetapher des Textes zu bemühen: Leonhard muss die gerade Linie durch die krumm-gewundene ergänzen – und dies in einem Akt der Nachzeitigkeit, durch den versäumte Erfahrungsdimensionen und Entwicklungsmomente nachholend in die Persönlichkeitsentwicklung integriert werden.⁴⁶

Damit nun werden die Bezüge zu Goethes Epoche machendem Roman *Wilhelm Meisters Lehrjahre* klar erkennbar. Schon der Umstand, dass Tiecks Protagonist Leonhard den Vornamen Wilhelm trägt und dass der Sohn seines Ju-

---

Dichters nach dessen mündlichen und schriftlichen Mittheilungen. Leipzig: Brockhaus 1855, Theil 2, S. 175.

45 Karl Immermann: Werke in fünf Bänden. Unter Mitarbeit von Hans Asbeck, Helga-Maleen Gerresheim, Helmut J. Schneider, Hartmut Steinecke. Hrsg. von Benno von Wiese. Bd. 4. Frankfurt a.M.: Athenäum 1973, S. 140. Zu den verschiedenen Aspekten dieser Zurücknahme oder Relativierung eigener Positionen vgl. etwa Katrin Seebacher: Poetische Selbst-Verdammnis. Romantikkritik der Romantik. Freiburg i.Br.: Rombach 2000 (= Rombach Wissenschaften. Reihe Cultura 13).

46 „Was einst von der Zukunft erwartet wurde, soll jetzt aus der Vergangenheit erneuert werden." Jörg Hienger: Romantik und Realismus im Spätwerk Ludwig Tiecks. Diss. Köln 1955, S. 201.

gendfreundes Elsheim „zu Leonhards Ehren" später gleichfalls so „getauft" (S. 382) wird, ist ja ein deutlicher Hinweis auf die – bei allen Differenzen im Einzelnen durchaus vorhandenen – Ähnlichkeiten der beiden Figuren. Im Hinblick auf den *Jungen Tischlermeister* gilt generell: Der „Gegensatz von Adel und Bürgertum sowie die Liebesschule seines Helden Leonhard verraten deutlich Goethes Einfluß" (S. 1097f.). Schwering hat überzeugend gezeigt, „daß das diffizile Verhältnis der ‚Poesie des Herzens' und der ‚Prosa der Verhältnisse', das der traditionelle Bildungsroman zu gestalten unternahm, in Tiecks DJT [*Der junge Tischlermeister*] noch einmal thematisch, aber nicht mehr eigentlich zum Problem wird, weil der Gegensatz eingeebnet erscheint".[47] Es ließe sich freilich auch argumentieren, dass der *Junge Tischlermeister* schon deshalb kein Bildungsroman im eigentlichen Sinn sein kann, weil der Protagonist bereits das Erwachsenenalter erreicht und durch seine Heirat und den von ihm ausgeübten Beruf seinen Platz in der Gesellschaft gefunden hat.[48] „Leonhard ist trotz seiner Zweifel, seiner Identitätskrise, seiner Ausbruchbereitschaft ein fertiger Charakter."[49] Allerdings führt der Text auch vor, was geschieht, wenn beim Erreichen dieser Ziele eine In-Frage-Stellung der eigenen Identität mittels Anfechtungen bzw. „Verirrungen"[50] – wie etwa durch erotische Verlockungen – nicht stattgefunden hat. Insofern ist der *Junge Tischlermeister* ein nachgeholter Bildungsroman – und zwar in zweifacher Weise: Die Hauptfigur muss nachträglich Erfahrungen machen, ohne die ihre bürgerliche Lebensform keine Stabilität hätte, und Tieck entwirft in seinem Text den Zustand jener Meisterjahre,[51] den Goethe seinem Held Wilhelm Meister vorenthalten hat bzw. vor deren Darstellung er zurückschreckte.[52] Dadurch entsteht

---

[47] Markus Schwering: Epochenwandel im spätromantischen Roman, S. 124.
[48] Schwering bemerkt zu Recht: Der *Junge Tischlermeister* „nimmt seinen Ausgangspunkt da, wo der Bildungsroman normalerweise aufhört: bei einer gesicherten Existenz, die Bewährungsproben schon hinter sich und ein im Ganzen fest konturiertes Selbstverständnis hat"; ebd., S. 125.
[49] Primus-Heinz Kucher: „Der Rausch ist auch oft nüchterner als wir uns gestehen möchten". Zwischen Romantik und Früh-Realismus. Ludwig Tiecks Romannovelle *Der Junge Tischlermeister*, S. 133. Kuchers Schlussfolgerung: „Ohne Entwicklungspotential verkörpert er eine Figur, die für Offenbarungen und für Bildungserfahrungen nicht mehr empfänglich ist, eine Figur, die Bildung nur mehr gefiltert durch Wissen wahrnimmt." erscheint indes reichlich überzogen; ebd.
[50] Uwe Schweikert: Eduard von Bülow. Aufzeichnungen über Ludwig Tieck. In: Jahrbuch des Freien Deutschen Hochstifts 1972, S. 318–368, hier: S. 335.
[51] Mit Schwering ließe sich sagen: „Leonhard erscheint als gealterter Wilhelm Meister." Markus Schwering: Epochenwandel im spätromantischen Roman, S. 126.
[52] Kanzler von Müller berichtet, Goethe habe sich am 8. Juni 1821 über die einzelnen Teile seines Romanprojekts folgendermaßen geäußert: „Er begriffe wohl [...], daß den Lesern vieles rätselhaft, daß sie sich nach einem zweiten Teile sehnten; aber da ja Wilhelm so vieles schon in den *Lehrjahren* gelernt, so müsse er ja auf der *Wanderschaft* desto mehr Fremdes an sich vorübergehen lassen; die *Meisterjahre* seien ohnehin noch schwieriger und das Schlimmste in der Trilogie."

die Paradoxie, dass Tieck eine Romanhandlung konzipiert, die das Muster des Bildungsromans voraussetzt, von diesem aber zugleich (zumindest in Teilen) abrückt.[53] Eine solch widersprüchliche Doppeltendenz charakterisiert auch Tiecks Selbstpositionierung im literarischen Feld: Einerseits beansprucht er durch die Veröffentlichung des *Tischlermeisters* eine Pionierrrolle bei der Entstehung des Erzählmodells Bildungsroman, andererseits korrigiert und ergänzt er dieses Modell im Nachhinein.[54] Anders gesagt: Tiecks Text thematisiert die Problematik eines Existenzzustandes vermeintlich geglückter Individuation, die durch Verzicht auf Erfahrungsfülle und ausgebliebene Erschütterung des eigenen Selbstverständnisses errungen ist und daher defizitär bleiben muss. Insofern legitimiert er das Muster des Bildungsromans auch wieder.

Vor allem die starke Präsenz und der hohe Stellenwert des Theaters belegen den Einfluss von Goethes *Lehrjahren* auf Tiecks *Tischlermeister* in aller Deutlichkeit.[55] Gleichwohl gilt, „daß die Theatersphäre als solche für die Entwicklung der Hauptgestalt [Wilhelm Leonhard] kaum mehr strukturelles Gewicht hat".[56] Für Tiecks Positionierungsakt ex post[57] spielt letztlich sein hochgradig ambivalentes

---

Goethes Gespräche. Eine Sammlung aus seinem Umgang auf Grund der Ausgabe und des Nachlasses von Flodoard Freiherrn von Biedermann ergänzt und hrsg. von Wolfgang Herwig. Bd. 3.1: 1817–1825. München/Zürich: Artemis 1971, S. 252. Noch skeptischer heißt es dann bei Riemer: „Freilich die *Meisterjahre* müssen wohl *ungeschrieben* bleiben: denn wer dürfte und könnte sich selbst für einen Meister ausgeben"; Friedrich Wilhelm Riemer: Mittheilungen über Goethe. Aus mündlichen und schriftlichen, gedruckten und ungedruckten Quellen. Bd. 2. Berlin: Duncker und Humblot 1841, S. 594.

53 Neumann bezeichnet den *Tischlermeister* in diesem Zusammenhang als „Replik auf den Bildungsroman Goethes"; Michael Neumann: Dresdner Novellen. In: Ludwig Tieck. Leben – Werk – Wirkung, S. 551–567, hier: S. 565.

54 In ähnlicher Weise hatte Tieck im Jahr zuvor mit seiner Novelle *Der Wassermensch* eine „Variation und Korrektur von Goethes *Unterhaltungen* zugleich" geliefert; Wolfgang Bunzel: Tradition und Erneuerung. Tiecks Versuch einer Standortbestimmung zwischen Weimarer Klassik und Jungem Deutschland am Beispiel seiner „Tendenznovelle" *Der Wassermensch*. In: Ludwig Tieck. Literaturprogramm und Lebensinszenierung im Kontext seiner Zeit. Hrsg. von Walter Schmitz. Tübingen: Niemeyer 1997, S. 193–216, hier: S. 211.

55 Siehe hierzu etwa J.[oakim] O.[tto] E.[vert] Donner: Der Einfluß Wilhelm Meisters auf den Roman der Romantiker. Helsingfors: Frenckell 1893, und Erwin Neumann: Frühromantische Künstlerromane in den Spuren des Goetheschen *Wilhelm Meister*: Ludwig Tiecks *Sternbald*, Friedrich Schlegels *Lucinde* und Novalis' *Heinrich von Ofterdingen*. In: Wilhelm Meister und seine Nachfahren. Vorträge des 4. Kasseler Goethe-Seminars. Hrsg. von Helmut Fuhrmann. Kassel: Wenderoth 2000 (= Jahresgabe der Goethe-Gesellschaft Kassel e.V.), S. 53–74.

56 Markus Schwering: Epochenwandel im spätromantischen Roman, S. 126.

57 Bourdieu spricht in den *Règles d'art* selbst einmal von der „Rekonstruktion ex post"; Pierre Bourdieu: Die Regeln der Kunst. Genese und Struktur des literarischen Feldes, S. 378.

Verhältnis zu Goethe eine entscheidende Rolle.[58] Schwering hat darauf hingewiesen, dass sich im *Tischlermeister* mehrfach Aussagen finden, die sich mit Passagen aus Tiecks theoretischen Schriften decken, besonders mit dem Essay *Goethe und seine Zeit* (1828)[59] und den Arbeiten über Shakespeare.[60] Demnach besteht für Tieck das Problem darin, dass Goethe das Publikum nicht nur „erzogen", sondern auch „verzogen"[61] habe. Schon in *Goethe und seine Zeit* hatte Tieck die „Unbestimmtheit"[62] Wilhelm Meisters kritisiert. Wie die „Auseinandersetzung" mit *Hamlet* in den *Lehrjahren* beweise, menge sich das „innigste Verständniß der geheimsten Räthsel des Autors" mit einem „großen Mißverstehen desselben"[63]. Ja, es zeige sich, dass Goethe Shakespeare „nie eigentlich verstehen kann"[64]. Noch bedenklicher sei die Bilanz seines bühnenpraktischen Wirkens:

> Es ist mehr ein Negatives, was er gewirkt hat, als daß das Theater durch ihn fortgeschritten wäre. Es ist wahrscheinlich, daß die leere, aufgeblasene Deklamation, die jetzt unsere Bühnen so langweilig macht, zwar nicht durch ihn veranlaßt, aber sich, ihn mißverstehend, durch ihn in ihrer falschen Manier um so mehr bestärkt hat.[65]

Goethe sei ein „Sektirer für das Alterthum"[66] geworden, und seine „sentenziöse Manier"[67] habe seinen literarischen Hervorbringungen geschadet. In den *Lehrjahren* habe die „vornehme Miene" und der „fast verachtende" Blick, den „das Ideal aus der Ferne auf die ächten Gestaltungen, auf die kräftigen Triebe und frische Regsamkeit wirft, das Beste und Schönste des Buches verkümmert"[68]. Ein

---

58 Siehe hierzu vor allem Marianne Thalmann: Tiecks Goethebild. In: Monatshefte für deutschen Unterricht, deutsche Sprache und Literatur 50 (1958), S. 225–242.
59 Vgl. Markus Schwering: Epochenwandel im spätromantischen Roman, S. 127.
60 Siehe hierzu H.[enry] Lüdeke: Tieck und das alte englische Theater. Ein Beitrag zur Geschichte der Romantik. Frankfurt a.M.: Moritz Diesterweg 1922 (= Deutsche Forschungen 6), S. 136f., und Hans Mörtl: Dämonie und Theater in Tiecks *Der junge Tischlermeister*. In: Shakespeare-Jahrbuch 66 (1930), S. 145–159, hier: S. 145.
61 Kritische Schriften. Zum erstenmale gesammelt und mit einer Vorrede hrsg. von Ludwig Tieck. Bd. 2. Leipzig: F. A. Brockhaus 1848, S. 218.
62 Ebd., S. 214.
63 Ebd., S. 234.
64 Ebd., S. 236.
65 Ebd., S. 238.
66 Ebd., S. 254.
67 Ebd., S. 310.
68 Ebd., S. 256.

solches Urteil kommt einer „deutlichen Absage an das klassische Weimar und dessen Theater"[69] gleich.

Der junge Tischlermeister steht demnach in einem komplexen Spannungsverhältnis zu *Wilhelm Meisters Lehrjahre*. Tieck beerbt den Vorgängertext, um das diesem zugrunde liegende Erzählmodell des Bildungsromans zu ergänzen. Eine paradoxe Note erhält der Text freilich durch die Behauptung des Autors, er habe sein Werk zeitlich parallel zu Goethes Roman und damit unabhängig von diesem konzipiert, denn dadurch erscheinen die Parallelen und Übereinstimmungen zwischen beiden Werken als frappante Zufälle, was die Glaubwürdigkeit der „Vorreden"-Argumentation empfindlich schwächt. Letztlich hat Tiecks Versuch einer nachträglichen Umpositionierung im Gattungsfeld des Bildungsromans zahlreiche Bedeutungsdimensionen. Die für die eigene Stellung im literarischen Feld relevanten Signale, die er mit seinem Text auszusenden bestrebt ist, lassen sich folgendermaßen zusammenfassen:

– Zum einen betont Tieck damit seine Eigenständigkeit als Autor: Autochthon und ohne Anregungen von außen habe er sein eigenes Modell eines nachgeholten Entwicklungsromans entwickelt.

– Zum anderen setzt sich Tieck von seinem größten Rivalen Goethe ab: Unabhängig von ihm habe er einen eigenen Beitrag zur Geschichte des Gattungsmusters Bildungsroman geliefert, biete er doch als erster und im Grunde auch einziger eine Darstellung jener Meisterjahre, die Goethe in *Wilhelm Meisters Lehrjahre* (1795/96) und *Wilhelm Meisters Wanderjahre* (1821 bzw. 1829) ausgespart habe.

– Sein Text stellt dabei zugleich so etwas wie eine alternative Ausprägungsform dieses Erzählmodells dar, denn anders als die *Lehrjahre* verzichtet er nicht nur auf die später nachgerade prägend gewordene Integration von Versgedichten in die Narration, er ersetzt auch den tendenziell genremischenden Charakter des Romans durch die Form der Novelle.[70] Mehr noch: *Der junge Tischlermeister* sei Tiecks „früheste" Novelle gewesen, die „den Anlaß zu den spätern gab" (S. 11); ihr komme somit eine entscheidende Rolle in der Entwicklung des eigenen Werks zu.[71]

---

69 Helmut Koopmann: Ein Roman gegen die Revolution. Ludwig Tieck: Der junge Tischlermeister, S. 174.

70 Kucher dagegen wertet den *Jungen Tischlermeister* als „Paradigma eines perioden- wie gattungsübergreifenden Textes"; Primus-Heinz Kucher: „Der Rausch ist auch oft nüchterner als wir uns gestehen möchten". Zwischen Romantik und Früh-Realismus. Ludwig Tiecks Romannovelle *Der Junge Tischlermeister*, S. 128.

71 Mit seinem – retrospektiven – Bekenntnis zur Gattung der Novelle bezieht Tieck im Gestus einer „posture" Stellung gegen den in seinen Augen zur formlosen Unterhaltungsware abge-

– Neben dem „paradigmatischen Künstlerroman" (S. 1130) *Franz Sternbalds Wanderungen* habe Tieck demnach die erste Handwerker-„Novelle" geschaffen[72] – ein Impuls, den dann Autoren wie E.T.A. Hoffmann (*Meister Martin der Küfner*) aufgegriffen hätten.[73] Damit habe er den von der Frühromantik behaupteten schroffen Gegensatz von Kunst und Handwerk aufgelöst im Modell einer sozial nützlichen Tätigkeit – ähnlich wie Goethe, der seinen theaterbegeisterten Wilhelm Meister schließlich Wundarzt werden lässt.[74]

– Die – behauptete – lange Entstehungszeit des Werks belege nicht nur die Kontinuität von Tiecks literarischer Produktion, sie zeuge auch von seiner unverminderten Schaffenskraft. *Der junge Tischlermeister* sei letztlich – ebenso wie *Der Aufruhr in den Cevennen* – eine „Laune" aus seiner „Jugend", die nun „spät vollendet" ihre „Erfüllung" (S. 11) erlebe.

– Nach Goethes Tod komme daher ihm, Tieck, der Rang des produktivsten und bedeutendsten Autors in deutscher Sprache zu, den er im übrigen durch den baldigen Abschluss des Textes *Der Aufruhr in den Cevennen* abermals zu festigen gedenke,[75] der auf Grund seiner Zugehörigkeit zum Typus der historischen Er-

---

sunkenen Roman; vgl. Jérôme Meizoz: Die *posture* und das literarische Feld. Rousseau, Céline, Ajar, Houellebecq. In: Markus Joch/Norbert Christian Wolf (Hrsg.): Text und Feld. Bourdieu in der literaturwissenschaftlichen Praxis. Tübingen: Niemeyer 2005 (= Studien und Texte zur Sozialgeschichte der Literatur 108), S. 177–188. Michler hat den „Akt der Gattungswahl" dementsprechend als „Akt der Stellungnahme (Positionierung) nicht bloß zur zeitgenössisch dominanten Sozialklassifikation, sondern insbesondere [...] [als] Akt der Stellungnahme zum Verhältnis zwischen dem literarischen Feld [...] und der Sozialklassifikation im sozialen Feld" gedeutet; Werner Michler: Möglichkeiten literarischer Gattungspoetik nach Bourdieu. Mit einer Skizze zur ‚modernen Versepik'. In: Markus Joch/Norbert Christian Wolf (Hrsg.): Text und Feld, S. 189–206, hier: S. 195.
72 Kremer bekräftigt: „Der Titel der Erzählung spielt mit der Vorstellung eines Handwerker-Romans." Detlef Kremer: Späte Prosa. In: Ludwig Tieck. Leben – Werk – Wirkung, S. 568–586, hier: S. 573.
73 Siehe hierzu Bernhard Schubert: Der Künstler als Handwerker. Zur Literaturgeschichte einer romantischen Utopie. Königstein i.Ts.: Athenäum 1986, S. 37–45.
74 Vgl. besonders Günter Sasse: „Die Zeit des Schönen ist vorüber". Wilhelm Meisters Weg zum Beruf des Wundarztes in Goethes Roman *Wilhelm Meisters Wanderjahre oder Die Entsagenden*. In: Internationales Archiv für Sozialgeschichte der deutschen Literatur 26 (2001), Heft 2, S. 72–97, aber auch Ulrike Böhmel Fichera: Goethes Wilhelm Meister. Ein Arzt zwischen Erfahrungswissenschaft und Heilkunst. In: Istituto Universitario Orientale – Annali. Sezione Germanica N.S. 9 1999 [2001], Heft 1/2, S. 35–53, und Henriette Herwig: Heilkundiges in Goethes *Wilhelm Meister*. In: Peter Stulz/Frank Nager/Peter Schulz (Hrsg.): Literatur und Medizin. [Interdisziplinäre Arbeitstagung Literatur und Medizin am Kantonsspital Luzern.] Zürich: Chronos-Verlag 2005 (= Medizin im interdisziplinären Dialog), S. 13–22.
75 „Da zu jenem unterbrochenem Werke längst alles vorbereitet ist, so darf ich hoffen, auch dies dem Publikum nächstens übergeben zu können." (S. 12)

zählung (in der sich Goethe nie versucht hat) abermals Tiecks schriftstellerische Universalität dokumentiere.

– Tieck erweise sich aber auch insofern als Schriftsteller, der nach wie vor auf der Höhe der Zeit ist, als er trotz mancher Appelle und trotz aller Kritik der „jüngeren" Autorengeneration darauf verweisen könne, dass „so viele" der gegenwärtig literarisch verkündeten „neuen großen Entdeckungen und Wahrheiten schon längst in" seinen „Schriften, zum Teil den frühesten, stehen" (S. 12).

Bei näherem Hinsehen zeigt sich freilich, dass Tiecks Versuch einer gattungsspezifischen Umpositionierung im literarischen Feld nicht wirklich schlüssig ist. Dies liegt einerseits an der nur bedingt überzeugenden Argumentationslogik des Autors, hängt andererseits aber auch mit seiner spezifischen Feldposition zusammen. Tieck hatte sich zwar schon früh als Vertreter der Romantik im literarischen Feld etablieren können, seine stark verminderte Öffentlichkeitspräsenz in der zweiten Dekade des 19. Jahrhunderts und seine späte Neuetablierung als Novellendichter ab 1822 aber verhinderten, dass sein auktorialer Status jemals die dauerhafte Stabilität erreichte, der sich sein Kollege und Konkurrent Goethe erfreute. Als der Autor dann nach Goethes Tod endlich zum führenden Schriftsteller der deutschsprachigen Literatur wurde, war er bereits 59 Jahre alt und galt als Repräsentant eines weitgehend überholten und kaum mehr aktuellen literarischen Kunstprogramms. Der Zenit von Tiecks Ruhm fiel also in eine Zeit, in der das von ihm vertretene Literaturkonzept nicht mehr über die unangefochtene Hegemonie auf dem Markt symbolischer Güter verfügte und längst von nachrückenden Autoren in Frage gestellt bzw. attackiert wurde. Vielen Zeitgenossen galt er deshalb als „Fossil aus einer anderen Zeit"[76], was auch seine Konsekrationsfähigkeit merklich schwächte.

Tieck reklamierte eine Teilhaber- bzw. Urheberschaft am Erzählmodell Bildungsroman zu einem Zeitpunkt, zu dem die Gattung ihre Entfaltungs- und Erfolgsphase längst hinter sich hatte. Schon mit E. T. A. Hoffmanns *Lebensansichten des Katers Murr* (1820–22) – und damit rund 15 Jahre vor Erscheinen des *Tischlermeisters* – hatte das Genre parodistische Züge angenommen, und seitdem war kein bedeutendes Werk mehr veröffentlicht worden. Mehr noch: Goethe selbst hatte mit seinem Folgewerk *Wilhelm Meisters Wanderjahre* (1. Fassung 1821, 2. Fassung 1829) ein sehr viel disparateres Erzählgebilde erprobt, welches das Modell des „Novellenkranzes"[77] anklingen lässt, dieses durch die kunstvolle Handha-

---

76 Pierre Bourdieu: Die Regeln der Kunst. Genese und Struktur des literarischen Feldes, S. 244.
77 Siehe hierzu die philologisch hochgradig fragwürdige, einem überholten Ganzheitsanspruch geschuldeten Rekonstruktionsversuche von Eugen Wolff: Die ursprüngliche Gestalt von *Wilhelm Meisters Wanderjahren*. In: Goethe-Jahrbuch 34 (1913), S. 162–192, und: Goethe: Wilhelm

bung einer „Archivfiktion"⁷⁸ aber subvertiert, und letztlich in einen „Sozialroman"⁷⁹ mündet. Möglicherweise hoffte der Autor darauf, mit seinem Text eine narrative Variante vorzulegen, die als überraschend wahrgenommen wird, doch nahm die – behauptete – entstehungsgeschichtliche Verortung der Geschichte in den Jahren um 1800 ihr den Reiz des Neuen wieder. Überhaupt erweist sich Tiecks Argumentationsstrategie in der „Vorrede" zum *Jungen Tischlermeister* als überaus zweischneidig. Der Hinweis auf die lange Entstehungszeit des Textes nämlich, der die Unabhängigkeit seines schriftstellerischen Werks von Goethes *Lehrjahren* belegen sollte, konnte nämlich auch als – unfreiwilliges – Eingeständnis einer gehemmten literarischen Produktivität aufgefasst werden. Durch die insgesamt 41 Jahre, die – angeblich – zwischen dem „Plan" und seiner Vollendung vergangen sind, entstand ein seltsames Missverhältnis zwischen Ambition und tatsächlicher Leistung. Folge dieser den eigenen Autorstatus schwächenden Disproportion war, dass das, was um bzw. nach 1811 als „neu und noch unbesprochen" gelten konnte, nun – ein Vierteljahrhundert später – gestrig und obsolet wirkte. Das zusätzlich ins Feld geführte Parallelbeispiel der – dann doch nicht erschienenen – Fortsetzung des *Aufruhrs in den Cevennen* bekräftigte diese Einschätzung, und ließ Tieck als Autor erscheinen, dessen Schaffensrhythmus letztlich nicht mit den akzelerierten Erfordernissen der Zeit Schritt hält. Gegenüber den Neulingen im literarischen Feld, die ein gegenwartsnahes, am Journalismus orientiertes Schreibkonzept vertraten, drückte eine solche zeitenthobene Bedächtigkeit Tieck das Stigma des veralteten Nachzüglers auf. Anders gesagt: Das Syndrom des Zu-spät-Kommenden, das sich beim Protagonisten des *Jungen Tischlermeisters* beobachten lässt, schien auch dessen Autor zu charakterisieren.

Ein weiterer Faktor, der die Aufnahme der „Novelle" negativ beeinflusste, war das nahezu gleichzeitige Erscheinen von Karl Immermanns „Familienmemoiren in neun Büchern" *Die Epigonen* (1836).⁸⁰ Gleichfalls als Variation eines Bildungs-

---

Meisters Wanderjahre. Ein Novellenkranz. Nach dem ursprünglichen Plan hrsg. von Eugen Wolff. Frankfurt a.M.: Literarische Anstalt Rütten & Loening 1916.
78 Vgl. vor allem Volker Neuhaus: Die Archivfiktion in *Wilhelm Meisters Wanderjahren*. In: Euphorion 62 (1968), S. 13–27, und Gonthier-Louis Fink: Tagebuch, Redaktor und Autor. Erzählinstanz und Struktur in Goethes *Wilhelm Meisters Wanderjahre*. In: Recherches Germaniques 16 (1986), S. 7–54.
79 Diese – terminologisch auf Karl Rosenkranz zurückgreifende – Deutung findet sich erstmals bei Gustav Radbruch: Wilhelm Meisters sozialpolitische Sendung. Eine rechtsphilosophische Studie. In: Logos 8 (1919/20), S. 152–162; überarbeitet unter dem Titel: Wilhelm Meisters sozialistische Sendung. In: Gustav Radbruch: Gestalten und Gedanken. Leipzig: Koehler & Amelang 1944, S. 93–127. Heute ist sie communis opinio der *Wanderjahre*-Forschung.
80 Der Roman kam „zu Ostern 1836" als Band 5 bis 7 der Ausgabe seiner *Schriften* heraus; Karl Immermann: Werke in fünf Bänden. Unter Mitarbeit von Hans Asbeck, Helga-Maleen Gerresheim,

romans mit zahlreichen motivischen und figuralen Anspielungen auf *Wilhelm Meisters Lehrjahre* angelegt,[81] avancierte der Titel des Textes in kürzester Zeit zum Schlagwort, schien er doch das prägende Gefühl der älteren Generation auf eine griffige Formel zu bringen.[82] Als Überlebende der Goethe-Zeit hatten deren Vertreter noch die „Kunstperiode" (Heinrich Heine) erlebt, die aber nun vorüber war und bei vielen den Eindruck hinterließ, es gebe nur noch epigonale Nachzügler. Als ein solcher erschien nolens volens auch Tieck. Die vergleichsweise spärliche Wirkungsgeschichte des *Tischlermeisters* und das Überwiegen skeptischer, ja ablehnender Stimmen bei der zeitgenössischen Literaturkritik[83] sind Belege dafür, dass Tiecks Versuch einer Umpositionierung ex post letztlich fehlschlug.

Für feldtheoretische Analysen ist sein Beispiel dennoch ergiebig, weil es zeigt, wie sehr neben den Werken selbst und den Funktionen, die ein Schriftsteller innerhalb der ‚Institution Kunst'[84] übernimmt, auktoriale Verlautbarungen Teil des eigenen Positionierungsprozesses sind. Selbstaussagen begleiten nicht nur beständig die Werkproduktion, sie liefern auch Interpretationsmuster, die für die Verortung im literarischen Feld bedeutsam sind. Bourdieu selbst hat ja darauf hingewiesen, dass dabei neben den „literarischen oder künstlerischen Werken selbstverständlich [...] auch politische Handlungen und Reden, Manifeste oder polemische Schriften usw."[85] eine wichtige Rolle spielen. Im Falle des *Jungen Tischlermeisters* haben wir es mit einer Positionsbestimmung mittels eines „retrospektiven Paratextes"[86] zu tun. Wenn das literarische Feld als „Arena" gedeutet

---

Helmut J. Schneider, Hartmut Steinecke. Hrsg. von Benno von Wiese. Bd. 2. Frankfurt a.M.: Athenäum 1971, S. 657.
81 Vgl. Michael Minden: The ‚Bildungsroman' and Social Forms: Immermann's *Die Epigonen*. In: Ideas and Production. A Journal in the History of Ideas, Bd. 2, 1984, S. 10 – 27.
82 Vgl. besonders Manfred Windfuhr: Der Epigone. Begriff, Phänomen und Bewußtsein. In: Archiv für Begriffsgeschichte 4 (1959), S. 182 – 209.
83 Vgl. S. 1122 – 1128, und Harvey W.[aterman] Hewett-Thayer: Tieck's Novellen and Contemporary Journalistic Criticism. In: The Germanic Review 3 (1928), Heft 1, S. 328 – 360. Dem der Autorengruppe des Jungen Deutschland nahe stehenden Theodor Mundt beispielsweise erschien „Vieles" im *Jungen Tischlermeister* „völlig veraltet": „Es trägt nicht wenig zu der Langenweile bei, die sonst schon in einem ziemlich reichlichen Maße aus allen Poren dieser Dichtung sich ausathmet." Zitiert nach S. 1126.
84 Siehe hierzu Peter Bürger: Institution Kunst als literatursoziologische Kategorie. Skizzen einer Theorie des historischen Wandels der gesellschaftlichen Funktion der Literatur. In: Romanistische Zeitschrift für Literaturgeschichte 1 (1977), S. 50 – 76, und Christa Bürger: Der Ursprung der bürgerlichen Institution Kunst im höfischen Weimar. Literatursoziologische Untersuchungen zum klassischen Goethe. Frankfurt a.M.: Suhrkamp 1977, besonders S. 7 – 14.
85 Pierre Bourdieu: Die Regeln der Kunst. Genese und Struktur des literarischen Feldes, S. 366.
86 Gérard Genette: Paratexte. Mit einem Vorwort von Harald Weinrich. Aus dem Französischen von Dieter Hornig. Frankfurt a.M./New York: Campus / Paris: Éditions de la Maison des Sciences

werden kann, „in der Konkurrenten um die Bewahrung oder Veränderung dieses Kräftefeldes kämpfen"[87], dann erscheint es evident, dass deren Handeln nicht nur Auswirkungen auf die jeweils aktuelle Position hat, sondern rückwirkend auch die Vorgeschichte umakzentuiert. Schließlich ist die gegenwärtige Feldposition das Resultat der gesamten vorangegangenen Positionierungsakte:[88]

> Dergestalt wohnt die gesamte Geschichte des Feldes diesem jederzeit inne, und wer als Produzent, aber auch als Konsument auf der Höhe seiner objektiven Anforderungen sein will, muß diese Geschichte und den Raum des Möglichen, in dem sie sich selbst überdauert, praktisch oder theoretisch *beherrschen*.[89]

Anders gesagt: Die Deutungsmacht über die eigene Geschichte im Feld liefert den einzelnen Akteuren ein mächtiges Instrument zur Festigung bzw. Veränderung der gegenwärtigen und zukünftigen Feldposition.

1989, S. 204. Genette bemerkt hierzu ebenso nüchtern wie lakonisch, ohne auf die vielfältigen Möglichkeiten der nachträglichen Fingierung von biografischen Angaben näher einzugehen: „Das Originalvorwort kann den Leser über die Geburt des Werkes, über die Umstände seiner Niederschrift und die Etappen seiner Entstehung informieren." Ebd., S. 203.
87 Pierre Bourdieu: Die Regeln der Kunst. Genese und Struktur des literarischen Feldes, S. 368.
88 Bourdieu spricht in diesem Zusammenhang vom „Raum vollzogener Positionierungen"; ebd., S. 371.
89 Ebd., S. 385.

Philipp Böttcher
Die Poesie des Prosaischen

Zur Literaturprogrammatik der *Grenzboten* und der feldstrategischen Positionierung von Gustav Freytags *Soll und Haben*

I

Der Urteilsspruch der Geschichte, die für Werk und Autor einmal zum Jüngsten Gericht wird, ist bereits mit dem Urteil des ersten Lesers präjudiziert, und die Nachgeborenen werden die öffentliche Bedeutung, die die Zeitgenossen dem Werk verliehen haben, mit in Betrachtung ziehen müssen.[1]

Mit Theodor Fontanes Besprechung von Gustav Freytags *Soll und Haben*, die den 1855 erschienenen Roman zur „erste[n] Blüte des modernen Realismus"[2] erklärt, scheint bereits kurz nach der Veröffentlichung die Kanonisierung eines Werkes einzusetzen, das nicht nur zeitgenössisch schnell als „realistischer Musterroman" gilt,[3] sondern von der Forschung bis heute als „das realistische Musterbuch"[4] gelesen wird. Ob nun literaturprogrammatisch-poetologiegeschichtlich als „Programmroman"[5] oder gattungshistorisch akzentuiert als „realistischer Bildungs-

---

Bei diesem Aufsatz handelt es sich um eine gekürzte und veränderte Fassung eines Kapitels aus meinem Dissertationsprojekt zu Gustav Freytag. Übereinstimmungen oder Veränderungen werden hier nicht eigens ausgewiesen.

1 Pierre Bourdieu: Zur Soziologie der symbolischen Formen. Frankfurt a.M. 1970, S. 102.
2 Theodor Fontane: [Rez.] Soll und Haben. Ein Roman in drei Bänden von Gustav Freytag. In: Literatur-Blatt des Deutschen Kunstblattes 2, Nr. 15 (26.7.1855), S. 59–63, S. 59.
3 So Hartmut Steinecke: Romanpoetik von Goethe bis Thomas Mann. Entwicklungen und Probleme der „demokratischen Kunstform" in Deutschland. München 1987, S. 164. In völlig anderem Zusammenhang wird etwa in *Die Gartenlaube* 1877 von *Soll und Haben* als dem „deutschen Musterroman" gesprochen. Gustav Kopal: Hamburgs neue Hafenanlagen. In: Die Gartenlaube (1877), H. 4, S. 62–64, hier S. 63.
4 Sabina Becker: Erziehung zur Bürgerlichkeit. Eine kulturgeschichtliche Lektüre von Gustav Freytags *Soll und Haben* im Kontext des Bürgerlichen Realismus. In: 150 Jahre *Soll und Haben*. Studien zu Gustav Freytags kontroversem Roman. Hg. von Florian Krobb. Würzburg 2005, S. 29–46, hier S. 29.
5 Claudia Stockinger: Das 19. Jahrhundert. Zeitalter des Realismus. Berlin 2010, S. 145.

roman"[6] bzw. „Bildungsroman neuen Typs"[7] betrachtet, stets wird der Konnex zwischen dem Text und einem Realismus-Konzept betont, das als „Grenzboten-Realismus"[8] gewissermaßen *en bloc* mit dem Roman, der namensgebenden Zeitschrift *Die Grenzboten* – als dem „Programmorgan"[9] bzw. „maßgeblichen Organ des programmatischen Realismus"[10] – sowie seinen Herausgebern Gustav Freytag und Julian Schmidt[11] literaturgeschichtlich kanonisiert wurde.

Dass sich diese – z.T. bereits von den Zeitgenossen wahrgenommenen – Zusammenhänge und eine derart definierte Position *Soll und Habens* im „Raum der Werke" mit Blick auf die Quellen als Verfahren und Effekte einer Selbstetablierungs- und Selbstkanonisierungsstrategie der *Grenzboten*-Herausgeber einerseits sowie als ‚Projektionen von Kämpfen im Autor-Raum' andererseits darstellen, soll hier unter Rückgriff auf Pierre Bourdieus Theorie und Terminologie des literarischen Feldes skizziert werden.[12] Der Beitrag setzt sich sowohl mit den literaturkritisch-literarhistorischen Schriften in und im Umfeld der Zeitschrift *Die Grenz-*

---

6 Gabriele Büchler-Hausschild: Erzählte Arbeit. Gustav Freytag und die soziale Prosa des Vor- und Nachmärz. Paderborn u.a. 1987, S. 288.
7 Karin Hausen: *Soll und Haben* und einige Ungereimtheiten in Gustav Freytags Programm für die Bürgerliche Gesellschaft. In: Alltag als Politik – Politik als Alltag. Dimensionen des Politischen in Vergangenheit und Gegenwart. Ein Lesebuch für Carola Lipp. Hg. von Michaela Fenske. Berlin 2010, S. 65–79, hier S. 65.
8 Jörg Schönert: Berthold Auerbachs *Schwarzwälder Dorfgeschichten* der 40er und der 50er Jahre als Beispiel eines ‚literarischen Wandels'? In: Zwischen Goethezeit und Realismus. Wandel und Spezifik in der Phase des Biedermeier. Hg. von Michael Titzmann. Tübingen 2002, S. 331–346, hier S. 333.
9 Hartmut Steinecke: Romanpoetik in Deutschland. Von Hegel bis Fontane. Tübingen 1984, S. 133.
10 Michael Thormann: Der programmatische Realismus der *Grenzboten* im Kontext von liberaler Politik, Philosophie und Geschichtsschreibung. In: Internationales Archiv für Sozialgeschichte der deutschen Literatur 18, Heft 1 (1993), S. 37–68, hier S. 39.
11 Die beträchtlichen symbolischen Kapitalgewinne, die beide aus den hier untersuchten Zusammenhängen ziehen konnten, zeigen sich bereits in den knappen Formulierungen, mit denen sie in der Literatur charakterisiert werden. Bezeichnet Hohendahl Julian Schmidt etwa als „prominenteste[n] Literarhistoriker des Nachmärz", so konstatiert Plumpe: „Gustav Freytag war vielleicht der repräsentative Schriftsteller seiner Zeit". Peter Uwe Hohendahl: Literarische Kultur im Zeitalter des Liberalismus 1830–1870. München 1985, S. 228; Gerhard Plumpe: Roman. In: Bürgerlicher Realismus und Gründerzeit 1848–1890. Hg. von Edward McInnes, G.P. München/Wien 1996, S. 529–689, hier S. 542.
12 Pierre Bourdieu: Satz und Gegensatz. Über die Verantwortung des Intellektuellen. Frankfurt a.M. 1993, S. 26, 27.

boten als auch mit zeitgenössischen Rezeptionszeugnissen[13] sowie den romanästhetischen Kontexten des Freytag'schen Romans auseinander.

Zunächst soll, ausgehend von der romanästhetischen Diskussion über die poetische Qualität bürgerlichen Lebens, die feldstrategische Positionierung von *Soll und Haben* in der Gattungsentwicklung und in der romantheoretischen Diskussion der Zeit untersucht werden. Das insbesondere in der Folge von Goethes *Wilhelm Meister* wirkmächtig diskutierte Verhältnis zwischen der ‚Poesie' und ‚Prosa' bürgerlicher Lebensverhältnisse im modernen Roman stellt sich demnach gleichermaßen als Beschreibungsmuster wie als zu überwindender Problemhorizont der Gattung dar – und wird zu einem prototypischen Merkmal dessen, was man schließlich unter dem Begriff des ‚Bildungsromans' diskutiert. Auf die an diesem Oppositionspaar festzumachende romanästhetische ‚Problemsituation' reagieren Freytag und Schmidt durch deren axiomatische Umwendung; ihre Literaturprogrammatik erweist sich damit als Ausdruck wie Ermöglichungsraum neuer Positionierungen (II.). Die im Kontext von *Soll und Haben* literatur- und gattungsgeschichtlich wirksame Etablierung ihrer ‚realistischen' Programmatik verdankt sich dabei nicht zuletzt dem ausgeprägten ‚Geschichts-'[14], ‚Möglichkeits-' und „Spielsinn"[15] der beiden Akteure, zwischen denen ein strategisches Wechselspiel zu beobachten ist (III.). Sie beruht darüber hinaus auf dem feldübergreifenden Sinnangebot, das *Soll und Haben* als realistischer Bildungsroman gemäß der „Literaturpolitik"[16] der *Grenzboten* formuliert und das den Text attraktiv für eine Sozioanalyse der Figuren im Sinne Bourdieus macht (IV.). Der Schwerpunkt der folgenden Ausführungen liegt indes auf der Positionsanalyse, d. h. der strategischen Platzierung des Romans sowie den – insbesondere gegen Karl Gutzkow gerichteten – agonalen Positionierungen der *Grenzboten* in den

---

13 Für das äußerst großzügige Überlassen und den kollegialen Austausch von zeitgenössischen Rezensionen zu *Soll und Haben* möchte ich Dr. Katja Mellmann sehr herzlich danken. – Eine frühe rezeptionsgeschichtliche Verortung von Freytags Roman findet sich bei Steinecke: Hartmut Steinecke: Gustav Freytag: *Soll und Haben* (1855). Weltbild und Wirkung eines deutschen Bestsellers. In: Romane und Erzählungen des Bürgerlichen Realismus. Neue Interpretationen. Hg. von Horst Denkler. Stuttgart 1980, S. 138–152; Steinecke: Romanpoetik von Goethe bis Thomas Mann, S. 147–165.
14 Pierre Bourdieu: Für eine Wissenschaft von den kulturellen Werken. In: Pierre Bourdieu: Praktische Vernunft. Zur Theorie des Handelns. Frankfurt a. M. 1985, S. 55–90, hier S. 69.
15 Vgl. Pierre Bourdieu: Rede und Antwort. Frankfurt a. M. 1992, S. 83–84.
16 Mit Schneider: „Realistische Poetik war Literaturpolitik im Sinne einer Politik-durch-Literatur"; Lothar L. Schneider: Realistische Literaturpolitik und naturalistische Kritik. Über die Situierung der Literatur in der zweiten Hälfte des 19. Jahrhunderts und die Vorgeschichte der Moderne. Tübingen 2005, S. 2.

‚Kämpfen' eines sich neu strukturierenden nachrevolutionären literarischen Feldes (V).

Freytags ‚realistischer Musterroman' *Soll und Haben*, der ausdrücklich als zeitgemäßer bürgerlicher Entwicklungsroman positioniert wird, fügt sich passgenau in jene Lücke zeitgenössischer Romanästhetik, die von den *Grenzboten*-Herausgebern in resonanzstrategischer Vorbereitung der eigenen Realismus-Definition und in polemischer Negation konkurrierender Entwürfe (vor allem Gutzkows) diagnostiziert wurde – und an deren Kanonisierung sie als Konsekrationsinstanz in eigener Sache fortan auch literarhistorisch arbeiteten. Der *Grenzboten*-Realismus hat so jene Programmatik erst entworfen, als deren Erfüllungsgegenstand er sich dann verstand. Oder mit Bourdieu gesagt: Über ihre literaturprogrammatischen Positionierungen haben *Die Grenzboten* jenen „Raum des Möglichen" mitmodelliert, in dem sie dann Position bezogen.[17]

Weil die Logik des Feldes und möglicher gegenwärtiger Positionierungen sich nach Bourdieu aus seiner Geschichte und vergangenen Positionierungen ergibt, setzt ein entwickelter „Platzierungssinn",[18] wie ihn die Literaturpolitik der *Grenzboten* im destabilisierten Feld um 1848 nach allen Regeln der Kunst unter Beweis stellt, die Kenntnis der „Tradition", der „gesamte[n] Geschichte des Feldes" voraus.[19] Bezogen auf das Feld des Bildungsromans[20] zeigt das Traditionsverhalten Freytags und Schmidts, wie die für die romanästhetischen Kontroversen der Jahrhundertmitte „geltende Problematik" in ihren „Fragen und Antworten" durch ihr gattungsgeschichtliches „Erbe" bestimmt wurde:[21] die Debatte um die Poesiefähigkeit eines gegenwartsorientierten bürgerlichen Romans – um die Poesie des Prosaischen.

II

> Die Strategien aber hängen auch, vermittelt über die Gegenstände, die im Kampf zwischen den Herrschenden und den Anwärtern auf die Herrschaft auf dem Spiel stehen, die Fragen, über die es zum Konflikt kommt, vom Stand der legitimen Problematik ab, das heißt, vom

---

17 Pierre Bourdieu: Die Regeln der Kunst. Genese und Struktur des literarischen Feldes. Frankfurt a.M. 1999, S. 371.
18 Pierre Bourdieu: Vom Gebrauch der Wissenschaft. Für eine klinische Soziologie des wissenschaftlichen Feldes. Konstanz 1998, S. 24–25.
19 Bourdieu: Die Regeln der Kunst, S. 385.
20 Mit Bourdieu verstanden als das „Netz objektiver Beziehungen zwischen Positionen einer Gattung". In: Bourdieu: Die Regeln der Kunst, S. 365. Vgl. dazu auch den Beitrag von Peer Trilcke in diesem Band.
21 Bourdieu: Die Regeln der Kunst, S. 385.

Raum der aus den früheren Kämpfen überkommenen Möglichkeiten, der wiederum den Raum der Positionen bestimmt, die zu beziehen möglich ist, und damit auch die Richtung, in die die Suche nach Lösungen und folglich auch die Entwicklung der Produktion geht.[22]

In seinen *Vorlesungen über die Ästhetik* benennt Hegel mit der Begriffsopposition zwischen ‚Poesie' und ‚Prosa' einen Konflikt, der zum einen den zeitgenössischen literarischen Debatten um den Roman – insbesondere um Goethes *Wilhelm Meister* – pointiert Rechnung trägt, zum anderen jene romanästhetische Konfliktkonstellation markiert, die sich noch für die realistische Romantheorie als eine spezifische „Problemsituation" darstellt, wie man mit Bourdieu formulieren könnte.[23] Nach Hegel hat der Roman als genuin bürgerliche Gattung zwar weiterhin den Anspruch, epische Totalität abzubilden bzw. herzustellen, wird jedoch fundamental durch den Umstand bestimmt, dass die bürgerliche Welt der Gegenwart sich eher prosaisch denn poetisch ausnimmt. Die moderne bürgerliche Welt in ihrer Ausdifferenzierung und den Abhängigkeiten des Einzelnen habe „in dieser Welt des Alltäglichen und der Prosa" ein Individuum geschaffen, das „nicht aus seiner eigenen Totalität tätig und nicht aus sich selbst, sondern aus anderem verständlich [ist]".[24] Diese Fremdbestimmung bei gleichzeitiger Vereinzelung in einem ‚zersplitterten', nicht mehr zu durchdringenden Ganzen kennzeichne die

---

22 Bourdieu: Für eine Wissenschaft von den kulturellen Werken, S. 65.
23 Bourdieu: Die Regeln der Kunst, S. 430; vgl. zur Poesie-Prosa-Thematik allgemein: Wolfram Malte Fues: Poesie der Prosa, Prosa als Poesie. Eine Studie zur Geschichte der Gesellschaftlichkeit bürgerlicher Literatur von der deutschen Klassik bis zum Ausgang des 19. Jahrhunderts. Heidelberg 1990; vgl. in dem hier skizzierten Rahmen außerdem: Sabina Becker: Die *bürgerliche Epopöe* im bürgerlichen Zeitalter. Zur kulturgeschichtlichen Fundierung des Bildungs- und Entwicklungsromans im 19. Jahrhundert. In: Euphorion 101 (2007), S. 61–86; Gerhard Plumpe: Das Reale und die Kunst. Ästhetische Theorie im 19. Jahrhundert. In: Bürgerlicher Realismus und Gründerzeit 1848–1890. Hg. von Edward McInnes und Gerhard Plumpe. München/Wien 1996, S. 242–307; Plumpe: Roman. In: Bürgerlicher Realismus und Gründerzeit, S. 529–689. – Wichtige Anregungen verdankt der Aufsatz außerdem: Edward McInnes: Zwischen *Wilhelm Meister* und *Die Ritter vom Geist*. Zur Auseinandersetzung zwischen Bildungsroman und Sozialroman im 19. Jahrhundert. In: DVjs 43 (1969), S. 487–514; Kenneth Bruce Beaton: Gustav Freytag, Julian Schmidt und die Romantheorie nach der Revolution von 1848. In: Jahrbuch der Raabe Gesellschaft 17 (1976), S. 7–32; zudem: Franz Rhöse: Konflikt und Versöhnung. Untersuchungen zur Theorie des Romans von Hegel bis zum Naturalismus. Stuttgart 1978. – Zu Hegels Ästhetik im Kontext von *Soll und Haben* vgl. allgemein: Christine Achinger: Prosa der Verhältnisse und Poesie der Ware. Versöhnte Moderne und Realismus in Gustav Freytags *Soll und Haben*. In: 150 Jahre *Soll und Haben*. Studien zu Gustav Freytags kontroversem Roman. Hg. von Florian Krobb. Würzburg 2005, S. 67–86, hier S. 76–83.
24 Georg Wilhelm Friedrich Hegel: Werke in 20 Bänden. Auf der Grundlage der Werke von 1832–1845 neu edierte Ausgabe, Band 13: Vorlesungen über die Ästhetik I. Redaktion Eva Moldenhauer, Karl Markus Michel. Frankfurt a. M. 1973, S. 197.

„Prosa der Welt".²⁵ Für die „[g]egenwärtige[n] prosaische[n] Zustände",²⁶ mithin die ausdifferenzierte bürgerliche Gesellschaft, sei das Fehlen des schlechthin Poetischen konstitutiv. Eben hierin liegt Hegel zufolge aber gerade die Voraussetzung für den Roman und seine poetischen Rückgewinnungspotentiale.

> Ganz anders verhält es sich dagegen mit dem *Roman*, der modernen *bürgerlichen* Epopöe. Hier tritt einerseits der Reichtum und die Vielseitigkeit der Interessen, Zustände, Charaktere, Lebensverhältnisse, der breite Hintergrund einer totalen Welt sowie die epische Darstellung von Begebenheiten vollständig wieder ein. Was jedoch fehlt, ist der *ursprünglich* poetische Weltzustand, aus welchem das eigentliche Epos hervorgeht. Der Roman im modernen Sinne setzt eine bereits zur *Prosa* geordnete Wirklichkeit voraus, auf deren Boden er sodann in seinem Kreise [...] der Poesie, soweit es bei dieser Voraussetzung möglich ist, ihr verlorenes Recht wieder erringt.²⁷

Der naheliegende Konflikt des modernen bürgerlichen Romans bestehe daher in einem Widerstreit zwischen den subjektiven Verwirklichungsansprüchen des Helden (der „Poesie des Herzens") und den bestehenden gesellschaftlichen Zuständen (der „Prosa der Verhältnisse"):

> Eine der gewöhnlichsten und für den Roman passendsten Kollisionen ist deshalb der Konflikt zwischen der Poesie des Herzens und der entgegenstehenden Prosa der Verhältnisse [...]: ein Zwiespalt, der [...] seine Erledigung darin findet, daß einerseits die der gewöhnlichen Weltordnung zunächst widerstrebenden Charaktere das Echte und Substantielle in ihr anerkennen lernen, mit ihren Verhältnissen sich aussöhnen und wirksam in dieselben eintreten, andererseits aber von dem, was sie wirken und vollbringen, die prosaische Gestalt abstreifen und dadurch eine der Schönheit und Kunst verwandte und befreundete Wirklichkeit an die Stelle der vorgefundenen Prosa setzen.²⁸

Eine weder komische noch tragische Lösung des zentralen Konflikts könne nur in der Versöhnung von Ich und Welt als Prozess wechselseitiger Veränderung bestehen. Einerseits versöhnt sich demnach der Held mit den ihn umgebenden Verhältnissen, oder jedenfalls ihren idealeren Elementen, andererseits hat er fortan selbst tätig teil an ihrer Verbesserung und ermöglicht somit ihre Idealisierung.

---

25 Hegel: Vorlesungen über die Ästhetik I, S. 199.
26 Hegel: Vorlesungen über die Ästhetik I, S. 253.
27 Hegel: Werke in 20 Bänden. Band 15: Vorlesungen über die Ästhetik III, S. 392–393 (Hervorhebungen im Original).
28 Hegel: Vorlesungen über die Ästhetik III, S. 393.

Was Hegel hier oder an anderer Stelle konkreter über die ‚Helden der neueren Romane' ausführt,[29] zeigt, dass er sich in erster Linie auf Goethes *Wilhelm Meister* bezieht, der – noch ehe sich daraus ein ausgeprägtes Gattungsverständnis vom ‚Bildungsroman' entwickelte – in den folgenden Jahrzehnten wie bereits zuvor eine „prototypische Funktion"[30] innerhalb der romanästhetischen Debatten allgemein einnahm, so dass Theodor Mundt ihm 1833 bekanntlich den Status des „deutschen Normal-Roman[s]" zuerkannte.[31] Auch die konfligierenden Zentralbegriffe ‚Poesie' und ‚Prosa', wie sie Hegel nicht zuletzt vor dem Hintergrund des Goethe'schen Bildungsromans erörtert, bestimmen dessen Rezeption bereits von Anfang an und erweisen sich bis hinein in die realistische Romantheorie als prägende Leitbegriffe der Gattungsdiskussion. Über sie werden die Fragen zur Form der Gattung immer schon verknüpft mit Fragen ihrer sozialen Lehre, ihres sozialen Zuschnitts, ja mit den grundsätzlichen Fragen nach dem Verhältnis von Poesie und Leben, Individuum und Gesellschaft. Im Kern aber werden über die entscheidende Frage nach der Poesiefähigkeit des bürgerlichen Lebens die Möglichkeiten des Romans als Gattung erörtert.

Diesen steht Schiller im Brief an Goethe vom 20. Oktober 1797 denkbar skeptisch gegenüber. Zwar sei der ‚Meister' vom „echt poetische[n] Geist" Goethes erfüllt, weil aber „jede Romanform [...] schlechterdings nicht poetisch" sei, schwanke er „zwischen einer prosaischen und poetischen Stimmung", so dass es

---

29 „Sie stehen als Individuen mit ihren subjektiven Zwecken der Liebe, Ehre, Ehrsucht oder mit ihren Idealen der Weltverbesserung dieser bestehenden Ordnung und Prosa der Wirklichkeit gegenüber, die ihnen von allen Seiten Schwierigkeiten in den Weg legt. [...] Besonders sind Jünglinge diese neuen Ritter, die sich durch den Weltlauf, der sich statt ihrer Ideale realisiert, durchschlagen müssen und es nun für ein Unglück halten, daß es überhaupt Familie, bürgerliche Gesellschaft, Staat, Gesetze, Berufsgeschäfte usf. gibt, weil diese substantiellen Lebensbeziehungen sich mit ihren Schranken grausam den Idealen [...] des Herzens entgegensetzen. [...] Diese Kämpfe nun aber sind in der modernen Welt nichts Weiteres als die Lehrjahre, die Erziehung des Individuums an der vorhandenen Wirklichkeit, und erhalten dadurch ihren wahren Sinn. Denn das Ende solcher Lehrjahre besteht darin, daß sich das Subjekt die Hörner abläuft, mit seinem Wünschen und Meinen sich in die bestehenden Verhältnisse und die Vernünftigkeit derselben hineinbildet, in die Verkettung der Welt eintritt und in ihr sich einen angemessenen Standpunkt erwirbt. Mag einer sich auch noch soviel mit der Welt herumgezankt haben, [...] zuletzt bekommt er meistens doch sein Mädchen und irgendeine Stellung, heiratet und wird ein Philister". Hegel: Werke in 20 Bänden. Band 14: Vorlesungen über die Ästhetik II, S. 219–220.
30 So Voßkamp allgemein über die Rolle des *Wilhelm Meister* „im Zusammenhang mit der Entstehung und Geschichte des Bildungsromans"; Wilhelm Voßkamp: „Man muß den Roman mehr als einmal lesen." Zur Wirkungsgeschichte von Goethes *Wilhelm Meisters Lehrjahre[n]*. In: Offene Gefüge. Literatursystem und Lebenswirklichkeit. Festschrift für Fritz Nies zum 60. Geburtstag. Hg. von Henning Krauß. Tübingen 1994, S. 199–210, hier S. 199.
31 Zitiert nach: Steinecke: Romanpoetik in Deutschland, S. 18.

der Form letztlich an „poetische[r] Kühnheit" mangele.[32] Ganz im Gegenteil als geradezu kühnes Formexperiment und gleichsam im Sinne einer ‚progressiven Universalpoesie', die auch der ungebundenen Rede poetische Qualität zubilligt, liest anfangs noch Friedrich Schlegel den Roman:

> Obgleich es also den Anschein haben möchte, als sei das Ganze ebensosehr eine historische Philosophie der Kunst, als ein Kunstwerk oder Gedicht, und als sei alles, was der Dichter mit solcher Liebe ausführt, als wäre es sein letzter Zweck, am Ende doch nur Mittel: so ist doch alles Poesie, reine, hohe Poesie. [...] Was fehlt Werners und Wilhelms Lobe des Handels und der Dichtkunst als das Metrum, um von jedermann für erhabne Poesie anerkannt zu werden? Überall werden uns goldene Früchte in silbernen Schalen gereicht. Diese wunderbare Prosa ist Prosa und doch Poesie.[33]

Wie Schlegel in seinen späteren Distanzierungen betont, bezieht sich sein hymnisches Lob auf die Form, „Gedankenfülle" und den „Styl" des *Wilhelm Meister*, Goethes „Prosa-Gedanken" dagegen, seine Absicht, die „Poesie unmittelbar an die Gegenwart zu knüpfen", bewertet er als „irre leitend".[34] Dass es Romantikern im Roman keineswegs in inhaltlicher Hinsicht um eine Aufhebung des Widerspruchs zwischen der Poesie und „Prosa der Wirklichkeit"[35] – es sei denn im Sinne einer diese Kategorien gänzlich nivellierenden ‚Alleinheit' – zu tun war, zeigen Novalis' Notizen zum *Wilhelm Meister*. Was bei Gustav Freytag später ohne jeden Widerspruch fast zur tautologischen Wendung wird, bedeutet für Novalis einen unüberbrückbaren Gegensatz, wenn er festhält: „Streben nach dem Höchsten und Kaufmannsstand. Das kann nicht so bleiben".[36] Die Kritik am Roman wird von Novalis bezeichnenderweise im Zuge der Beschäftigung mit seinem Gegenentwurf *Heinrich von Ofterdingen* – und damit wohl nicht zuletzt in zunehmend distinktionsmotivierter ‚Einflussangst' – intensiviert und im Hinblick auf die Frage der Poesiefähigkeit gegenwärtigen bürgerlichen Lebens perspektiviert:

---

[32] Schiller an Goethe, 20. Oktober 1797; Briefwechsel zwischen Schiller und Goethe in den Jahren 1794 bis 1805. Münchner Ausgabe. Band 1. Hg. von Manfred Beetz. München 2005, S. 439–440.
[33] Friedrich Schlegel: Über Goethes Meister. In: Friedrich Schlegel: Werke in einem Band. Dortmund 1982, S. 452–472, hier S. 458–459.
[34] Friedrich Schlegel: Friedrich Schlegel's Sämmtliche Werke. Zweyter Band: Geschichte der alten und neuen Litteratur. Vorlesungen gehalten zu Wien im Jahre 1812. Zweyter Teil. Zweyte verbesserte und vermehrte Ausgabe, Wien 1822, S. 311–312.
[35] Hegel: Vorlesungen über die Ästhetik II, S. 219.
[36] Novalis: Werke. Hg. und kommentiert von Gerhard Schulz. Vierte Auflage. München 2001, S. 397.

‚Wilhelm Meisters Lehrjahre' sind gewissermaßen durchaus *prosaisch* – und modern. Das Romantische geht darin zu Grunde – auch die Naturpoesie, das Wunderbare – er handelt bloß von gewöhnlichen *menschlichen* Dingen [...]. Es ist eine poetisierte bürgerliche und häusliche Geschichte. Das Wunderbare darin wird ausdrücklich, als Poesie und Schwärmerei, behandelt. Künstlerischer Atheismus ist der Geist des Buchs. Sehr viel Ökonomie – mit prosaischem, wohlfeilem Stoff ein poetischer Effekt erreicht.³⁷

In seiner *Vorschule der Ästhetik* fasst schließlich Jean Paul die Auseinandersetzung, die ihm als charakteristisch für die ‚deutsche Schule des Romans' gilt, polemisch zusammen:

Die deutsche Schule [des Romans – nach Jean Paul, P.B.], welcher gemäß Goethens Meister das bürgerliche oder Prose-Leben am reichsten spielen ließ, trug vielleicht dazu bei, daß Novalis, dessen breites poetisches Blätter- und Buschwerk gegen den nackten Palmenwuchs Goethens abstach, den Meisters Lehrjahren Parteilichkeit *für* prosaisches Leben und *wider* poetisches zur Last gelegt.³⁸

Damit ist am Beispiel der frühen ‚Meister'-Rezeption nur der kanonisierte Teil der Vorgeschichte jener ästhetischen ‚Problemsituation' skizziert, die sich für die realistische Romantheorie sogar in noch höherem Maße stellt: Bestehen „Problem" und „Reiz" einer realistischen Kunst, die das Poetische und das Wirkliche konstitutiv zusammendenkt, nach Niklas Luhmann doch gerade darin, „daß sie trotzdem Kunst ist".³⁹ Die Herausforderung, die Hegel für den bürgerlichen Roman beschreibt, liegt demnach in dem Problem, „die Prosa des wirklichen Lebens mit in seine Schilderungen hineinzuziehen, ohne dadurch selber im Prosaischen und Alltäglichen stehenzubleiben."⁴⁰ Die Frage lautet also: Wie kann der Roman zeitgemäß und trotzdem poetisch sein?

Auch der Hegelschüler und einer der wichtigsten Vertreter realistischer Romanästhetik Friedrich Theodor Vischer konstatiert 1857, dass das „Reale prosaisch", die Welt poesielos geworden sei:⁴¹

Die Grundlage des modernen Epos, des Romans, ist die erfahrungsmäßig erkannte Wirklichkeit, also die schlechthin nicht mehr mythische, die wunderlose Welt. Gleichzeitig mit dem Wachstum dieser Anschauung hat die Menschheit auch die prosaische Einrichtung der

---

37 Novalis: Werke, S. 544 (Hervorhebungen im Original).
38 Jean Paul: Vorschule der Ästhetik. In: Jean Paul: Sämtliche Werke. Hg. von Norbert Miller. Abt. 1, Bd. 5. Frankfurt a. M. 1996, S. 7–514, hier S. 256 (Hervorhebungen im Original).
39 Niklas Luhmann: Ist Kunst codierbar? In: Niklas Luhmann: Aufsätze und Reden. Hg. von Oliver Jahraus. Stuttgart 2001, S. 159–197, hier S. 164.
40 Hegel: Vorlesungen über die Ästhetik III, S. 393.
41 Friederich Theodor Vischer: Aesthetik oder Wissenschaft des Schönen. Zum Gebrauche für Vorlesungen. Dritter Theil: Die Kunstlehre. Stuttgart 1857, S. 1308.

> Dinge in die Welt eingeführt [...]. Hegel bezeichnet nun mit einfach richtiger Bestimmung das Wesen des Romans, wenn er [...] sagt, er erringe der Poesie auf diesem Boden der Prosa ihr verlorenes Recht wieder. Es kann dieß auf verschiedenen Wegen geschehen. Der erste ist der, daß die Handlung in Zeiten zurückverlegt wird, wo die Prosa noch nicht oder nur wenig Meisterinn der Zustände war; [...]. Ein zweites Mittel ist die Aufsuchung der grünen Stellen mitten in der eingetretenen Prosa [...].[42]

Vischer aktualisiert den von Hegel beschriebenen Konflikt nicht nur, er diskutiert mögliche Lösungen, indem er unter anderem die Möglichkeit aufzeigt, angesichts „wachsender Vertrocknung"[43] nach solchen ‚grünen Stellen in der eingetretenen Prosa' zu suchen, „die der idealen Bewegung noch freieren Spielraum geben"[44] – nach den poesiefähigen Bereichen der Gegenwart also. Galt den Zeitgenossen etwa die Dorfgeschichte über einige Jahre als solch ein poetisch unverfälschter Raum,[45] so hält bereits der Held von Immermanns *Die Epigonen* den Rückzug auf das verbliebene ‚Grünland' für ein auf Dauer vergebliches Unterfangen.

> Mit Sturmesschnelligkeit eilt die Gegenwart einem trocknen Mechanismus zu; wir können ihren Lauf nicht hemmen, sind aber nicht zu schelten, wenn wir für uns und die Unsrigen ein grünes Plätzchen abzäunen, und diese Insel so lange als möglich gegen den Sturz der vorbeirauschenden industriellen Wogen befestigen.[46]

Anhand der Veränderungen in der ‚Land- und Weidemetaphorik' des poetischen Realismus lässt sich nun im Sinne Bourdieus ein geänderter „Stand der legitimen Problematik", d. h. des Poesie-Prosa-Konflikts und der hier zu beziehenden ‚möglichen Positionen' sowie der „Suche nach Lösungen" ablesen.[47] In *Unsere lyrische und epische Poesie seit 1848* (1853) artikuliert Theodor Fontane dieses Bedürfnis nach Lösung der feldinternen Problematik in Form der Hinwendung zur zeitgenössischen Wirklichkeit:

> Was unsere Zeit nach allen Seiten hin charakterisiert, das ist ihr Realismus. [...] Die Welt ist des Spekulierens müde und verlangt nach jener ‚frischen grünen Weide', die so nah lag und

---

42 Vischer: Aesthetik oder Wissenschaft des Schönen, S. 1304–1305.
43 Vischer: Aesthetik oder Wissenschaft des Schönen, S. 1306.
44 Vischer: Aesthetik oder Wissenschaft des Schönen, S. 1303.
45 Vgl. etwa Julian Schmidt: Die Märzpoeten. In: Die Grenzboten 9 (1850), I. Semester, I. Band, S. 5–13.
46 Karl Immermann: Werke in fünf Bänden, Band 2: Die Epigonen. Familienmemoiren in 9 Büchern 1823–1835. Hg. von Benno von Wiese. Frankfurt a. M./Wiesbaden 1971, S. 650.
47 Bourdieu: Für eine Wissenschaft von den kulturellen Werken, S. 65.

doch so fern. [...] Der Realismus will nicht die bloße Sinnenwelt und nichts als diese; er will am allerwenigsten das bloß Handgreifliche, aber er will das *Wahre*.⁴⁸

Und in den posthum veröffentlichten *Shakespeare-Studien* Otto Ludwigs heißt es im Abschnitt „Verhältniß von Poesie und Leben":

> Die Dichter haben kein Recht, das Leben, wie es jetzt ist, zu schmähen. Sie trennten die Poesie vom Leben, [...] daß das Leben keine Poesie mehr hatte [...]. Gerade wo das Leben, brav geführt, arm ist an Interesse, da soll die Poesie mit ihren Bildern es bereichern; sie soll uns nicht wie eine Fata Morgana Sehnsucht erregen wo anders hin, sondern soll ihre Rosen um die Pflicht winden, nicht uns aus den Dürren in ein vorgespiegeltes Paradies locken, sondern das Dürre uns grün machen.⁴⁹

Diese Beispiele zeigen, dass die Forderung in den ästhetischen Programmen der Jahrhundertmitte, sich auf die gegenwärtige Welt einzulassen, immer bereits deren „poetische Verklärung"⁵⁰ voraussetzt,⁵¹ ohne dass dabei die Gegenstände realistischer Darstellung jeweils stets schon konkret benannt werden können.⁵² Zwar befinden sich Ludwig und Fontane bezogen auf das Verhältnis von Idee und Wirklichkeit in Übereinstimmung mit den realidealistischen Positionen Gustav Freytags sowie Julian Schmidts, der erklärte, „die Idee der Dinge ist auch ihre Realität";⁵³ gegenüber diesen eher absichtsvollen Erörterungen haben die *Grenzboten*-Herausgeber aber romanpoetologisch ‚Handgreifliches' zu bieten, indem sie die Suche nach den ‚grünen Stellen', die Poesie-Prosa-Diskussion schlechterdings für beendet erklären und die Poesie der Gegenwart gerade darin

---

48 Theodor Fontane: [Realismus]. In: Theorie des bürgerlichen Realismus. Hg. von Gerhard Plumpe. Stuttgart 1997, S. 140–148, hier S. 141, 147.
49 Otto Ludwig: Shakespeare-Studien. Hg. von Moritz Heydrich. Leipzig 1874, S. 132–133.
50 Fontane: [Realismus], S. 142; Realismus, so Fontane, sei „die Widerspiegelung alles wirklichen Lebens [...] im Elemente der Kunst"; ebd., S. 147.
51 So etwa Otto Ludwig: „Die Kunst soll nicht verarmte Wirklichkeit sein, vielmehr bereicherte"; oder: „Poesie der Wirklichkeit, die nackten Stellen des Lebens überblumend, [...]. [...] besonders durch Ausmalung der Stimmungen und Beleuchtung des Gewöhnlichsten im Leben mit dem Lichte der Idee"; Ludwig: Shakespeare-Studien, S. 412; Otto Ludwig: Otto Ludwigs gesammelte Schriften. Sechster Band: Studien. Zweiter Band. Hg. von Adolf Stern. Leipzig 1891, S. 75.
52 So bleibt Otto Ludwigs realidealistische Programmatik nicht nur hier stellenweise im Vagen: „Die wahre Poesie muß sich ganz von der äußeren Gegenwart loslösen, sozusagen von der wirklichen Wirklichkeit. Sie darf blos das festhalten, was dem Menschen zu allen Zeiten eignet, seine wesentliche Natur, und muß dies in individuelle Gestalten kleiden, d. h. sie muß realistische Ideale schaffen." Ludwig: Shakespeare-Studien, S. 21.
53 Julian Schmidt: Schiller und der Idealismus. In: Die Grenzboten 17 (1858), II. Semester, IV. Band, S. 401–410, hier S. 405.

zu finden meinen, was bis dahin als Inbegriff für die ‚Prosa der Verhältnisse' galt: der bürgerliche Alltag und die bürgerliche Arbeit.[54]

Die spezifische Differenz der Positionierung Freytags und Schmidts gegenüber anderen bzw. früheren Positionen des Feldes besteht nun darin, dass sie weder den hier dargestellten Konflikt zwischen der „Poesie des Herzens" und der „Prosa der Verhältnisse" noch die Prämisse eines zunehmenden ‚Verlusts des poetischen Weltzustands' als romanästhetische Problemkonstellation akzeptieren, sondern ebendiese schlichtweg negieren resp. axiomatisch wenden (– sie allerdings durch die Negation präsent halten). Das Problem ist nun nicht mehr, dem bürgerlichen Leben Poesiefähiges abzugewinnen; ein Problem hat nach Freytag und Schmidt derjenige, der die Poesie der bürgerlichen Gegenwart, die Poesie des nur vermeintlich ‚Prosaischen' nicht erkennt.

Entsprechend urteilt Freytag 1853 in *Die Grenzboten* über die „Deutsche[n] Romane":

> [D]aß unsre Romanschriftstellerei – immer im Ganzen betrachtet – schlechter als mittelmäßig ist, daran tragen die Schaffenden allein die Schuld, und vergebens suchen sie diese auf ungünstige Verhältnisse des Vaterlandes, auf die Prosa des Lebens [...] zu wälzen.[55]

Die „unendliche Kluft zwischen dem Wirklichen und dem Möglichen", die Julian Schmidt 1851 als ‚krankhaftes' Symptom der deutschen Literatur verdammt,[56] wird von den *Grenzboten*-Herausgebern eingeebnet, das Ideale nicht mehr abseits bürgerlicher Prosa gesucht, sondern darin gefunden. Die ‚Poesie des Herzens' liegt demnach nun in der ‚Prosa der Verhältnisse' – oder realidealistisch gesprochen: dahinter.

Diese neue axiomatische Position, die die poetischen Qualitäten des Wirklichen, die Poesie des Prosaischen behauptet, wird für Freytag und Schmidt zur feldstrukturierenden Maxime, die sie „den Lesern der Grenzboten" gleich mit Übernahme ihrer Herausgeberschaft der Zeitschrift 1848 verkünden: „Die Literatur hat nur noch in so weit Berechtigung, als sie sich in das Leben versenkt",[57] heißt es

---

[54] Vgl. dazu grundlegend: Bernd Bräutigam: Candide im Comptoir. Zur Bedeutung der Poesie in Gustav Freytags *Soll und Haben*. In: Germanisch-Romanische Monatsschrift NF 35 (1985), S. 395–411.
[55] [Gustav Freytag]: Literatur. Deutsche Romane. I. In: Die Grenzboten 12 (1853), I. Semester, I. Band, S. 77–80, hier S. 79.
[56] „So lange man eine unendliche Kluft zwischen dem Wirklichen und dem Möglichen zu finden glaubt, und in das Mögliche das Ideal legt, ist die Kunst krank." Julian Schmidt: Die Reaction in der deutschen Poesie. In: Die Grenzboten 10 (1851), I. Semester, I. Band, S. 17–25, hier S. 24.
[57] Julian Schmidt, Gustav Freitag: Den Lesern der Grenzboten. In: Die Grenzboten 7 (1848), II. Semester, III. Band, S. 1–4, hier S. 2.

dort programmatisch; und nicht weniger apodiktisch proklamiert Julian Schmidt 1850: „Diese Ausbreitung und Vertiefung der sittlichen Ideen in das Detail des wirklichen Lebens ist die nothwendige, die einzige Grundlage einer rechten und großen Poesie."[58] Noch in seinen *Erinnerungen* (1886) gab Freytag als Überzeugung und „letzte[s] Bekenntnis welches ich abzulegen habe" zu Protokoll, „daß das reichste und in vielem Sinne das heilsamste Quellgebiet poetischer Stoffe in der Gegenwart liege."[59]

Wo der Protagonist aus Immermanns *Die Epigonen* auf Dauer kein Land mehr sieht, erklären Schmidt und Freytag das bürgerlich-prosaische Leben der Gegenwart zur ‚grünen Aue der Poesie'. Die bürgerlichen Lebensverhältnisse darzustellen, ist nicht mehr die Bürde, sondern der Erfüllungsgegenstand des zeitgemäßen Romans. Demgemäß urteilt auch Bernd Bräutigam: „Wo die klassische Ästhetik prosaische Verhältnisse und in ihnen die Depravation des Menschen diagnostizierte, entdeckt das Grenzboten-Duo Freytag/Schmidt die Morgenröte eines neuen poetischen Weltzustands."[60]

Betrachtet man diese Konstellation mit Bourdieu, ist die veränderte Axiomatik Freytags und Schmidts einerseits selbst Ausdruck eines sich wandelnden nachrevolutionären literarischen Feldes; andererseits eröffnet die neue Positionierung gegenüber einem alten Problem – als dessen „spezifische Lösung"[61] – auch neue Optionen im „Raum des Möglichen".[62] Nicht nur mit Bourdieus problemgeschichtlichem Zugriff gestaltet sich die Positionierung der *Grenzboten*-Herausgeber wie die „Begegnung einer ‚Problemsituation' [...] und eines Akteurs, der dazu disponiert ist, dieses Problem zu *erkennen* und zu seinem eigenen zu machen,"[63] auch Julian Schmidt nimmt 1856 eine gleichsam proto-problemgeschichtliche Perspektive ein, wenn er *Soll und Haben* – bezogen auf die „Aufgabe"

---

58 Schmidt: Die Märzpoeten, S. 11–12. Schmidt befindet sich hier in seinen realidealistischen Leitlinien in entscheidender Übereinstimmung mit der Literaturtheorie und -kritik seiner Zeit – etwa mit Robert Prutz, der 1859 fragt: „[W]as ist alle Kunst selbst anders, als die ideale Verklärung des Realen, die Aufnahme und Wiedergeburt der Wirklichkeit in dem ewig unvergänglichen Reiche des Schönen?" Robert Prutz: [Realismus und Idealismus]. In: Theorie des bürgerlichen Realismus. Hg. von Gerhard Plumpe. Stuttgart 1997, S. 130–132, hier S. 130.
59 Gustav Freytag: Gesammelte Werke. 22 Bände. Leipzig 1886–1887. Band 1: Erinnerungen aus meinem Leben, Gedichte. Erster Band. Leipzig 1886, S. 255.
60 Bräutigam: Candide im Comptoir, S. 402. So auch Bräutigam weiter: „Novum und auszeichnendes Kriterium des Grenzboten-Realismus in dieser nachmärzlichen Debatte unter den Programmatikern ist, daß er ein Literaturmodell propagiert, das nicht mehr von der Poesie-Prosa-Diskrepanz lebt." Bräutigam: Candide im Comptoir, S. 408.
61 Bourdieu: Die Regeln der Kunst, S. 430.
62 Bourdieu: Die Regeln der Kunst, S. 371.
63 Bourdieu: Die Regeln der Kunst, S. 430.

der Kunst, „die eine Vertiefung in die sittlichen Mächte der Wirklichkeit verlang[e]" – „die harmonische Lösung eines der Kunst wesentlich angehörigen Problems" nennt.[64] Dass die *Grenzboten*-Herausgeber das Problem, das sie zu lösen beanspruchten, erst auch energisch zu einem solchen erklärten, wirft dabei ein erhellendes Licht auf die arbeitsteiligen Begründungszusammenhänge ihrer Programmatik und Verfahren. Freytag und Schmidt zeigen mit ihrer strategischen Positionierung folglich einen ausgeprägten Platzierungs- und Möglichkeitssinn gegenüber dem ‚Stand der feldinternen Problematik', der damit verbundenen „Suche nach Lösungen"[65] sowie solchen Positionen, wie sie der Raum des Möglichen für sie offenhielt – und wie sie das Feld in seiner Entwicklung geradezu zu verlangen schien.

Hatte E.T.A. Hoffmann das „Anstoßen der poetischen Welt mit der prosaischen" am 4. Januar 1812 in seinem Tagebuch noch im Zusammenhang „bittere[r] Erfahrungen" notiert,[66] entsprach die Aufhebung dieses Gegensatzes einem gemeinsamen Bedürfnis der Romantheoretiker der Jahrhundertmitte, auch wenn sie wie Rudolf Gottschall oder Robert Prutz gerade beileibe keine ausgewiesene Nähe zum *Grenzboten*-Realismus aufweisen konnten. So fordert Gottschall im Vorwort seiner Darstellung *Die deutsche Nationalliteratur in der ersten Hälfte des neunzehnten Jahrhunderts* (1855) von der „moderne[n] Poesie", sie solle „im Geiste ihres Jahrhunderts dichten", das bedeutete auch für ihn, „die Poesie überall im Leben zu suchen" und das Ideale des gegenwärtigen Lebens „ohne transcendente Beleuchtung" zu beschreiben, da für die zeitgenössische Poesie nur gelten könne: „Das nächste Leben der Gegenwart zu schildern, entadelt nicht mehr die Kunst; sie gipfelt in ihrem Geiste."[67]

Ähnlich hatte Robert Prutz 1854 in der Entwicklung zur bürgerlichen Gesellschaft nicht eine der Poesie entgegensetzte Lebenswelt gesehen, sondern eine solche, die zu neuer Poesie Anlass geben würde, ja bei der Poesie- und Gewerbeentwicklung miteinander verknüpft sind:

> Das praktische Leben verdrängt das ästhetische; nicht mehr die Literatur, sondern der Staat und die bürgerliche Gesellschaft mit ihren unentbehrlichen praktischen Voraussetzungen, mit Handel, Gewerbe ec. bildet die wahre historische Aufgabe unserer Zeit. Auch diese Epoche, wir zweifeln nicht, wird dereinst ebenfalls ihre poetische Verklärung finden und eine

---

64 Julian Schmidt: Geschichte der Deutschen Literatur im neunzehnten Jahrhundert. Dritter Band: Die Gegenwart. Dritte, wesentlich verbesserte Auflage. Leipzig 1856, S. 298.
65 Bourdieu: Für eine Wissenschaft von den kulturellen Werken, S. 65.
66 E.T.A. Hoffmann: Sämtliche Werke. Band 1: Frühe Prosa, Briefe, Tagebücher, Libretti, Juristische Schrift. Werke 1794–1813. Hg. von Gerhard Allroggen u. a. Frankfurt a.M. 2003, S. 390.
67 Rudolf Gottschall: Die deutsche Nationalliteratur in der ersten Hälfte des neunzehnten Jahrhunderts. Literarhistorisch und kritisch dargestellt. Band 1. Breslau 1855, S. 7–8.

neue classische Poesie erzeugen, eine Poesie der Wirklichkeit, des Kampfes, der Arbeit [...].
[...] und es wird darauf ankommen, daß Deutschland frei und mächtig, der deutsche Handel
reich und blühend, das deutsche Gewerbeleben fruchtbar und glücklich wird, um auch diese
Poesie der Wirklichkeit einer neuen und classischen Epoche entgegenzuführen.[68]

Auch wenn man Fontanes Rückschau von 1884 folgt, erscheint Freytags
„Schreibweise" – feldtheoretisch formuliert – „als ein Mögliches, das mehr oder
weniger heftig ‚zur Existenz drängt[e]'":[69]

Über all dies hinaus aber begann eine große, tiefgreifende Geschmackswandlung in ganz
Deutschland sich vorzubereiten, und mit dem Erscheinen von Freytags „*Soll und Haben*",
welcher Roman so recht eigentlich den „Griff ins volle Menschenleben" für uns bedeutete,
war der entscheidende Schritt getan. Man wollte Gegenwart, nicht Vergangenheit; Wirklichkeit, nicht Schein; Prosa, nicht Vers. Am wenigsten aber wollte man Rhetorik. [...] Mit
anderen Worten, es vollzog sich der große Umschwung, der dem *Realismus* zum Siege verhalf.[70]

So gesehen zeugt Freytags und Schmidts Positionierung in der Terminologie
Bourdieus von einem ausgeprägten „Geschichts-Sinn", der gleichsam aus dem
„Raum der aus den früheren Kämpfen überkommenen Möglichkeiten" die etwa bei
Hegel formulierten „Grundlagen der Gattung selbst in Frage" stellt.[71]

Dergestalt wohnt die gesamte Geschichte des Feldes diesem jederzeit inne, und wer als
Produzent, aber auch als Konsument auf der Höhe seiner objektiven Anforderungen sein will,
muß diese Geschichte und den Raum des Möglichen, in dem sie sich selbst überdauert,
praktisch und theoretisch *beherrschen*. Die Zulassungsgebühren, die jeder Neuling zu entrichten hat, bestehen in nichts anderem als der Beherrschung der Gesamtheit der Errungenschaften, auf der die *geltende Problematik* aufbaut.[72]

Entsprechend erfolgt die romanästhetische Positionierung der *Grenzboten*-Herausgeber in strategischer Distinktion gegenüber dem gattungsprägenden Vorbild
Wilhelm Meister einerseits und gegenüber der zeitgenössischen Romanproduktion
andererseits, was im Folgenden anhand konkreter textueller Positionierungen in
und im Kontext von *Soll und Haben* verdeutlicht werden soll.

---

68 Robert Prutz: Die deutsche Einheit sonst und jetzt. II. In: Deutsches Museum 4 (1854), S. 170–
183, hier S. 177–178.
69 Bourdieu: Für eine Wissenschaft von den kulturellen Werken, S. 66.
70 Theodor Fontane: Christian Friedrich Scherenberg. In: Sämtliche Werke. Abt. 3: Aufsätze,
Kritiken, Erinnerungen. Band 1: Aufsätze und Auszeichnungen. Hg. von Jürgen Kolbe. München
1969, S. 579–733, hier S. 705 (Hervorhebungen im Original).
71 Bourdieu: Für eine Wissenschaft von den kulturellen Werken, S. 69, 65.
72 Bourdieu: Die Regeln der Kunst, S. 385 (Hervorhebungen im Original).

III

> Psaphon, ein junger lydischer Hirte, hatte Vögel dazu abgerichtet, ihm nachzusprechen: „Psaphon ist ein Gott". Als Psaphons Mitbürger die Vögel so schwätzen hörten, feierten sie ihn als einen Gott.[73]

Im Sinne Bourdieus nehmen Freytag und Schmidt zunächst eine Vermessung des Möglichkeitsraums sowie eine Strukturierung bzw. Taxierung des nach 1848 nach neuen Orientierungen verlangenden Feldes vor. Als Herausgeber von *Die Grenzboten* entwickeln sie einen festen Normenkatalog, den sie an Werke der Literaturgeschichte und an solche der unmittelbaren Gegenwart herantragen. Mit ihrer Übernahme der Herausgebertätigkeit 1848 verkünden Schmidt und Freytag in einer programmatischen Leseransprache offensiv die Einnahme einer – sowohl in politischer als auch literarischer Hinsicht – neuen Position im Feld („eine neue Phase des Blattes"); zugleich sprechen sie anderen Positionen des Feldes jegliche Legitimation ab und erklären sie zu Positionen der Vergangenheit („Diese Zeit ist vorüber").[74]

Die Positionsnahme besteht in einer das literarische wie das politische Feld gleichermaßen adressierenden, doppelten Distinktion gegenüber der politischen Vormärzliteratur einerseits wie einer weltabgewandten „romantischen" Literatur andererseits – oder bezogen auf die Politik formuliert: „Sie [*Die ‚neuen' Grenzboten*, P.B.] werden den Regierungen gegenüber entschiedene Demokraten sein, gegen die Launen und den Unverstand der Waffe die Aristokratie der Bildung und des Rechts vertreten."[75] Dass das Organ dabei „axiomatisch und normativ"[76] vorgehen wird, wie Hohendahl Schmidts Kritikertätigkeit charakterisiert, deutet sich hier bereits an, indem die Herausgeber ihre Positionierung zu einem „Glaubensbekenntniß" erklären.[77]

Auch wenn es angesichts der „Grenzbotennüchternheit" (Nietzsche),[78] der betont gesetzten und fast philiströs anmutenden Bürgerlichkeit Freytags und Schmidts, aus heutiger Sicht nicht unbedingt passend erscheint: In der Bourdieu'schen Terminologie übernehmen die beiden nach der Revolution zu-

---

73 Bourdieu: Zur Soziologie der symbolischen Formen, S. 102.
74 Schmidt, Freytag: Den Lesern der Grenzboten, S. 2.
75 Schmidt, Freytag: Den Lesern der Grenzboten, S. 3.
76 Hohendahl: Literarische Kultur im Zeitalter des Liberalismus, S. 152.
77 Schmidt, Freytag: Den Lesern der Grenzboten, S. 3.
78 So Nietzsche im Brief an Erwin Rohde am 20. November 1868. In: Friedrich Nietzsche: Sämtliche Briefe. Kritische Studienausgabe in 8 Bänden. Band 2: September 1864 – April 1869. Hg. von Giogio Colli und Mazzino Montinari. Berlin/New York ²2003, S. 344–345, hier S. 345.

nächst die Rolle der ‚Häretiker' im literarischen Feld,[79] die die etablierte Ordnung infrage stellen und nun ihrerseits nach der herrschenden Position, d.h. dem „Monopol literarischer Legitimität" sowie dem „Monopol auf *die Konsekration* von Produzenten oder Produkten" streben.[80] Mit dem Anspruch, dem Rückstand des deutschen Romans mit einem zeitgemäßen Poesiekonzept zu begegnen, proklamieren sie die Benennungsmacht darüber, was „echte Poesie"[81] gegenwärtig zu bedeuten habe – nach Bourdieu eine der beliebtesten und effektivsten Grenzziehungen in den „Definitionskämpfen"[82] des literarischen Feldes:

> Jeder versucht, die *Grenzen* des Feldes so abzustecken, daß ihr Verlauf den eigenen Interessen entgegenkommt, oder [...] seine Definition der wahren Zugehörigkeit zum Feld (oder der Zulassungsvoraussetzungen für den Status eines Schriftstellers, Künstlers oder Gelehrten) durchzusetzen – die Definition also, die am geeignetsten ist, ihm selbst das Recht zu verleihen, so zu sein, wie er ist. Wenn demnach die Vertreter der „reinsten", strengsten und engsten Definition der Zugehörigkeit von einer gewissen Anzahl von Künstlern (usw.) behaupten, daß sie nicht *wirklich* Künstler oder keine *wahren* Künstler sind, sprechen sie ihnen die Existenz *als* Künstler ab, wobei sie von einer Sichtweise ausgehen, die sie, die „echten" Künstler, als die legitime Sichtweise des Feldes durchsetzen wollen.[83]

Der ‚doppelte Ursprung' des *Grenzboten*-Realismus aus der strategischen Partnerschaft von Poesie und Kritik bzw. Literaturgeschichtsschreibung gestaltet sich hierbei zeitlich etwas versetzt. *Die Grenzboten* rezensieren gewissermaßen auf *Soll und Haben* als Musterroman der eigenen Programmatik hin – so etwa, wenn Freytag 1853, zwei Jahre vor Erscheinen von *Soll und Haben*, aber bereits in Vorbereitung des Romans, zu einer Generalkritik der zeitgenössischen Romanschriftsteller ansetzt:

> Sie [„Die meisten unsrer deutschen Dichter", P.B.] suchen das Poetische immer noch im Gegensatz zu der Wirklichkeit, gerade als wenn unser wirkliches Leben der Poesie und Schönheit bar wäre, und doch ist in dem Leben jedes praktischen Landwirths, jedes Geschäftsmannes, jedes thätigen Menschen, welcher bestimmte Interessen mit Ernst und Ausdauer verfolgt, mit der Ausübung seiner Thätigkeit viel mehr poetisches Gefühl verbunden, als in den Romanen zu Tage kommt, in welchen unsere Dichter schattenhafte

---

[79] Vgl. Bourdieu: Die Regeln der Kunst, S. 329.
[80] Bourdieu: Die Regeln der Kunst, S. 354.
[81] [Julian Schmidt]: [Rez.] Literaturgeschichte. In: Die Grenzboten 15 (1856), I. Semester, II. Band, S. 201–210, hier S. 208.
[82] Vgl. Bourdieu: Die Regeln der Kunst, S. 353.
[83] Bourdieu: Die Regeln der Kunst, S. 353–354 (Hervorhebungen im Original).

Helden in den allerunwahrscheinlichsten Situationen dem wirklichen Leben wie ein Gegenbild gegenüberstellen.[84]

Der deutsche Roman leide demnach nicht an einem ästhetischen Dilemma, ‚an der prosaischen Einrichtung der Dinge' (Vischer),[85] sondern an den Fähigkeiten und falschen Überzeugungen seiner Produzenten: „Gerade heraus, was uns fehlt, sind nicht die Bilder des Lebens, welche der Dichter zu verarbeiten hat, sondern die Dichterkraft, Augen, welche das Leben anzusehen wissen".[86] Im ersehnlichen Ton erschreibt Freytag jene Lücke, die er zwei Jahre später mit *Soll und Haben* selbst besetzt:

> Wenn doch nur einer von all den Romanen, welche im letzten Jahr in Deutschland geschrieben sind, uns das tüchtige, gesunde, starke Leben eines gebildeten Menschen, seine Kämpfe, seine Schmerzen, seinen Sieg so darzustellen wüßte, daß wir eine heitere Freude daran haben könnten. Wir haben doch in der Wirklichkeit eine große Anzahl tüchtiger Charaktere unter unsren Landwirthen, Kaufleuten, Fabrikanten u.s.w., deren Lebenslauf und Verhältnisse dem, der sie kennen lernt, das höchste menschliche Interesse einflößen; warum haben wir keinen Dichter, der Analoges für ein Kunstwerk verarbeitete?[87]

Diese auf einem gezielten Zusammenspiel basierende Positionierung lässt sich bis in einzelne textuelle Bezüge hinein nachvollziehen. Fragt Freytag etwa am Anfang seiner Sammelrezension *Deutsche Romane*: „Ist denn in der That das Leben um uns herum so arm an interessanten Gestalten, an erschütternden Begebenheiten, ja auch an großartigen Leidenschaften?"[88] So ließe sich mit *Soll und Haben* antworten: „Man sage nicht, daß unser Leben arm sei an poetischen Stimmungen".[89] Behauptet Freytag literaturkritisch:

> Ueberall, – in fast jedem Kreise menschlicher Thätigkeit, in jeder Gegend des Vaterlandes, strömt trotz Allem und Allem das Leben doch immer so reichlich und so energisch, daß es einem Menschen, der Darstellungstalent hat und sich die Mühe nehmen will, das Leben

---

84 [Gustav Freytag]: Literatur. Deutsche Romane. I. In: Die Grenzboten 12 (1853), I. Semester, I. Band, S. 77–80, hier S. 78.
85 Vischer: Aesthetik oder Wissenschaft des Schönen, S. 1308.
86 [Freytag]: Literatur. Deutsche Romane. I., S. 77.
87 [Freytag]: Literatur. Deutsche Romane. I., S. 77–78.
88 [Freytag]: Literatur. Deutsche Romane. I., S. 77.
89 Gustav Freytag: Soll und Haben. Roman in sechs Büchern. Mit einem Nachwort von Helmut Winter. Waltrop/Leipzig 2002, S. 8. Im Folgenden zitiere ich – sofern nicht anders angegeben – nach dieser Ausgabe des Romans.

selbst kennen zu lernen, nie und nirgend an den interessantesten Anregungen, Eindrücken und Motiven fehlen kann[,]⁹⁰

so sekundiert in *Soll und Haben* die Figur Fritz von Fink:

> Wie kann man in unserer Zeit Gedichte lesen oder gar machen, wenn man alle Tage selbst welche erlebt. Seit ich wieder in diesem alten Lande bin, vergeht kaum eine Stunde, wo ich nicht etwas sehe oder höre, woran sich in hundert Jahren die Herren von der Feder berauschen werden. Gloriose Stoffe für jede Art Kunstgeschäft.⁹¹

Nicht nur an diesen Stellen setzt der Roman jene romanästhetischen Debatten ins Werk, die zuvor in *Die Grenzboten* erörtert wurden. Wie die strategische Aufmerksamkeitslenkung auf die eigene poetische Produktion und zur Profilierung des eigenen Roman- und Realismuskonzepts nun auch in Interaktion mit Julian Schmidts literarhistorischer Tätigkeit funktioniert, zeigt etwa eine Passage aus einer weiteren Sammelrezension Gustav Freytags mit dem Titel *Neue deutsche Romane* (1853):

> Wer uns schildern will, muß uns aufsuchen in unserer Stube, in unserem Comptoir, unserem Feld, nicht nur in unserer Familie. Der Deutsche ist am größten und schönsten, wenn er arbeitet. Die deutschen Romanschriftsteller sollen sich deshalb um die Arbeit der Deutschen kümmern. So lange sie das nicht thun, werden sie keine guten Romane schreiben.⁹²

Freytags Forderungen wenden programmatisch ins Positive, was Julian Schmidt im gleichen Jahr in seiner *Geschichte der deutschen Nationalliteratur im neunzehnten Jahrhundert* an den zeitgenössischen Romanschriftstellern beklagt: „[S]ie halten sich nur an die Oberfläche der Erscheinungen; da, wo das deutsche Volk in seiner Tüchtigkeit zu finden wäre, nämlich bei seiner Arbeit, suchen sie es nicht auf".⁹³ 1855 schließlich stellt Freytag *Soll und Haben* als Motto eine pointierte Reformulierung dieser dadurch berühmt gewordenen Worte Julian Schmidts voran, die den Roman somit erneut paratextuell zur eigenen literaturkritisch-

---

90 [Freytag]: Literatur. Deutsche Romane. I., S. 77.
91 Freytag: Soll und Haben, S. 646.
92 [Gustav Freytag]: Neue deutsche Romane. In: Die Grenzboten 12 (1853), I. Semester, II. Band, S. 121–128, hier S. 128.
93 Julian Schmidt: Geschichte der deutschen Nationalliteratur im neunzehnten Jahrhundert. Zweiter Band. Leipzig 1853, S. 370. Wie unter anderem Werner Telesko jüngst noch einmal bemerkt hat, wird die genaue Quelle dieses berühmten Zitats Julian Schmidts nie angegeben (Werner Telesko: Das 19. Jahrhundert. Eine Epoche und ihre Medien. Köln 2010, S. 37, Anm. 4). Meines Erachtens hat Freytags Motto in der hier angegebenen Stelle seinen Ursprung.

literarhistorischen Programmatik in Beziehung setzen: „Der Roman soll das deutsche Volk da suchen, wo es in seiner Tüchtigkeit zu finden ist, nämlich bei seiner Arbeit."[94] Julian Schmidt widmet darüber hinaus den Band seiner Literaturgeschichte, der sich mit der Literatur der Gegenwart befasst, in stets erweiterten programmatischen Vorworten Gustav Freytag, den er dort auch ausführlich bespricht und dessen *Soll und Haben* er sogar direkt nach Erscheinen an anderer Stelle rezensiert.[95]

Solch strategisch-kooperatives Wechselspiel zwischen Literaturkritik, Literaturgeschichtsschreibung und letztlich der Literatur selbst blieb auch den Zeitgenossen nicht verborgen, etwa dem Journalisten und Schriftsteller Hermann Marggraff, der in seiner Rezension zu *Soll und Haben* die arbeitsteilige Anlage der *Grenzboten* polemisch auf den Punkt brachte:

> Von Lessing's dramatischen Producten hat man wol gesagt, daß sie gewissermaßen nur als die Proben zu betrachten seien, die er gemacht habe, um die Richtigkeit seiner kritischen Rechenexempel zu prüfen. Aehnliches kann man von dem Redactionspersonal der bekannten kritischen grünen Blätter in Leipzig behaupten, nur daß die kritischen und productiven Fähigkeiten hier nicht an ein, sondern an zwei Individuen vertheilt sind. Das kritische Redactionsmitglied stellt einen theoretischen Satz auf und das productive führt ihn in einem Dichtwerk durch.[96]

Der Zusammenhang zwischen *Grenzboten*-Kritik bzw. literarhistorischer Tätigkeit Schmidts und Freytags Roman erschien nicht nur Marggraff als konzertiertes Handeln. Rudolf Gottschall etwa urteilte über den Roman: „Er ist nach der kritischen Anleitung Julian Schmidt's abgefaßt".[97] Und Friedrich Hebbel hat den Bezug zwischen Freytags Buch und der „Theorie seines Freundes und Mit-Redacteurs Julian Schmidt" gleich nach der Erstlektüre polemisch als „Appell vom Schwert an die Elle" kommentiert.[98]

---

94 Gustav Freytag: Gesammelte Werke. 22 Bände. Leipzig 1886–1887. Band 4: Soll und Haben. Roman in sechs Büchern. Erster Band. Leipzig 1887, S. 1. Zur programmatischen Bedeutung des Mottos vgl. Stockinger: Das 19. Jahrhundert. Zeitalter des Realismus, S. 146.
95 Vgl. [Julian Schmidt]: [Rez. zu Soll und Haben]. In: Literarisches Centralblatt für Deutschland, Nr. 24 (16. Juni 1855), Sp. 384–386.
96 Hermann Marggraff: Ein Roman, „der das deutsche Volk bei seiner Arbeit sucht". In: Blätter für literarische Unterhaltung 1855, I., Nr. 25 (21. Juni 1855), S. 445–452, hier S. 445.
97 Rudolf Gottschall: Die deutsche Nationalliteratur in der ersten Hälfte des neunzehnten Jahrhunderts. Literarhistorisch und kritisch dargestellt. Zweite vermehrte und verbesserte Auflage. Dritter Band. Breslau 1860, S. 580.
98 Friedrich Hebbel an Emil Kuh, 18. August 1855. In: Friedrich Hebbel: Sämtliche Werke. Historisch-kritische Ausgabe. Besorgt von Richard Maria Werner. Dritte Abteilung: Briefe. Fünfter Band: 1852–1856. Berlin 1906, S. 262–264, hier S. 263–264 [Nr. 515].

Die hier beschriebenen Verfahren der Distinktion, der resonanzstrategischen Positionierung und Selbstetablierung der eigenen Programmatik im literarischen Feld der Zeit gleichen den Verfahren der gattungsgeschichtlichen Positionierung *Soll und Habens*. So veröffentlicht Julian Schmidt nur wenige Wochen vor dem Erscheinen von *Soll und Haben* in *Die Grenzboten* unter der Überschrift *Wilhelm Meister im Verhältniß zu unsrer Zeit*[99] eine ausführliche Auseinandersetzung mit Goethes Bildungsroman, die im Wesentlichen mit den fast zeitgleich erscheinenden Ausführungen in seiner Literaturgeschichte übereinstimmt.[100] Bei aller Kritik, die Julian Schmidt hier und an anderer Stelle an Goethe und seinem Roman übt, stellt er deren kanonische Geltung nicht infrage. Das Werk wird von Schmidt zunächst als gattungsprägender Maßstab anerkannt („hier wird niemals genug zum Lobe des Wilhelm Meister gesagt werden können. Es giebt in Deutschland kein Werk, das ihm an äußerer Schönheit an die Seite zu stellen wäre") und als strategisches Vehikel seiner Argumentation funktionalisiert, nach der es keinen gleichwertigen, der gegenwärtigen historischen Situation angemessenen Roman gebe: „Der spätere deutsche Roman ist keinen Schritt über ihn hinaus gegangen; er hat sich damit begnügt, ihm nachzustammeln."[101] Sodann erörtert Schmidt jene Kernpunkte der eigenen Literaturprogrammatik, die den ‚Meister' als nicht mehr zeitgemäß erweisen und zugleich zeigen sollen, wie der Roman der Gegenwart tatsächlich über diesen hinausgehen könne.

Selbstverständlich kann Schmidt das Werk, das die Romantheorien von Hegel bis Vischer ebenso maßgeblich bestimmt hat wie die poetologischen Debatten seiner Zeit, nicht in gleicher Weise herabwürdigen, wie er dies teilweise mit konkurrierenden Entwürfen tut. Zudem folgt seine Abgrenzung der Distinktionslogik: Je größer der ‚Meister', desto (noch) größer diejenigen, die ihn überwinden. *Die Grenzboten* stehen überdies vor der Herausforderung einer doppelten Distinktion gegenüber der romantisch-klassischen Literatur einerseits und den jungdeutschen ‚Märzpoeten' andererseits, gegenüber der klassischen ‚Kunstperiode' und der bereits erfolgten Ausrufung ihres Endes. Schmidts Traditionsverhalten changiert insofern strategisch – und in einer für die realistische Poetik

---

99 [Julian Schmidt]: Wilhelm Meister im Verhältniß zu unsrer Zeit. In: Die Grenzboten 14 (1855), I. Semester, II. Band, S. 441–455.
100 Julian Schmidt: Geschichte der Deutschen Literatur im neunzehnten Jahrhundert. Erster Band: Weimar und Jena in den Jahren 1794 bis 1806. Zweite, durchaus umgearbeitete, um einen Band vermehrte Auflage. Leipzig 1855.
101 Beide Zitate Schmidt: Geschichte der Deutschen Literatur im neunzehnten Jahrhundert. Erster Band, ²1855, S. 227.

„charakteristischen Doppelung"[102] – zwischen einer mit Ähnlichkeitsbehauptungen operierenden Bestätigungsstrategie der eigenen Programmatik und einem aus der Gegenwartsperspektive Defizite diagnostizierenden Überbietungsanspruch – so etwa wenn Schmidt direkt vor der Erörterung seines zentralen Kritikpunkts den *Wilhelm Meister* im Hinblick auf das eigene Programm (,Allseitigkeit der Darstellung' und ,Poesie des wirklichen Lebens') deutet:

> Der Roman strebt in seiner Darstellung der deutschen Gesellschaft nach einer gewissen Allseitigkeit. Von den späteren Versuchen der Romantiker unterscheidet er sich dadurch, daß er nicht ins Reich der Chimären flüchtet, sondern das wirkliche Leben poetisirt. Nun vermissen wir aber unter den Classen, die er darstellt, zunächst das wichtigste Moment des deutschen Volkslebens, das Bürgerthum. Werner, der Repräsentant desselben ist ein armseliges Zerrbild. Die Arbeit, die sich einem bestimmten Zweck hingibt, und diesem Zweck alle Kräfte opfert, erscheint als ein Widerspruch gegen das Ideal, weil sie ein Widerspruch gegen die Freiheit und die Allseitigkeit des Bildungstriebes ist. Nur der Adel, nur die Classe der Genießenden, die ihre Freiheit an keinen bestimmten Beruf verpfändet, hat Theil an der Poesie des Lebens.[103]

Hatte Novalis Goethe noch vorgeworfen, mit dem *Wilhelm Meister* ein „Evangelium der Oeconomie"[104] geschaffen zu haben, sieht Julian Schmidt in Goethes Roman das bürgerliche ökonomische Gewerbe diskreditiert und fordert gewissermaßen ,Gerechtigkeit für Werner'. Resonanzstrategisch günstig – nämlich direkt vor seinen Ausführungen zu Gustav Freytag platziert – weist Schmidt in der dritten Auflage seiner Literaturgeschichte im Abschnitt zum Verhältnis von Roman und bürgerlicher Gesellschaft noch einmal auf den entscheidenden Makel hin, der Goethes Roman als nicht zeitgemäß definiert:

> Im Wilhelm Meister unternahm der Dichter die Verherrlichung des Adels und der Künstler im Gegensatz gegen die Verkümmerung des Bürgerthums. Das Ideal seines Lebens war harmonische Ausbildung aller Kräfte; und diese war nur den bevorzugten Ständen oder den Vagabunden möglich, denn der Bürger ging in einseitiger Tätigkeit unter und hatte innerhalb der Gesellschaft keine Ehre.[105]

---

102 So Schneider: „Die realistische Poetik der zweiten Jahrhunderthälfte lebt mit einer charakteristischen Doppelung: Einerseits behauptet sie das Ideal antiker Klassik und dessen Doppelung im Werk Goethes, andererseits entwickelt sie eine pragmatische Theorie der Literatur, die der eigenen historischen Situation angemessen sein will." Schneider: Realistische Literaturpolitik und naturalistische Kritik, S. 20.
103 [Julian Schmidt]: Wilhelm Meister im Verhältniß zu unsrer Zeit, S. 448–449.
104 Novalis: Fragmente und Studien. In: Novalis: Schriften. Band 3: Das philosophische Werk. Hg. von Richard Samuel. Darmstadt 1968, S. 647.
105 Julian Schmidt: Geschichte der Deutschen Literatur im neunzehnten Jahrhundert. Dritter Band: Die Gegenwart. Dritte, wesentlich verbesserte Auflage. Leipzig 1856, S. 296.

Dass eine solche soziale Verortung der „Poesie des Lebens", wie sie Goethe mit seiner „Wallfahrt nach dem Adelsdiplom" (Novalis)[106] Schmidt zufolge vornimmt, gegenüber der Poesie bürgerlichen Lebens, wie sie *Die Grenzboten* proklamieren, allenfalls noch insofern berechtigt ist, als die eine als Entwicklungsschritt hin zur anderen zu verstehen ist, stellt das realistische Programmorgan bereits 1849 klar:

> Jene Periode war nicht eine klassische; der Eine hat es dem Andern so oft vorgesagt, daß es zuletzt zu einer Art Glaubensartikel geworden ist; sie war die nothwendige, aber krankhafte Uebergangsphase zu einer neuen Bildungsform, und ihre Productionen sind in diesem Sinn, und nur in diesem, vollkommen berechtigt.[107]

Die „Jubelfeier" zum hundertsten Geburtstag Goethes nehmen *Die Grenzboten* zum Anlass für dessen Denkmalsturz. Goethe wird hier argumentationslogisch zum literarhistorischen Absatz jener Treppe degradiert, die zum *Grenzboten*-Realismus führt. Zwar bemüht sich auch dieser Text anfänglich um Abgrenzung von der jungdeutschen Goethe-Kritik, konsequent wird hier jedoch die ‚Überwindung der naiven Verehrung eines Dichters' gefordert,[108] der nach den politischen wie literarästhetischen Kriterien der *Grenzboten* den Anforderungen des nachrevolutionären bürgerlichen Zeitalters nicht (mehr) entspricht:

> Wir müssen erst zu der Erkenntnis kommen, daß der Faust von Anfang bis zu Ende ein schlechtes Stück ist, ehe wir berechtigt sind, an seinen wunderbaren Schönheiten uns zu erfreuen. Noch steht der Genius, der in Goethe seinen vollkommensten Ausdruck gefunden hat, unserem Leben in zu feindlicher Nähe, als daß wir uns ihm unbefangen hingeben dürfen; wir müssen ihn erst vollständig überwunden haben, ehe wir ihn lieben dürfen.[109]

Das Problem der Dichtung, wie sie Goethe verkörpere, bestehe darin, dass sie sich im „Gegensatz zur Welt empfinde[t]";[110] die geballte Kritik des Organs richtet sich daher gegen

---

106 Novalis: Werke, S. 546.
107 [Julian Schmidt]: Zu Goethe's Jubelfeier. In: Die Grenzboten 8 (1849), II. Semester, III. Band, S. 201–211, hier S. 204.
108 [Schmidt]: Zu Goethe's Jubelfeier, S. 203.
109 [Schmidt]: Zu Goethe's Jubelfeier, S. 203.
110 Ähnlich Schmidt später in seiner Literaturgeschichte: „Die Künstler und Schriftsteller der goldenen Zeit von Weimar [...] haben die Künstler daran gewöhnt, das wirkliche Leben zu verachten und sich ihm zu entfremden"; Julian Schmidt: Geschichte der Deutschen Literatur im neunzehnten Jahrhundert. Erster Band: Weimar und Jena in den Jahren 1794 bis 1806. Zweite, durchaus umgearbeitete, um einen Band vermehrte Auflage. Leipzig 1855, S. 343.

> Gestalten [...] wie Faust, wie Werther, wie Tasso, wie Wilhelm Meister, denen die Alltäglichkeit des bürgerlichen Mechanismus eine Quaal [!] war. [...] Heute dagegen, wo in jedem Ladendiener [...] ein kleiner Werther, ein kleiner Faust, ein kleiner Wilhelm Meister steckt, heute ist die Poesie, welche die Sehnsucht ins Blaue feiert, vom Uebel.[111]

Wie zuvor im Hinblick auf die zeitgenössische Romanproduktion, so beschreiben die Herausgeber der *Grenzboten* auch mit Blick auf die Literaturgeschichte jene leere Position, die nach eigener Betrachtung nur sie selbst zu diagnostizieren und zu besetzen in der Lage sind.

Etwa ein Jahr vor dem Erscheinen von *Soll und Haben* macht Julian Schmidt daher auf dem Feld des Romans „Tabula rasa".[112] Unter dem Titel *Der sociale Roman in Deutschland* verbindet Schmidt seine Kritik an Goethes Bildungsroman mit der Kritik zweier zeitgenössisch konkurrierender Gegenentwürfe, die ihrerseits Feldhoheit beanspruchten und von ihren Verfassern ihrerseits als ‚Anti-*Wilhelm Meister*' positioniert wurden: Immermanns *Die Epigonen* und Gutzkows *Die Ritter vom Geiste*.[113] In dieser Vorarbeit zur umfangreicheren ‚Meister-Kritik' von 1855 übernimmt Schmidt Novalis' ‚Meister-Kritik', dieser sei „ein Candide, gegen die Poesie"[114] – allerdings vom Standpunkt seines Poesiebegriffs bürgerlichen Lebens:[115] „Die Ahnung einer tiefern Poesie des Lebens dämmert [...] wenn auch nur räthselhaft und unbefriedigend in diese Welt des Scheins".[116] Schmidt kritisiert im Kern, dass „der Bürgerstand [...] in sich selbst keinen Inhalt" fände; „[d]er Versuch, das bürgerliche Leben selbst zu idealisiren, war einem späteren Zeitalter vorbehalten"[117] – Gutzkow und seiner „Generation" sei dies nicht gelungen, sie sei vielmehr „in die widerwärtigsten Mißgriffe verfallen."[118] So wie Bourdieu Robbe-

---

111 [Schmidt]: Zu Goethe's Jubelfeier, S. 204.
112 So in Anlehnung an Rosenberg, der über Schmidts Literaturgeschichte schreibt: „Fazit von Julian Schmidts Literaturgeschichte von 1853 war, was die Vorbilder für das Leben und die Literatur des nachmärzlichen deutschen Bürgertums anbetraf, somit letzten Endes eine Tabula rasa"; Rainer Rosenberg: Zehn Kapitel zur Geschichte der Germanistik. Literaturgeschichtsschreibung. Berlin 1981, S. 94.
113 So meinte Theodor Mundt über Immermann, dieser habe mit seinem Roman „einen Wilhelm Meister der modernen Verhältnisse schreiben wollen"; Theodor Mundt: Immermann und die Epigonen (Fortsetzung). In: Zeitung für die elegante Welt 36 (1836), Nr. 150 (2. August 1836), S. 398–399, hier S. 398. Zu Gutzkows Anspruch einen „politischen Wilhelm Meister" verfasst zu haben, vgl. Abschnitt V dieses Aufsatzes.
114 Novalis: Werke, S. 546.
115 Vgl. [Schmidt]: Der sociale Roman in Deutschland. In: Die Grenzboten 13 (1854), I. Semester, II. Band, S. 41–47, hier S. 43.
116 [Schmidt]: Der sociale Roman in Deutschland, S. 42.
117 [Schmidt]: Der sociale Roman in Deutschland, S. 42.
118 [Schmidt]: Der sociale Roman in Deutschland, S. 43.

Grillet nachsagt, dieser habe die Selbstdeutung seiner alten Werke im Zuge der ästhetischen Veränderung „auf die neue Perspektive"[119] ausgerichtet, so positionieren sich – positiv wie auch negativ – *Die Grenzboten* gegenüber der Gattungstradition. Julian Schmidts literarhistorische Aufsätze und Arbeiten stellen sich in diesem Sinne als eine auf das eigene Programm perspektivierte Literaturgeschichtsschreibung des Defizits dar.

Nun nimmt Freytag in einer Passage von *Soll und Haben*, in der sein Held Anton Wohlfart das Poesiekonzept des Romans erläutert, ausgerechnet bei jener Figur Anleihen, der nach Schmidt im *Wilhelm Meister* Ungerechtigkeit widerfahren sei – an dem Kaufmann Werner nämlich, der gleich im ersten Gespräch mit Wilhelm die doppelte Buchführung, das ‚Soll und Haben', lobt[120] und in dem bereits Schiller die „apologie [!] des Handels" sowie den ‚realistischen' Zug des Romanganzen erkannte:[121]

> [Werner]: „[I]ch wüßte nicht, wessen Geist ausgebreiteter wäre, ausgebreiteter sein müßte als der Geist eines echten Handelsmannes. [...]
> Glaube mir, es fehlt dir nur der Anblick einer großen Tätigkeit, um dich auf immer zu dem Unsern zu machen; und wenn du zurückkommst, wirst du dich gern zu denen gesellen, die durch alle Arten von Spedition und Spekulation einen Teil des Geldes und Wohlbefindens, das in der Welt seinen notwendigen Kreislauf führt, an sich zu reißen wissen. Wirf einen Blick auf die natürlichen und künstlichen Produkte aller Weltteile, betrachte, wie sie wechselweise zur Notdurft geworden sind! Welch eine angenehme, geistreiche Sorgfalt ist es, alles, was in dem Augenblicke am meisten gesucht wird und doch bald fehlt, bald schwer zu haben ist, zu kennen, jedem, was er verlangt, leicht und schnell zu verschaffen, sich vorsichtig in Vorrat zu setzen und den Vorteil jedes Augenblickes dieser großen Zirkulation zu genießen! Dies ist, dünkt mich, was jedem, der Kopf hat, eine große Freude machen wird. [...] Wenn du siehst, wie viele Menschen beschäftigt sind; wenn du siehst, wo so manches herkommt, wo es hingeht, so wirst du es gewiß auch mit Vergnügen durch deine Hände gehen sehen. Die geringste Ware siehst du im Zusammenhange mit dem ganzen Handel, und eben

---

119 Bourdieu: Zur Soziologie der symbolischen Formen, S. 93.
120 „Welchen Überblick verschafft uns nicht die Ordnung, in der wir unsere Geschäfte führen! Sie läßt uns jederzeit das Ganze überschauen, ohne daß wir nötig hätten, uns durch das Einzelne verwirren zu lassen. Welche Vorteile gewährt die doppelte Buchhaltung dem Kaufmanne! Es ist eine der schönsten Erfindungen des menschlichen Geistes, und ein jeder gute Haushalter sollte sie in seiner Wirtschaft einführen." Johann Wolfgang von Goethe: Wilhelm Meisters Lehrjahre. In: Johann Wolfgang von Goethe: Werke. Hamburger Ausgabe. Band 7: Romane und Novellen II. Hg. von Erich Trunz. München 1998, S. 37.
121 Schiller an Goethe, 9. Dezember 1794 und 3. Juli 1796. In: Briefwechsel zwischen Schiller und Goethe S. 47, 194. Im späteren Brief schreibt Schiller über Werner: „Diese Figur ist auch deswegen so wohltätig für das Ganze, weil sie den Realism zu welchem Sie den Helden des Romans zurückführen erklärt und veredelt."

darum hältst du nichts für gering, weil alles die Zirkulation vermehrt, von welcher dein Leben seine Nahrung zieht."[122]

Was Werner gegenüber Wilhelm bezeichnenderweise nur abstrakt und aus egoistisch-vernünftiger Perspektive in Worte fassen kann (und sich dementsprechend „jedem, der Kopf hat", erschließen soll), überhöht und illustriert Anton – beseelt vom ‚anziehenden' „Gefühl" – emotional und lebensnah am ganzen „bunten Gewebe":

> **[Anton]**: „[I]ch weiß mir gar nichts, was so interessant ist als das Geschäft. Wir leben mitten unter einem bunten Gewebe von zahllosen Fäden, die sich von einem Menschen zu dem anderen, über Land und Meer, aus einem Weltteil in den anderen spinnen. Sie hängen sich an jeden einzelnen und verbinden ihn mit der ganzen Welt. Alles, was wir am Leibe tragen, und alles, was uns umgibt, führt uns die merkwürdigsten Begebenheiten aller fremden Länder und jede menschliche Tätigkeit vor die Augen; dadurch wird alles anziehend. Und da ich das Gefühl habe, daß auch ich mithelfe und, sowenig ich auch vermag, doch dazu beitrage, daß jeder Mensch mit jedem andern Menschen in fortwährender Verbindung erhalten wird, so kann ich wohl vergnügt über meine Tätigkeit sein. Wenn ich einen Sack mit Kaffee auf die Waage setze, so knüpfe ich einen unsichtbaren Faden zwischen der Kolonistentochter in Brasilien, welche die Bohnen abgepflückt hat, und dem jungen Bauernburschen, der sie zum Frühstück trinkt, und wenn ich einen Zimtstengel in die Hand nehme, so sehe ich auf der einen Seite den Malaien kauern, der ihn zubereitet und einpackt, und auf der anderen Seite ein altes Mütterlein aus unserer Vorstadt, das ihn über den Reisbrei reibt."[123]

Literaturkritisch durch Julian Schmidt sensibilisiert, sind den Zeitgenossen diese intertextuellen Bezugnahmen natürlich nicht entgangen. So notiert etwa Karl August Varnhagen von Ense am 6. Mai 1856 in seinem Tagebuch: „[E]s ist, als hätte

---

122 Goethe: Wilhelm Meisters Lehrjahre, S. 37–38.
123 Freytag: Soll und Haben, S. 239–240; Auf diese textuellen Bezüge hat ausführlicher bereits Wirschem hingewiesen: Karin Wirschem: Die Suche des bürgerlichen Individuums nach seiner Bestimmung. Analyse und Begriff des Bildungsromans, erarbeitet am Beispiel von Wilhelm Raabes *Hungerpastor* und Gustav Freytags *Soll und Haben*. Frankfurt a. M./Bern/New York 1986, S. 84–88. Ludwig Stockinger bemerkte schon 1981: „In gewisser Weise ist Anton Wohlfart als ein neuer Werner konzipiert, den allerdings die Arbeit nicht wie diesen bleich und kahlköpfig macht, sondern [...] ‚hübsch und stattlich'." Ludwig Stockinger: Realpolitik, Realismus und das Ende des bürgerlichen Wahrheitsanspruchs. Überlegungen zur Funktion des programmatischen Realismus am Beispiel von Gustav Freytags *Soll und Haben*. In: Bürgerlicher Realismus. Grundlagen und Interpretationen. Hg. von Klaus-Detlef Müller. Königstein 1981, S. 174–202, hier S. 194. Zu *Soll und Haben* im weiteren Kontext des *Wilhelm Meister* vgl. auch Florian Krobb: Einleitung: *Soll und Haben* nach 150 Jahren. In: 150 Jahre *Soll und Haben*. Studien zu Gustav Freytags kontroversem Roman. Hg. von Florian Krobb. Würzburg 2005, S. 9–28, hier S. 24–25.

man aus dem Gewebe des ‚Wilhelm Meister' einen der dünneren Fäden herausgezogen und daraus – aus dem Werner – einen neuen Roman gemacht."[124]

Dagegen völlig unpolemisch, vielmehr ganz im Sinne der *Grenzboten*, bezeichnet der Rezensent der Hamburger Nachrichten *Soll und Haben* als „moderne[n] Wilhelm Meister" und übernimmt in seiner Rezension die paratextuell von Schmidt vorbuchstabierte und textuell von Freytag deutlich nahegelegte Argumentationslogik, nach der *Soll und Haben* als verbürgerlichter *Wilhelm Meister*, als *die* zeitgemäße bürgerliche Entwicklungsgeschichte erscheint:

> Darin also besteht die Aehnlichkeit zwischen „Soll und Haben" und „Wilhelm Meister", daß ein Roman wie der andere darnach trachtet, die Stelle aufzusuchen, welche der Mensch inmitten der Gesellschaft, inmitten seiner Nation und den Richtungen seiner Zeit einzunehmen habe. Die Verschiedenheit beider Werke aber ist dennoch eine radicale. Wenn nämlich Göthe, damit sich die Bestimmung seines Helden erfülle, demselben eine phantastische Welt erschafft, so taucht Hr. Freytag den seinigen in die pure Prosa des Alltagslebens; aber er lehrt ihn die Poesie desselben verstehen und nöthigt ihn, sich an der Bewältigung der nüchternsten Arbeiten den männlichen Sinn und die rechtschaffene Fähigkeit für ein wohlgeordnetes bürgerliches Dasein zu erkämpfen.[125]

Ähnlich hatte einige Monate später Berthold Auerbach in seiner Rezension einerseits auf die „Parallele" zu Goethes Roman hingewiesen, *Soll und Haben* andererseits als ein ‚aus der neuen Zeit hervorgegangenes Werk' charakterisiert.[126] Auffällig ist, dass auch solche Rezensionen, die dem Roman *Soll und Haben* rein gar nichts abgewinnen können, weil sie die politische Tendenz oder den Poesiebegriff des *Grenzboten*-Realismus nicht teilen, unweigerlich dessen intendierter Kanonisierung Vorschub leisten, indem auch sie in der Regel sowohl die Verbindung zur realistischen Literaturprogrammatik der *Grenzboten* als auch den Bezug zum *Wilhelm Meister* betonen. Noch dort, wo die Zeitgenossen sich negativ oder ablehnend auf *Soll und Haben* beziehen, bewegen sie sich damit in den von den *Grenzboten* resonanzstrategisch geebneten Bahnen; noch der kritische Blick auf den Roman folgt somit einer voreingestellten Optik. So warnte etwa Gottschall vor der Empfehlung der „kritischen Firma" – gemeint waren *Die Grenzboten* –,

---

[124] Karl August Varnhagen von Ense: Tagebücher von K. A. Varnhagen von Ense. Aus dem Nachlass Varnhagen's von Ense. Band 13. Hamburg 1870, S. 5 (6. Mai 1856).
[125] R[obert] H[eller]: Ein deutscher Roman. In: Hamburger Nachrichten, Nr. 149 (25. Juni 1855), S. 1.
[126] Berthold Auerbach: Soll und Haben, Roman in 6 Büchern von Gustav Freytag. In: Beilage zur Allgemeinen Zeitung, Nr. 250 (7. September 1855), S. 3994–3996, hier S. 3994.

„das Werk als eine verbesserte Auflage des ‚Wilhelm Meister' zu verherrlichen".[127] Und in der Absicht, eigentlich den Qualitätsunterschied zwischen Goethe und Freytag zu markieren, erklärt beispielsweise der Rezensent von *Das Jahrhundert* die „Apotheose der Arbeit" zu einem – Freytag weit übertreffenden – Anliegen von Goethes Spätwerk, wodurch allerdings unintendiert die *Grenzboten*-Perspektive einer ‚Poesie der Arbeit' auf Goethe bestätigt wird.[128] Da mag der Literaturkritiker auch noch so sehr betonen, die strategische Platzierung des Romans durchschaut zu haben: „Das Rezept zu ‚Soll und Haben' findet sich in Hrn. Jul. Schmidt's literaturgeschichtlichen Exerzitien."[129]

Tatsächlich hat Schmidt nicht nur seine ‚Meister-Kritik' – wie viele andere seiner Rezensionen – in großen Teilen für seine literaturgeschichtlichen Arbeiten übernommen; mit dem Jahr des Erscheinens von *Soll und Haben* wird der Roman bei Schmidt unmittelbar nach der Veröffentlichung bereits Bestandteil der Literaturgeschichte. Denn ab 1855 stellt dieser hier und in den weiteren Auflagen seiner Literaturgeschichte zum 19. Jahrhundert den Defiziten Goethes die Leistungen Freytags gegenüber und erklärt *Soll und Haben* sogleich nach Erscheinen zum Wendepunkt „der neuen Aera unserer Dichtung".[130] Am treffendsten hat ein Redakteur der *Neuen Münchener Zeitung* den strategischen Zusammenhang zwischen Freytags Roman und Schmidts literaturgeschichtlichen Verfahren auf den Punkt gebracht, wenn er polemisch über Schmidt bemerkt:

> Derselbe berühmte Kritiker hat natürlich nicht verfehlt, dies Buch als die Erfüllung seiner Forderungen, als den plastischen Aufbau seiner kritischen Projectionen zum Range eines Tendenzromans und zum Musterbuche zu erheben. Er fand die productive That zum ersten Mal mit seinem kritischen Schema congruent, nachdem er von den Meisterwerken Goethes und Schillers so oft unbefriedigt geschieden war [...]. Kein Wunder, wenn sie dann einem so geistreichen Kopfe schief erschienen, so daß er ihrem individuellen Wesen mehrfach ungerecht werden mußte; ging es ihm nicht anders wie dem Prokrustes, dessen Betten den Gästen entweder zu lang oder zu kurz waren, so daß er ihnen die Füße abhieb oder sie gewaltsam ausreckte, wobei sie freilich auch den Geist aufgaben. G. Freytag ist glücklicher

---

127 Rudolf Gottschall: Die deutsche Nationalliteratur in der ersten Hälfte des neunzehnten Jahrhunderts. Literarhistorisch und kritisch dargestellt. Vierte vermehrte und verbesserte Auflage. Vierter Band. Breslau 1875, S. 252.
128 N.N.: Zwei deutsche Romane. „Soll und Haben". Von Gustav Freytag. – „Zwischen Himmel und Erde". Von Otto Ludwig. In: Das Jahrhundert. Zeitschrift für Politik und Literatur 3 (1858), II. Band, Nr. 33, S. 521–525, hier S. 522.
129 N.N.: Zwei deutsche Romane, S. 521.
130 Julian Schmidt: Geschichte der Deutschen Literatur im neunzehnten Jahrhundert. Dritter Band: Die Gegenwart. Zweite, durchaus umgearbeitete, um einen Band vermehrte Auflage. Leipzig 1855, S. 378.

weggekommen, denn er paßte – nicht zu lang und nicht zu kurz – vollkommen in die kritischen Spinde seines Beurtheilers.[131]

Die Selbstkanonisierungsverfahren der *Grenzboten*-Herausgeber sind darüber hinaus noch in anderer Hinsicht interessant. Die programmatischen Texte Freytags und Schmidt nehmen eine literaturgeschichtliche Selbstverortung und Kategorienbildung vor. Dazu gehört nicht zuletzt, dass der ‚*Grenzboten*-Realismus' sich früh selbst als Schule entwirft und für sich das epochemachende Wort vom „Realismus" reklamiert (so Julian Schmidt: „In diesem Sinn nennen wir uns Realisten").[132] Auch wenn die Rede vom ‚Realen' bzw. ‚Realismus' eigentlich nicht spezifisch für *Die Grenzboten* ist, auch wenn diese mit den konkurrierenden Literaturprogrammen der Jahrhundertmitte (etwa Gutzkow, Prutz und Gottschall) deutlich mehr verbindet als trennt, so stellt sich deren Selbstentwurf mit Bourdieu als distinktionslogisch vielversprechend heraus:

> [F]ordert nicht [...] die Gruppe in dem Maße, wie sich selbst als Schule erscheint und sich in dieser Rolle klarer bestätigt, das Publikum und die Kritiker dazu auf, den Zeichen dessen nachzuforschen, was die Mitglieder der Schule einigt und sie von anderen Schulen trennt? Legt sie nicht nahe, Unterschiede zu suchen, wo es sich um Verwandtschaft handeln könnte [...]?[133]

Vielversprechend sind diese Verfahren auch bezogen auf die literaturgeschichtliche Kanonisierung, denn im Sinne der von Claudia Stockinger diagnostizierten Tendenz zur Selbsthistorisierung bei den Autoren des 19. Jahrhunderts erweisen sich die literaturkritischen Aufsätze Freytags und Schmidts als „literaturhistoriografisch brauchbar[e]"[134] Texte, die „der Literaturgeschichtsschreibung die zentralen Stichwörter für eine (in ihrem Sinne) angemessene Archivierung, Deutung und Tradierung der eigenen Literatur und Epoche vor[geben]".[135] Die promovierten Philologen Gustav Freytag und Julian Schmidt haben also die eigene Erforschung bereits im Blick – wie resonanzträchtig die hier beschriebenen Verfahren waren, belegen u. a. die einschlägigen Literaturgeschichten sowie Epochen- und Gattungsanthologien.

---

131 N.N.: Drei deutsche Romane. In: Abendblatt zur Neuen Münchener Zeitung, Nr. 105 (2. Mai 1857), S. 417–418, hier S. 417.
132 [Julian Schmidt]: [Rez.] Literaturgeschichte. In: Die Grenzboten 15 (1856), I. Semester, II. Band, S. 201–210, hier S. 209.
133 Bourdieu: Zur Soziologie der symbolischen Formen, S. 99.
134 Stockinger: Das 19. Jahrhundert. Zeitalter des Realismus, S. 10.
135 Stockinger: Das 19. Jahrhundert. Zeitalter des Realismus, S. 9.

Ganz gleich, ob man nun Schmidts Literaturgeschichtsschreibung, die angesprochenen Rezensionen oder die Romantheorien von Hegel bis Vischer heranzieht, aus dem Vorangegangenen zeigt sich jeweils deutlich, dass zwar bezogen auf eine Gattung ‚Bildungsroman' kein eigenes ausgeprägtes Gattungsverständnis vorhanden ist, wohl aber gilt für die romanästhetischen Diskussionen insgesamt, dass sich Goethes *Wilhelm Meister* und ein aus diesem abgeleitetes Erzählmuster – eines krisenhaften und gerade dadurch bildenden Entwicklungsgangs hin zur harmonischen und tätigen Versöhnung zwischen Individuum und breit entfalteter Welt – als normenbildend für den modernen bürgerlichen Roman erweist. Anders gesagt: Auch und gerade dort, wo die realistischen Programme eine Loslösung vom rein egozentrierten Roman fordern, beziehen sie sich auf das Vorbild Goethes, dessen gattungsprägenden Status sie somit anerkennen. Die Geschichte des realistischen und frührealistischen Zeitromans ist in diesem Sinne auch eine Reihe von ‚Anti-Wilhelm-Meistern' – eine Geschichte der *Wilhelm Meister*-Rezeption, gegenüber dem sich auch um die Jahrhundertmitte verhalten muss, wer auf dem Feld des Romans eine dominierende Position beansprucht. Franz Rhöse bewertet *Soll und Haben* vor diesem Hintergrund als

> entschiedenen Versuch eines inszenierten bewußtseinsgeschichtlichen Paradigmawechsels. [...] Konfliktdarstellung, Konfliktverarbeitung und Konfliktlösung im exemplarischen Lebenslauf eines bürgerlichen Helden werden hier zum ersten Mal in bewußter Antithese zum klassischen deutschen Bildungsroman, zum Wilhelm Meister entworfen.[136]

Dass das hier vorausgesetzte Erzählschema für die Romandiskussionen der Zeit eine bestimmende Orientierung ist, wird z. B. an Felix Dahns etwas spöttischer, aber treffender Zusammenfassung von *Soll und Haben* deutlich, der das Buch ebenfalls ein „Gegenbild des Götheschen Wilhelm Meister" nennt. Nach Dahn geht es in dem Roman um die

> Entwicklungskämpfe eines jungen Mannes, welcher nach Geburt und Sinnesart dem Bürgerstand angehörig, von dem Zauberschimmer aristokratischen Lebens aus seinen Sphären gelockt, aber endlich dadurch, daß er jenen aristokratischen Glanz in der Nähe betrachtet, von dieser gefährlichen Neigung geheilt und von der Wahrheit überzeugt wird, daß das ar-

---

136 Rhöse: Konflikt und Versöhnung, S. 129, Auch nach McInnes kann man „[e]rst in der ‚Grenzboten'-Bewegung [...] von einer mehr oder weniger systematischen Polemik gegen den Bildungsroman Goethescher und Jean-Paulscher Prägung reden." McInnes: Zwischen *Wilhelm Meister* und *Die Ritter vom Geist*, S. 499.

beittreue, glanzlose aber kraftvolle Bürgerthum mit seinem Fleiß und seiner sittlichen Gediegenheit die höchste und edelste Macht unserer heutigen Culturwelt ist.[137]

Dahn verweist hier auf die entscheidende Konstellation des Romans, nämlich darauf, dass der Bildungsgang des Helden mit seinen Krisen und Verirrungen (durch den „Zauberschimmer aristokratischen Lebens") zum einen von Beginn an als Suche nach der richtigen ‚Poesie des Lebens' gestaltet wird und dass die Poesiekonzepte, die der Roman verhandelt, zum anderen an die sozialen Klassen gekoppelt sind, die er darstellt.

IV

> Die Struktur des Werks [...] erweist sich auch als Struktur des sozialen Raums, in dem der Autor des Werks selbst situiert war.[138]

Ganz im Sinne von Freytags Konzept einer ‚Poesie des Prosaischen' wird im Erzähleingang von *Soll und Haben* zwar festgestellt: „[N]och beherrscht die Zauberin Poesie überall das Treiben der Erdgebornen." Jedoch wird sogleich gewarnt: „Aber ein jeder achte wohl darauf, welche Träume er im heimlichsten Winkel seiner Seele hegt, denn wenn sie erst groß gewachsen sind, werden sie leicht seine Herren, strenge Herren!"[139] Auf das Wort „welche" kommt es hier an. Zwar träumt die Hauptfigur Anton Wohlfart im Unterschied zu ‚Wilhelm Meister' von Beginn an von dem, was der Text als recht, real *und* ‚poetisch'[140] behauptet, nämlich davon, bürgerlicher Kaufmann zu werden; im Laufe seines Werdegangs wird er jedoch mit anderen sozialen Gruppen und deren Poesieauffassungen konfrontiert, denen gegenüber sich die bürgerliche ‚Poesie des Prosaischen' schließlich als überlegen erweist.[141] Nicht, wie im *Wilhelm Meister*, das Verführungspotential der Poesie

---

137 Felix Dahn: Moderne Literatur. Soll und Haben, Roman von Gustav Freitag. In: Beilage zu Nr. 266 der Neuen Münchener Zeitung (7. November 1855), S. 2731.
138 Bourdieu: Die Regeln der Kunst, S. 19.
139 Freytag: Soll und Haben, S. 8.
140 Vgl. z. B. Freytag: Soll und Haben, S. 7–8, 60.
141 Mit Claudia Stockinger: „Die phantasmatische Poesie (Antons Sehnsucht nach der adligen Leonore) ist der prosaischen Poesie (der Poesie der Arbeit) ebenso unterlegen wie die Poesie der Gelehrsamkeit. Für letztere steht im Roman der jüdische Gelehrte Bernhard Ehrenthal". Stockinger: Das 19. Jahrhundert. Zeitalter des Realismus, S. 153. Vgl. zu diesem Aspekt und im Sinne der hier vorgestellten Lesart aufschlussreich: Thomas Eicher: Poesie, Poetisierung und Poetizität in Gustav Freytags *Soll und Haben*. In: Wirkendes Wort 45 (1995), S. 64–81. Vgl. außerdem Plumpe: Roman, S. 542–569.

generell, sondern das des adligen Lebens stellt sich als Gefährdung des Helden dar. Der Roman hat in diesem Sinne eine offenkundig metapoetische und zugleich sozial sinnbildende Dimension, so wenn Anton in dem bereits angesprochenen ‚Poesiegespräch' mit Bernhard Ehrenthal die bürgerliche „Poesie des Geschäftes"[142] gegen solche ästhetischen Positionen verteidigt, wie sie aus den romantheoretischen Debatten um die ‚Poesie' und ‚Prosa' bürgerlichen Lebens und nicht zuletzt aus den *Grenzboten*-Aufsätzen bekannt sind:[143]

> „Bei uns", erwiderte Bernhard, „ist das Leben sehr nüchtern"; [...]
> „Ich denke, es ist nicht so", erwiderte Anton eifrig; „ich kenne noch wenig vom Leben, aber ich sehe doch, auch wir haben Sonnenschein und Rosen, die Freude am Dasein, große Leidenschaften und merkwürdige Schicksale, welche von den Dichtern besungen werden."
> „Unsere Gegenwart", wiederholte Bernhard weise, „ist zu kalt und einförmig."
> „Ich habe das schon einige Male in Büchern gelesen, aber ich kann nicht verstehen, warum, und ich glaube es auch gar nicht." [...]
> „Wie arm an großen Eindrücken unser zivilisiertes Treiben ist", entgegnete Bernhard, „das müssen Sie selbst in Ihrem Geschäft manchmal empfinden, es ist so prosaisch, was Sie tun müssen."
> „Da widerspreche ich", erwiderte Anton eifrig, „ich weiß mir gar nichts, was so interessant ist, als das Geschäft."[144]

Wenn die Erzählinstanz bei Antons Rückkehr ins bürgerliche Gewerbe, also am Ende seines geglückten Bildungswegs, befindet:

> Die poetischen Träume, welche der Knabe Anton in seinem Vaterhause unter den Segenswünschen guter Eltern gehegt hat, sind ehrliche Träume gewesen. Ihnen wurde Erfüllung, und ihr Zauber wird fortan sein Leben weihen. Was ihn verlockte und störte und im Leben umherwarf, das hat er mit männlichem Gemüt überwunden[,][145]

erklärt der Text das Erlernen des Blicks für die wahre Poesie zur zentralen Bildungsaufgabe des bürgerlichen Entwicklungsromans und bestätigt jene Engführung von Poesie- und Klassenbewusstsein, die den Roman insgesamt durchdringt. Wie auch im vorangegangenen Zitat, so spielt der Roman immer wieder selbstreferentiell auf das Erzählmuster eines Bildungsromans an, etwa wenn gleich zu Beginn Antons Vater „so eilig als möglich" stirbt, damit Anton „im

---

142 Freytag: Soll und Haben, S. 327.
143 So attestiert auch Claudia Stockinger dem Roman, er handle „in verschiedenen Erzählsträngen" das „Verhältnis von Poesie und Prosa" aus. Stockinger: Das 19. Jahrhundert. Zeitalter des Realismus, S. 153.
144 Freytag: Soll und Haben, S. 239.
145 Freytag: Soll und Haben, S. 851.

Anfange eines neuen Lebens" dargestellt werden kann[146] – oder als Held und Roman ‚die bürgerliche Handlung' (im doppelten Sinn) verlassen, um schließlich geläutert zu ihr zurückzukehren: „Und mein Los wird sein, von heute ab für mich allein den Weg zu suchen, auf dem ich gehen muß."[147] Ehe der Protagonist des realistischen Bildungsromans zurück auf dem rechten Weg, abermals selbstreferentiell, ausrufen darf: „mein Weg ist jetzt klar",[148] zeigt der Text ihn auf diesem Weg von jenen falschen Träumen bedroht, vor denen der Erzähler zu Beginn des Buches warnt – worin Freytag selbst im Rückblick die „poetische Idee" des Romans ausgesprochen sah.[149] Wird Anton – auf dem Weg ins Handelshaus buchstäblich vom Weg abgekommen – von der vermeintlich poetischeren Lebenssphäre der adligen Familie Rothsattel zunächst in „träumerisches Entzücken" versetzt, wird diese „jugendliche Schwärmerei" später als „Schwäche" von ihm „verurteilt[ ]".[150] Beim Abschied von der aristokratischen Familie Rothsattel lässt Anton seine Zeit dort Revue passieren und erkennt schließlich seinen Irrtum, der falschen Muse gehorcht zu haben:

> [A]lle diese Zeiten sah er vor sich und deutlich erkannte er den Zauber, den sie um ihn gelegt hatten; alles, was seine Phantasie gefesselt hatte, sein Urteil bestochen, seinem Selbstgefühl geschmeichelt, das erschien ihm jetzt als eine Täuschung. Ein Irrtum war's seiner kindischen Seele, den die Eitelkeit großgezogen hatte.[151]

Ähnlich deutet und rügt auch der prinzipientreue Kaufmann Schröter bei Antons Rückkehr dessen Abkehr vom bürgerlichen Lebenspfad: „Ein ungeregeltes Begehren hat Sie in Verhältnisse gelockt, welche nach allem, was ich davon weiß, ungesund sein müssen für jeden, der darin lebt."[152] Mag Anton mit seinem „empfänglichen Sinn"[153] zwar zeitweilig den falschen Träumen nachgegangen sein, gegenüber einer ‚poetisch' völlig unempfänglichen, starren Tugendhaftigkeit geht der Erzähler jedoch auch auf ironische Distanz, wenn er Sabine in ihrer Freude über Antons Ankunft im Sinne der mitunter allzu prosaischen Hausord-

---

146 Freytag: Soll und Haben, S. 11.
147 Freytag: Soll und Haben, S. 488.
148 Freytag: Soll und Haben, S. 765.
149 Freytag: Erinnerungen aus meinem Leben, S. 179 – dort weiter: „Für ‚Soll und Haben' ist diese Idee in dem leitenden Kapitel auf Seite 9 in Worte gefaßt, der Mensch soll sich hüten, daß Gedanken und Wünsche, welche durch die Phantasie in ihm aufgeregt werden, nicht allzu große Herrschaft über sein Leben erhalten."
150 Freytag: Soll und Haben, S. 13, 747, 718.
151 Freytag: Soll und Haben, S. 717.
152 Freytag: Soll und Haben, S. 773.
153 Freytag: Soll und Haben, S. 60.

nung maßregelt: „Dies Haus ist ein gutes Haus, aber es ist keins, wo man poetisch fühlt [...]. Es ist ein nüchternes, prosaisches Haus!"[154]

Wenn Bourdieu über Flauberts *L'Éducation sentimentale* schreibt, „Frédérics Erziehung des Herzens ist das fortschreitende Erlernen der Unvereinbarkeit der beiden Welten: Kunst und Geld",[155] so kann man nun bezogen auf das Konzept von *Soll und Haben* konstatieren: Antons Bildungsgang ist das fortschreitende Erlernen einer gelingenden Vereinbarkeit zwischen der ‚Poesie des Herzens' und der ‚Prosa des bürgerlichen Alltags', zwischen den Verwirklichungsansprüchen des Individuums und den bestehenden Verhältnissen.

Geht Hegel in der Folge des *Wilhelm Meister* noch von einem Romanmodell aus, nach dem sich der Held unter Aufgabe bzw. partieller Entsagung seiner ursprünglichen Ideale mit den gesellschaftlichen Verhältnissen arrangieren muss, denen er zunächst scheinbar unvereinbar gegenübersteht,[156] so gilt dies für Freytags Protagonisten Anton Wohlfart nicht mehr. Jenen Prozess des resignativen Sich-Fügens ins objektiv Realisierbare und zur Verfügung Stehende, den Bourdieu in *Die feinen Unterschiede* als „soziales Altern" bezeichnet,[157] erlebt Anton nicht als vergleichbar krisen- und konflikthaft. Denn zwischen den anfänglichen Träumen des jugendlichen Helden vom poetischen Duft der Handelswaren und dem Endpunkt seiner Entwicklung besteht hier keine Kluft. Anton muss nicht erst mit seiner ‚Klasse' versöhnt werden; er muss über je repräsentative Vertreter anderer Lebenskreise zunächst die Gesellschaft als Ganze kennenlernen, um dadurch zu seiner sozialen Identität als Bürger zu gelangen. In dieser Konstruktion liegt die Verbindung von Individual- und Gesellschaftsroman, von Bildungs- und Zeitroman, die Freytags realistisches Romanmodell kennzeichnet. Zunächst mit poetologischem Fokus gelesen, sind den sozialen Räumen und Handlungsträgern, denen der Held in *Soll und Haben* begegnet, also verschiedene Werte und ‚Poesien des Herzens', d.h. verschiedene Entwürfe zugeordnet, eben-

---

154 Freytag: Soll und Haben, S. 771.
155 Bourdieu: Die Regeln der Kunst, S. 47.
156 Vgl. das Hegel-Zitat in Anm. 29.
157 „*Soziales Altern* stellt nichts anderes dar als diese langwährende Trauerarbeit, oder, wenn man mag, die (gesellschaftlich unterstützte und ermutigte) *Verzichtleistung*, welche die Individuen dazu bringt, ihre Wünsche und Erwartungen den jeweils objektiven Chancen anzugleichen und sich in ihre Lage zu fügen: *zu werden, was sie sind, sich mit dem zu bescheiden, was sie haben*, und wäre es auch nur dadurch, dass sie (in stillem Einverständnis mit dem Kollektiv) hart daran arbeiten müßten, um sich selbst darüber zu täuschen, was sie sind und was sie haben, um all die nach und nach zurückgelassenen sonstigen Möglichkeiten und alle als nicht realisierbar hingenommenen, weil unrealisiert gebliebenen Hoffnungen *zu begraben*." Pierre Bourdieu: Die feinen Unterschiede. Kritik der gesellschaftlichen Urteilskraft. Frankfurt a. M. 1987, S. 189–190 (Hervorhebungen im Original).

diese zu finden. Erst im Kontakt *mit* und im Gefühl der Differenz *gegenüber* diesen Entwürfen erkennt Anton die Überlegenheit jener Poesie bürgerlichen Lebens, die der Roman zwar bereits zu Beginn behauptet, deren romanpoetologisches Wesen aber genau darin liegt, dass sie nicht vordergründig zu entdecken ist: die Poesie des Prosaischen.

Das Ende des Romans entspricht damit einer ästhetischen Herausforderung, wie sie Friedrich Theodor Vischer in der Verlagerung von der Entsagung hin zur Einsicht des Helden verwirklicht sehen wollte:

> Die Aufgabe der neuen Welt ist die Verwirklichung der wahren Freiheit aus der Einsicht. Darin ist enthalten, daß die Subjektivität wahrhaft in sich zurück und wahrhaft in die Objektivität eingeführt, und ebenso, daß die Individualität als lebendiges Glied eines vernünftigen und verbürgten Organismus gesetzt werden soll. Beides ist bis jetzt unvollkommen geleistet.[158]

Hatte Vischer gerade in der „Stetigkeit des Prosaischen" ein Problem des Romans gesehen, weil das Stetige poetisch nicht darstellbar sei und so auch einmal ‚gewonnene Idealität' „in zugestandene Prosa" auszulaufen drohe,[159] wird ebendiese Stetigkeit im *Grenzboten*-Realismus geschichtsphilosophisch idealisiert. Ganz im Sinne von Vischers früher Forderung bezeichnen *Die Grenzboten* als „den wesentlichen Inhalt unsers Glaubens [...], daß [...] der Mensch seinen vollen Werth erst als Bürger hat, als integrierendes Glied einer sittlichen Gemeinschaft, deren Inhalt er in sich weiß und fühlt."[160] Dies geht einher mit der Logik von Freytags Roman, in dem der Kaufmann Schröter das „arbeitsame Bürgertum zum ersten Stande des Staates"[161] erklärt – eine Ansicht, die im Textverlauf plausibilisiert und bestätigt wird.

Das Ideale innerhalb des Realen zu suchen und sich von schwärmerischen Illusionen zu befreien, das ist bei Freytag und Schmidt von Beginn an eine feldübergreifende und mit „Scharnierbegriffen"[162] (‚romantisch' vs. ‚realistisch') operierende Maxime, nach der ‚die Bestimmung' des Bürgertums weder politisch noch poetisch in ‚romantischen Illusionen' zu suchen, sondern über die Verstetigung der bürgerlichen Ideale ‚Arbeit' und ‚Bildung' – als den historischen

---

158 Zitiert nach Rhöse: Konflikt und Versöhnung, S. 41.
159 Vischer: Aesthetik oder Wissenschaft des Schönen, S. 1310.
160 [Schmidt]: Zu Goethe's Jubelfeier, S. 208.
161 Freytag: Soll und Haben, S. 332.
162 Zum Terminus des „Scharnierbegriffs" in feldanalytischer Perspektive vgl. erhellend: Gerhard Kaiser: Grenzverwirrungen. Literaturwissenschaft im Nationalsozialismus. Berlin 2008, S. 29–30.

Triebkräften einer nach Julian Schmidt „immanente[n] Vernunft der Dinge"[163] – zu erreichen sei. Wie sich ausführlicher mit Blick auf die politische Positionierung der *Grenzboten* zeigen ließe, die sich im Untertitel explizit feldverbindend als „Zeitschrift für Politik und Literatur" versteht, wird *Soll und Haben* ausdrücklich als bürgerlicher Bildungsroman für ein bürgerliches Lesepublikum entworfen, der diesem nach der gescheiterten bürgerlichen Revolution von 1848 ein Sinnangebot offeriert, das die Lehre des Textes zur Lehre des Sozialzusammenhangs macht.[164]

Eine solche, beide Felder gleichermaßen adressierende Doktrin geht insofern ganz in der Programmatik der *Grenzboten* auf, als für das historische Verständnis der Zeitschrift die Annahme homologer Feldentwicklungen konstitutiv ist: „[D]ie Literaturgeschichte ist ein integrirender Theil der allgemeinen Geschichte, die durch die beiden andern Gebiete der politischen und Culturgeschichte im engern Sinn ergänzt wird und mit ihnen in beständiger Wechselwirkung steht."[165] Diese Verknüpfung ist über die hier angenommene Homologie hinaus für einen feldtheoretischen Zugriff nach Bourdieu interessant, weil dieser den „Raum des Möglichen" und damit die Bedingungen der Möglichkeit einer Position ebenfalls feldübergreifend denkt.[166] Durch die Widmung an den liberalen Reformherzog Ernst II. (von Sachsen-Coburg und Gotha) wird in *Soll und Haben* deutlich der Anschluss an eine externe Autorität auf dem „Feld der Macht" und dessen Position hergestellt; bei den *Grenzboten* und ihrer sich fundamental auch politisch verstehenden Literaturprogrammatik bedingen politische und literarische Positionierung einander. Entsprechend könnte man zeigen, dass in *Soll und Haben* nicht nur – wie dargelegt – die literarästhetischen Diskussionen aus den *Grenzboten* aufgenommen werden; auch knüpft der Roman poetisch an politische Debatten an, wie sie dort zuvor journalistisch abgehandelt wurden.[167] Die Anbindung des Romans an die Zeitschrift zeitigt dabei einerseits einen spezifischen

---

163 Julian Schmidt: Geschichte der Deutschen Literatur im neunzehnten Jahrhundert. Erster Band: Weimar und Jena in den Jahren 1794 bis 1806. Zweite, durchaus umgearbeitete, um einen Band vermehrte Auflage. Leipzig 1855, S. IX.
164 Zur Deutung als bürgerliches Sinnangebot nach der gescheiterten Revolution vgl. Stockinger: Realpolitik, Realismus und das Ende des bürgerlichen Wahrheitsanspruchs.
165 Julian Schmidt: Bilder aus dem geistigen Leben unserer Zeit. Leipzig 1870, S. 44.
166 Als „System (sozialer) Wahrnehmungs- und Bewertungskategorien [...], gesellschaftlicher Bedingungen der Möglichkeit und Legitimität, das (wie Gattungen, Schulen, Techniken, Formen) das Universum des Denkbaren wie des Undenkbaren definiert und begrenzt". Bourdieu: Die Regeln der Kunst, S. 373.
167 Auf diesen Aspekt gehe ich im Rahmen meines Dissertationsprojekts zu Gustav Freytag ausführlicher ein.

Effekt von Realität,[168] andererseits offenbart sie die politische ‚Tendenz' des Textes, die Freytag im Brief an Heinrich Geffcken 1856 bestätigt: „[I]m Grunde lag mir während der Arbeit am meisten an der Tendenz und zwar an der politischen."[169]

Durch die einsinnige Deutung *Soll und Habens* als ‚Tendenzroman' ist die durchaus komplexe erzählerische Anlage des Textes vielfach unbeachtet geblieben; übersehen wird dabei etwa gerne, dass das Werk zwar eindeutig Partei für das Bürgertum ergreift, die Romanhandlung in der Darstellung des Verhaltens anderer sozialer Gruppen jedoch multiperspektivisch-mehrsinnig (z. B. mittels wechselnder interner Fokalisierungen) motiviert wird, ohne dass diese Gruppen dabei sofort diskreditiert werden.[170] Bourdieus auf Flaubert bezogene These, dass die Struktur des Werkes mit der sozialen Welt korreliert, die es darstellt und in der es situiert ist (‚Homologie'), ließe sich auch für *Soll und Haben* nachgehen. Den Forderungen der zeitgenössischen Romanästhetik nach einer Abkehr vom allein egozentrierten Individualroman hin zum bürgerlichen Zeit- bzw. Gesellschaftsroman begegnet Freytag, anders als Gutzkow, nicht mit einem figurenreichen panoramatischen Erzählkonzept, sondern indem er über wenige sozial repräsentative Figuren eine am Drama orientierte Geschlossenheit herstellt. Diese Figuren präsentiert der Roman in ihren jeweiligen sozialen bzw. habituellen Handlungslogiken und Wertesystemen[171]. Umfangreich wird z. B. gleich im dritten Kapitel das Verhalten des Freiherrn von Rothsattel aus seiner Familiengeschichte und seinem – wenngleich falschen und nicht mehr zeitgemäßen – Standesdenken hergeleitet:

> Er war ein durchaus ehrlicher Mann, [...]. Kurz, er war das Musterbild eines adligen Rittergutsbesitzers. [...] Wie alle Menschen, welchen das Schicksal Familienerinnerungen aus alter Zeit auf einen Schild gemalt und an die Wiege gebunden hat, war auch unser Freiherr geneigt, viel an die Vergangenheit und Zukunft seiner Familie zu denken. [...] Er hätte deshalb gern

---

168 In Anlehnung an Roland Barthes' ‚Realismus-' bzw. ‚Wirklichkeitseffekt': Roland Barthes: L'Effet de Réel [1968]. In: Roland Barthes: Œuvres complètes. Tome II: 1966–1973. Paris 1994, S. 479–484.
169 Gustav Freytag an Heinrich Geffcken; 23. August 1856. In: Carl Hinrichs: Unveröffentlichte Briefe Gustav Freytags an Heinrich Geffcken aus der Zeit der Reichsgründung. In: Jahrbuch für die Geschichte Mittel- und Ostdeutschlands 3 (1954), S. 65–117, hier S. 76.
170 Damit ist nicht gesagt, dass sie gar nicht diskreditiert werden oder der Roman keine antisemitischen Tendenzen hat – diese Diskussion kann hier allerdings nicht geführt werden. Im Rahmen meiner Dissertation lege ich diese Gesichtspunkte ausführlicher dar.
171 Eine Wertanalyse (nach Winko) von Freytags Text nimmt Söhnke Grothusen im Rahmen seines Dissertationsprojekts zur ‚Generationenproblematik in deutschen und russischen Entwicklungsromanen des 19. Jahrhunderts' vor. Sie könnte die hier aus sozioanalytisch-sozialgeschichtlicher Perspektive vorgestellten Thesen ergänzen und bestätigen.

sein Haus für alle Zukunft vor dem Herunterkommen gesichert [...]. Und er empfand mit Schmerz, daß sein altes Geschlecht in der nächsten Generation in dieselbe Lage kommen werde, in der die Kinder eines Beamten oder eines Krämers sind, in die unbequeme Lage, sich durch eigene Anstrengung eine mäßige Existenz schaffen zu müssen.[172]

Das Handeln Oscar von Rothsattels wird von seinem ständischen Denken und adligen Wertesystem, von einer dynastisch-adligen Soziallogik bestimmt, die der Text kohärent und aus Figurensicht plausibel entfaltet – und die durch Veitels Außenperspektive bestätigt wird: „„Wenn du diesem Baron aufzählst hunderttausend Talerstücke, wird er dir doch nicht geben sein Gut, was er hat geerbt von seinem Vater.""[173] Aus diesem Denken heraus beginnt der Freiherr mit dem letztlich verheerenden Bau der Fabrik:

> Wenn ich es doch wage, so geschieht es nicht um unsertwillen, sondern für die Kinder, für die Familie. Ich will das Gut befestigen bei unserem Hause, ich will seine Einkünfte so vermehren, daß der Herr dieses Schlosses in der Lage ist, auch für die Zukunft der Lieben zu sorgen, denen er nach dem alten Recht der Erstgeburt und der männlichen Nachfolge das Gut nicht überlassen kann.[174]

Was der Roman hier vorführt, ist demnach nichts anderes als das, was Bourdieu mit dem Begriff des ‚Habitus' eigentlich meint: in schichtspezifischer Sozialisation erworbene Denk- und Handlungsmuster.[175] Im Textverlauf erweist sich das Denken des Freiherrn freilich als überkommen, als konträr zur Logik der Geschichte, die Freytag und dem Roman nach auf das Bürgertum als dominierende Klasse zuläuft. Diese Position lässt der Autor – in eindeutigem Bezug auf Rothsattel und dessen „Familienerinnerungen" – seinen Kaufmann Schröter aus der entgegengesetzten bürgerlichen Perspektive formulieren:

> Wer von Haus aus den Anspruch an das Leben macht, zu genießen und seiner Vorfahren wegen eine bevorzugte Stellung einzunehmen, der wird sehr häufig nicht die volle Kraft behalten, sich eine solche Stellung zu verdienen. Sehr viele unserer alten angesessenen Familien sind dem Untergange verfallen, und es wird kein Unglück für den Staat sein, wenn sie untergehen. Ihre Familienerinnerungen machen sie hochmütig ohne Berechtigung, beschränken ihren Gesichtskreis, verwirren ihr Urteil. [...] Jeden, der auf Kosten der freien Bewegung anderer für sich und seine Nachkommen ein ewiges Privilegium sucht, betrachte ich als einen Gegner der gesunden Entwicklung des Staats.[176]

---

172 Freytag: Soll und Haben, S. 23–24.
173 Freytag: Soll und Haben, S. 18.
174 Freytag: Soll und Haben, S. 295–296.
175 Vgl. Bourdieu: Die feinen Unterschiede, S. 277–286; vgl. Bourdieu: Zur Soziologie der symbolischen Formen, S. 150.
176 Freytag: Soll und Haben, S. 485–486.

Entsprechend ist die Familie Rothsattel auch nur noch an einem Ort überlebensfähig, der dem Text zufolge hinter der historischen Entwicklung zur bürgerlichen Gesellschaft zurückgeblieben ist:[177] im polnischen Grenzland. Zwar erweisen sich die ‚auf dem Grunde der ständigen geschichtlichen Bewegung'[178] gezeichneten gesellschaftlichen Verhältnisse mit den jeweiligen individuellen Verwirklichungsansprüchen einzig im Rahmen der bürgerlichen Sozialethik als mustergültig vereinbar, auch die Wünsche, Werte und Werdegänge anderer Figuren – etwa die Weltabgewandtheit Bernhard Ehrenthals oder Veitel Itzigs schrittweiser Untergang – werden im Roman jedoch dargelegt und zum Teil sozial plausibilisiert.[179] Über die Verortung des zentralen Helden innerhalb seiner gesellschaftlichen Konstellationen hinaus zeigt der Text dabei ein gesamtgesellschaftliches Darstellungsinteresse, oder auch: einen solchen, Repräsentativität behauptenden Darstellungsanspruch. Freytags Roman empfiehlt sich nicht nur aus diesem Grund einer Sozioanalyse nach Bourdieu, die Korrespondenzen zwischen textimmanenter und historisch-realer Sozialwelt nachgeht; auch dass der Text z. B. Sozialisationsprozesse veranschaulicht und stellenweise reflektiert, macht ihn in dieser Hinsicht als Gesellschaftsdarstellung interessant. So wird etwa die Kaufmannswirtschaft als Antons Sozialisationsinstanz – auch in poetologischer Hinsicht[180] – markiert, wenn Herr Pix über Anton sagt, er sei dort „gewissermaßen als ein Säugling" hineingekommen „und wie mit Hilfe der großen Waage, die als seine Wiege betrachtet werden müsse", sei damit schließlich ein „auffallendes Wachstum des Unmündigen hervorgebracht worden".[181] Der Erzähler weiß gen Ende zu ergänzen, dass Anton „schon ein Kind der Handlung war,

---

177 Vgl. Freytag: Soll und Haben, S. 332.
178 In Anlehnung an den Realismus-Begriff von: Erich Auerbach: Mimesis. Dargestellte Wirklichkeit in der abendländischen Literatur. Zweite, verbesserte und erweiterte Auflage. Bern 1959, S. 480.
179 Dies legen auch die späteren Äußerungen Freytags nahe, der die „poetische Idee" seines Romans ausdrücklich auch auf andere Figuren bezieht. Vgl. Freytag: Erinnerungen aus meinem Leben, S. 179.
180 In diesem Sinne etwa folgende Textstelle, in der auf die ‚poetische Ausbildung' durch die besondere Diktion (z. B. „Kunstausdrücken") aufmerksam gemacht wird: „Herr Jordan gab sich redlich Mühe, den Lehrling in die Geheimnisse der Warenkunde einzuweihen, und die Stunde, in welcher Anton zuerst in das Magazin des Hauses trat und hundert verschiedene Stoffe und merkwürdige Bildungen persönlich mit allen Kunstausdrücken kennenlernte, wurde für seinen empfänglichen Sinn die Quelle einer eigentümlichen Poesie, die wenigstens ebensoviel wert war als manche andere poetische Empfindung, welche auf dem märchenhaften Reiz beruht, den das Seltsame und Fremde in der Seele des Menschen hervorbringt." Freytag: Soll und Haben, S. 59–60.
181 Freytag: Soll und Haben, S. 140.

als ihn sein alter Vater mit dem Samtkäppchen noch auf dem Knie hielt"[182] – nämlich als, wie es am Anfang des Romans heißt, „ein unscheinbares, leichtes Band [...] den Haushalt des Kalkulators mit dem geschäftlichen Treiben der großen Welt verknüpfte; und doch wurde es für Anton ein Leitseil, wodurch sein ganzes Leben Richtung erhielt."[183]

Ein solches „Leitseil" fehlt Veitel Itzig mit seiner „Vorliebe für krumme Seitengassen und schmale Trottoirs".[184] Der Roman begleitet aber auch diese Figur in ihren anfänglichen Verwirklichungsansprüchen („ich will machen mein Glück"[185]) und ihrem Sozialisationsprozess. Dieser wird auffällig bis in die einzelnen Schritte hinein mit dem Antons parallelisiert: vom sehnsüchtigen Blick auf das adlige Gut und dem gemeinsamen Weg zur Stadt über die Ankunft von Waise und Halbwaise – beide mit Empfehlungsschreiben ausgestattet – bei ihren neuen Mentoren bis hin zur jeweiligen Schilderung der ersten Nacht im neuen Haus; und sogar die poetischen Initiationserlebnisse in den jeweiligen Warenlagern lassen sich kontrastierend aufeinander beziehen.[186] Der Text führt hier zwei Bildungsgänge parallel und erzählt mit Veitel von einer Negativ-Sozialisation, einem scheiternden Gegenentwurf, der die Lehre aus Antons Lebensweg nur umso mehr bestätigt. In diese Deutung fügt sich eine neuerliche Betrachtung beider Figuren vor dem Hintergrund des *Wilhelm Meister*. Während man Anton, wie beschrieben, als realistisch-idealisierten Wiedergänger Werners lesen kann, werden in Veitel als Kontrastfigur gewissermaßen die schlechten Eigenschaften des späten Werner ausgelagert und übersteigert.[187]

---

182 Freytag: Soll und Haben, S. 766.
183 Freytag: Soll und Haben, S. 7.
184 Freytag: Soll und Haben, S. 34.
185 Freytag: Soll und Haben, S. 19.
186 Vgl. zu Anton im Warenlager Anm. 181, während es über Veitel beim Entdecken der Schmuggelware heißt: „Als Aladin den ersten Schritt in die Zauberhöhle tat, geriet er schwerlich in so große Aufregung als Junker Itzig bei seiner Entdeckung." Freytag: Soll und Haben, S. 104.
187 Ist aus Antons Blaupause Werner im *Wilhelm Meister* erst später ein „magerer", „arbeitsamer Hypochondrist" mit „farblosen Wangen" geworden, so ist Veitel von Beginn an „hager" und „bleich", insgesamt „keine auffallend schöne Erscheinung." Der rein egoistisch-materialistisch orientierten „Spekulation", die der Text als ‚Grundsatz' Veitels beschreibt, droht bereits Werner zu verfallen, etwa wenn Wilhelm ihm vorwirft: „Kaum findest du nach langer Zeit deinen Freund wieder, so siehst du ihn schon als eine Ware, als einen Gegenstand deiner Spekulation an, mit dem sich etwas gewinnen läßt." Oder wenn Werner die egoistische Motivation seines Handelns offenbart: „Das ist also mein lustiges Glaubensbekenntnis: seine Geschäfte verrichtet, Geld geschafft, sich mit den Seinigen lustig gemacht und um die übrige Welt sich nicht mehr bekümmert, als insofern man sie nutzen kann." Goethe: Wilhelm Meisters Lehrjahre, S. 498–499, 287; Freytag: Soll und Haben, S. 18, 276–268.

Bei Bourdieu wird der ‚soziale Raum', vermittelt über den Habitus, durch den ‚Raum der sozialen Positionen' und den ‚Raum der Lebensstile' gebildet. Auch Freytags Figurendarstellung zeigt solche Relationen zwischen sozialen Klassen und Geschmacksklassen, zwischen Klassenzugehörigkeit und Klassenhabitus – nur dass sein sozialer Raum in der hier behaupteten Engführung von Poesie- und Klassenbewusstsein immer auch ein Raum poetischer Positionen ist. Diese Logik durchdringt den Roman bis hinein in die Lektüregewohnheiten der Figuren.[188] Während der bürgerliche Held des Romans die von den *Grenzboten* als vorbildlich ausgerufenen Romane des englischsprachigen Realismus (Cooper, Scott) liest, verliert sich der eine weltabgewandte, romantische Poesie vertretende Bernhard Ehrenthal etwa in Lord Byron.[189] Die adlige Familie dagegen schwärmt für Chateaubriand, dessen *Atala* Julian Schmidt 1850 in *Die Grenzboten* unter positiver Bezugnahme auf Cooper verurteilte,[190] sowie für Journale, „Tagesliteratur" und „Modenovellen", die von der Frau Baronin hier bezeichnenderweise auch noch in einer Gartenlaube gelesen werden.[191] Veitels Spekulations- und Unternehmergeist wiederum entzündet sich an Abenteuergeschichten, die er für seinen Mentor Hippus aus Leihbibliotheken holt[192] und gegen die Freytag bereits 1852 in *Die Grenzboten* polemisierte[193] – auch in diesem Punkt lassen sich also Überschneidungen zwischen ‚Programmorgan' und ‚Programmroman' feststellen. Bezogen auf das Leseverhalten der Kleinbürger bzw. aufstiegsorientierter Arbeiter stimmt die Textwelt des Romans mit Bourdieus soziologischen Analysen der Sozialwelt in einem besonders schönen Beispiel überein. Schreibt Bourdieu dieser Gruppe im Erwerb von objektiviertem kulturellen Kapital wie Büchern eine vor allem an Quantität interessierte Imitation der mittelständisch-bürgerlichen Kultur zu, reagiert der Aufladersohn Karl in *Soll und Haben* auf ein Buchgeschenk Antons wie folgt: „Ich danke Ihnen, Herr Wohlfart, ich habe schon fünfundsechzig Bücher. Jetzt wird die zweite Reihe voll."[194]

Wie sehr darüber hinaus bei Anton poetische und soziale Selbstfindung miteinander verknüpft sind, offenbart sich darin, dass seine Loslösung von der ‚falschen Schwärmerei' einhergeht mit einem ‚realistischeren' Blick hinter die

---

188 Vgl. dazu Mark H. Gelber: Die literarische Umwelt zu Gustav Freytags *Soll und Haben* und die Realismustheorie der *Grenzboten*. In: Orbis Litterarum 39 (1984), S. 39–53, hier S. 40–43.
189 Freytag: Soll und Haben, S. 142, 244.
190 Vgl. dazu Plumpe: Roman, S. 552–553.
191 Freytag: Soll und Haben, S. 31, 546.
192 Freytag: Soll und Haben, S. 117.
193 Gustav Freytag: Die Anlage von Hausbibliotheken [1852]. In: Gustav Freytag: Vermischte Aufsätze aus den Jahren 1848 bis 1894. Hg. von Ernst Elster. Band 1. Leipzig 1901, S. 469–479.
194 Freytag: Soll und Haben, S. 229.

adlige Fassade und ihre Habitusformen. War er zunächst von einer starken „Sehnsucht nach dem [...] schmuckvollen Leben der Vornehmen" erfüllt und hatte er „einen tiefen Respekt vor dem gewandten Ton, der leichten Unterhaltung und den geschliffenen Formen des Umgangs",[195] so bewertet er die feinen Unterschiede zwischen sich und der Familie von Rothsattel schließlich nicht mehr aus der Perspektive des habituell Unterlegenen, sondern im Gegenteil aus einem Gefühl überlegener und gebildeterer bürgerlicher Differenz:

> Wenn er nach einem wortkargen Abend in sein Zimmer zurückkehrte, beklagte er oft, daß sie an vielem, was ihm geläufig war, keinen Anteil nahmen, ja, daß sie eine völlig andere Bildung besaßen als er. Und bald nahm er sich die Freiheit, zu behaupten, daß ihre Bildung nicht die bessere war. Das meiste, was er gelesen, war der Familie fremd [...]. Bald erkannte er, daß seine Hausgenossen alles, was die Welt ihnen entgegentrug, von einem Standpunkte betrachteten, den er nicht hatte. Überall maßen sie, ohne es selbst zu wissen, nach den Interessen ihres Standes. Was diesen schmeichelte, fand Gnade, auch wenn es für andere Menschen unerträglich war [...].[196]

Auf diese Weise „war der glänzende Schein zerronnen, der dem armen Sohn des Kalkulators das Leben der Ritterfamilie stark, edel, begehrungswert gezeigt hatte."[197]

Die in diesem Rahmen insgesamt vorgestellten unterschiedlichen Bewertungen der sozialen Semantik des Romans als Gattung – von einer kategorischen Ablehnung der Darstellung bürgerlicher Lebensverhältnisse hin zu deren „Verherrlichung" als leitender „Idee" (so Fontane über *Soll und Haben*[198]) – bestätigen Werner Michlers Beobachtung zum Zusammenhang zwischen Gattungsklassifikation und Sozialklassifikation, nach denen Gattungen „das Ergebnis einer Reihe von Positionierungen durch Gattungswahl [sind], die die sozialen Semantiken der Gattung differentiell aktualisieren."[199] Geht man mit Michler weiter davon aus, dass gerade „[i]n Phasen der Instabilität des Feldes [...] Gattungen zum Kampfeinsatz literarischer Bewegungen"[200] werden und diese internen Kämpfe, wie wiederum Bourdieu ausführt, nicht nur durch externe Veränderungen begünstigt, sondern entschieden werden,[201] so muss in der bürgerlich-nationalliberalen

---

195 Freytag: Soll und Haben, S. 144, 546.
196 Freytag: Soll und Haben, S. 546–547.
197 Freytag: Soll und Haben, S. 717.
198 Fontane: [Rez.] Soll und Haben, S. 61.
199 Werner Michler: Möglichkeiten literarischer Gattungspoetik nach Bourdieu. Mit einer Skizze zur „modernen Versepik". In: Text und Feld. Bourdieu in der literaturwissenschaftlichen Praxis. Hg. von Markus Joch und Norbert C. Wolf. Tübingen 2005, S. 189–206, hier S. 191.
200 Michler: Möglichkeiten literarischer Gattungspoetik nach Bourdieu, S. 192.
201 Vgl. Bourdieu: Die Regeln der Kunst, S. 400–401.

Positionierung der *Grenzboten* ab 1848 – einem Jahr, in dem die Kritik als interne Konsekrationsinstanz „nach einer neuen Ordnung für die Literatur sucht"[202] – ein Grund für deren Erfolg gegenüber konkurrierenden Prosakonzeptionen und Literaturprogrammatiken gesehen werden. So sind Schmidts und Freytags Argumente gegen ihren größten Konkurrenten um die Deutungshoheit auf dem Feld zeitgenössischer Romanästhetik, Karl Gutzkow, auch nicht allein ästhetischer, sondern politischer oder persönlicher Natur. Wie sich die Auseinandersetzung zwischen den *Grenzboten*-Herausgebern und Gutzkow, die als ‚Grenzbotenstreit' in die Literaturgeschichte eingegangen ist, feldtheoretisch betrachten ließe, möchte ich zuletzt mit einigen skizzenhaften Beobachtungen darlegen.

V

> Anders gesagt, ist das generierende und vereinheitlichende Prinzip dieses „Systems" von Gegensätzen – und Widersprüchen – der Kampf selbst, sodass man die Tatsache, an dem Kampf beteiligt und Gegenstand oder Anlass von Kämpfen, Angriffen, Polemiken, Kritiken, Einverleibungen usw. zu sein, als das zentrale Kriterium der Zugehörigkeit eines Werkes zum Feld der Positionierungen und der Zugehörigkeit seines Autors zum Feld der Positionen erachten kann.[203]

Was Joseph Jurt mit Bourdieu über literarische Gruppen allgemein ausführt, trifft gleichermaßen auf die kleine Kooperation von Freytag und Schmidt zu: „Die Gruppe konstituiert sich als eine strategische Vereinigung, die sich zum Ziel setzt, die Position symbolischer Macht zu erreichen, um so die literarische Legitimität innerhalb des Feldes zu bestimmen."[204] Dabei hat sich anhand des hier untersuchten Feldes gezeigt: Wer in den Definitionskämpfen um eine zeitgemäße Romankonzeption den Anspruch auf eine dominierende Feldposition anmeldet, muss sich gegenüber dem gattungsbestimmenden Vorbild Goethes sowie den infolge des *Wilhelm Meister* geführten ästhetischen Debatten um die poetischen Potentiale des gegenwartsorientierten bürgerlichen Romans positionieren. Weil dies nicht nur Freytag und Schmidt erkannten, sahen sie sich mit konkurrierenden Entwürfen konfrontiert, gegen die sich ihr strategisch polemisches und kompe-

---

202 Peter Uwe Hohendahl: Band 4: 1848–1870. In: Literaturkritik. Eine Textdokumentation zur Geschichte einer literarischen Gattung. Hg. von Alfred Estermann, Vaduz 1984, S. 44.
203 Pierre Bourdieu: Das literarische Feld. In: Pierre Bourdieu: Kunst und Kultur. Kunst und künstlerisches Feld. Schriften zur Kultursoziologie 4. Hg. von Franz Schultheis, Stephan Egger. Konstanz 2011, S. 309–447, hier S. 316. Vgl. dazu auch Bourdieu: Die Regeln der Kunst, S. 368.
204 Joseph Jurt: Das literarische Feld. Das Konzept Pierre Bourdieus in Theorie und Praxis. Darmstadt 1995, S. 161–162.

titives Distinktionsstreben zum Teil noch in viel schärferem Maße richtete als gegen die Gattungstradition. Insbesondere Karl Gutzkow, dem *Die Grenzboten* 1852 erklärten, er habe es „verdient, bis zur Vernichtung verfolgt zu werden",[205] sollte dies zu spüren bekommen.

Im Zentrum der romanpoetischen Diskussionen der Zeit steht die Suche nach einer zeitgemäßen Romanform, die sich vom Modell der egozentrierten Mitsicht des Individualromans löst und stattdessen aus ‚olympischer Perspektive' die Gesellschaft in ihrer ‚Allseitigkeit' – jedoch unter Ausblendung ihrer ‚hässlichen' Seiten – in den Blick nimmt. In Gutzkow finden Freytag und Schmidt nun einen bereits im Feld etablierten Gegenspieler, der seinerseits für sich beansprucht, den „Zwiespalt" des „neueren Romans" zwischen den „Interessen der Welt und des Herzens"[206] aufzulösen und damit eben das, was Hegel als „Konflikt zwischen der Poesie des Herzens und der entgegenstehenden Prosa der Verhältnisse"[207] benannte. Gutzkow bedient sich dabei ähnlicher Argumentationsfiguren wie Freytag und Schmidt, wenn er auf dem zeitgenössischen Feld des Romans die von Goethe hinterlassene Lücke beklagt und indirekt dessen Nachfolge bzw. Überbietung beansprucht;[208] oder wenn er *Die Ritter vom Geiste* als Gegenentwurf zu Goethe, als einen „politischen Wilhelm Meister"[209] und Gesellschaftsroman der Gegenwart positioniert. Mit diesem Werk behauptet Gutzkow zudem die Entwicklung eines ausdrücklich „neuen" Romantypus, den er in Abgrenzung zur individualzentrierten Struktur des Nacheinander als „Roman des Nebeneinander" bezeichnet.[210] Berücksichtigt man darüber hinaus mit Bourdieu Gutzkows

---

[205] [Gustav Freytag/Julian Schmidt]: Für Hrn. Dr. Gutzkow und für Hrn. Heinrich Brockhaus, Redacteur der Deutschen Allgem. Zeitung. In: Die Grenzboten 11 (1852), I. Semester, I. Band, S. 358–360, hier S. 359. Zur Auseinandersetzung mit Gutzkow auf dem Feld des Romans vgl. grundlegend McInnes: Zwischen *Wilhelm Meister* und *Die Ritter vom Geist*.
[206] Karl Gutzkow: Der Mensch des neunzehnten Jahrhunderts. In: Karl Gutzkow: Gesammelte Werke. Band 9: Säkularbilder I, vollständig umgearbeitete Ausgabe. Frankfurt a. M. 1846, S. 15–66, hier S. 54.
[207] Hegel: Vorlesungen über die Ästhetik III, S. 393.
[208] „Unsere classische Literatur hat die vollsten Kränze, die sich noch von Spätlingen erwerben ließen, fast allen Dichtgattungen vorweggenommen. Nur im Roman ließ sie noch mannigfach Gelegenheit zurück, ihr gleichzukommen, wenn nicht sie zu übertreffen. Goethe ist allenfalls der Einzige, der im Roman auch für spätere Zeiten in gewissem Betracht mustergültig geblieben ist." Karl Gutzkow: Vom deutschen Parnaß. III. In: Unterhaltungen am häuslichen Herd 2 (1854), Nr. 18, S. 286–288, hier S. 286.
[209] So Gutzkow im Brief an Levin Schücking vom 5. August 1850. In: Der Briefwechsel zwischen Karl Gutzkow und Levin Schücking. 1838–1876. Hg., eingeleitet und kommentiert von Wolfgang Rasch. Bielefeld 1998, S. 91–93, hier S. 92.
[210] „Der neue Roman ist der Roman des Nebeneinanders." Karl Gutzkow: Der „Roman des Nebeneinander". In: Steinecke: Romanpoetik in Deutschland, S. 113–116, hier S. 114.

‚Kapitalvolumen', seine fest im literarischen Feld der Zeit verankerte, ja mitdominierende und Benennungsmacht beanspruchende Stellung, wird ersichtlich: Wer sich Mitte des 19. Jahrhunderts auf dem Feld des Romans positionieren wollte, musste sich auch gegenüber Gutzkow positionieren.

Was dies konkret für die strategische Positionierung der *Grenzboten* bedeutete, deren Ziel nach Ansicht des Gutzkow-Freundes Feodor Wehl darin bestand, Freytag zum „mustergültige[n] Haupt" realistischer Schreibweisen auszurufen, fasst Wehl wie folgt zusammen: „Damit Freytag glänzen konnte, mußte Gutzkow verschwärzt werden. Und diese Verschwärzung wurde geradezu systematisch betrieben."[211] Die Systematik des von Wehl behaupteten Vorgehens bestätigt und konkretisiert sich beim Blick auf die Quellen darin, dass insbesondere Julian Schmidt in *Die Grenzboten* sowie in seiner regelmäßig überarbeiteten Literaturgeschichte jede Positionierung oder Neuveröffentlichung Gutzkows zum Anlass nimmt, diesem das dichterische Existenzrecht abzusprechen. Interessant hieran ist nicht in erster Linie die Tatsache an sich, sondern sind vielmehr die Verfahren, derer er sich dabei bedient. Über den Eintritt neuer Gruppen in das literarische Feld schreibt Bourdieu in *Die Regeln der Kunst*: „Erlangen sie das Recht auf Existenz, das heißt auf Differenz, dann verändert sich das Universum möglicher Optionen, und bis dahin dominierende Produktionen können beispielsweise deklassiert oder auf den Status von Klassikern verwiesen werden."[212]

Die Deklassierung und das Zurückstufen auf den Status des Klassikers – das sind die bestimmenden Strategien der *Grenzboten,* vor allem Julian Schmidts, gegenüber Gutzkow. Ehe der sog. ‚Grenzbotenstreit' 1852 mit der Besprechung von Gutzkows *Vergangene Tage* (Neuausgabe von *Wally, die Zweiflerin*) richtig beginnt und sogleich eskaliert,[213] führen die *Grenzboten* bereits immer wieder vereinzelte Angriffe gegen den jungdeutschen Dichter. So erklärt Julian Schmidt ihn etwa 1850, dem Jahr des Erscheinens der *Ritter vom Geiste*, bereits zu Lebzeiten zu einem Vergangenen, zum antiquierten Vertreter einer ‚untergegangen' und ‚kranken' jungdeutsch-romantischen Literaturepoche.[214]

Diese Argumentationsfigur lässt sich beispielhaft auch an Schmidts Literaturgeschichtsschreibung der Gegenwart veranschaulichen. Schon in der Auflage von 1853 wird Gutzkow im Text vehement und raumgreifend angegangen und demgegenüber Freytag in der Widmung als „ächte[] Dichterseele" auf dem Feld

---

211 Feodor Wehl. In: Karl Gutzkow. Erinnerungen, Berichte und Urteile seiner Zeitgenossen. Eine Dokumentation. Hg. von Wolfgang Rasch. Berlin/New York 2011, S. 280.
212 Bourdieu: Die Regeln der Kunst, S. 370; vgl. auch: ebd., S. 249.
213 [Julian Schmidt]: Vergangene Tage, von Karl Gutzkow. In: Die Grenzboten 11 (1852), I. Semester, I. Band, S. 216–219.
214 Vgl. Schmidt: Die Märzpoeten, S. 5–13, v. a.: S. 8–9.

der ansonsten ‚armen' Gegenwartsliteratur profiliert.[215] In der Auflage von 1855 dagegen – dem Jahr des Erscheinens von *Soll und Haben* – wird Gutzkow bereits in der erweiterten Widmung als Figur eines verabschiedeten Kunstprogramms dargestellt und in einer Reihe einst „gefeierte[r] Größen" genannt, deren Produkt Schmidt als ‚krankhaft' ausweist.[216] „Ich bekenne", so Schmidt 1855 über einen etablierten Schriftstellerkollegen im Alter von 44 Jahren, „daß mir die Periode unserer Dichtung, in der Gutzkow eine gefeierte Größe war, fast in dem Licht erscheint, wie die Periode Hoffmannswaldau's und Lohenstein's, und daß ich die feste Ueberzeugung habe, noch vor Ablauf eines Menschenalters werde dies Urtheil das allgemeine sein."[217]

Schmidt jedenfalls arbeitete weiter an der Selbsterfüllung seiner Prophezeiung. Ein Jahr später, in der nun dritten Auflage seiner Literaturgeschichte, stellt er fest, Gutzkow sei „überwunden, d. h. an den Platz zurückgedrängt, der ihm zukommt."[218] In der überarbeiteten, fünften Auflage seiner Literaturgeschichte von 1867 schließlich sind die gegenwartsbezogenen Elemente der Vorrede wie die Invektiven gegen Gutzkow und die Widmung an Freytag getilgt; dafür wird der Titel von Gutzkows Programmroman *Die Ritter vom Geiste* hier zur Kapitelüberschrift für eine in der Darstellung Schmidts ‚kranke' Literaturepoche, auf die direkt eine realistische Phase der Genesung folgt, die Schmidt mit *Soll und Haben* überschreibt.[219] 1870 endlich erklärt Schmidt seine Angriffe gegen Gutzkow für beendet, nicht aber aus Reue oder Mitleid mit einem, den es 1865 tatsächlich fast in die (Selbst-)‚Vernichtung' trieb – wofür Feodor Wehl nicht zuletzt *Die Grenzboten* verantwortlich machte[220] –, sondern weil er sich als endgültiger Sieger begreift: „Gutzkow schreibt zwar noch ziemlich viel und ist außerdem als berühmter Schriftsteller der Vergangenheit anerkannt, aber die lebendigen Inter-

---

215 Julian Schmidt: Geschichte der deutschen Nationalliteratur im neunzehnten Jahrhundert. Zweiter Band. Leipzig 1853, S. V. Das gesamte zweite Kapitel zur jungdeutschen Literatur ist dagegen nahezu ausschließlich eine Abrechnung mit Gutzkow; vgl. ebd., S. 63 – 82, S. 88 – 144.
216 Julian Schmidt: Geschichte der Deutschen Literatur im neunzehnten Jahrhundert. Dritter Band: Die Gegenwart. Zweite, durchaus umgearbeitete, um einen Band vermehrte Auflage. Leipzig 1855, S. X.
217 Schmidt: Geschichte der Deutschen Literatur im neunzehnten Jahrhundert. Dritter Band, ²1855, S. XII.
218 Julian Schmidt: Geschichte der Deutschen Literatur im neunzehnten Jahrhundert. Dritter Band: Die Gegenwart. Dritte, wesentlich verbesserte Auflage. Leipzig 1856, S. XIII.
219 Vgl. Julian Schmidt: Geschichte der deutschen Literatur seit Lessing's Tod. Fünfte, durchweg umgearbeitete und vermehrte Auflage. Dritter Band: Die Gegenwart. 1814 – 1867. Leipzig 1867, S. 401 – 564.
220 Vgl. Heinrich Hubert Houben: Aus Gutzkows Theatererinnerungen. [Teil I] In: Bühne und Welt 3 (1900/1901), I. Halbjahr, S. 179 – 186, hier S. 184 – 185.

essen des Tages werden durch seine Thätigkeit nicht mehr berührt, nicht mehr gefährdet."[221]

Die Zeitgenossen haben auch dieses Vorgehen erkannt und kommentiert. So schreibt etwa Fontane 1871 anlässlich einer Theaterkritik von Gutzkows *Der Gefangene von Metz*, Julian Schmidts Literaturgeschichte erzeuge beinahe den Eindruck, „als sei sie um der Bekämpfung Gutzkow's willen geschrieben worden"[222]; und Wilhelm Dilthey nennt das Werk „ein durch und durch polemisches Buch".[223] Mögen die Zeitgenossen das Spiel auch durchschaut haben, sie haben sich mitunter nicht gescheut, die Deutung einer Partei zu übernehmen, so wie Wilhelm Dilthey in seiner Rezension zu Schmidts Literaturgeschichte, 1865 veröffentlicht in den *Preußischen Jahrbüchern*:

> Unsere älteren Leser erinnern sich der Wirkung, welche vor etwa zwanzig Jahren die Grenzboten von Gustav Freytag und Julian Schmidt übten. Sie kämpften im Vordertreffen einer wichtigen Wendung des deutschen Geistes. Wie sie die neu gefundenen Grundsätze handhabten, verbreiteten sie einen panischen Schrecken in den Kreisen der jungdeutschen Schule und unter den letzten Ausläufern der Romantik. Die Analyse war grausam [...]. Aber nothwendig war, daß das geschah.[224]

Ähnlich bewertet ein sich selbst historisch gewordener Gustav Freytag diesen ‚Kampf' 1886 in seinen *Erinnerungen aus meinem Leben*:

> Jetzt wo diese Schwächen und Fehler überwunden oder mit anderen vertauscht sind, wird uns eine unbefangene Beurteilung leichter. Damals galt es, das anspruchsvolle, noch mächtige Schädliche zu beseitigen. Es ist auch nicht richtig, daß durch die Bewegung des Jahres 1848 und deren Folgen bereits eine Besserung bewirkt war, und daß es absterbende Richtungen waren, welchen die Grenzboten den Krieg erklärten. Denn indem Schmidt verurteilte, was in unserer Literatur krank war, wies er auch unablässig auf die Heilmittel hin und wurde dadurch in Wahrheit ein guter Lehrer für die Jüngeren, welche falschen Vorbildern, die in unbekämpftem Ansehen stehen, zu folgen bereit sind.[225]

Was sich hier geradezu so liest, als sei der von Schmidt zum ‚Vorbild' ausgerufene Freytag völlig unbeteiligt an den Vorstößen seines Mitherausgebers gewesen, führt letztlich nur die arbeitsteilige Anlage der *Grenzboten* in Form des beschriebenen

---

221 Julian Schmidt: Bilder aus dem geistigen Leben unserer Zeit. Neue Folge. Leipzig 1871, S. 422.
222 Th[eodor]. F[ontane]: Königliche Schauspiele. In: Vossische Zeitung, Nr. 12 (12.01.1871), 1. Beilage, S. 4–5.
223 [Wilhelm Dilthey]: Notizen [Rez.]. In: Preußische Jahrbücher 16 (1865), Heft 4, S. 401–403, hier S. 401.
224 [Wilhelm Dilthey]: Notizen [Rez.], S. 401.
225 Freytag: Erinnerungen aus meinem Leben, S. 162–163.

Wechselspiels von Dichtung und Kritik sowie wechselseitiger Selbstkonsekration fort. Die Argumentationsfiguren, die hierbei von Freytag und Schmidt bemüht werden, sind nach Bourdieu für das Feld der Wissenschaft und der Kultur charakteristische. Für diese Felder, deren Logik in Abgrenzung zum Feld der Ökonomie und seiner Ordnungslogik funktioniert, ist die „*illusio*" einer „antiökonomischen Ökonomie[]" konstitutiv[226] – ein Gestus, der vorgibt, ausschließlich im Dienste einer höheren Wahrheit zu stehen, auch dann, wenn es um das Erringen von Kapitalien geht.

Nun kann man diese ‚illusio' zwar durchschauen und dennoch an sie glauben, bei Schmidt allerdings wird das Argumentationsprinzip eines ‚Interesses nur an der Interesselosigkeit',[227] einer vermeintlich uneigennützigen Verpflichtung auf die Wahrheit so inflationär benutzt, dass jedenfalls die Opfer seiner Kritik nicht mehr daran glauben mochten. Auf den Vorwurf seiner Kritiker, Gutzkow aus einer politischen Parteiposition heraus verrissen zu haben, antwortet Schmidt, weil seine Partei durch „eine Idee getragen" werde, sei er „den Personen gegenüber völlig unbefangen" und überhaupt seien „[d]as Schöne, das Gute, das Wahre" bei ihm „nicht von einander zu trennen."[228] In ähnlicher Form – mit Bourdieu: im „Schein von positivistischer Unschuld"[229] – reagiert Schmidt, der im Fall von Gutzkows *Der Zauberer von Rom* auch vor einer bewusst verfälschenden ‚Inhaltsangabe' nicht zurückschreckt,[230] auf einen Gegenangriff („Abfertigung eines ästhetischen Kannegießers") des vielfach von ihm angegangenen Friedrich Hebbel. Diesem setzt er auseinander, er vertrete nur die Werte und Interessen des Publikums, das durch seine Darstellung der wesentlichen Merkmale eines Werks zu eigenen Urteilen befähigt werde.[231] Dazu merkt Hohendahl an: „Praktisch jedoch spielt das Publikum kaum noch eine Rolle. Am Gespräch der Zeitungen und Zeitschriften ist es nur passiv beteiligt. So muß der Konsensus, den Schmidt stillschweigend als Kriterium der Wahrheit unterstellt, durch die Autorität des

---

226 Bourdieu: Vom Gebrauch der Wissenschaft, S. 27; vgl. auch: Bourdieu: Die Regeln der Kunst, S. 360–365.
227 Bourdieu: Die Regeln der Kunst, S. 342. Siehe dazu auch: Bourdieu: Vom Gebrauch der Wissenschaft, S. 27.
228 Julian Schmidt: Geschichte der Deutschen Literatur im neunzehnten Jahrhundert. Dritter Band: Die Gegenwart. Dritte, wesentlich verbesserte Auflage. Leipzig 1856, S. XIV.
229 Pierre Bourdieu: Die historische Genese einer reinen Ästhetik. In: Pierre Bourdieu: Kunst und Kultur. Kunst und künstlerisches Feld. Schriften zur Kultursoziologie 4. Hg. von Franz Schultheis, Stephan Egger. Konstanz 2011, S. 289–307, hier S. 301.
230 Vgl. Rasch: Karl Gutzkow, S. 559.
231 Vgl. Julian Schmidt: Julia. Trauerspiel von Hebbel. In: Die Grenzboten 10 (1851), I. Semester, I. Band, S. 493–504. Vgl. dazu: Hohendahl: Band 4: 1848–1870, S. 34–37.

Rezensenten ersetzt werden."²³² Bemerkenswert ist in diesem Zusammenhang, dass Gutzkow z. B. in einer Besprechung von *Soll und Haben* ganz ähnlich argumentiert:

> Unsere Leser, die wir mit kritischem Hader sonst verschonen, können verlangen, daß bei einer solchen Gelegenheit die Merkmale Dessen, was sich so bewußt als das *im Roman einzig ästhetisch Richtige* angibt, genannt und geprüft werden, und das nicht etwa um unsert- oder um des Herrn Freytag willen, sondern um einer festzustellenden Wahrheit willen.²³³

Hinter den Kulissen zeigt sich jedoch bisweilen die agonale Logik, das andere Gesicht des „doppelgesichtig[en]" Positionskampfes in den Feldern von Kultur und Wissenschaft.²³⁴ Als Freytag z. B. im Oktober 1858 von seinem Verleger Salomon Hirzel erfährt, dass Robert Prutz in seiner Zeitschrift *Deutsches Museum* ein Porträt über ihn veröffentlicht hat, vermutet er dahinter – ohne den Text gelesen zu haben – eine von Gutzkow diktierte Polemik und fordert seinen Verleger sogleich auf: „Da jetzt der Gutzkowsche Roman erscheint, so muß ein Niederschmettern friedlicher Gewalten statt finden."²³⁵ In welcher Weise der Text von Prutz nun genau argumentiert, spielt für die agonale Logik der Akteure dabei ebenso wenig eine Rolle wie die schlichte Tatsache, dass Freytags und Gutzkows Romankonzepte sowie ästhetische Überzeugungen letzlich mehr Gemeinsamkeiten als Unterschiede aufweisen:

> Die Logik des Kampfs und der Spaltung in antagonistische Lager, die sich über die objektiv gebotenen Möglichkeiten entzweien – so sehr, dass jedes Lager nur einen kleinen Bruchteil dieser Möglichkeiten sieht oder sehen will – kann Optionen, die logisch mitunter überhaupt keinen Gegensatz bilden, als unvereinbar erscheinen lassen. Da jedes Lager sich selbst als Lager durch die Behauptung eines Gegensatzes setzt, kann es die Grenzen, die es sich mit eben diesem Setzungsakt auferlegt, nicht wahrnehmen.²³⁶

In diesem Sinne veranlassen der ‚Grenzbotenstreit' und das Erscheinen von *Soll und Haben* das literarische Feld der Jahrhundertmitte zu neuen Grenzziehungen und Positionierungen. Die Feldkämpfe um den zeitgemäßen bürgerlichen Roman

---

232 Hohendahl: Band 4: 1848–1870, S. 37.
233 Karl Gutzkow: Ein neuer Roman. I. In: Unterhaltungen am häuslichen Herd 3 (1855), Nr. 35, S. 558–560, hier S. 558 (Hervorhebung im Original).
234 Bourdieu: Vom Gebrauch der Wissenschaft, S. 27.
235 Freytag an Salomon Hirzel am 7. Oktober 1858. In: Freytags Briefe an die Verlegerfamilie Hirzel. Band 1: 1853–1864. Hg. von Margarete Galler, Jürgen Matoni. Berlin 1994, S. 158–159, hier S. 159.
236 Bourdieu: Für eine Wissenschaft von den kulturellen Werken, S. 63. Vgl. auch: Bourdieu: Zur Soziologie der symbolischen Formen, S. 99.

erweisen sich mithin als romanästhetisches Schibboleth. Weil ästhetische Schulen und Normen Akkumulationsorte symbolischen, ökonomischen und sozialen Kapitals sind, werden deren Richtungskämpfe zu „Brennpunkte[n] der polemischen Auseinandersetzung".[237] „Das Gespräch über *Soll und Haben* ist das Gegenstück zu der Debatte über *Die Ritter vom Geiste*. Wer Gutzkows Roman verurteilte, lobt das Freytagsche Werk, wer für den Gesellschaftsroman des Nebeneinander eintrat, findet sich unter den Kritikern Freytags."[238] Aus feldtheoretischer Perspektive ist das in mehrfacher Hinsicht interessant. Geht man von Bourdieus Beschreibung des Feldes als „Kraftfeld" oder „Kampffeld" aus,[239] so erscheinen die genannten Debatten nicht nur in der Tat wie Ereignisse, die das ganze Feld in Bewegung bringen und damit die Feldteilnehmer wie in Schwingung versetzte Teilchen zur Neuausrichtung, d. h. Positionierung, veranlassen. Auch ist auffällig, dass die Kriegs- und Kampfmetaphorik, wie sie Bourdieu gern verwendet, hier außerordentlich häufig auf Quellenebene zu finden ist. Nicht allein Freytag sprach in seinen *Erinnerungen* von einem „Krieg"[240], der mit beiden Kontrahenten bekannte Eduard Devrient notiert am 2. März 1852 in seinem Tagebuch:

> Auf dem Zeitungsmuseum die Fehde zwischen den „Grenzboten" und Gutzkow verfolgt. Ein interessanter Kampf. Gutzkow mit seiner blitzenden Stichwaffe immer um den Gegner herumspringend, hie und da eine schwache Seite erlistend und ihm die Haut ritzend, jener, fest stehend, eine Keule in der Hand, wovon jeder Schlag eines seiner Glieder bricht.[241]

Was dem vergleichsweise unbeteiligten Devrient noch wie ein unterhaltsames Schauspiel erscheint, bedeutet für einige der beteiligten Dichter und Kritiker tatsächlich nichts anderes als ‚Krieg' – ein Krieg allerdings, der die ‚Schlachtordnungen', Abhängigkeiten und Mechanismen des literarischen Feldes dabei selbst schon zum Thema macht.

Friedrich Pletzer etwa sieht im „Erscheinen eines Buches von Gustav Freytag oder Julian Schmidt [...] ein Signal zum Waffenangriff auf die stolze Feste, welche allwöchentlich ihre mörderischen Geschosse entsendet" und beklagt den „grimmen Rachechor" im „Kriegsschauspiel" der *Soll und Haben*-Rezensenten. Er sieht sich daher veranlasst, dem Leser einen „Blick auf das Schlachtfeld [zu] eröffnen" und stellt – in vermeintlich „ruhige[r] Würdigung" des Buches fest: „Die heutige

---

237 Hohendahl: Band 4: 1848–1870, S. 59.
238 Hohendahl: Band 4: 1848–1870, S. 68.
239 „Die sozialen Felder bilden Kraftfelder, aber auch Kampffelder, auf denen um die Wahrung oder Veränderung der Kräfteverhältnisse gerungen wird." Pierre Bourdieu: Sozialer Raum und ‚Klassen'. Leçon sur la leçon. Zwei Vorlesungen. Frankfurt a. M. 1985, S. 74.
240 Freytag: Erinnerungen aus meinem Leben, S. 162–163.
241 Eduard Devrient. In: Karl Gutzkow. Hg. von W. Rasch, S. 275.

Kritik ist durch Parteiungen und Coterien, durch Haß und Neid so zerrissen und zerklüftet, daß sie den Mann weit mehr in's Auge faßt als das Buch".[242] Durch Pletzers Artikel sieht sich u. a. Robert Giseke zu einer Reaktion gezwungen. Giseke erinnert ihn an die „moralische[] Todtschlägerei, mit der die Grenzboten gegen Gutzkow verfuhren und ihm nicht nur Bildung, Talent und grammatikalische Satzbildung, nein auch, Anstand, Charakter und Ehre absprachen".[243] Zwar nicht in den konkret von Pletzer angesprochenen Beispielen, doch grundsätzlich teilt er dessen Diagnose einer zunehmenden Parteilichkeit der Kritik, fragt aber:

> Wer [hat] den Haß zuerst angeschürt? Wer besitzt im Augenblick die einzige, geschlossene, organisirte Coterie, deren Glaubensbekenntniß ist, daß alle deutschen Schriftsteller Lumpen sind, Gutzkow noch etwas Schlimmeres, und daß ihre Mitglieder immer allein Recht haben?[244]

Schließlich wirft Giseke Pletzer vor, selbst im „Heerlager der Grenzboten" zu stehen und wendet dessen Parteilichkeitsvorwurf gegen ihn, indem er rhetorisch nach den Gründen fragt:

> [K]önnte man dann nicht Ihr eignes, merkwürdiges, Sie offenbar zu Unbesonnenheiten verleitendes Feuer für „Soll und Haben" als eine unbewußte Folge jenes Lobes ansehen, das die Grenzboten Ihnen einst gespendet haben sollen? Ja, könnte man nicht selbst dieses Ihnen gespendete Lob als Beabsichtigung dieses Ihres Feuers auslegen?[245]

Dieser Schlagabtausch ist repräsentativ für die zahlreichen Debattenbeiträge zu Gutzkows und Freytags Romanen insgesamt. Er ist dies einerseits, weil er den Blick freigibt auf ein ausdifferenziertes, sich professionalisierendes literarisches Feld, in dem man sich in ausgeprägter Binnenkommunikation kontinuierlich auf sich selbst und andere Feldteilnehmer bezieht. Er ist es andererseits, weil die Feldteilnehmer sich in diesen Debatten beständig gegenseitig die Professionalität und Autonomie des Urteils absprechen. Solches über die Jahre zu beobachtende Wechselspiel von Angriff und Gegenangriff, von Rezension und Gegenrezension veranlasst Adolph Kolatschek, den Herausgeber der Monatsschrift *Stimmen der Zeit*, 1859 in dem Aufsatz „Literarische Koterien" dazu, die Parteilinien des Feldes

---

[242] Alle Zitate: Friedrich Pletzer: Gustav Freytag als Romandichter. In: Bremer Sonntagsblatt 3 (1855), Nr. 31, S. 244–246, hier S. 244–145.
[243] Robert Giseke: An Herrn Dr. Friedrich Pletzer, Redacteur des Bremer Sonntagsblattes. Ein offener Brief. In: Novellen-Zeitung 1 (1855), Dritte Folge, Nr. 35 (29. August 1855), S. 143–144, hier S. 143.
[244] Giseke: An Herrn Dr. Friedrich Pletzer, S. 144.
[245] Giseke: An Herrn Dr. Friedrich Pletzer, S. 144.

genau zu sezieren und dabei auch eine Gruppe einzubeziehen, die scheinbar gar nicht beteiligt ist:

> [E]in beständiges Werben und Wühlen hinüber und herüber, beide Parteien haben ihre Journale, die Schriftsteller, die von ihnen abhängen [...]. Fern von dem Getümmel hält sich die Genossenschaft der absoluten Idealisten, deren Hauptquartier in München [gemeint ist der Münchner Dichterkreis um Geibel und Heyse, P.B.]. So still sie scheint, so thätig wirbt sie Anhänger in jenen vornehmen, ausschließlichen Kreisen, deren Bedürfnis [...] sie erfüllt, ja aus dem sie entstanden. Auch sie versuchen sich in kritischen Excursen, [...] aber zumeist ist es ihnen um die Bewunderung ihrer königlichen und fürstlichen Freunde, die Neigung der Frauen und Akademiker zu thun. In ihnen gipfelt sich die Koterie, sie sind allein für sich [...].[246]

Dass auch die vermeintliche Nichtpositionierung eine Positionierung bedeutet, dass das hier zu beobachtende Verhalten, der Exklusivitätsanspruch der Münchner, sich aus einem elitären Habitus erklären lässt, der wiederum durch eine bestimmte soziale Schicht von Unterstützern und durch ein spezifisches Publikum bedingt ist – das alles sind Beobachtungen einer Feldanalyse *avant la lettre*. Ganz in einem proto-feldsoziologischen Sinne führt Kolatschek als Ursache für die Zunahme *von* sowie das erhöhte Interesse *an* „Streitigkeiten der Literaten" den Prozess der Verbürgerlichung der Literatur und des literarischen Marktes an, also die Entstehung eines allgemeinen Feldes der Literatur.[247] Diese Entwicklung gehe mit dem Verlust einer „Wahrheit", dadurch aber zugleich mit einer größeren Vielfalt sowie Erweiterung der ästhetischen Formen und Ansichten einher; daraus wiederum ließen sich die „Hetairien" und „Koterien" erklären.[248] Die Parteibildungen auf dem Feld und ihre Mechanismen, nach denen z. B. „ein mittelmäßiges Buch eines streitbaren Klopffechters gepriesen, der Aufsatz eines Andern für das Parteiorgan angenommen, [...] Journalisten [...] zum Kampf eingeladen werden", führt Kolatschek auf einen letzten Grund zurück, den er als die „Lorbeeren des Miltiades" bezeichnet:[249] „Darum muß geworben, geschrieben, die ganze Schaar der Leichtbewaffneten um jeden Preis vorwärts getrieben werden, [...] nur um Marathon ein Salamis gegenüberstellen zu können."[250] Es geht also mit Bourdieu um symbolisches Kapital und den Versuch, ‚Geschichte' bzw. ‚Epoche zu

---

246 Adolph Kolatschek: Literarische Koterien. In: Stimmen der Zeit. Monatsschrift für Politik und Literatur 1 (1859), Band I, S. 54–60, hier S. 58–59.
247 Vgl. Kolatschek: Literarische Koterien, S. 54.
248 Kolatschek: Literarische Koterien, S. 54–55.
249 Kolatschek: Literarische Koterien, S. 58.
250 Kolatschek: Literarische Koterien, S. 58.

machen'[251] – ein Ziel, das in der hier vertretenen Logik nur über Kampf und Distinktion erreicht werden kann.

> Die Spieler sind im Spiel befangen, sie spielen, wie brutal auch immer, nur deshalb gegeneinander, weil sie alle den Glauben (*doxa*) an das Spiel und den entsprechenden Einsatz, die nicht weiter zu hinterfragende Anerkennung teilen, [...] und dieses *heimliche Einverständnis* ist der Ursprung ihrer Konkurrenz und ihrer Konflikte.[252]

In allzu feldbestimmender Feindschaft und Parteinahme, kurz: einer zunehmend heteronomen oder zumindest heteronom scheinenden Kritik, sieht Kolatschek letztlich eine Gefahr hin zur „Entwürdigung unserer Literatur".[253] Er spricht damit eine Warnung aus, die sich in zahlreichen Debattenbeiträgen jener Jahre so oder so ähnlich findet und die z. B. bei Robert Giseke dazu führt, dass er dem öffentlich adressierten Friedrich Pletzer am Ende die Hand zur Versöhnung reicht, ja dazu aufruft, „[d]en öffentlichen Anstand in unseren literarischen Verhältnissen aufrecht zu erhalten" und „an die Literatur, an die Unpersönlichkeit der Kritik zu glauben."[254] Was demnach hier auf dem Spiel steht, ist nichts Geringeres als das Spiel selbst bzw. jene feldkonstitutive „illusio", die „Voraussetzung für das Funktionieren eines Spiels und zugleich [...] auch sein Ergebnis" ist.[255] Diese „Sichtweise, [...] auf der die Existenz des Feldes beruht", besteht darin, „das Spiel der Kunst als Kunst zu spielen, das sich von der gewöhnlichen Sichtweise und von den merkantilen Zwecken und der Käuflichkeit der ihr Dienstbaren absetzt".[256] Weil alle das Interesse teilen, dass das Feld funktioniert, gerät die Auseinandersetzung der Kritik so zum Teil zur Auseinandersetzung über die Kritik, die metakritisch ihre Prinzipien und den Grad ihrer Autonomie reflektiert.[257]

Was der österreichische Publizist Kolatschek 1859 aus der Fernsicht präzise aber selbst nicht unpolemisch analysiert hat, stellt sich für die unmittelbar involvierten Akteure des Feldes in der Nahsicht als Kampf der Positionierungen dar, der das Feld strukturiert und zu dem sich verhalten muss, wer als zum Feld zugehörig gelten will. Erst die simple Tatsache, Teil des Kampfes zu sein, anzugreifen

---

251 Bourdieu: Für eine Wissenschaft von den kulturellen Werken, S. 70; Bourdieu: Die Regeln der Kunst, S. 249.
252 Pierre Bourdieu, Loïc Wacquant: Reflexive Anthropologie. Frankfurt a. M. 1996, S. 128 (Hervorhebungen im Original).
253 Kolatschek: Literarische Koterien, S. 58.
254 Giseke: An Herrn Dr. Friedrich Pletzer, S. 144.
255 Bourdieu: Die Regeln der Kunst, S. 360.
256 Bourdieu: Die Regeln der Kunst, S. 354.
257 Vgl. dazu auch Hohendahl: Literarische Kultur im Zeitalter des Liberalismus, S. 142–143.

oder bekämpft zu werden, bedeutet, als Feldteilnehmer anerkannt zu werden.[258] In einer solchen Phase der Positionsfindung kann man Fontane während seiner Arbeit an der *Soll und Haben*-Rezension beobachten. Theodor Storm, der sich darüber ärgert, von den *Grenzboten* nicht wahrgenommen zu werden, macht diesen brieflich auf Gutzkows Verriss des Romans aufmerksam und bekundet dabei eindeutig Sympathie für Gutzkows Position.[259] Auch Friedrich Eggers informiert Fontane, den er „schon tief in dem Artikel über ‚Soll und Haben' währn[t]", über Gutzkows Besprechung und fragt ihn sogleich, „ob dahin nicht ein Hiebchen zu führen sei".[260] Was Eggers hier offensichtlich im Sinn hat, ist ein Revancheakt gegen Gutzkow, der das von Fontane mitherausgegebene Jahrbuch *Argo* im Dezember 1853 heftig kritisierte.[261] Und wirklich schlägt Fontane mit seiner Besprechung von Freytags Roman direkt in Richtung Gutzkows, wenn es dort heißt: „Wir halten uns nicht auf mit einer mißgünstigen Kritik, die diesem Roman alle Tendenz (im guten Sinne des Wortes) abgesprochen hat."[262] Im Briefwechsel mit Storm kritisiert Fontane in erster Linie die Form von Gutzkows Kritik, so unter Berufung auf Franz Kugler: „Gutzkow habe im Wesentlichen […] recht, aber die Art, wie er dies sein Recht ausspricht, bringe ihn um das letzte Jota desselben."[263]

Tatsächlich zeugt Gutzkows Polemik von den Verletzungen, die ihm *Die Grenzboten* zuvor zugefügt hatten. Dabei treibt Gutzkow in seinen Besprechungen eine argumentative Strategie auf die Spitze, mit der schon *Die Grenzboten* gegen ihn Position bezogen. Warfen diese Gutzkow ausgerechnet anlässlich seines realistischen Programmromans *Die Ritter vom Geiste* vor, „einen der Wirklichkeit widersprechenden Roman" verfasst zu haben,[264] wendet nun Gutzkow den Markenkern der *Grenzboten* gegen dieselben, wenn er *Soll und Haben* als nicht im eigentlichen Sinne „realistisch" bewertet, wenn er Freytag die „Verirrung zu einem alten romantischen Zopf" vorhält oder wenn er ihm mit dem Vorwurf, „Daguerreotypen einer alltäglichen Wirklichkeit", produziert zu haben die Fähigkeit zur

---

258 Vgl. Bourdieu: Die Regeln der Kunst, S. 357.
259 Vgl. Theodor Storm an Theodor Fontane am 14. Juni 1855. In: Karl Gutzkow. Hg. von W. Rasch, S. 304.
260 Friedrich Eggers an Theodor Fontane am 20. Juni 1855. In: Karl Gutzkow, S. 305.
261 Vgl. Karl Gutzkow: Vom deutschen Parnaß. I. In: Unterhaltungen am häuslichen Herd 2 (1853), Nr. 11 (10. Dezember), S. 174–176.
262 Fontane: [Rez.] Soll und Haben, S. 62.
263 Theodor Fontane an Theodor Storm am 22. Juli 1855. In: Karl Gutzkow. Hg. von W. Rasch, S. 305.
264 [Julian Schmidt]: Die Ritter vom Geist. In: Die Grenzboten 11 (1852), I. Semester, II. Band, S. 41–63, hier S. 45.

Poetisierung grundsätzlich abspricht.²⁶⁵ Für Fontane und seine ‚Vision' des Feldes schien „die Doppelration Gutzkowscher Gereiztheit"²⁶⁶ offenbar schon der Form nach nicht anschlussfähig zu sein. Möglicherweise zeigt sich hierin schon das, was Bourdieu als „Spielsinn" bezeichnet. Demnach beobachtet Fontane das Feld „[w]ie ein Rugbyspieler", der „weiß, wohin der Ball fliegen wird und sich bereits dort befindet, wenn er zu Boden fällt"²⁶⁷ – der vielleicht bereits absehen kann, dass wer hier auf Gutzkow setzte, sich kaum zur Gewinnerseite würde zählen können.

Fontane jedenfalls hat seine Parteinahme für Freytags Roman nicht geschadet. Julian Schmidt hat Formulierungen aus Fontanes Rezension indirekt in seiner Literaturgeschichte zitiert;²⁶⁸ und wie u. a. der Beginn dieses Beitrags belegt, wurde diese Besprechung, die sich heute in jeder Anthologie zur Romantheorie findet, gewissermaßen zusammen mit dem Roman kanonisiert. Mag Gutzkow sowohl nach dem „Prinzip der externen Hierarchisierung" als auch nach dem „Prinzip der internen Hierarchisierung", wie sie Bourdieu für das literarische Feld unterscheidet,²⁶⁹ zeitgenössisch als Verlierer aus der Auseinandersetzung mit Freytag und Schmidt hervorgegangen sein, so hat sich damit doch eine neue Position für ihn ergeben, die möglicherweise auf Dauer sogar höhere Kapitalgewinne verspricht. Nicht zuletzt nämlich durch die massiven Kritiken der *Grenzboten*-Herausgeber sowie Gutzkows eigene Klagen, mit seinem innovativen Romankonzept „nur von wenigen kritischen Berichterstattern verstanden"²⁷⁰ worden zu sein und gegenüber der „epidemisch geworden[en]" Kritik Schmidts „allein" zu stehen,²⁷¹ konnte Gutzkow als Märtyrer und verkannter Solitär, als „artiste maudit" eine Position beziehen, die nach Bourdieu zeigt, dass der Geächtete nicht zwangsläufig ein Gescheiterter sein muss.²⁷²

Seine Position unterscheidet sich jedenfalls deutlich von der Freytags als Inbegriff des bürgerlichen Erfolgsschriftstellers. Rief dieser Gutzkow und den Romanschriftstellern 1853 zu: „Wer uns schildern will, muss uns aufsuchen in

---

265 Karl Gutzkow: Ein neuer Roman. II. In: Unterhaltungen am häuslichen Herd 3 (1855), Nr. 36, S. 572–576, hier S. 573–574, 574. Karl Gutzkow: Der Roman und die Arbeit. In: Unterhaltungen am häuslichen Herd 3 (1855), Nr. 44, S. 702–703, hier S. 703.
266 Theodor Fontane an Theodor Storm am 22. Juli 1855. In: Karl Gutzkow. Hg. von W. Rasch, S. 305.
267 Bourdieu: Vom Gebrauch der Wissenschaft, S. 24.
268 Vgl. Julian Schmidt: Geschichte der deutschen Literatur seit Lessing's Tod. Vierte, durchweg umgearbeitete und vermehrte Auflage. Dritter Band. Leipzig 1858, S. 414.
269 Bourdieu: Die Regeln der Kunst, S. 345.
270 Gutzkow: Vom deutschen Parnaß. III, S. 288.
271 So nach Bericht von Alfred Meissner. In: Karl Gutzkow. Hg. von W. Rasch, S. 319–320.
272 Bourdieu: Die Regeln der Kunst, S. 347.

unserer Stube, in unserem Comptoir", so rief der österreichische Schriftsteller Hieronymus Lorm Gutzkow einen Satz nach, der auch auf Dauer maximale Distinktion gegenüber dem Gegenspieler garantierte: „Die Literatur" – so heißt es dort – „war ihm eine Kirche und nicht ein Comptoir."[273] Solcher Unterscheidung folgend sieht der Naturalist Carl Bleibtreu 1912 in Freytag nur noch einen „schmucken Vollblutrenner", der zwar auf der „irdischen Erfolgrennbahn" alle Rekorde gebrochen habe, aber letztlich ein ‚Ross ohne Flügel' sei und es daher, so legt Bleibtreu nahe, nicht in den ‚Dichterolymp' schaffen werde. Gutzkows „Andenken" dagegen bleibe „für immer bestehen."[274] Wenngleich sich die Kanonisierungsverhältnisse im ‚Werk- und Autor-Raum' heute nicht ganz so eindeutig darstellen, so hat dieser sich doch gegenüber dem Ende des 19. Jahrhunderts in Bezug auf die Antagonisten Freytag und Gutzkow deutlich verändert. Während von Freytag, polemisch gesprochen, lediglich ein gleichschenkliges Dreieck und eine nicht endende Antisemitismus-Debatte geblieben sind, ja *Soll und Haben* einige Jahre gar nicht im Buchhandel erhältlich war, ist zu Gutzkow etwa eine umfangreiche wissenschaftliche Bibliographie entstanden[275] und wird bereits seit 2001 an einer aufwendigen kommentierten Ausgabe seiner Werke und Briefe gearbeitet.[276] Vielleicht besteht das eigentlich Spannende von Bourdieus Ansatz damit gerade in jenem sich ändernden Blick auf den Raum der Werke, der sich allein mit dem Paradigma von Kampf und Autorstrategie nicht restlos erklären lässt. Was demnach das Feld der Kultur so faszinierend macht, ist eine Logik, die jederzeit die Möglichkeit zur Umkehr ihrer bisherigen Hierarchisierungsprinzipien offenhält – und nach der schließlich auch der Verlierer zum eigentlichen Gewinner werden kann.[277]

---

273 Hieronymus Lorm. In: Karl Gutzkow. Hg. von W. Rasch, S. 441.
274 Carl Bleibtreu: Geschichte der deutschen National-Literatur von Goethes Tode bis zur Gegenwart. Berlin 1912, S. 155, S. 64.
275 Wolfgang Rasch: Bibliographie Karl Gutzkow. 2 Bände, Bielefeld 1998.
276 Gutzkows Werke und Briefe. Kommentierte digitale Gesamtausgabe. Hg. vom Editionsprojekt Karl Gutzkow. Münster 2001 ff.
277 So in Anlehnung an: Bourdieu: Das literarische Feld, S. 327.

Lynne Tatlock
Zwischen Bildungsroman und Liebesroman

Fanny Lewalds *Die Erlöserin* im literarischen Feld
nach der Reichsgründung

In diesem Beitrag möchte ich die Positionierungsstrategie Fanny Lewalds im literarischen Feld nachzeichnen, die die Gattungskonstitution ihres 1873 veröffentlichten Romans, *Die Erlöserin*, mitgestaltet hat. Wie zu zeigen sein wird, entstand dieser Roman *aus* und zirkulierte *in* einem ausdifferenzierten Kräftefeld, in dem einerseits die demokratisierende Tendenz des (internationalen) Literaturbetriebs und andererseits die elitären Vorstellungen und Standards der anspruchsvolleren literarischen Kultur wirksam waren. Er zeigt Ähnlichkeiten zu beidem: zur erfolgreichen Populärliteratur – Liebesromanen, die zumeist aus weiblicher Feder stammten – einerseits und zur weitgehend männlich kodierten und von Männern produzierten ‚gehobenen' literarischen Tradition andererseits, aus der der Bildungsroman entstand (und von der er auch handelt). Ein zentrales Thema des Romans ist die Vorstellung der Bildung in genau diesem Sinne: d. h. der Erwerb von Wissen über die klassische Tradition der Hochkultur. Darüber hinaus zeigt sich im Bildungsideal als strukturbildendes Moment für die Erzählung eine Vielzahl verschiedener Einflüsse, darunter die Frauenfrage und das erneute Interesse an der Etablierung eines nationalen Kanons, das sich seit der Reichsgründung und der Vereinigung der deutschen Staaten erkennen lässt. Indem sie an die Idee der Bildung und die Gattung des Bildungsromans anschließt, beteiligt sich Lewald an einer männlich konnotierten literarischen Sphäre und bedient sich entsprechender literarischer Konventionen und Ideen, die sie dann in eine häusliche Romanze kleidet, um ihr breiteres, weitgehend weniger gebildetes Publikum zu unterhalten und zu belehren.[1]

I

Die Erlöserin erschien in fünfzehn Folgen im zehnten Band von Otto Jankes *Roman-Zeitung* an der Seite von längst vergessenen Texten von Georg Hesekiel, Balduin

---

[1] Zum Bildungsroman und dem Geschlecht der Hauptfigur siehe Todd Kontje: The German Bildungsroman. History of a National Genre. Columbia, South Carolina, 1993, S. 102–109, und Susan Fraiman: Unbecoming Women. British Women Writers and the Novel of Development. New York 1993, S. 1–31.

DOI 10.1515/9783110478747-007

Möllhausen, Max Ring, Marie Widdern, Philipp Galen, Robert Springer, Erwin Schliebe und Robert Schweichel. Obwohl die Zeitschrift sich rühmen konnte, auch heute noch dem Namen nach bekannte Autoren wie Louise von François, Peter Rosegger, Felix Dahn, Karl Emil Franzos, Adolf Glaser, Rudolf von Gottschall, Karl Gutzkow, Paul Heyse und Wilhelmine von Hillern publiziert zu haben, schafften es nur die Werke von Wilhelm Raabe, Hermann Bang und J. P. Jacobsen in den literarischen Kanon – die Übersetzungen aus dem Dänischen bilden eine Ausnahme zu dem sonstigen Angebot an deutschsprachiger Literatur, das in der *Deutschen Roman-Zeitung* erschien. Wenn auch die Auflage der *Roman-Zeitung* nicht so hoch war wie die der *Gartenlaube*, so betrug sie doch immerhin 15.000 Exemplare.[2] Indem er zeitgenössische deutschsprachige Romane durch dieses an der Kaufkraft seiner Leser orientierte Unternehmen einem größeren Lesepublikum zugänglich machte, gelang es Janke, „dem ‚Deutschen Original-Roman' zum Durchbruch [zu] verhelfen".[3] Die amerikanische Rezeption war auch an diesem Durchbruch beteiligt, aber in einer eher fragwürdigen Art und Weise, denn einige dieser Romane wurden ohne die Genehmigung des deutschen Verlags ins Amerikanische übersetzt und über Jahrzehnte dort gern gelesen – darunter auch Lewalds *Die Erlöserin* unter dem Titel *Hulda*.

Beginnen möchte ich deshalb in den Vereinigten Staaten, wo *Hulda* in einer Reihe, betitelt *popular novels from the German*, bei dem amerikanischen Verlag Lippincott in amerikanischer Übersetzung erschien und somit als ein übersetzter deutscher Populärroman zusammen mit anderen Romanen von deutschen Schriftstellerinnen wie zum Beispiel Eugenie Marlitt, Elisabeth Werner, Valeska Gräfin Bethusy-Huc, Ursula Zoege von Manteuffel, Wilhelmine Heimburg und Wilhelmine von Hillern rezipiert wurde,[4] denn die amerikanische Rezeption dieser

---

2 Monika Estermann, Stephan Füssel: Belletristische Verlage. In: Geschichte des deutschen Buchhandels im 19. und 20. Jahrhundert. Bd. 1, Teil 2. Hg. von Georg Jäger. Frankfurt a.M. 2003, S. 164–299, hier S. 200, 204.
3 Estermann, Füssel: Belletristische Verlage, S. 200–202.
4 So zirkulierte dieser Roman ohne seinen Kontext im Bourdieu'schen Sinne. Solche Romane, so Bourdieu, „bergen das Produktionsfeld, aus dem sie entstehen, nicht in sich" („don't bring with them the field of production of which they are a product", S. 221) und werden also neu interpretiert, „der Struktur des Rezeptionsfelds entsprechend" („in accordance with the structure of the field of reception", S. 221). Bourdieu zufolge bekommt der importierte Text somit „noch ein weiteres Etikett" („another new label", S. 224); der Buchdeckel fungiert als „eine Art von Markennamen" („a sort of brand name", S. 224). Während Bourdieu in diesem Essay auf Missdeutungen im neuen Kontext im negativen Sinn eingeht, gehe ich im Folgenden davon aus, dass die Rezeption eines Werkes zum Teil eben wegen solcher Missdeutungen in dem neuen Kontext unseren Blick für das Entstehungsfeld verschärft. Pierre Bourdieu: The Social Conditions of the

Romane macht die Ähnlichkeiten von *Die Erlöserin* mit Romanen verschiedener Art sichtbar. Einerseits entspricht Lewalds Roman den Themen, Konventionen und Formen der deutschen literarischen Tradition sowie den Anliegen der deutschen Zeitgeschichte, andererseits gehört er zum Genre der populären Literatur, die – weil unmarkiert – recht einfach nationale und sprachliche Grenzen überschreitet.[5]

1871 bemerkte ein amerikanischer Rezensent in *The Nation* „Familienähnlichkeiten" in einer Reihe von deutschen Romanen, die kurz zuvor von Annis Lee Wister übersetzt worden waren. Wister, so der Rezensent, „hat sich beinahe ebenso gewiss mit einem eigenartigen Denken und einer eigenartigen Literatur identifiziert, als ob sie Originalwerke produziert hätte."[6] Tatsächlich durchstöberte die amerikanische Übersetzerin Ernst Keils *Gartenlaube* und Jankes *Deutsche Roman-Zeitung* über Jahrzehnte auf der Suche nach neuen Romanen zum Übersetzen. In diesen Zeitschriften, die sich beide der Unterhaltungsliteratur verschrieben hatten und sich gleichzeitig programmatisch nationalen Anliegen widmeten, fand sie Texte, die viele Gemeinsamkeiten aufweisen, Texte die häufig zugleich das Bedürfnis nach Romanzen und die Idee der Bildung und Erziehung bedienten. 1875, vier Jahre nachdem *The Nation* „Familienähnlichkeiten" festgestellt hatte, hatte Wister schon drei weitere Romane übersetzt, darunter *Die Erlöserin* bzw. *Hulda*.

Wisters Übersetzungen aus dem Deutschen etablierten sich schnell auf dem amerikanischen Buchmarkt, denn die Übersetzerin hatte ein Gespür für die Liebesromane (darunter zehn von Marlitt), deren immer glückliches Ende den Geschmack des damaligen amerikanischen Publikums traf. Sie wählte „ihre Bücher mit einem bewundernswerten Geschmack" wie *Lippincott's Magazine* beteuerte, sodass „man immer wieder erwarten darf, dass die Lektüre sich reichlich lohnt."[7]

International Circulation of Ideas. In: Richard Schusterman (Hg.): A Critical Reader. Oxford 1999, S. 220–228.
5 Zu übersetzten Romanen deutschsprachiger Schriftstellerinnen in Amerika siehe Lynne Tatlock: German Writers, American Readers. Women and the Import of Fiction, 1866–1917. Columbus/Ohio 2012. Zu Lewalds *Hulda* siehe S. 96–99, speziell zu Wister als Übersetzerin siehe Kap. 8, *German Fiction Clothed in „so brilliant a garb"*, S. 216–235.
6 „has almost as certainly identified herself with a peculiar kind of thought and literature as if she had been producing original works." Rez. von: Why Did He Not Die? or, The Child from the Ebräergang, von Ad. von Volckhausen. In: The Nation 8 (1871), S. 63.
7 „She selects her books with such admirable judgment that one is always sure of being richly repaid for the reading." Our Recent Books. In: *Lippincott's Magazine* 42 (1889), S. 137. Diese und alle weiteren Übersetzungen zitierter englischsprachiger Texte ins Deutsche stammen von der Autorin dieses Beitrags.

Lewalds Roman, der dank Wister und Lippincott in einer Reihe und Formaten verkauft wurde, die ihn in Zusammenhang mit Marlitts Romanen stellten, war in den Vereinigten Staaten jedoch kein vergleichbarer Erfolg beschert. Vielmehr fuhr er in deren Kielwasser mit, brachte es aber immerhin dadurch auf mindestens sechs Nachdrucke. Margaret Ward verkennt aber den amerikanischen Buchmarkt, wenn sie die Zahl dieser Nachdrucke schon als Zeichen der Popularität von *Die Erlöserin* an sich versteht.[8] In Amerika ergab sich das anhaltende Interesse an Lewalds Roman wohl eher durch seine Zugehörigkeit zu Wisters ‚Genre' und der Reihe der *popular works* und nicht durch seine Einzigartigkeit.

In der Nachbarschaft der *popular works* betrachtet, erscheint immerhin *Die Erlöserin* trotz aller Ähnlichkeit als besonders ambitioniert. Anspruch und Ethos machen deutlich, dass die Autorin ihren Roman mit einem Blick auf die Höhenkammliteratur verfasst hat, nämlich mit Blick auf genau die deutsche Tradition, die Wilhelm Dilthey etwa in seinem *Leben Schleiermachers* auf *Wilhelm Meister* und die ihm nachfolgenden Bildungsromane zurückgeführt hat.[9] Auf der anderen Seite allerdings hatte Lewald nie die Verbindung zum populären Buchmarkt mit seinen Fortsetzungsromanen verloren, die sich zumeist an ein weibliches Lesepublikum richteten. In anderen Worten, um eine Formulierung Pierre Bourdieus

---

8 Margaret E. Ward: Fanny Lewald. Between Rebellion and Renunciation. New York 2006, S. 425. Wie Ward berichtet, war Lewald bemüht, den Roman in amerikanischer Übersetzung erscheinen zu lassen, was ihr nicht gelungen ist (S. 266, 425). Ward mag recht haben, dass diese Bemühungen ein Zeichen für Lewalds Geschäftssinn sind. Andererseits hat Lewald wohl die Rechtslage verkannt, denn in den USA konnten nur US-Bürger das Urheberrecht in Anspruch nehmen und somit konnte sie höchstens auf ein winziges freiwilliges symbolisches Honorar von einem Verlag hoffen. Lippincott durfte den Roman dem amerikanischen *Copyright Code* entsprechend ohne Lewalds Genehmigung übersetzen lassen und den Urheberschutz für die amerikanische Übersetzung für sich beanspruchen, ohne dass Lewald dabei etwas verdiente. Lewalds Briefe an Hermann Althof zeugen also eher von einer gewissen Naivität bezüglich des internationalen Buchmarkts. Den Briefen kann man allerdings entnehmen, dass Rudolph Lexow, der Herausgeber der *New-Yorker Criminal-Zeitung und belletristisches Journal*, sie Anfang der 1870er Jahre für den Druck verschiedener Romane bezahlte, wenn auch, wie Lewald selbst bemerkte, „nur eine sehr kleine Summe". (Brief an Hermann Althof vom 28. Juli 1873 [Lewald-Stahr Nachlass, Kasten 05, Nr. 93, Staatsbibliothek zu Berlin Preußischer Kulturbesitz]). Die zweite allgemeine Bearbeitung des *Copyright Code* vom 8. Juli 1870 bestätigte erneut und ausdrücklich, „dass das Urheberrecht nicht für den Druck, die Veröffentlichung, die Einfuhr oder den Verkauf von Werken von Nichtbürgern gilt" („that copyright does not ‚extend to prohibit' the printing, publishing, importation, or sale of works made by noncitizens"). Meredith L. McGill: Copyright. In: The Industrial Book. Hg. von Scott E. Casper, Jeffrey D. Groves, Stephen W. Nissenbaum und Michael Winship. Chapel Hill, North Carolina 2007, S. 158–178, hier S. 162.

9 Wilhelm Dilthey: Leben Schleiermachers [1870]. Berlin 1922, S. 317.

aufzugreifen, hatte Lewald ein „Gefühl für das Spiel" (sens du jeu)¹⁰ auf einem komplexen Spielfeld, als sie versuchte, die Geschichte einer Frau zu erzählen, die durch Bildung zu einer passenden Partie für einen Baron wird. Im Kontext beider Aspekte werde ich im folgenden Abschnitt auf das literarische Feld in Deutschland näher eingehen, dem Lewalds Roman ursprünglich entstammte.

II

Rudolf von Gottschall hatte es sich als Herausgeber, Autor und Kritiker zur Aufgabe gemacht, Neuerscheinungen zu kommentieren – darunter auch Bücher von Frauen. Bedenkt man sein feinsinniges Gespür für die Nuancen des Buchmarktes, in dem er selbst arbeitete, bestätigen seine Bemerkungen zu Lewald unsere Beobachtungen zur Positionierung der Autorin im literarischen Feld ihrer Zeit. Die Werke Fanny Lewalds, so Gottschall, seien eine Klasse für sich:

> Zu den Modeschriftstellerinnen [...] hat Fanny Lewald nie gehört; dazu ist sie zu eigenartig, und sie hat nie die Muster einer großblumigen oder kleinbeblümelten Darstellung zur Schau gestellt, welche in den Ladenfestern [sic] der Unterhaltungsblätter die große Menge anlocken.¹¹

Gottschall meinte es sicher als Lob, als er Lewald Ambitionen zusprach und sie als von anderen Romanschriftstellerinnen ihrer Zeit verschieden bezeichnete. Schließlich war er der Ansicht, dass Frauen mehr ein „passive[s] und reproductive[s] Talent" hätten, und dass die Darstellungsgabe der meisten Frauen „[z]u einem größeren Kunstwerke von plastischer Vollendung" nicht ausreiche.¹² Um seine Anerkennung Lewalds auszuwerten, brauchen wir sie nur mit seinen Bemerkungen zu Marlitt zu vergleichen, deren Erfolg und Popularität er zwar gelten ließ, die er aber lediglich als Autorin von „,Aschenbrödel'-Geschichten"¹³ einordnete, oder zu der „unerschöpflichen Vielschreiberin"¹⁴ Mühlbach, die er als „die Birch-Pfeiffer des deutschen Romans"¹⁵ bezeichnete, deren Erfolg er durch

---

10 Pierre Bourdieu: Von der Regel zu den Strategien. In: Pierre Bourdieu: Rede und Antwort. Frankfurt a.M. 1992, S. 79–98, u.a. S. 83.
11 Rudolf von Gottschall: Die deutsche Nationallitteratur des neunzehnten Jahrhunderts. 7. vermehrte und verbesserte Aufl. Bd. 4, Breslau 1902, S. 336.
12 Gottschall: Die deutsche Nationallitteratur, S. 320.
13 Gottschall: Die deutsche Nationallitteratur, S. 346.
14 Gottschall: Die deutsche Nationallitteratur, S. 346.
15 Gottschall: Die deutsche Nationallitteratur, S. 82.

diesen Vergleich mit der genannten, genauso viel geschmähten wie erfolgreichen Unternehmerin und Bühnenautorin abwertete.

Lewald selbst hatte schon 1861 ihre künstlerischen Ambitionen in ihrer Autobiographie betont, in der sie von ihrem Aufstieg aus der jüdischen Mittelschicht Ostpreußens und ihrem Umzug nach Berlin, wo sie sich als freiberufliche Schriftstellerin etablierte, erzählt. Ihr Gespür für kulturell sanktionierte Erzählmuster und Genres der Hochkultur wird schon deutlich in der Art und Weise, wie sie ihre Autobiographie rahmt: „Im Vaterhause" ist ein Teil überschrieben, „Leidensjahre" und „Befreiung und Wanderjahre" zwei weitere, die alle – zum Teil ironisch – an Goethes *Lehrjahre* und *Wanderjahre* erinnern. Darüber hinaus tritt Lewald hier explizit für objektive Standards ein, an denen sich das schriftstellerische Werk von Frauen *und* Männern messen lassen sollte. Schriftstellerinnen sollten, so Lewald, das gleiche Recht haben, nach der Qualität ihrer Werke beurteilt zu werden und sollten nicht vorschnell dem Bereich der Trivialliteratur zugeordnet werden.[16] Durch diese Positionierung beansprucht sie hier Teilnahme an einem literarischen Feld, dessen ästhetische Standards von Männern geschaffen worden waren, und fordert für sich einen Platz in diesem Feld, der ihr wegen der Qualität ihres Werkes zustünde. Die Leser als Konsumenten, und das heißt zumeist: Leserinnen, scheinen in dieser Gleichung keinen Platz zu haben, und das obwohl Lewald ein Publikum beim Verfassen ihrer Autobiographie ständig vor Augen gehabt haben muss.

Als Lewald nun im Alter von 61 Jahren *Die Erlöserin* schrieb, war sie eine bekannte, finanziell selbstständige Autorin, und sie konnte sich sowohl auf ihren eigenen Ruhm berufen als auch auf ihre zehnjährige Zusammenarbeit mit Janke. Janke hatte regelmäßig ihre fiktionalen wie nicht fiktionalen Texte veröffentlicht, zum Teil in Neuauflagen, darunter etwa die zehnbändige Ausgabe der *Gesammelten Werke*. 1872 konnte die *Roman-Zeitung* also auf ihre etablierte Position im literarischen Feld verweisen, um für die *Gesammelten Werke* Werbung zu machen: Die ausgewählten Bände, so die *Roman-Zeitung*, gehörten zum „anerkannt Besten",

> was ihr in einem reichen, mit einem bei Schriftstellerinnen ungewöhnlich energischen und vielseitigen Wirken, Schaffen in einem vielbewegten, redlich ausgenutzten Leben bei schönem Talent, verbunden mit unverdrossenem Bemühen und zäher Arbeitskraft, gelungen ist.[17]

---

[16] Fanny Lewald: Meine Lebensgeschichte (1861–1863). Königstein/Taunus 1998, Bd. 3, S. 166–169.
[17] Fanny Lewald's gesammelte Werke. In: Deutsche Roman-Zeitung, 9.2 (1872), S. 296–299, hier S. 297.

Die Ausgabe sei ferner das Ergebnis einer „wohl geführte[n] und gut benutzte[n] Schriftstellerlaufbahn"[18], ein „Denkmal, das die Verfasserin ehrt und der Nation zu Gute kommt".[19]

Ein Jahr später wurden in einer Rezension der *Erlöserin* in der *National-Zeitung* der literarische Anspruch und die formalen Ambitionen der Autorin erneut gewürdigt:

> Lange Uebung [sic], eine unermüdliche Arbeit, die nie ruhte, sondern unzufrieden mit dem Erreichten stets nach höheren Zielen strebte, haben das angeborene dichterische Talent Fanny Lewald's [sic] nach allen formalen Seiten hin ausgebildet und vollendet.[20]

Als der Rezensent sogleich das Lob unterwandert, wird allerdings deutlich, dass er Lewald vielleicht doch ‚den meisten Frauen' zuordnet, von denen Gottschall sie an anderer Stelle unterscheidet. Wie der Rezensent erklärt, sei der oberflächliche Eindruck von Kunstfertigkeit mehr Ergebnis akribischer Planung: Der ästhetische Charakter sei also auf bloße Handarbeit zurückzuführen. In Hinsicht auf *Die Erlöserin* beklagt er ferner die „zu breite Ausführung" und das Fehlen einer eigentlichen Handlung. Statt durch eine kohärente Geschichte das Interesse des Lesers zu wecken, sei der Plot nichts anderes als eine Aneinanderreihung von „Begebenheiten".[21]

Tatsächlich sind es diese „Begebenheiten", die die Bildungsgeschichte der Protagonistin ausmachen, zugleich weisen sie aber auch eben alle Merkmale populärer Romanzen auf und sind wahrscheinlich daher nicht als signifikant registriert worden. Wie noch auszuführen sein wird, thematisiert *Die Erlöserin* die Idee der Bildung des Ichs, anders aber als der Bildungsroman in der Nachfolge des *Wilhelm Meister* hat Lewalds Roman eine Frau als Protagonisten.

III

Lewald war durchaus nicht die einzige zeitgenössische Autorin, die sich an dem traditionellen männlichen Genre mit seinem klassischen Bildungsideal orientierte. Manche „Familienähnlichkeit" der deutschen Romane, mit denen *Die Erlöserin* zusammen in Amerika zirkulierte, ging, wie oben angedeutet, gerade auf

---

18 Fanny Lewald's gesammelte Werke, S. 295.
19 Fanny Lewald's gesammelte Werke, S. 299.
20 Ein neuer Roman von Fanny Lewald. Die Erlöserin. Roman von Fanny Lewald (Berlin, Otto Janke 1873, Drei Bände). In: National-Zeitung 26 (20. August 1873), S. [2].
21 Ein neuer Roman von Fanny Lewald, S. [2].

dieses Bildungsideal zurück. In diesem Zusammenhang besonders erwähnenswert sind *Das Geheimnis der alten Mamsell* (1867 in der *Gartenlaube* erschienen) und *Das Heideprinzesschen* (1872, *Gartenlaube*) von Marlitt, E. Werners *Gesprengte Fesseln* (1874, *Gartenlaube*), E. Junckers *Lebensrätsel* (1878, *Roman-Zeitung*), Wilhelmine von Hillerns *Ein Arzt der Seele* (1869, *Roman-Zeitung*), Golo Raimunds *Von Hand zu Hand* (1882, *Roman-Zeitung*), und schließlich Wilhelmine Heimburgs *Eine unbedeutende Frau* (1891, *Gartenlaube*).

Das Erscheinen dieser Romane fällt zeitlich zusammen mit dem Aufkommen der Frage nach den Rechten der Frau und folgt in vielen, wenn auch nicht allen Fällen, der Publikation von John Stuart Mills *The Subjection of Women* im Jahr 1869. In dieser Schrift geht Mill nachdrücklich auf den bis dahin (gegenüber den Männern) geringeren Status der Frau ein. Tatsächlich hatte die Reichsgründung von 1871 fortschrittlich gesinnten Denkern wie etwa Louise Otto-Peters Grund zur Hoffnung gegeben, dass damit auch Möglichkeiten für eine zunehmende Bildung und Stärkung der Frauen folgen würden.[22] Im Bereich der Populärliteratur blieb diese Hoffnung auf Emanzipation allerdings weitgehend auf den Bereich der glücklichen Eheschließung beschränkt, d.h. auf die glückliche Ehe als erstrebenswerte Bestimmung der Frau, die auch Lewald selbst in ihren polemischsten politischen Schriften nicht in Frage stellt.[23] Trotz alledem boten die genannten Autorinnen dadurch, dass sie ihre Protagonistinnen auf den Bildungsweg schickten, Alternativen zur Sphäre der bloßen Häuslichkeit an.[24] In diesen und ähnlichen Romanen hängt das Liebesglück am Ende immer von der Selbst-Kultivierung und dem Bildungsprozess der weiblichen Hauptfigur ab, worauf ich unten zurückkomme.

---

[22] Louise Otto-Peters: Frauenleben im deutschen Reich. Erinnerungen aus der Vergangenheit mit Hinweis auf Gegenwart und Zukunft. Leipzig 1876.

[23] Es ist allerdings auffallend, dass Lewald, die Adolf Stahr 1855 endlich heiraten konnte, ihre Autobiographie schon zehn Jahre früher, im Jahre 1845, enden lässt und somit ihre persönliche Geschichte vom konventionellen Plot des Romans unterscheidet: Statt in der Ehe lässt sie ihre Lebensgeschichte mit der freudigen Ankunft in Italien ausklingen wie sie, Friedrich de la Motte Fouqués *Zauberring* paraphrasierend, „durch Nacht zu Sonne, durch Schmerz zu Wonne, durch Tod zu neuem, beglückendem Leben" eingeht. (Lewald: Lebensgeschichte, S. 297.)

[24] Wie Vanessa Van Ornam richtig zu Lewalds Positionierung als Feministin *und* Verfasserin von Populärliteratur bemerkt, versucht Lewald auch in ihren Romanen und Erzählungen, bessere Möglichkeiten für ihre Protagonistinnen – aber innerhalb der sozialen und literarischen Konventionen der Zeit – zu entwerfen: „ihre Erzählungen erreichen bessere Bedingungen für ihre weiblichen Figuren – und so auch für deren historische Gegenstücke" („her narratives negotiate better terms for her female characters, and therefore for their historical counterparts"). Vanessa Van Ornam: Fanny Lewald and Nineteenth-Century Constructions of Femininity. New York u.a. 2002, S. 10.

IV

Der allgemein als männlich identifizierte Bildungsroman stellt für die weibliche Adaption eine erhebliche Herausforderung dar: Wenn die unabdingbare Voraussetzung für das Genre ein Protagonist ist, der wie Wilhelm Meister reist und Erfahrungen sammelt, wie sollte dann eine anständige Protagonist*in* gestaltet werden? In ihrer Entscheidungsfreiheit und Handlungssphäre eingeschränkt konnte sie natürlich nicht auf eine vergleichbare Reise geschickt werden. Wie Lewald nur zu gut wusste, gehörte das selbstbewusste Sammeln von Erfahrungen nicht gerade zu den begehrenswerten Eigenschaften junger Frauen, die zur Ehe bestimmt waren: In ihrer Autobiographie erzählt Lewald z. B. mit deutlicher Missbilligung von einer Mutter, die sich damit rühmt, dass ihre Tochter nie ohne Begleitung gesehen würde: Sie weist darauf hin, dass diese Frau wohl meine, die junge Tochter sei entweder zu naiv oder zu frivol, um auf ihre eigene Tugend acht zu geben.[25] Obwohl Lewald diese Mentalität hier kritisiert, war sie sich darüber im Klaren, dass ihr als Autorin enge Grenzen gesetzt waren, da sie mit der Bildung der weiblichen Hauptfiguren auf die Wertvorstellungen der bürgerlichen Mittelschicht Rücksicht nehmen musste.

Eine Möglichkeit, den Bildungsweg der Protagonistinnen innerhalb dieser engen Grenzen darzustellen, die einige zeitgenössische Schriftstellerinnen wahrgenommen haben – und ausdrücklich die Romane, die Wister übersetzte – war es, sich auf den Weg zur Gleichberechtigung der Partner in der Ehe zu konzentrieren, wenn Gleichberechtigung hier freilich auch im eingeschränkten Sinne der Zeit als gegenseitige Ergänzung zweier kultivierter Partner zu verstehen ist. Diese gegenseitige Ergänzung durch den (zukünftigen) Ehemann kann erst dann erreicht werden, wenn die Heldin ihren Erfahrungshorizont selbst erweitert hat, ein Prozess, der nicht selten als Erwerb von Wissen über das nationale Kulturgut (Bücher, Musik und bildende Kunst) und Entwicklung eines ästhetischen Gespürs dargestellt wird. Oder die Romane rücken das Wissen und das ästhetische Gespür in den Mittelpunkt, das die Heldin zuvor schon (und manchmal unerwartet) erlangt hatte. Manchmal besteht diese ästhetische Erziehung aus so simplen Dingen wie dem Erlernen von Schönschrift oder dem Erlangen eines Gespürs dafür, sich angemessen zu kleiden. Im Laufe ihres Bildungsprozesses erweitert die Protagonistin ihre Erfahrung, gelangt zu höherer Reife und wird dadurch eine bessere bzw. akzeptable Partie für den männlichen Protagonisten. Allein durch diese Art der Bildung wird die Ehe für die Partner, die zu Beginn ungleich waren, allererst möglich – wobei die Ungleichheit sich hier auf den sozialen Stand, den Bil-

---

25 Lewald: Lebensgeschichte, S. 240.

dungsgrad, das Alter und den Erfahrungshorizont der männlichen und weiblichen Protagonisten beziehen kann.

Im Happy End erscheint in der Regel die soziale Integration in Form einer ehelichen Versöhnungsszene, der Geburt eines Kindes oder einer Hochzeit. Das glückliche Telos ist daher nicht die Emanzipation eines Protagonisten in der Nachfolge Wilhelm Meisters hin zu den Rechten, die ein männlicher Bürger des Staates genießen konnte. Eben weil dieser Staat Frauen prinzipiell entmündigte, geht es in solchen Romanen bei der Bildung der Protagonistin um die Integration in eine Familie, d. h., in die Familie, die – gemäß der liberalen Ideologie der Zeit – die ‚Keimzelle' der Nation ist und in der Frauen die Möglichkeit haben, als Ehefrau und Mutter eine zentrale Rolle zu spielen.[26]

Damit nun eine solche Ehe nicht als bloße Vernunftehe erscheint, für die die Protagonistin schlicht vorbereitet werden sollte, bestehen die Autoren auf dem Begehren als notwendigem Bestandteil einer erfolgreichen Verbindung, und dieses Begehren treibt die Handlung jeweils voran. Eine wichtige Leistung der Romane, und zugleich auch ein Grund für das Lesevergnügen, war es, dass die Heldinnen bewegt von ihren Wünschen und Sehnsüchten am Ende tatsächlich Erfahrungen sammeln, dass sie tatsächlich Abenteuer erleben, Fehler begehen und trotzdem, unter Rettung ihrer Tugend, den sicheren Hafen der Ehe erreichen, häusliches Glück und erotische Befriedigung inklusive.

Als 1873 Janke *Die Erlöserin* auch noch als Buch verlegte, hatte sich Lewald nicht nur als Romanschriftstellerin sondern auch gerade erneut als Kämpferin für die Rechte der Frau etabliert. Nur zwei Jahre zuvor hatte sie bei Janke *Für und wider die Frauen* publiziert, eine Reihe von vierzehn Briefen, in denen sie dafür warb, dass Frauen in der Lage sein sollten, ihren eigenen Lebensunterhalt zu verdienen und so finanziell unabhängig zu sein. In *Für und wider die Frauen* kommt sie auch auf die dargelegten Ziele ihrer Autobiographie zurück, nämlich es den Frauen und den Männern, beiden, klar zu machen, was für die Erziehung der Frauen geschehen müsse, um ihnen in der menschlichen Gesellschaft den Platz und die Wirksamkeit einzuräumen, auf die jedes vernünftige Wesen einen Anspruch hat, sofern es nämlich überhaupt ein selbständiges Dasein führen kann.[27]

Wie auch die oben genannte Otto-Peters, die in den historischen Veränderungen der Zeit und vor allem in der nationalen Einheit neue Möglichkeiten für

---

26 In der Einleitung zur zweiten Ausgabe von *Für und wider die Frauen* betont Lewald, obwohl sie sich für die Selbständigkeit der Frau hier energisch einsetzt, noch einmal, wie wichtig die Familie für den Staat sei, und welche entscheidende Rolle die Frau in der Familie spiele. Fanny Lewald: Für und wider die Frauen. Vierzehn Briefe. Zweite, durch eine Vorrede vermehrte Auflage. Berlin 1875, S. v.

27 Vgl. Lewald: Für und wider die Frauen, S. 2.

Frauenrechte sah, nutzte Lewald den Moment, um für eine ‚Emanzipation zur Arbeit' einzutreten. Ihre politischen Ansichten – daran ließ sie in *Für und wider die Frauen* auch keinen Zweifel – beeinflussten auch ihr Erzählwerk.

Im Jahre 1873 wäre also eine Lesart von *Die Erlöserin*, die infolge Lewalds 1871 erschienener polemischer Schrift auf das Bildungsideal eingegangen wäre, durchaus denkbar gewesen. Allerdings lassen die wenigen Rezensionen – wie oben ausgeführt – vermuten, dass in der offiziellen literarischen Öffentlichkeit die Tatsache, dass dies eine *Bildungs*geschichte der Romanheldin war, nicht wirklich zur Kenntnis genommen wurde. Trotzdem bzw. deshalb verdient *Die Erlöserin* eine genauere Untersuchung als Beispiel eines Vorstoßes einer Autorin ins eher männliche Territorium des Bildungsromans. Im folgenden fünften Abschnitt versuche ich mit einer näheren Betrachtung des Textes sowohl die Abhängigkeit dieses Romans vom nationalen Literaturkanon als auch seine Verbindung zur populärliterarischen Romanze in größerem Rahmen herauszuarbeiten.

V

„Was Einsamkeit ist, wer weiß das noch", sinniert der Erzähler zu Beginn des Romans und ergänzt dann, dass man in den ersten beiden Jahrzehnten „dieses Jahrhunderts" „noch in vielen Gegenden unseres Vaterlands von tiefer Einsamkeit sprechen" konnte.[28] Nur zwei Jahre nach der Reichsgründung stellt Lewald in ihrem Roman ein baltisches Dorf in Ostpreußen vor, in der hintersten Ecke des neuen Reiches. Mit der Anspielung auf ‚unser Vaterland' macht sie aber sogleich deutlich, dass die Begebenheiten, die sich in diesem entlegenen Dorf ereignen werden, zugleich Ereignisse sind, die das ganze Reich und seine Gegenwart angehen, und ferner, dass diese einsame Provinz samt ihrer Lokalgeschichte in die neue Zeit und die neuen Zustände integriert werden muss. Auch wenn Christina Ujma *Die Erlöserin* als historischen Roman bezeichnet hat[29], ist der Roman eng mit der Gegenwart verbunden, trennen doch zu Beginn nur ungefähr fünfzig Jahre das Erscheinungsjahr des Romans von der erzählten Zeit. Mit zunehmendem Alter der Protagonistin schrumpft auch diese Zeitspanne; in anderen Worten verbindet

---

28 Fanny Lewald: Die Erlöserin. Berlin 1873, 3 Bde., hier Bd. 1, S. 1. Weitere Hinweise auf diese Buchausgabe erscheinen in Klammern im Text.
29 Christina Ujma: Zwischen Rebellion und Resignation. Frauen, Juden und Künstler in den historischen Romanen Fanny Lewalds. In: Travellers in Time and Space/Reisende in Zeit und Raum. The German Historical Novel/Der deutschsprachige historische Roman. Hg. von Osman Durrani, Julian Preece. Amsterdam 2001, S. 283–299, hier S. 290–293.

Lewald den Roman viel stärker mit der Gegenwart, als es etwa Walter Scotts bekannter Untertitel „Tis Sixty Years Since" in *Waverley* tut – im 19. Jahrhundert die Zeitmarke, die den Gegenwartsroman vom historischen Roman trennte, d. h. der genretypische Mindestzeitabstand, der das mittelbare vom unmittelbaren Verhältnis zur Vergangenheit bezeichnet.[30]

Nach der Erwähnung des neuen Reiches auf der ersten Seite folgt der Text der Geschichte von Hulda, der Tochter eines Pastors und einer befreiten Leibeigenen, wie sie Bildung und Erfahrungen sammelt und zum Schluss die Reife erreicht, die es ihr ermöglicht, Emanuel, einen örtlichen Baron, zu heiraten. Sind die ersten Seiten von Isolation und Einsamkeit geprägt, von Vereinzelung und Trennung, so stehen auf den letzten Seiten mit der Hochzeit Integration und soziale Akzeptanz im Mittelpunkt.

Gemäß einer Familienlegende, die auf einen örtlichen Aberglauben zurückgeht, erwartet die Familie Falkenhorst „frisches Blut", das den Familienerben aus Liebe heiraten wird und so den Fluch „der Kleinen" (Bd. 1, S. 83) lösen wird, einen Fluch, der angeblich zu einer physischen Verkrüppelung der männlichen Nachkommen und schließlich zum Aussterben der freiherrlichen Familie führen soll. Durch ihre Abstammung vom Deutschritterorden, der das Baltikum kolonisiert hatte, behauptet die Familie ihre arrogante Herrschaft über die örtliche Bevölkerung im Europa der Jahre vor 1848. Die Legende stammt aus dem Glauben, dass die Eroberer nur durch diejenigen erlöst werden können, die sie zuvor unterworfen haben. Zum Vorschein kommt in diesem Glauben die Fantasie sozialer Gerechtigkeit und einer Neuausrichtung des sozialen Gefüges, die die Autorin, die den Roman nach 1848, genauer nach der Reichsgründung 1871, geschrieben hat, am Horizont aufscheinen sehen konnte. Als Huldas, als Leibeigene geborene, litauische Mutter den örtlichen Pastor heiratet, beginnt der Aufstieg in die Oberschicht, der nach zwei Generationen zum Abschluss kommt.

Die ‚schöne' Kombination der ethnischen Herkunft und der Erziehung im Pfarrhaus spielt eine entscheidende Rolle bei Huldas erstem Kontakt mit der

---

30 Ina Schabert: Der historische Roman in England und Amerika. Darmstadt 1981, S. 4–7. In letzter Zeit hat man den Zeitabstand des historischen Romans anders formuliert, nämlich dessen Inhalt soll „im wesentlichen vor der Geburt des Autors" spielen. Dieser Definition zufolge kann *Die Erlöserin* nicht als historischer Roman gelten. (Projekt Historischer Roman. Institut für Germanistik, Universität Innsbruck, http://www.uibk.ac.at/germanistik/histrom/datenbank.html.) Diese Vorstellung vom historischen Roman, „wonach die Romanhandlung nicht ‚Selbsterlebtes und Erinnertes' enthalten dürfe", stützt sich auf Ina Schabert: http://www.uibk.ac.at/germanistik/histrom/docs/about.htm. Die *Roman-Zeitung* selbst hatte den Text als einen „Roman vor fünfzig Jahren" vermarktet, verlegte ihn also explizit etwas näher an die Gegenwart, als Scotts historische Romane es mit ihrer Handlung tun. Anzeige. In: Deutsche Roman-Zeitung 10.1 (1873), S. 951–952.

freiherrlichen Familie. Sie entzückt die Familie mit ihren litauischen Liedern, wobei sie die litauische Kultur in einer ästhetisch ansprechenden, der vorherrschenden deutschen Kultur assimilierten, Form präsentiert. Diese Anpassung ist das Ergebnis ihrer Erziehung, die sie in einer sorgfältig zusammengestellten Bibliothek von „Dichterwerken" genossen hat, die „auf einem eigenen, mit einem Vorhange von grünem Rasch geschützten Borde in der Wohnstube über der Kommode der Pfarrerin" aufgestellt waren. Ja, der Pfarrhaushalt selbst war geprägt von „jene[r] Liebe für die Bücher und jene[m] unbewußten wahren Cultus des Genius". (Bd. 1, S. 9–10) Huldas größte Freude war es, diese Bücher zu lesen, „als wäre darin ein Zauber verborgen, zu dem sie nur den Schlüssel aufzufinden brauchte, um – sie wußte selber nicht, welcher Herrlichkeiten theilhaftig zu werden." (Bd. 1, S. 10)

Schon von Beginn an also genießt sie eine rudimentäre ästhetische Erziehung, durch die ihr Feingefühl kultiviert wird, das ihr helfen soll, ihren eher geringen sozialen Status zu kompensieren. Dieses ästhetische Gespür ermöglicht ihr allererst, das Porträt Emanuels wirklich wahrzunehmen, und sich dadurch – noch bevor sie den Baron kennengelernt hat – zu ihm hingezogen zu fühlen, genauso wie er, der kultivierte Adlige, seinerseits später von ihrer Schönheit angezogen wird. Erst nachdem das Porträt fertig gestellt worden war, wurde Emanuel durch Pockennarben gezeichnet, doch erkennt die sensible Hulda seine innere Schönheit und liebt ihn trotz seines vernarbten Gesichts.

Obwohl ihre Erziehung im Pfarrhaus diese Liebe erst ermöglicht, reicht sie nicht aus, um die Beziehung auch Wirklichkeit werden zu lassen, denn die Beziehung wird von beiden Familien und deren Anhängern stark abgelehnt. Der Tod von Huldas Mutter treibt einen Keil zwischen die beiden Liebenden, und sie werden für die kommenden siebenhundert Seiten getrennt. Hulda muss ihren töchterlichen Pflichten nachkommen und sich um ihren verwitweten Vater kümmern. Währenddessen verbringt Emanuel den Winter in Italien, wie er es schon immer gemeinsam mit seinesgleichen getan hatte.

Dieser mittlere Abschnitt, in dem von der Entfremdung der Liebenden erzählt wird, ist der längste und gewichtigste Teil des Romans. Er verrät den Einfluss Goethes, wenn einerseits in der Nachfolge *Wilhelm Meisters* Hulda eine dreijährige Bühnenkarriere beginnt, die sie zugleich auf ihre spätere soziale Rolle vorbereitet; andererseits spiegelt der mittlere Abschnitt *Die Wahlverwandtschaften*, mit seinem verlangsamten Tempo und den philosophischen Reflexionen über die Ehe.[31] In

---

31 Dass Goethe Lewald wichtig war, ist bekannt. Ward hat zum Beispiel den Einfluss von *Die Wahlverwandtschaften* auf ihre frühen Romane *Clementine* und *Jenny* eruiert. Lewald behauptete selbst, so Ward, dass, als sie diese beiden Romane verfasste, eine kleine Büste von Goethe auf

Italien diskutiert Emanuel die Ehe und die Natur der Glückseligkeit mit der intelligenten Aristokratin Konradine. Schließlich überzeugt, dass eine eheliche Verbindung sozial angemessener Partner zum Glück führen wird, verlobt sich Emanuel mit seiner Gesprächspartnerin. Doch die Rückkehr des gerade verwitweten Prinzen, Konradines früheren Verlobten, vereitelt diesen Plan, und der Text bekräftigt, dass passionierte Liebe die eigentliche Voraussetzung für eine glückliche Ehe ist. Hier erinnert der Roman wieder an *Wilhelm Meisters Lehrjahre*, nämlich an den glücklichen Ausgang, der darin besteht, dass Wilhelm und Therese, die, wie Emanuel und Konradine, bereit sind, eine kameradschaftliche Ehe einzugehen, sich trennen und jeweils den Menschen heiraten, den sie wirklich lieben. Die Aussicht auf die Doppelhochzeit am Ende von Goethes Roman feiert eben die Ehe, die aus Neigung zustande kommt, die Lewald in *Die Erlöserin* auch aufwertet.

Während Emanuel Heiratspläne schmiedet, die dann scheitern, steht die inzwischen verwaiste Hulda dagegen vor der Frage, wie sie sich ihren Lebensunterhalt verdienen kann, und beschließt, dass eine Bühnenkarriere einer Zweckehe mit dem neuen Pastor vorzuziehen sei. Lewald konfrontiert ihre Heldin also mit dem zentralen Problem, das sie in ihren Briefen *Für und wider die Frau* dargelegt hatte: die Notwendigkeit, finanziell eigenständig zu sein. Hulda zeigt sich der Herausforderung allerdings bereits gewachsen und spielt bald die Hauptrollen in einem Repertoire, das die deutschen Klassiker umfasst: *Emilia Galotti, Faust, Clavigo, Iphigenie, Kabale und Liebe*, sowie *Wallenstein*. Da Lewald die populären und heute vergessenen Stücke, die die zeitgenössische Bühne dominierten, gar nicht erst erwähnt, scheint das Theater für Hulda der Ort kulturell anspruchsvollster Darstellungen und einer tiefgründigen Bildung im Kanon der klassischen deutschen Literatur zu sein. Dennoch legt das Theater einer tugendhaften Frau Fallstricke, und der Text scheint den Liebenden dadurch noch mehr Hindernisse in den Weg zu legen.

In der Welt der populären Romane kann es bekanntlich auf ein tragisches Schicksal oder gar moralische Verderbtheit hindeuten, wenn eine junge Frau sich dem Theater anschließt oder bisweilen auch nur irgend mit dem Theater in Verbindung gebracht wird. Beispiele dafür liefern zwei Romane von Marlitt, *Das Geheimnis der alten Mamsell* und *Im Schillingshof* (1879), Heimburgs *Ihr einziger Bruder* (1882), oder Zoege von Manteuffels *Violetta*. Lewalds Rückgriff auf das Modell *Wilhelm Meisters Lehrjahre* weist dem Theater im Roman jedoch eine

---

ihrem Schreibtisch gestanden habe. Margaret E. Ward: „Ehe und Entsagung", Fanny Lewald's Early Novels and Goethe's Literary Paternity. In: Women in German Yearbook 2 (1986), S. 57–77, hier S. 62.

andere Rolle zu. Anstatt die tugendhafte Heldin zu ruinieren, bereitet das Theater sie für ihre spätere Ehe mit einem Aristokraten vor, indem es ihre ästhetische Erziehung vollendet und ihr zeigt, welchen Habitus sie annehmen muss, um ihren späteren sozialen Stand zu ‚repräsentieren'. Erst die schauspielende Hulda erlangt die Fähigkeit, sich in aristokratischen Zirkeln zu bewegen. Darüber hinaus geht ihre soziale Verfeinerung mit ihrer Verkörperung deutscher Hochkultur einher. Durch ihren bewussten Versuch, „den Menschen die herrlichen Gebilde der Dichtkunst zu verkörpern" (Bd. 3, S. 134), hatte sich Huldas „Einsicht [...] erweitert". Ihr Verstand „entwickelte sich selbständiger, ihr Verlangen sich zu bilden wuchs mit dem Bestreben, sich und Anderen in der jedesmaligen Aufgabe genug zu thun" (Bd. 3, S. 256). Sie spielt eben Gretchen in Goethes *Faust*, als Emanuel sie nach der langen Trennung, von seinem Sitzplatz in der Orchester-Loge aus, im Theater zum ersten Mal wiedersieht (Bd. 3, S. 438).

Auf der letzten Seite des Romans, an Huldas und Emanuels Hochzeitstag, ist die Braut „durchaus präsentabel" und man bewundert, „wie sie den Strauß von emaillirten Kornblumen und Diamanten vor der Brust trägt! Als hätte sie es von jeher so gehabt!" (Bd. 3, S. 458) Hulda hat also die „gewisse feierliche Grazie bei gewöhnlichen Dingen" erlangt, die „Art von leichtsinniger Zierlichkeit bei ernsthaften und wichtigen", die den Edelmann kleidet, „weil er sehen läßt, daß er überall im Gleichgewicht steht",[32] um die Wilhelm Meister den Adel so sehr beneidet. So profitiert Hulda von ihrer Zeit als Schauspielerin, einer Tätigkeit, die in anderen Romanen dieser Zeit zu Tuberkulose und Tragödie geführt hätte.

Besonders spannend muss es für manche damalige Leserin gewesen sein, dass die ästhetische Erziehung, die in der Theaterepisode stattfindet, abseits familiärer Aufsicht geschieht, ohne dass dabei häusliches Glück gänzlich ausgespart würde. Demzufolge ergreift Hulda eine Tätigkeit, die ihr „die große Welt der einst zu [i]hren Füßen" legen könnte (Bd. 3, S. 448), das Theater macht aus ihr eine öffentliche Person, eine Aristokratin, dem Adeligen verwandt, den Wilhelm Meister sich vorstellt, nämlich „eine öffentliche Person" deren Habitus entscheidend ist: „[...] je ausgebildeter seine Bewegungen, je sonorer seine Stimme, je gehaltner und gemessener sein ganzes Wesen ist, desto vollkommner ist er."[33]

Mit der Bezeichnung der Eheleute zum einen als „die Erlöserin" und zum anderen als Emanuel – d. h. „Gott bei uns" – wertet Lewald deren Vereinigung heilsgeschichtlich auf. Während die Ehe es Hulda ermöglicht, sich endgültig aus ihrem niederen Stand zu erheben, erlöst sie Emanuel von der Erbschuld der ko-

---

[32] Johann Wolfgang von Goethe: Wilhelm Meisters Lehrjahre. Goethes Werke. Hg. von Erich Trunz, 9. durchgesehene Aufl., Bd. 7. München 1977, S. 290.
[33] Goethe: Wilhelm Meisters Lehrjahre.

lonialen Unterwerfung. Indem er sich aber für eine Bürgerliche entscheidet, verwirkt er seinen Anspruch auf das Majorat. Die Kinder des Paares werden dagegen Güter erben, die Emanuel durch Fleiß und Geschäftstüchtigkeit erworben hat. Sie werden den verfeinerten Lebensstil des Landadels genießen, aber sich durch ihre Fähigkeiten ernähren und damit eben die von Wilhelm Meister beschriebene „harmonische Ausbildung [ihrer] Natur" erfahren.[34]

Im sechsten und letzten Abschnitt möchte ich zum Schluss die nationalpolitischen Implikationen dieses Romans aufnehmen, d. h. die Frage, in welcher Hinsicht Lewalds Roman das erneute, männlich kodierte Interesse am Bildungsroman als einem *nationalen* Genre fördert, während er doch mit seinem Happy End vor allem Liebe und Ehe, den Erwartungen eines weiblichen Publikums entsprechend, aufwertet.

VI

1872 rühmte *Die Roman-Zeitung* Lewald als eine Autorin, die „die geklärte Begeisterung für die hohen Ziele des deutschen Volks wie für die höchsten Strebepuncte der modernen Culturvölker" besitze.[35] *Die Erlöserin* verkörpert geradezu die hier angedeutete Verbindung des Bildungsideals mit der Idee der Nation, ganz besonders aber, weil der Roman die Peripherie mit einschließt und ihr eine Rolle zuweist. Tatsächlich verweist die Widmung zur Buchedition der in Berlin lebenden Autorin an „Frau Emma Lobedan und ihre[ ] lieben Töchter[ ] [...] zur Erinnerung an die gemeinsame Heimath in alter treuer Freundschaft" auf nationale Integration in der unmittelbaren Nachfolge der Reichsgründung und lässt somit den Ton anklingen, der den Roman von Beginn an prägt.

Die Wahl des baltischen Schauplatzes für eine Geschichte, die im Grunde genommen eine nationale Geschichte von Erlösung und weiblicher Bildung ist, erinnert darüber hinaus den Literaturhistoriker vielleicht auch noch daran, dass die Peripherie schon einmal die Sehnsucht nach nationaler Einigung artikuliert hatte und damit zugleich auf das Zentrum gewirkt hatte. In einer Rede in Dorpat hatte 1819 Karl Morgenstern nämlich den Begriff ‚Bildungsroman' im Zuge des romantischen Nationalismus allererst gebildet, er betonte dabei besonders, dass dieses Romangenre die gemeinsame Erfahrung der nationalen Gemeinschaft

---

34 Goethe: Wilhelm Meister Lehrjahre, S. 291.
35 Fanny Lewald's gesammelte Werke, S. 299.

abbilde und so pädagogisch auf die Entwicklung des nationalen Publikums wirke.³⁶

In seiner Studie zum Bildungsroman erinnert Thomas Boes erneut an die entscheidende Rolle dieser Stimme an der Peripherie in der Geschichte des Bildungsromans als nationaler Gattung. Dem Hinweis Morgensterns folgend betont Boes, dass dieses Genre mehr als jedes andere mit dem Aufstieg des europäischen Nationalismus im 19. Jahrhundert verbunden sei. Allerdings weist er ebenso darauf hin, dass gerade wenn es darauf ankommt, die Romane an ihrem Versuch scheitern, eine von allen in der Nation geteilte Erfahrung darzustellen, wenn diese Erfahrung allein an ihrer zentralen Figur festgemacht wird.³⁷ Boes fasst in Hinsicht auf die von ihm untersuchten deutschen, englischen, irischen und französischen Romane des 19. und 20. Jahrhunderts zusammen, dass „Versuche, dem Lebensgang eines Protagonisten eine nationale Form zu geben, immer der Erfüllung innerhalb institutioneller Strukturen widerstehen und so gegen das Verlangen nach Endgültigkeit und normativer Geschlossenheit verstoßen, das die traditionelle Bildungsromanforschung konstituiert."³⁸

Im Gegensatz dazu erreicht Lewald die normative Geschlossenheit, die die traditionelle Forschung vom Bildungsroman erwartet, dadurch, dass sie sich den populären Plot einer häuslichen Romanze und der Versöhnung zunutze macht, in diesem Fall durch das Bildungstelos reformuliert als Ehe mit einem Mann, für den sich die Protagonistin selbstbewusst entschieden hat. Anders als Morgenstern noch 1819 hat Lewald 1873 ja die politische Erfüllung der Erwartungen und Ziele des Nationalismus im 19. Jahrhundert erlebt und brauchte sich nicht mehr auf das politische Ideal zu berufen, das es *nur* in ferner Zukunft gibt. Mehr noch, es gelang ihr, diesem Ideal eine reale Form zu geben. Mit der Familie, der „Keimzelle des Staats", schafft sie im Roman die Integration und Geschlossenheit als Projektion der Einheit, analog der Einheit des Staates. In anderen Worten ist es Huldas Bildung, die sie für *die* Ehe vorbereitet, die dann Gesellschaftsstand, ethnische Zugehörigkeit und bürgerliche Werte miteinander versöhnt. Und Lewald lässt keinen Zweifel daran, dass die ästhetische Erziehung eine zentrale Bedingung für diese glückselige Vereinigung ist. Schließlich, indem sie eine aufgewertete Ehe in

---

36 Zu Morgenstern und dem Bildungsroman, siehe Tobias Boes: Introduction. In: Karl Morgenstern: On the Nature of the Bildungsroman. Übersetzt von Tobias Boes. New York 2009, S. 647–649.
37 Tobias Boes: Formative Fictions. Nationalism, Cosmopolitanism and the Bildungsroman. Ithaca/New York 2012, S. 3.
38 „attempts to give a national form to the life of a protagonist will always resist fulfillment in institutional structures, thereby violating the demands for finality and normative closure that are constitutive of traditional Bildungsroman criticism." Boes: Formative Fictions, S. 7.

Verbund mit den deutschen Klassikern arrangiert, verwirklicht Lewald Morgensterns Vorstellung, dass die Darstellung einer Veränderung des Protagonisten eine positive Wirkung auf das Publikum haben soll. Lewalds Roman führt aus, was Boes das „performative Verständnis von Bildung"[39] genannt hat. So zeigt es sich am Beispiel Huldas, dass auch Frauen einen Anteil am männlich kodierten Bildungsideal haben und dass die Frau erst durch Bildung in der Lage ist, eine erweiterte Rolle in der Nationalökonomie als ebenbürtige Ehefrau zu spielen. Mit dieser auf Bildung begründeten, optimistischen Aussicht auf soziale und nationale Integration fordert dieser Populärroman seinen Platz an der Seite anderer von Männern verfasster Bildungsromane. Gleichzeitig überwindet Lewalds Roman mit dem von dem Populärroman entliehenen Happy End die von Boes identifizierte Tendenz des Helden in den kanonisierten europäischen Bildungsromanen der Zeit an der institutionellen Integration zu scheitern.

---

39 Boes: Formative Fictions, S. 5.

Adrian Brauneis
Variation und Negation des Bildungsromans in den 1920er Jahren

Zu Thomas Manns *Zauberberg* und Arnolt Bronnens Replik *Barbara la Marr*

I Einführung

Walter Benjamin gehört mit seiner Besprechung von Alfred Döblins Roman *Berlin Alexanderplatz* (1929) zu den Stichwortgebern der Literaturgeschichtsschreibung der ersten Hälfte des 20. Jahrhunderts. Im Obertitel seiner Rezension behauptet Benjamin eine *Krisis des Romans*. Die Germanistik hat die schillernde Rede von der Krise dankbar aufgegriffen. Dabei wird in der Regel nicht beachtet, dass Benjamin und seine Zeitgenossen nicht eine Krise des Romans schlechthin diagnostizierten, sondern die Krise einer bestimmten Romanform, nämlich die Krise des so genannten Bildungsromans.[1] Daran lässt Benjamin in seiner Besprechung von *Berlin Alexanderplatz* keinen Zweifel. Döblin antworte zwar mit dem „Stilprinzip"[2] der Montage auf die Herausforderung einer Darstellung der soziologischen Komplexität des modernen Großstadtlebens. Er zeige sich aber noch den Konventionen des Romans, genauer gesagt, des Bildungsromans verpflichtet, wenn er seinen Helden schließlich zu einer mehr oder weniger erfüllten Existenz finden lässt. Weil er damit an einer Idee festhält, der unter den Bedingungen der Moderne die notwendige Prämisse fehlt, oder zumindest zu fehlen scheint (vgl. unten, III.2), nennt Benjamin Döblins Roman „[d]ie äußerste, schwindelnde, letzte, vorgeschobenste Stufe des alten bürgerlichen Bildungsromans"[3].

Die vorliegende Studie geht den Prozessen literarischer Evolution nach, die durch die Krise des Romans ausgelöst worden sind. Es soll gezeigt werden, wie auf der einen Seite versucht wird, die Gattung des Bildungsromans einer bestimmten Problemsituation anzupassen, und auf der anderen Seite aus der Krise

---

1 Vgl. dazu grundlegend Dietrich Scheunemann: Romankrise. Die Entstehungsgeschichte der modernen Romanpoetik in Deutschland. (= Medium Literatur, 2) Heidelberg 1978, S. 102–164.
2 Walter Benjamin: Krisis des Romans. Zu Döblins *Berlin Alexanderplatz* [1929]. In: Walter Benjamin: Erzählen. Schriften zur Theorie der Narration und zur literarischen Prosa. Hg. von Alexander Honold. Frankfurt a.M. 2007, S. 55–60, hier: S. 57.
3 Benjamin: Krisis des Romans, S. 60.

dieser Gattung symbolisches Kapital zu schlagen. Ein Versuch, die Struktur des Bildungsromans zu modifizieren, um sie den Zeitumständen anzupassen, wird in der vorliegenden Studie im Anschluss an eine knappe typologische Unterscheidung der Variationen des Bildungsromans im literarischen Feld der Weimarer Republik in Thomas Manns Roman *Der Zauberberg* (1924) betrachtet (vgl. IV). Anschließend wird Arnolt Bronnens Roman *Film und Leben. Barbara la Marr* (1928) vorgestellt. Heute kaum noch bekannt, wurde Bronnens Romandebüt von der zeitgenössischen Kritik geradezu euphorisch aufgenommen. Ein anonymer Rezensent der *Vossischen Zeitung* feiert den Roman als „die neue Ballade unserer Tage"[4]. Kurt Pinthus sieht in ihm nicht weniger als einen „grandiose[n] Versuch [...], den Roman, mit neuen Motiven, neuem Stil vorwärtszustoßen"[5]. Bei der Auseinandersetzung mit *Barbara la Marr* soll gezeigt werden, wie Bronnen die kulturelle Legitimität der Gattung des Bildungsromans in „subversiver Absicht"[6] infrage stellt, um sich selbst im literarischen Feld zu etablieren (vgl. V).[7] Zu diesem Zweck grenzt er sich in Thomas Mann von einem Autor ab, der im Subfeld der eingeschränkten Produktion des literarischen Feldes am beherrschenden Pol steht (vgl. dazu V). Bezugstext der Polemik Bronnens ist *Der Zauberberg*. In ihm negiert Bronnen die Gattung des Bildungsromans, genauer gesagt, Thomas Manns zeitgemäße Variation der idealtypischen Struktur des Bildungsromans.

Manns kanonischer Roman fehlt in keiner Monographie zur Geschichte des Bildungsromans. Demgegenüber wurde Bronnens Verhältnis zur Gattungstradition des Bildungsromans weder von der zeitgenössischen Kritik noch von der Forschung erörtert. Das ist allerdings auch nicht weiter verwunderlich. Beim *Zauberberg* handelt es sich schließlich um den Versuch einer konstruktiven Fortschreibung der Gattungsgeschichte des Bildungsromans. Bronnen hinwiederum setzt mit *Barbara la Marr* den Bruch mit der Gattungstradition ins Werk. Seine Bezugnahme auf den Bildungsroman ist infolgedessen zwar eine ausschließlich negative. In gattungsgeschichtlicher Hinsicht ist die Betrachtung von Bronnens Debütroman aber nichtsdestoweniger aufschlussreich. Dass Bronnen versucht, sich im literarischen Feld durch eine Replik auf Thomas Manns *Zau-*

---

4 Zit. nach Friedbert Aspetsberger (Hg.): Arnolt Bronnen. Werke mit Zeugnissen zur Entstehung und Wirkung. Bd. 3. Klagenfurt 1989, S. 370.
5 Zit. nach Aspetsberger: Arnolt Bronnen, S. 373–374.
6 Pierre Bourdieu, Loïc J. D. Wacquant: Reflexive Anthropologie. Frankfurt a. M. 2006 [1992], S. 126.
7 Um keine falschen Erwartungen zu wecken, sei hier ausdrücklich darauf hingewiesen, dass die zeitgenössische Aufnahme des Romans dabei nicht mehr betrachtet wird. Anders gesagt, die Frage, ob Bronnens Versuch, sich durch die Infragestellung der Legitimität des Bildungsromans im literarischen Feld zu etablieren, letztlich erfolgreich ist, bleibt hier unbeantwortet.

berberg zu etablieren, ist zum einen symptomatisch dafür, wie problematisch die Gattung des Bildungsromans in den 1920er Jahren geworden ist. Wäre dies nicht der Fall, würde sich ein junger Autor wie Arnolt Bronnen nicht berechtigt fühlen, einen etablierten Akteur wie Thomas Mann anzugreifen (vgl. V.1). Zum anderen ist *Barbara la Marr* qua Negation des Bildungsromans ein Beispiel dafür, wie das poetische Paradigma des Bildungsromans, in diesem Fall in seiner Ausprägung durch den *Zauberberg*, auch als negativer Bezugspunkt der Konzeption fiktionaler Literatur im literarischen Feld produktiv werden kann.

Bevor die Romane von Mann und Bronnen als Antworten auf die Krise des Bildungsromans vorgestellt werden, sollen die literatursoziologischen Hintergrundannahmen, die die vorliegende Studie mit Pierre Bourdieu teilt, transparent gemacht werden (vgl. II). Anschließend muss zunächst geklärt werden, was hier eigentlich genau gemeint ist, wenn von der Gattung des Bildungsromans die Rede ist, und inwiefern die Krise des Romans in der klassischen Moderne tatsächlich eine Krise des so verstandenen Bildungsromans ist (vgl. III).

II Feldtheoretische Vorbemerkungen

Als Kunstsoziologe fragt Bourdieu nach der „Übereinstimmung zwischen zwei homologen Strukturen, nämlich der Struktur der Werke und der Struktur des literarischen Feldes, eines Kräftefeldes, das unablösbar ein Kampffeld ist"[8]. Gestritten wird im literarischen Feld darum, was legitime Kunst ist. Angesichts der vielfältigen Positionen zur Frage legitimer Kunst, die das literarische Feld zu einem bestimmten Zeitpunkt seiner Geschichte konstituieren, darf nicht übersehen werden, dass die streitenden Akteure ein *„Konsensus im Dissensus"*[9] miteinander verbindet. Gemeint ist damit, dass alle, d. h. auf der synchronen Achse der Geschichte des literarischen Feldes gleichzeitigen, Bestimmungen legitimer Kunst, so unterschiedlich sie sind oder scheinen mögen, eine bestimmte Familienähnlichkeit besitzen. Diese ergibt sich aus dem Erfahrungshorizont, den ein Akteur des literarischen Feldes mit seinen Zeitgenossen teilt.[10] Er bildet den gemeinsamen Ausgangspunkt zeitgleicher Positionsnahmen in der Debatte um die Frage legitimer Kunst. Nach Bourdieu sind die verschiedenen Antworten auf diese Frage,

---

8 Pierre Bourdieu: Einführung in eine Soziologie des Kunstwerks [1989]. In: Pierre Bourdieu: Die Intellektuellen und die Macht. Hg. von Irene Dölling. Hamburg 1991, S. 101–124, hier: S. 113.
9 Pierre Bourdieu: Künstlerische Konzeption und intellektuelles Kräftefeld [1974]. In: Pierre Bourdieu: Zur Soziologie der symbolischen Formen. Frankfurt a.M. ⁵1994, S. 75–124, hier: S. 123, Hervorhebung im Original.
10 Vgl. Bourdieu: Künstlerische Konzeption, S. 122–123.

die im literarischen Feld zu einem bestimmten Zeitpunkt seiner Entwicklung zirkulieren, also Ausdruck unterschiedlicher Reaktionen auf kollektive Erfahrungen. Wie einzelne Autoren kollektiv geteilte Erfahrungen interpretieren und auf sie reagieren, ist von ihrem Habitus abhängig, die Erfahrung selbst, genauer gesagt, das Ereignis beziehungsweise die Ereigniskette, die zur Erfahrung von Welt Anlass gibt, aber nicht.

An einem Beispiel sei die erfahrungsbedingte Familienähnlichkeit zeitgleicher Positionen im literarischen Feld holzschnittartig verdeutlicht:

Bourdieu unterscheidet idealtypisch drei Positionen, die das literarische Feld strukturieren: *l'art pour l'art, l'art bourgeoise* und *l'art social*, also selbstreferentielle, kommerzielle und gesellschaftskritische Kunst.[11] Im literarischen Feld Deutschlands zu Beginn des 20. Jahrhunderts entsprechen diesen drei Positionen Impressionismus (*l'art pour l'art*) und Naturalismus beziehungsweise Frühexpressionismus (*l'art social*) im Subfeld der eingeschränkten Produktion und Heimatliteratur (*l'art bourgeoise*) im Subfeld der Massenproduktion. Obgleich die Werke, die aus diesen Strömungen hervorgehen oder sich ihrer Programmatik zumindest zuordnen lassen, in ästhetischer Hinsicht nicht unterschiedlicher sein könnten und entsprechend leicht voneinander zu unterscheiden sind, formulieren sie alle Antworten auf ein und dieselbe Erfahrung. Sehr vereinfacht gesprochen lässt sich diese als Erfahrung der Überformung gemeinschaftlicher durch gesellschaftliche Strukturen sozialen Handelns, also wertrational motivierter zwischenmenschlicher Beziehungen durch zweckrational motivierte Beziehungen in der kapitalistischen Gesellschaft der Moderne bezeichnen. Impressionistische Autoren reagieren auf diese Erfahrung mit einem Rückzug ins Innere des Ichs, der mitunter solipsistische Züge annimmt. Die Heimatliteratur bietet demgegenüber eskapistische Sozialromantik; täuscht mithin über die realen Probleme urbaner Lebenswirklichkeit hinweg. Während sich die Naturalisten darauf beschränken, soziale Missstände aufzudecken, transzendiert der Frühexpressionismus die gesellschaftskritische Position des Naturalismus, indem er sich gegen Gesellschaft (jedwede Form von Gesellschaftlichkeit) als Organisationsprinzip menschlichen Zusammenlebens grundsätzlich richtet.

An dieser Stelle sollte zunächst ein in der Bourdieu-Rezeption verbreitetes Missverständnis ausgeräumt werden. Namentlich Bourdieus *Regeln der Kunst* (1992) stießen in den deutschsprachigen Philologien auf Vorbehalte. Als wir-

---

11 Vgl. Pierre Bourdieu: Feld der Macht, intellektuelles Feld und Klassenhabitus [1971]. In: Pierre Bourdieu: Schriften zur Kultursoziologie. Bd. 4: Kunst und Kultur. Bd. 2: Kunst und künstlerisches Feld. Hg. von Franz Schultheis und Stephan Egger. Konstanz 2011 (= Schriften, 12.2), S. 89–110, hier: S. 100–107.

kungsmächtig erwies sich in dieser Hinsicht ein Einwand Karlheinz Stierles. Bourdieu, so Stierle, reduziere fiktionale literarische Werke auf Allegorien des literarischen Feldes.[12] Zu dieser Behauptung glaubt sich Stierle durch Bourdieus Sozioanalyse von Gustave Flauberts *Éducation sentimentale* (1869) berechtigt. Bourdieu zeigt, dass Flauberts Roman auch das künstlerische Feld, also den sozialen Raum seiner eigenen Entstehung thematisiert. So mag der Eindruck entstehen, als Soziologe sehe Bourdieu in fiktionaler Literatur lediglich eine Objektivierung der Struktur des literarischen Feldes und seiner symbolischen Ökonomie. Wer diese Meinung vertritt, verkennt aber zum einen, dass die Frage nach der Abbildung des literarischen Feldes zumindest im Falle der *Éducation* durch den thematischen Fokus des Romans durchaus gerechtfertigt ist: „Struktur und Entwicklung der französischen Gesellschaft um die Mitte des 19. Jahrhunderts, [das] Verhältnis von Kunst und Kommerz innerhalb derselben, sowie Flauberts Beziehung zur Kunst und zur bürgerlichen Gesellschaft"[13] sind Themen der *Éducation*. Wenn man Bourdieu eine stark simplifizierende Auffassung von fiktionaler Literatur vorwirft, bleibt zum anderen, und dies ist im vorliegenden Zusammenhang entscheidend, unberücksichtigt, dass Bourdieu sein Verfahren der Sozioanalyse, insoweit dieses im Falle der Untersuchung von Flauberts Roman die Rekonstruktion einer romaninternen Analyse von Feldstrukturen ist, nicht zur methodischen Anleitung für die Interpretation fiktionaler Literatur schlechthin verallgemeinert.

Bourdieus Auffassung vom Wesen fiktionaler Literatur ist weniger spezifisch. Er definiert literarische Werke weder durch eine bestimmte Form noch durch einen bestimmten Inhalt, wie Stierle unterstellt, wenn er behauptet, Bourdieu begreife fiktionale Literatur als Objektivierung von Feldstrukturen. Werke fiktionaler Literatur, soviel sollte aus dem bereits Gesagten schon hervorgegangen sein, sind nach Bourdieu Produkte der Reaktionen ihrer Autoren auf kollektiv geteilte Erfahrungen.[14] Als solche sind literarische Werke immer auch, aber nicht notwendigerweise auch immer bewusste, Stellungnahmen im Streit um die Frage legitimer Kunst. In der poetischen Konzeption ihrer Werke vermitteln die Akteure des

---

12 Vgl. Karlheinz Stierle: Glanz und Elend der Kunstsoziologie. In: Die Zeit, 19. August 1999, S. 42; ähnlich Brigitte Kaute: Pierre Bourdieu, Die Regeln der Kunst. In: Literatur in Wissenschaft und Unterricht 35.1 (2002), S. 92–93.
13 Markus Schwingel: Kunst, Kultur und Kampf um Anerkennung. Die Literatur- und Kunstsoziologie Pierre Bourdieus in ihrem Verhältnis zur Erkenntnis- und Kultursoziologie. In: Internationales Archiv für Sozialgeschichte der deutschen Literatur 22.2 (1997), S. 109–151, hier: S. 141.
14 Vgl. Pierre Bourdieu: Praktische Vernunft. Zur Theorie des Handelns. Frankfurt a.M. 1998 [1994], S. 64–65 und 69–70.

literarischen Feldes zwangsläufig ihre Auffassung davon, was für eine Kunst sie nach Maßgabe bestimmter Erfahrungen für legitim halten. Um sich auf diese Weise im literarischen Feld zu positionieren, stehen ihnen (folgt man Bourdieu) prinzipiell zwei Wege offen. Sie können die poetische Konzeption ihrer Werke entweder auf „einer schon erfundenen Erfindungskunst" basieren oder aber ihre Auffassung von legitimer Kunst durch die „Erfindung einer neuen Erfindungskunst" ins Werk setzen.[15] Dadurch werden Autoren, ob sie es wollen oder nicht, mit ihren Werken zu Vertretern einer bestimmten Position, die anderen Positionen mehr oder weniger stark entgegengesetzt ist.

> Jede [...] Positionierung definiert sich (objektiv und manchmal auch absichtlich) durch ihren Bezug auf das Universum der Positionierungen und ihren Bezug auf die dort als *Raum des Möglichen* indizierte oder suggerierte *Problematik*; sie erhält ihren distinktiven *Wert* von ihrer negativen Beziehung zu gleichzeitig bestehenden Positionierungen, auf die sie objektiv bezogen ist und die sie durch Begrenzung bestimmen.[16]

So kommt die oben angesprochene Homologie zwischen Werkstruktur und Feldstruktur zustande: Fiktionale literarische Werke tragen durch ihre poetische Konzeption zum ästhetischen Diskurs ihres Entstehungskontexts bei, indem sie sich mit der Problematik auseinandersetzen, die diesen Diskurs beherrscht.

III Der Bildungsroman: Idealtyp und Krise

Gemeinhin wird Johann Wolfang von Goethes Roman *Wilhelm Meisters Lehrjahre* (1795/96) als Muster der Gattung des Bildungsromans genannt.[17] Dabei begegnet man in den meisten (wahrscheinlich sogar in allen) Überblicksdarstellungen zur Entwicklung dieses Subgenres einem bestimmten Zitat aus dem *Wilhelm Meister*. Es handelt sich um eine Passage aus einem Brief Wilhelms an seinen Schwager Walter. Gegenüber diesem bekennt Goethes Titelheld mit dankenswerter Deutlichkeit Folgendes:

> Daß ich Dir's mit e i n e m Worte sage: mich selbst, ganz wie ich da bin, *auszubilden*, das war dunkel von Jugend auf mein Wunsch und meine Absicht. Noch hege ich eben diese Gesin-

---

[15] Pierre Bourdieu: Die Regeln der Kunst. Genese und Struktur des literarischen Feldes. Frankfurt a.M. 2001 [1992], S. 430.
[16] Bourdieu: Die Regeln der Kunst, S. 368, Kursivdruck im Original; vgl. dazu weiterführend V in diesem Aufsatz.
[17] Vgl. Dennerlein in diesem Band.

nungen, nur daß mir die Mittel, die mir es möglich machen werden, etwas deutlicher sind. *Ich habe mehr Welt gesehen, als Du glaubst, und sie besser benutzt, als Du denkst.*[18]

Aus diesem Bekenntnis lässt sich eindeutig auf Wilhelms Willen, sich zu bilden, schließen. Ob es ihm auch gelingt, sich auszubilden, wie es seine Absicht ist, ist eine Frage, die in der Forschung äußerst umstritten ist. Sie muss hier nicht beantwortet werden. Die Bildungsabsicht des Protagonisten begreift die Forschung jedenfalls als notwendige Eigenschaft des Bildungsromans. Unter Bildung ist dabei die Selbstverwirklichung einer fiktiven Person in Auseinandersetzung mit ihrer sozialen Umwelt zu verstehen.[19] Die Erfahrbarkeit von Welt ist dementsprechend eine notwendige Prämisse des Bildungsromans. Dies deutet sich in Wilhelms Bemerkung an, er habe es wohl verstanden, seine Bekanntschaft mit der Welt zu nutzen. Indem der Held des Bildungsromans die Welt in einem mehr oder minder weit gespannten Rahmen bereist, wie etwa Wilhelm als fahrender Schauspieler[20], wird er auf dem Wege „sozialer Erfahrung in der Welt heimisch"[21]. Zum Aufbruch fühlt sich der Held aufgrund der Frustration der eigenen Bedürfnisse durch seine soziale Umwelt getrieben. Nachdem er diese verlassen hat, lernt er sich auf seiner Reise durch die Welt selbst kennen und schließlich konstruktiv in die Gesellschaft einzubringen. In diesem Sinne spricht W. H. Bruford mit Blick auf *Wilhelm Meister* auch von einer Selbsterkenntnis des Helden auf dem Wege von Versuch und Irrtum.[22]

Mit der erfolgreichen Harmonisierung individueller Bedürfnisse auf der einen und sozialer Tatsachen auf der anderen Seite lässt der Bildungsroman erkennen, „daß die Welt so verfaßt ist, daß der Gutwillige und Bildsame am Ende trotz aller

---

18 Johann Wolfgang von Goethe: Wilhelm Meisters Lehrjahre. Hg. von Erich Trunz. 8., neubearbeitete Auflage. München 1973 [1795/96] (Werke, 7; Romane und Novellen, 2), S. 290, Hervorhebung im Original; Kursivdruck von mir, A.B.
19 Vgl. dazu und auch zum Folgenden Martin Swales: The German Bildungsroman from Wieland to Hesse. (= Princeton Essays in Literature) Princeton, N. J. 1978, S. 14–15; Jürgen Jacobs: Wilhelm Meister und seine Brüder. Untersuchungen zum deutschen Bildungsroman. München ²1983, S. 34–38, 246 und 271; Michael Neumann: Ein Bildungsweg aus der Retorte. Hans Castorp auf dem *Zauberberg*. In: Thomas-Mann-Jahrbuch 10 (1997), S. 133–148, hier: S. 137–139 und Tom Kindt: Unzuverlässiges Erzählen und literarische Moderne. Eine Untersuchung der Romane von Ernst Weiß. (= Studien zur deutschen Literatur, 184) Tübingen 2008, S. 156.
20 Vgl. Jacobs: Wilhelm Meister und seine Brüder, S. 77.
21 Jürgen Jacobs, Markus Krause: Der deutsche Bildungsroman. Gattungsgeschichte vom 18. bis zum 20. Jahrhundert. (= Arbeitsbücher zur Literaturgeschichte) München 1989, S. 204.
22 Vgl. W. H. Bruford: The German Tradition of Self-Cultivation. ‚Bildung' from Humboldt to Thomas Mann. Cambridge 1975, S. 51 und 55.

Irrtümer und Umwege zur Erfüllung seiner Bestimmung, daß heißt zur Übereinstimmung mit sich und der Welt kommt"[23].

Über die wesentlichen Strukturelemente des Bildungsromans ist sich die Forschung weitgehend einig. Kontrovers diskutiert wird demgegenüber aber nicht nur die Frage, welche Romane diese Elemente aufweisen. Umstritten ist auch, ob es überhaupt einen Roman gibt, der sich sinnvoll als Bildungsroman beschreiben lässt. Als Idealtyp soll der Begriff des Bildungsromans hier nichtsdestoweniger Verwendung finden: Selbst wenn man davon ausgehen würde, dass es tatsächlich keine Romane gibt, die sich mit dem Idealtyp decken, würde dies nicht gegen die Verwendung des Begriffs sprechen. Unabhängig davon, ob es Werke gibt, die dem Idealtypus entsprechen, kann davon ausgegangen werden, dass der idealtypische Begriff des Bildungsromans als positiver beziehungsweise negativer Bezugspunkt der Romanproduktion fester Bestandteil des ästhetischen Diskurses der literarischen Moderne ist. So lassen sich zumindest die sogenannte Krise des Romans sowie die Reaktionen auf diese Krise erklären.

Auslöser der Krise ist die katastrophische Gesellschaftsgeschichte des frühen 20. Jahrhunderts. „War in Europe, revolution in Russia, international economic depression, political instability, cultural relativity and a general atmosphere of nervous exhaustion threw the era into a state of concentrated turmoil."[24] Die Zeitgenossen fühlten sich von den Ereignissen buchstäblich überrollt. Dadurch gewann man allmählich das Gefühl, den Zugang zur Wirklichkeit verloren zu haben: Eine Katastrophe nach der anderen, allen voran das nicht zu überschätzende Trauma des Ersten Weltkriegs erschütterte viele Intellektuelle in der Annahme, der Mensch könne sein Handeln noch auf der Grundlage aktueller Erfahrungen planen. Im Glauben, zu jeder Zeit mit allem rechnen zu müssen, schien es ihnen schlechterdings unmöglich, „zukünftige Möglichkeiten zureichend aus gegenwärtigen Wirklichkeiten abzuleiten."[25]

Unter dieser Bedingung muss der Roman, insofern er als Bildungsroman begriffen wird, in die Krise geraten: Die radikale Entwertung sozialer Erfahrung unter dem Eindruck absoluter Kontingenz lässt die Idee der Bildung obsolet erscheinen. An der Möglichkeit verzweifelnd, auf dem Wege sozialer Erfahrung mit der Welt vertraut zu werden, fühlt sich das Individuum nun einer unberechen-

---

[23] Jacobs: Wilhelm Meister und seine Brüder, S. 82.
[24] Stephen D. Dowden: Sympathy for the Abyss. A Study in the Novel of German Modernism: Kafka, Broch, Musil, and Thomas Mann. (= Studien zur deutschen Literatur, 90) Tübingen 1986, S. 13.
[25] Michael Makropoulos: Krise und Kontingenz. Zwei Kategorien im Modernitätsdiskurs der Klassischen Moderne. In: Die „Krise" der Weimarer Republik. Zur Kritik eines Deutungsmusters. Hg. von Moritz Föllmer, Rüdiger Graf. Frankfurt a.M. 2005. S. 45–76, hier: S. 50.

baren Geschichte ausgeliefert. Jeder Versuch, die Gattungstradition des Bildungsromans im frühen 20. Jahrhundert fortzuschreiben, antwortet auf die prekäre Situation des ohnmächtigen Individuums. Da die sich hieraus ergebenden „Modifikationen der traditionellen Romanstruktur"[26] mitunter so weitreichend sind, dass in einigen Fällen kaum noch Ähnlichkeit mit dem idealtypischen Bildungsroman besteht, wird die Verwendung dieser Gattungsklassifikation in der Forschung mitunter grundsätzlich abgelehnt. Das bedeutet allerdings, im Geiste eines puristischen Gattungsverständnisses die Dynamik literarischer Evolution völlig zu verkennen.

IV Fortschreibung der Gattungsgeschichte des Bildungsromans

In Reaktion auf die Krise des Romans haben sich im literarischen Feld der klassischen Moderne drei Variationen der idealtypischen Struktur des Bildungsromans durchgesetzt.[27] Als Antworten auf die Ohnmacht des modernen Individuums lassen sie sich schlagwortartig als Spielarten legendarischer, doktrinärer und essayistischer Literatur charakterisieren. Zur ersten Kategorie gehören u. a. Jakob Wassermanns Roman *Christian Wahnschaffe* (1919) und Herman Hesses Erzählung *Siddhartha* (1922). Unbehagen an der eigenen Identität veranlasst die Protagonisten zur Suche nach sich selbst. Am Ende ihrer Bildungsreise wird ihnen Erleuchtung zuteil. Die Frustration des Bemühens um Selbsterkenntnis auf dem Wege sozialer Erfahrung wird damit durch ein rational nicht nachvollziehbares Erweckungserlebnis aufgehoben. In Werken der zweiten Kategorie wird die Kluft zwischen Ich und Welt demgegenüber durch die Setzung „von präexistenten und überindividuellen Normen"[28] geschlossen. Im festen Vertrauen auf transzendentale Normen kann der Mensch auf soziale Erfahrungen verzichten. Er findet seine Erfüllung in der selbstlosen Hingabe an ein idealisiertes Kollektivsubjekt: das Volk, die Rasse, die Nation oder die Gemeinschaft. Beispiele dieser Variation des idealtypischen Bildungsromans sind Karl Brögers *Der Held im Schatten* (1919) und Leonhard Franks *Der Bürger* (1924). Die Normsetzung ist in beiden Fällen sozialistisch begründet. Hans Grimms Roman *Volk ohne Raum* (1926), der ebenfalls repräsentativ für die doktrinäre Spielart des Bildungsromans ist, verherrlicht die

---

26 Jacobs, Krause: Der deutsche Bildungsroman, S. 200.
27 Zum Folgenden vgl. Jacobs: Wilhelm Meister und seine Brüder, S. 202–258; Gerhart Mayer: Der deutsche Bildungsroman. Von der Aufklärung bis zur Gegenwart. Stuttgart 1992, S. 214–251.
28 Jacobs: Wilhelm Meister und seine Brüder, S. 203.

Idee der Nation. Erwin Zindlers Kriegsroman *Auf Biegen und Brechen* (1929) propagiert qua Bildungsroman die Auflösung des Individuums im Volkskörper.[29]

Sowohl in ästhetischer als auch in intellektueller Hinsicht am anspruchsvollsten sind die Werke der dritten Kategorie. Hierzu zählen Robert Musils Romanfragment *Der Mann ohne Eigenschaften* (entstanden zwischen 1921–1942) und Thomas Manns Roman *Der Zauberberg* (1924). In beiden Romanen kreist die Handlung um einen Protagonisten, der soziale Erfahrungen sammelt. Ulrich, der Mann ohne Eigenschaften, nimmt sich ein „Jahr Urlaub von seinem Leben"[30], um eine Antwort auf die Frage „des rechten Lebens"[31] zu finden.[32] Hans Castorp hinwiederum verfolgt durchaus nicht die Absicht, sich zu bilden, als er sich anschickt, seinen Vetter Joachim Ziemssen auf dem Zauberberg zu besuchen. Gemeinsam ist den beiden Figuren das Scheitern ihres Bildungsprozesses. Während der Bildungsprozess Ulrichs ebenso offenbleibt wie der Ausgang der Handlung von Musils fragmentarischem Roman, endet Castorp im großen Stumpfsinn[33], bevor er sich zum Kriegsdienst meldet.

Symptomatisch für die Ergebnislosigkeit der Bildungsbemühungen Castorps (und dementsprechend oft in der Forschung behandelt) sind die Ereignisse des Schnee-Kapitels.[34] Zunächst scheint es, als finde Castorp schließlich zu sich selbst. Ein Traum veranlasst ihn, seiner Sympathie mit dem Tode im Interesse des Dienstes am Leben abzuschwören.[35] Aber schon kurz darauf ist, „[w]as er geträumt, [...] im Verbleichen begriffen. Was er gedacht, verstand er schon diesen Abend nicht mehr so recht"[36]. So wie die visionäre Schau des homo dei bleiben auch alle anderen Bildungserlebnisse Castorps folgenlos. Thomas Mann hat darauf selbst hingewiesen. Es gelinge ihm zwar, sich nicht durch seine wechselnden Dialogpartner, namentlich Settembrini und Naphta, ideologisch vereinnahmen zu lassen.[37] Die Möglichkeit rechten Lebens erahne Hans Castorp in seinem Traum aber nur.[38]

---

29 Vgl. Matthias Schöning: Ein völkischer Bildungsroman. Erwin Zindlers *Auf Biegen und Brechen* (1929). In: Jahrbuch zur Kultur und Literatur der Weimarer Republik 9 (2004), S. 63–88.
30 Robert Musil: Der Mann ohne Eigenschaften. Roman. Neu durchgesehene und verbesserte Ausgabe 1978. Hg. von Adolf Frisé. Reinbek bei Hamburg ¹³2006 [1930/33], S. 47.
31 Musil: Der Mann ohne Eigenschaften, S. 255.
32 Vgl. Jacobs: Wilhelm Meister und seine Brüder, S. 253.
33 Vgl. Thomas Mann: Der Zauberberg. Roman. Hg. von Michael Neumann. Frankfurt a. M. 2002 [1924] (= Große kommentierte Frankfurter Ausgabe, 5.1), Kap. 7.6.
34 Vgl. Mann: Der Zauberberg, Kap. 6.7.
35 Vgl. Mann: Der Zauberberg, S. 746–749.
36 Mann: Der Zauberberg, S. 751.
37 Vgl. Thomas Mann: Die Schule des Zauberbergs [1939]. In: Thomas Mann: Rede und Antwort. Über eigene Werke, Huldigungen und Kränze: Über Freunde, Weggefährten und Zeitgenossen. Hg.

Zumindest im Falle des *Zauberbergs* scheint dem Ausbleiben intellektueller Reifung auf Seiten des Helden die kategoriale Intention seines Autors entgegenzustehen.[39] Bereits während er am *Zauberberg* arbeitet und noch lange nach der Veröffentlichung seines Romans, stellt Thomas Mann diesen in die Tradition des Bildungsromans.[40] So behauptet er etwa im Jahr seines Erscheinens, beim *Zauberberg* handle es sich um „eine Art von Modernisierung des Bildungs- und Erziehungsromans". Der Roman sei aber zugleich auch „etwas wie eine Parodie" auf diese Gattung.[41] Dass Hans Castorp sich allen äußeren Einflüssen zum Trotz nicht verändert, rechtfertigt immerhin die Behauptung, der Roman sei auch etwas wie eine Parodie des Bildungsromans. Insofern Bildung eine notwendige Bedingung ist, um einen Roman sinnvoll als Bildungsroman bezeichnen zu können, erscheint es hingegen unangebracht, wenn Mann seinen Roman als einen authentischen Bildungsroman charakterisiert[42] –, jedenfalls solange man die Bildung im Bildungsroman als Bildung des Protagonisten begreift. Es schiene allerdings auch kurzschlüssig, eine Interpretation des Romans in diesem Sinne auf den Helden zu konzentrieren. Schließlich wird gleich zu Beginn des umfangreichen Romans vom Erzähler bemerkt, die Geschichte von Hans Castorp werde „nicht um seinetwillen [...], sondern um der Geschichte willen"[43] erzählt. Anstatt, gestützt auf Manns Selbstzeugnisse, von dem Autor des *Zauberbergs* einen idealtypischen Bildungsroman zu erwarten, sollte man die Rede von einer Modernisierung des Bildungs- und Erziehungsromans also ernst nehmen.

Die Forschung sieht diese Modernisierung des Bildungsromans, und dies gilt nun auch wieder für den *Mann ohne Eigenschaften*, in der Verlagerung des Bildungsfokus von der Person des Helden auf die Person des Lesers.[44] Der Prozess der

---

von Peter de Mendelssohn. Frankfurt a. M. 1984 (Gesammelte Werke in Einzelbänden), S. 82–84, hier: S. 84.
38 Vgl. Thomas Mann: Einführung in den *Zauberberg* [1939]. In: Thomas Mann: Rede und Antwort, S. 66–81, hier: S. 81; zu Hans Castorps Ahnung vom rechten Leben vgl. auch Thomas Mann: Der Zauberberg, S. 788.
39 Im Vergleich zu Thomas Mann ist Robert Musil in seiner Bezugnahme auf die Gattungstradition des Bildungsromans weniger spezifisch. Zu Musils kategorialen Intentionen vgl. Jacobs: Wilhelm Meister und seine Brüder, S. 252–254.
40 Vgl. Neumann: Ein Bildungsweg aus der Retorte, S. 133.
41 Thomas Mann: An Félix Bertaux. 23. Juli 1924. In: Thomas Mann: Briefe. Bd. 3: 1924–1932. Hg. von Thomas Sprecher, Hans R. Vaget und Cornelia Bernini. Frankfurt a.M. 2011 (Große kommentierte Frankfurter Ausgabe, 23.1), S. 74–75, hier: S. 75.
42 Vgl. dazu Hans Wysling: Der Zauberberg. In: Thomas-Mann-Handbuch. Hg. von Helmut Koopmann. 3., aktualisierte Auflage. Stuttgart 2001, S. 397–422, hier: S. 420.
43 Mann: Der Zauberberg, S. 9.
44 Vgl. Jacobs: Wilhelm Meister und seine Brüder, S. 238 und Rolf Selbmann: Der deutsche Bildungsroman. 2., überarbeitete und erweiterte Auflage. Stuttgart 1994, S. 152.

Bildung zielt dementsprechend nicht mehr auf die Selbsterkenntnis einer fiktiven Person ab. Fluchtpunkt der Bildungsbemühungen von Romanen wie dem *Zauberberg* und dem *Mann ohne Eigenschaften* ist die Welterkenntnis ihrer Leser. Sie befähigt den Leser, der in der gesellschaftlichen Wirklichkeit lebt, die die Romane thematisieren, sein soziales Handeln rational zu planen. Im Gegensatz zu den beiden ersten Variationstypen – der Preisgabe von Erfahrung durch Erleuchtung respektive blindem Glauben an eine bestimmte Doktrin – hält man hier also angesichts der Krise des Bildungsromans an dem Glauben an die Sinnhaftigkeit sozialer Erfahrung fest. Vermittelt wird die Erfahrung von Welt durch die Implementierung des Essays in das poetische Paradigma des Bildungsromans:

> Die *Schranke zwischen Erzählung und Essay* niederzulegen, war das produktive Moment, das der Krise des Bildungsromans in den zwanziger Jahren entsprang. [...] Das Instrumentarium wurde ergänzt, [...] um die angestammten Aufgaben des Bildungsromans, das Chaos der Welt ‚im Geiste' zu bändigen und durch den Roman ‚pädagogisch' zu wirken, unter veränderten Zeitbedingungen einlösen zu können.[45]

Als essayistischer Roman macht der Bildungsroman eine Welt, in der man zu jeder Zeit mit allem rechnen muss, für seine zeitgenössischen Leser berechenbar, indem er diese umfassend über die vielfältigen Motive informiert, die soziales Handeln und damit gesellschaftliche Wirklichkeit strukturieren. Zu diesem Zweck stellt sowohl *Der Zauberberg* als auch *Der Mann ohne Eigenschaften* seinem Leser „lauter Exponenten, Repräsentanten und Sendboten geistiger Bezirke, Prinzipien und Welten" vor.[46] Beide Romane forcieren dergestalt die Tendenz des idealtypischen Bildungsromans in der Praxis zum Gesellschaftsroman zu werden.[47] Da der Bildungsroman seinen Helden im „Durchgang durch verschiedene Weltbereiche und in der Auseinandersetzung mit anderen Menschen"[48] entwickelt, ist die Möglichkeit einer Darstellung der Gesellschaft in ihrer ganzen soziologischen Komplexität zumindest prinzipiell in seiner idealtypischen Struktur bereits angelegt. Auf den gesellschaftsgeschichtlichen Erkenntniswert von Musils Roman Bezug nehmend, charakterisiert Norbert Christian Wolf den *Mann ohne Eigenschaften* treffend als eine *Sozioanalyse des 20. Jahrhunderts*.[49] Die Entfaltung der geistigen

---

45 Scheunemann: Romankrise, S. 163, Kursivdruck im Original.
46 Mann: Einführung in den *Zauberberg*, S. 77; zum *Zauberberg* vgl. auch Swales: The German Bildungsroman from Wieland to Hesse, S. 123.
47 Vgl. dazu Jürgen Schramke: Zur Theorie des modernen Romans, München 1974, S. 34–39.
48 Jacobs, Krause: Der deutsche Bildungsroman, S. 30.
49 Vgl. Norbert Christian Wolf: Kakanien als Gesellschaftskonstruktion. Robert Musils Sozioanalyse des 20. Jahrhunderts. (= Literaturgeschichte in Studien und Quellen) Wien 2011.

Topographie des frühen 20. Jahrhunderts wird als distinktive Eigenschaft des *Zauberbergs* von Ernst Weiß in seiner Besprechung von Manns Roman besonders hervorgehoben. Der Leser, so Weiß, würde durch die Lektüre mit „fast alle[n] Probleme[n] von 1914 bis 1923" bekannt: „Christentum, Heidentum, Judentum, Fleisch oder Geist, Rom oder Voltaire, Schauen oder Leben, Spiritismus und Nihilismus, Sozialismus oder Jesuitentum [...], und vor allem Relativitätsproblem und Zeitbegriff, Schmerz, Leiden und Sterben"[50]. Durch diese und ähnliche Äußerungen dürfte sich Thomas Mann in der Ansicht bestätigt gesehen haben, in seinem Roman „das innere Bild einer Epoche, der europäischen Vorkriegszeit"[51] entworfen zu haben.

Prinzipiell kann man Thomas Mann in dieser Hinsicht zwar zustimmen. Mit Stefan Bodo Würffel ist jedoch einschränkend zu erinnern, dass der *Zauberberg* kein „vollständiges soziologisches Porträt der Gesellschaft"[52] entwirft. Hier wird „die gesamte europäische Vorkriegsgesellschaft [...] ausschließlich im Spiegel ihrer Oberschicht"[53] präsentiert. Wenn die Forschung den *Zauberberg* als Bildungsroman behandelt, werden die Habitus der Bewohner des Berghofs beziehungsweise der Habitus des Protagonisten (so weit ich sehe) nicht zum Thema. Dass die Forschung sie vernachlässigt, solange sie sich auf die Frage nach Thomas Manns Fortschreibung der Tradition des Bildungsromans konzentriert, lässt sich durch den oben bemerkten Forschungskonsens zur essayistischen Konzeption des *Zauberbergs* erklären. Hans Castorps Existenz als Rentier ist nicht Gegenstand der essayistischen Exkurse des Romans. Während die verschiedenen weltanschaulichen Positionen, von denen Ernst Weiß einige in seiner Rezension auflistet, ausführlich besprochen werden, aber keine der Figuren durch ihr Handeln demonstriert, dass sie eine dieser Positionen auch tatsächlich repräsentiert – namentlich im Falle der Streithähne Naphta und Settembrini ist die Kluft zwischen ideologischem Anspruch und Wirklichkeit offenkundig –, finden das Dasein als Rentier, ebenso wie einige andere Habitus, etwa der militärische Habitus Joachim Ziemssens oder der vitalistische Habitus Mynheer Peeperkorns, in den Diskus-

---

50 Ernst Weiß: Thomas Manns *Zauberberg* [1924]. In: Ernst Weiß: Die Kunst des Erzählens. Essays, Aufsätze, Schriften zur Literatur. Hg. von Peter Engel, Volker Michels. (Gesammelte Werke, 16) Frankfurt a. M. 1982, S. 248–251, hier: S. 248.
51 Mann: Einführung in den *Zauberberg*, S. 76; vgl. auch ebd., S. 66.
52 Stefan Bodo Würffel: Zeitkrankheit – Zeitdiagnose aus der Sicht des Zauberbergs. Die Vorgeschichte des Ersten Weltkriegs – in Davos erlebt. In: Das Zauberberg-Symposium 1994 in Davos. Hg. von Thomas Sprecher. (= Thomas-Mann-Studien, 11) Frankfurt a. M. 1994, S. 197–223, hier: S. 208.
53 Würffel: Zeitkrankheit, S. 206.

sionen der Figuren des Romans zwar kaum Erwähnung, werden jedoch konsequent gelebt.

In der parasitären Lebensform des Rentiers entdeckt der *Zauberberg* die sozialen Determinanten einer Haltung, die unter den Bedingungen des weltanschaulichen Pluralismus der Moderne prekär ist. Diese Sozioanalyse, so meine These, komplementiert Thomas Manns essayistische Modernisierung des Bildungsromans.

Hans Castorp stammt aus der „herrschende[n] Oberschicht der handeltreibenden Stadtdemokratie"[54] Hamburgs. Genauer gesagt, gehört er zu ihren Erben. Zwar ist er „kein Millionär". Dank des Kapitals, das frühere Generationen seiner Kaufmannsfamilie erwirtschaftet haben, ist ihm „aber das [S]eine [...] sichergestellt". Sein Erbe macht ihn „unabhängig"; er hat genug „zu leben"[55]. Als Rentier ist Castorp mithin „Profiteur des kapitalistischen Systems"[56]. Nur deshalb kann er sich ja auch den siebenjährigen Aufenthalt im Kurhotel Berghof leisten. Dass der Held sich zum Bleiben entscheidet, ist nicht seiner Gesundheit geschuldet. Er bleibt auch nicht etwa deshalb auf dem Zauberberg, weil er die Bekanntschaften, die er hier macht, besonders schätzen würde. Castorp bleibt, weil er hier ideale Lebensbedingungen für sich vorfindet. Joachims Lebensstil demgegenüber verträgt sich nicht mit der Existenz des Kurgasts. Daher drängt es ihn, den Zauberberg auch bei schlechter Gesundheit zu verlassen.

Der streng regulierte Tagesablauf des Kurgasts[57] besteht im Wesentlichen im Vollzug ausgiebiger Liegekuren und der Teilnahme an nicht enden wollenden Mahlzeiten. Nachdem anfängliche Skrupel, sich dieser rein vegetativen Existenz hinzugeben, überwunden sind, geht Castorp ganz im Alltag des Sanatoriums auf. Den Leser dürfte diese Harmonie von Individuum und sozialer Umwelt eigentlich nicht überraschen. Zu Beginn des Romans wird Hans Castorp im Rückblick des Erzählers auf das Leben des Helden im Flachland als junger Mann vorgestellt, der „namentlich darin [...] echt [war], daß er gern gut lebte, ja, [...] wie ein schwelgerischer Säugling an der Mutterbrust, an des Lebens derben Genüssen hing"[58]. Harte Arbeit sei seine Sache nicht gewesen. Sie „zerrte an seinen Nerven, sie erschöpfte ihn bald, und ganz offen gab er zu, daß er eigentlich vielmehr die freie

---

54 Mann: Der Zauberberg, S. 51.
55 Mann: Der Zauberberg, S. 301.
56 Thomas Sprecher: Kur-, Kultur- und Kapitalismuskritik im *Zauberberg*. In: Auf dem Weg zum *Zauberberg*. Die Davoser Literaturtage 1996. Hg. von Thomas Sprecher (= Thomas-Mann-Studien, 16). Frankfurt a. M. 1997, S. 187–249, hier: S. 237.
57 Vgl. Mann: Der Zauberberg, S. 252.
58 Mann: Der Zauberberg, S. 51.

Zeit liebte"[59]. Das Leben auf dem Zauberberg befriedigt dieses Bedürfnis nicht nur voll und ganz. Es ist für den Rentier geradezu ideal, denn hier fehlt der Druck, selbst erwerbstätig zu werden, den die kapitalistische Gesellschaft, wie sie außerhalb des Sanatoriums angesiedelt ist, auf Castorp ausübt.

Folglich kann der Protagonist auch, ohne befürchten zu müssen, sich den Unmut seiner direkten sozialen Umwelt zuzuziehen, auf dem Zauberberg seine Ablehnung dieses kapitalistischen Erwerbsstrebens offen aussprechen. Die „gewöhnlichen Leute, [...] die herumgehen und lachen und Geld verdienen und sich den Bauch vollschlagen"[60], so Castorp, seien ihm fremd.[61] Insofern der Held hier einen Lebensstil infrage stellt, der ihm seine behagliche Existenz allererst möglich gemacht hat, entbehrt dieser Standpunkt freilich nicht einer gewissen Ironie. Ausschlaggebend ist jedoch, dass Castorp dergestalt, ohne dies allerdings selbst auch zu bemerken, sein eigenes Dasein als parasitär entlarvt. So wie es seiner Meinung nach die gewöhnlichen Leute tun, genießt Castorp es zu lustwandeln; er lacht viel und hört vor allem nicht auf, sich den Bauch vollzuschlagen. Im Gegensatz zu den gewöhnlichen Leuten arbeitet er aber nicht für seinen Wohlstand, sondern zehrt von den Profiten der Erwerbstätigkeit früherer Generationen seiner Familie.

In den üppigen Mahlzeiten im Kurhotel Berghof, unter der Führung des Lebemanns Mynheer Peeperkorn arten sie schließlich zu regelrechten Gelagen aus, verdichtet Thomas Mann seine Darstellung dieser parasitären Lebensform. Wenn sich der auktoriale Erzähler bei ihrer Betrachtung außerstande sieht, ein unbestimmtes Unbehagen zu unterdrücken, deuten sich in diesem zugleich grundsätzliche Bedenken gegenüber der Existenzform des Rentiers an:

> Das Mittagessen war sowohl meisterhaft zubereitet wie auch im höchsten Grade ausgiebig. [...] Jede Schüssel ward zweimal gereicht – und nicht vergebens. Man füllte die Teller und aß an den sieben Tischen, – ein Löwenappetit herrschte im Gewölbe, ein Heißhunger, dem zuzusehen wohl ein Vergnügen gewesen wäre, wenn er nicht gleichzeitig auf irgendeine Weise unheimlich, ja abscheulich gewirkt hätte.[62]

---

59 Mann: Der Zauberberg, S. 56.
60 Mann: Der Zauberberg, S. 303.
61 Indirekt kritisiert Castorp das kapitalistische Erwerbsstreben im Flachland auch, wenn er die Beurteilung eines Menschen nach Maßgabe seines materiellen Besitzes moniert: „Man *muß* reich sein da hinten [...]. Denn angenommen, man ist *nicht* reich, oder hört auf, es zu sein, – dann wehe. ‚Der? Hat der denn noch Geld?' fragen sie [...]. Wer nicht die besten, teuersten Weine servieren läßt bei seinen Diners, zu dem geht man überhaupt nicht, und seine Töchter bleiben sitzen. So sind die Leute." Mann: Der Zauberberg, S. 301, Kursivdruck im Original.
62 Mann: Der Zauberberg, S. 117–118.

Im sinnlichen Genuss der Mahlzeiten kommt das „unsinnige[ ] Entzücken"[63] besonders deutlich zum Ausdruck, mit dem sich die Gäste des Hotels Berghof ihres Rechts begeben, Kritik an ihrer sozialen Umwelt, allen voran dem eigenen Lebensstil zu üben.[64] Dem Erzähler muss dieses Entzücken Unbehagen bereiten. Während sein indolenter Held es sich als Kurgast gut gehen lässt, zeigt der Erzähler sich darum bemüht, die Wirklichkeit des Zauberbergs kritisch zu hinterfragen. Seine Diagnose der Bereitschaft Castorps, den eigenen Intellekt im vegetativen Dasein des Kurgasts aufzugeben, legt hiervon hinreichend Zeugnis ab. Auch kann sich der Erzähler nicht des Kommentars enthalten, Castorp höre sich die Moralpredigten Settembrinis womöglich nur an, um sich anschließend ohne schlechtes Gewissen seiner romantischen Schwärmerei für Clawdia Chauchat hingeben zu können.[65] Castorp selbst bemerkt, freilich ohne sich dies auch ernsthaft zum Vorwurf zu machen, er „sollte vielleicht auch mehr urteilen und nicht alles nehmen, wie es ist". Dass er beharrlich darauf verzichtet „Urteil und Tadel und gerechtem Ärgernis" Ausdruck zu verleihen, ist allerdings nicht, wie er meint, bloß dem Umstand geschuldet, dass immer wieder etwas „ganz anderes dazwischen" kommt. Er übersieht hierbei, im Gegensatz zum Erzähler, dass seine ganze Daseinsweise „mit Urteilen gar nichts zu tun hat".[66] Er fühlt sich in seiner vegetativen Existenz viel zu wohl, als dass er sich, zumindest solange es *ihm* gut geht, ernsthaft in gesellschaftspolitische Debatten einmischen würde. Das soziale Handeln des saturierten Rentiers wird vielmehr durch einen „erhaltenden Ordnungssinn"[67] strukturiert. Dementsprechend reagiert Castorp, wie auch sein Vetter Joachim, als pflichtbewusster Militär eine „rein formale Existenz"[68], auf Settembrinis Erzählung vom revolutionären Geist seines Großvaters mit einem Ausdruck „mißtrauischer Abneigung, ja des Widerwillens"[69]. Wo man seine Ruhe und genug zu essen hat, da „ist es aus mit der Sittenstrenge, und die Republik und der schöne Stil kommen einem auch nur noch abgeschmackt vor"[70]. Auf dem Zauberberg gilt daher auch: „Ruhe ist die erste Bürgerpflicht."[71]

Gestört wird die Ruhe des Rentiers durch das Aufeinandertreffen unterschiedlicher ideologischer Positionen. Besonders anschaulich werden die welt-

---

63 Mann: Der Zauberberg, S. 348.
64 Vgl. Mann: Der Zauberberg, S. 348.
65 Vgl. Mann: Der Zauberberg, S. 245.
66 Mann: Der Zauberberg, S. 267.
67 Mann: Der Zauberberg, S. 234.
68 Mann: Der Zauberberg, S. 583.
69 Mann: Der Zauberberg, S. 233.
70 Mann: Der Zauberberg, S. 267.
71 Mann: Der Zauberberg, S. 278.

anschaulichen Kontroversen der europäischen Vorkriegszeit in den Streitgesprächen zwischen Settembrini und Naphta. Der Protagonist seinerseits sieht sich durch die ideologische Gemengelage auf dem Zauberberg schließlich hoffnungslos überfordert:

> Ach, die Prinzipien und Aspekten kamen einander beständig ins Gehege, an innerem Widerspruch war kein Mangel, und so außerordentlich schwer war es zivilistischer Verantwortlichkeit gemacht, nicht allein, sich zwischen den Gegensätzen zu entscheiden, sondern auch nur, sie als Präparate gesondert und sauber zu halten, daß die Versuchung groß war, sich kopfüber in Naphtas „sittlich ungeordnetes All" zu stürzen. Es war die allgemeine Überkreuzung und Verschränkung, die große Konfusion [...].[72]

Durch den Ausbruch des Ersten Weltkriegs „entzaubert, erlöst, befreit"[73], entzieht sich Hans Castorp am Ende des Romans mit einem freudigen *Sturz* ins sittlich ungeordnete All der Front seiner Konfusion.[74] Der Leitmotivtechnik des *Zauberbergs* entsprechend war dieser Befreiungsversuch im Schneeabenteuer des Helden bereits vorweggenommen worden. Als dieser sich, ohne die Gefahr für die eigene Person zu beachten, auf seine Exkursion begibt, begreift der Erzähler die Unachtsamkeit Castorps „als ein elementares ‚Ach was!' oder ein ‚Komm denn an!'", in dem ausbreche, was sich „in den Seelengründen eines jungen Menschen und Mannes, der jahrelang gelebt hat wie dieser hier", aufgestaut habe.[75] Wie sein Schneeabenteuer ist auch Hans Castorps „wilde[ ] Abreise"[76] an die Front des Ersten Weltkriegs eine logische Folge der indolenten Existenz des Rentiers. Unfähig, das Stimmengewirr auf dem Zauberberg auszuhalten, entlädt sich dessen ideologische Frustration hier wie dort in der gewaltsamen Nivellierung aller Differenzen.

1924 muss das Schicksal Hans Castorps wie ein warnendes Exempel wirken. Insofern kommt ihm tatsächlich „eine gewisse überpersönliche Bedeutung"[77] zu. Wenn der Held sich in den Krieg stürzt, weil er die Konfusion auf dem Zauberberg nicht erträgt, sieht sich der Leser im Rückblick auf die verlustreichen Materialschlachten des Ersten Weltkriegs davor gewarnt, der Versuchung nachzugeben, im vermeintlichen Abenteuer die Wirklichkeit zu fliehen. Als Vernunftrepublikaner

---

72 Mann: Der Zauberberg, S. 705.
73 Mann: Der Zauberberg, S. 1079.
74 Vgl. Mann: Der Zauberberg, S. 1079, Kursivdruck von mir, A.B.: „Fünftausend Fuß *stürzte* das Völkchen Derer hier oben sich kopfüber ins Flachland der Heimsuchung [...] – und Hans *stürzte* mit."
75 Mann: Der Zauberberg, S. 725.
76 Mann: Der Zauberberg, S. 1079.
77 Mann: Der Zauberberg, S. 53.

sucht Thomas Mann dergestalt seinen Leser davon zu überzeugen, sich trotz aller Widersprüche mit den Prinzipien und Aspekten, die Mann für ihn in seinem essayistischen Bildungsroman entfaltet, auseinanderzusetzen und sich zwischen den Gegensätzen zu entscheiden.

V Negation des Bildungsromans

Anders als die oben genannten Autoren, allen voran Thomas Mann, die sich in ihren Werken um eine Modifikation der Struktur des idealtypischen Bildungsromans bemühen, reagiert Arnolt Bronnen auf die Krise des Romans mit einer radikalen Infragestellung der kulturellen Legitimität des Bildungsromans qua Negation. Wie einleitend bereits bemerkt worden ist, ist *Barbara la Marr* sein Debütroman. Zuvor hatte Bronnen ausschließlich Dramen und Novellen verfasst. Als Romanautor ist er also Ende der 1920er Jahre noch ein im sozialen Sinne junger Autor, der sich als solcher erst noch im literarischen Feld etablieren muss. Bronnen, so stellt er es zumindest in seinen autobiographischen Aufzeichnungen *Arnolt Bronnen gibt zu Protokoll* (1954) dar, hat sich selbst auch so verstanden. Als Ernst Rowohlt sich bereit erklärte, *Barbara la Marr* zu publizieren, habe er geglaubt, kurz vor seinem „Ziel" zu sein: „endlich das Autor". Bis zu diesem Zeitpunkt habe er „nur zu den Gauklern" gehört. Als Romanautor, so Bronnen, wollte er „zum anerkannten Angehörigen der Herren-Kaste" aufsteigen.[78]

Die Logik, der Bronnen bei seinem Versuch, sich im Subfeld der eingeschränkten Produktion zu etablieren, folgt, lässt sich mit Pierre Bourdieu so charakterisieren: „Die strukturell ‚jüngsten' Autoren [...], das heißt die im Legitimierungsprozeß am wenigsten vorangekommen, verweigern sich dem, was ihre bereits anerkannten Vorläufer sind und tun, allem was in ihren Augen einen ‚alten Zopf' darstellt."[79] Zwecks Distinktion bietet sich in den 1920er Jahren eine negative Bezugnahme auf den Bildungsroman geradezu an. Wie die vielfältigen Variationen seiner idealtypischen Struktur bezeugen, ist man im Subfeld der eingeschränkten Produktion von der kulturellen Legitimität des Bildungsromans überzeugt. Ulrike Baureithel und Lars Koch haben gezeigt, dass sich Bronnen in den 1920er Jahren vornehmlich „im Medium des Skandals"[80] im literarischen Feld

---

[78] Arnolt Bronnen: Arnolt Bronnen gibt zu Protokoll. Beiträge zur Geschichte des modernen Schriftstellers. Berlin 1985 [1954], S. 207.
[79] Bourdieu: Die Regeln der Kunst, S. 379.
[80] Lars Koch: ‚The blood ran riot through my veins'. Die Selbstinszenierungsstrategien Arnolt Bronnens zwischen Kunstverachtung, Kulturindustrie und politischem Radikalismus. In: Literatur

produziert, indem er, so Baureithel, „was bisher als ‚legitime Kunst' galt"[81], brüskiert. Dies gilt namentlich sowohl für seine Dramen *Vatermord* (1920) und *Ostpolzug* (1926) als auch für seinen Freikorpsroman *O.S.* (1929). Da die Position des Bildungsromans infolge der Krise des Romans geschwächt ist, wird man die Herausforderung des allgemein geteilten Glaubens an seine kulturelle Legitimität zwar nicht geradezu als skandalös bezeichnen können. Als junger Autor kann man jedoch erwarten, mit ihr Aufmerksamkeit zu erregen.

Aufmerksamkeit wollte Bronnen vermutlich auch erregen, als er sich, dabei in der dritten Person über sich selbst sprechend, am 13. November 1927 im *Literaturblatt* der liberalen *Frankfurter Zeitung* als Autor einer „Tendenz der Rechten Hand bezeichnet"[82]. Auf seinen Debütroman kommt Bronnen dabei zwar nicht zu sprechen. Die Arbeit an *Barbara la Marr* ist zu diesem Zeitpunkt aber bereits abgeschlossen. Bevor der Roman 1928 im renommierten Rowohlt-Verlag erschien, hatte Bronnen ihn zwischen 1926 und 1927 in der ebenfalls angesehenen Zeitschrift *Die Dame*, in der u. a. Bertolt Brecht, Walter Benjamin und auch Thomas Mann veröffentlicht haben, publiziert.[83] Bronnen spricht also schon als Autor von *Barbara la Marr*, wenn er sich 1927 als Agenten der Rechten Hand charakterisiert. Als solcher, so Bronnen, werde er sich „persönlich jederzeit gegen Demokratie und Bürgerlichkeit nicht ohne Schärfe aussprechen, da sie immer wieder versuchen werden, [...] eine finanziell ertragbare Schwindsucht in Davos als ein Problem aufzufassen."[84] Dass sich diese Spitze gegen den Autor des *Zauberbergs* richtet, dürfte den Zeitgenossen angesichts der Popularität Thomas Manns und der kontroversen Aufnahme seines großen Romans[85] nicht entgangen sein. Berechtigt erscheint diese Annahme umso mehr, als man den Lesern einer liberalen Tageszeitung unterstellen kann, dass sie mit der Position des Vernunftrepublikaners vertraut sind. Aufschlussreich ist Bronnens Bemerkung im vorliegenden Zusammenhang in zweierlei Hinsicht. In ihr kommt nicht nur zum Ausdruck, dass sich

---

als Skandal. Fälle – Funktionen – Folgen. Hg. von Stefan Neuhaus, Johann Holzner. Göttingen 2007, S. 278–288, hier: S. 279.
81 Ulrike Baureithel: Schicksal nur gegen Beweis. Bertolt Brecht und Arnolt Bronnen im literarischen Feld der Weimarer Republik: Mann ist Mann und Ostpolzug. In: Bertolt Brecht (1898–1956). Hg. von Walter Delabar, Jörg Döring. Berlin 1998, S. 89–111, hier: S. 93.
82 Arnolt Bronnen: Über A. B. [1927]. In: Arnolt Bronnen: Sabotage der Jugend. Kleine Arbeiten 1922–1934. Hg. von Friedbert Aspetsberger. Innsbruck 1989, S. 25–27, hier: S. 25.
83 Vgl. dazu Friedberg Aspetsberger: Arnolt Bronnen. Biographie. (= Literatur in der Geschichte, Geschichte in der Literatur, 34) Wien 1995, S. 432.
84 Bronnen: Über A. B., S. 27.
85 Vgl. Hans Wisskirchen: Thomas Manns Romanwerk in der europäischen Literaturkritik. In: Thomas-Mann-Handbuch. 3., aktualisierte Aufl. Hg. von Helmut Koopmann. Stuttgart 2001, S. 875–924, hier: S. 886–892.

Bronnen als Autor der Rechten Hand dezidiert von einer liberalen Position abgrenzt. Wenn er Thomas Manns Position als demokratisch und bürgerlich, mit anderen Worten als nicht-revolutionär diffamiert, bringt Bronnen mit seiner polemischen Bemerkung zugleich zum Ausdruck, dass er Manns Position als eine liberale begreift.

Man wird also davon ausgehen können, dass Bronnen sich immer auch gegen das Werk Thomas Manns wendet, wenn er sich als einen rechten Autor profiliert. Ebendies tut er auch in einem Vorwort, das er für seinen Debütroman geschrieben, aber erst 1929, also nachdem *Barbara la Marr* bereits erschienen ist, auch veröffentlicht hat. Deutlicher als in seinem Selbstporträt wird hier Bronnens Auffassung von linker und rechter Tendenz. Während sich jene auf die liberale Behandlung unterschiedlicher ideologischer Positionen beschränke, lehne diese es ab, den Menschen weltanschaulich festzulegen: „Rechte Hand: das Leben, wie es war bis zum Blick wo es ist; linke Hand: der Charakter wie er ist, bis zum unentrinnbaren Ende; rechte Hand: die Zukunft ist offen; linke Hand: die Möglichkeiten sind aufgezählt und erschöpft"[86]. Die linke Tendenz lehnt Bronnen entschieden ab, weil diese in ihrer Rücksichtnahme auf die bestehenden Positionen „eine Gleichgewichtslage der menschlichen Energien"[87] vermittle, also die freie Entfaltung dieser Energien verhindere. Im „stärksten Glauben an die menschlichen Möglichkeiten"[88] vermittle die rechte Tendenz demgegenüber „die Belebung der Gegensätze, die Herausarbeitung der Pole". Von ihr werde der „immer neue und kühne Versuch der Zerstörung" unternommen, um „Wärme" zu erzeugen, mit anderen Worten Energie freizusetzen.[89]

Die „radikale[] Form" seines Debütromans habe er, so Bronnen, „rechts" gesucht.[90] Diese Suche vermittelt sich, so meine These, in seiner Abgrenzung von der liberalen Position, die Thomas Mann mit dem *Zauberberg* im literarischen Feld eingenommen hat. Als Negation des Bildungsromans, genauer gesagt, als Negation der zeitgenmäßen Variation seiner idealtypischen Struktur durch Thomas Mann, kommt Bronnens Versuch, sich im literarischen Feld zu etablieren, sowohl auf der Handlungs- als auch auf der Darstellungsebene von *Barbara la Marr* zum Ausdruck.

---

[86] Arnolt Bronnen: Aus einem Vorwort [1929]. In: Das blaue Heft. Theaterkunst, Politik, Wirtschaft 11.1 (1929), S. 30–31, hier: S. 31.
[87] Bronnen: Aus einem Vorwort, S. 30.
[88] Bronnen: Aus einem Vorwort, S. 31.
[89] Bronnen: Aus einem Vorwort, S. 30; zu dieser von Martin Lindner als Lebensideologie bezeichneten Haltung vgl. weiterführend Martin Lindner: Leben in der Krise. Zeitromane der neuen Sachlichkeit und die intellektuelle Mentalität der klassischen Moderne. Stuttgart 1994.
[90] Bronnen: Aus einem Vorwort, S. 31.

Die Heldin des Romans wird als Reatha Watson eingeführt. Später nimmt sie den Künstlernamen Barbara la Marr an. Bereits im Alter von acht Jahren bricht die Protagonistin ihre Schulausbildung ab, um Schauspielerin zu werden. Als Sechzehnjährige verlässt sie schließlich ihre provinzielle Heimat, um sich in Hollywood zu versuchen. Bronnens Roman beginnt mit der Ankunft der Heldin in Hollywood und ihrer ersten Bewerbung um ein Engagement als Schauspielerin. Von sich selbst wird Barbara später behaupten, „für langsame Entwicklung, für Enthaltsamkeit, und bitteres Lernen" sei sie nun „einmal nicht geschaffen"[91]. Das skrupellose Vorgehen der Heldin rechtfertigt diese Selbsteinschätzung voll und ganz. Alle Konventionen des künstlerischen Feldes missachtend, setzt Reatha zu Beginn wie auch im weiteren Verlauf der Handlung ihren Willen durch. So gelingt es ihr eingangs durch die geschickte Manipulation des Regisseurs eine kleine Rolle in einer großen Studioproduktion zu bekommen. Während des Drehs erscheint plötzlich ihr Liebhaber, um sie in abenteuerlicher Manier zu entführen. Reatha hatte ihn, bereits fest davon überzeugt, engagiert zu werden, über ihren Aufenthaltsort informiert, und gebeten, sie zu sich zu holen: „Komm sofort her und entführ mich"[92], telegrafiert sie ihm. Dieses Handlungsschema wird sich im Verlauf des Romans noch mehrmals wiederholen:

Immer wieder schafft die Heldin es, alle Hindernisse aus dem Weg zu räumen, die ihrer Karriere als Schauspielerin im Wege stehen. Sobald sie sich jedoch am Ziel sieht, ergreift Barbara buchstäblich die Flucht.[93] Als es dank des ehrgeizigen Einsatzes der Heldin wie zu Beginn des Romans doch einmal zum Engagement kommt, erste Probeaufnahmen gemacht worden sind und man diese auch durchaus für gelungen hält, erklärt die Protagonistin plötzlich und sehr zur Verwunderung des Regisseurs apodiktisch, sie wolle keine Schauspielerin werden.[94]

Der Festlegung auf eine bestimmte soziale Position ausweichend, verharrt Barbara somit in der Schwellenphase ihrer Entwicklung. Dadurch hält sich die Protagonistin alle Möglichkeiten ihrer Selbstentfaltung offen. Zwar ist Barbara zu allem bereit, um ihren Willen durchzusetzen. Weil sie jedoch „alles [...] oder nichts"[95] will, schreckt sie letzten Endes immer wieder davor zurück, sich zu binden. Schließlich würde dies ihren Handlungsspielraum zwangsläufig begrenzen. Nicht nur ihre soziale Laufbahn als Schauspielerin veranschaulicht, dass Barbara alles oder nichts will. Auch das Liebesleben der Heldin und ihre sexuellen Exzesse legen hiervon beredtes Zeugnis ab. Die Protagonistin ist nicht bereit, sich

---

91 Arnolt Bronnen: Film und Leben. Barbara la Marr. Berlin 1928, S. 177.
92 Bronnen: Film und Leben, S. 9.
93 Vgl. Bronnen: Film und Leben, S. 38–39, 163–165 und 198–200.
94 Vgl. Bronnen: Film und Leben, S. 139–142.
95 Bronnen: Film und Leben, S. 177.

an einen ihrer Liebhaber zu binden. Triebkontrolle über sich selbst auszuüben, ist ihr gänzlich fremd.

Allen gegenläufigen Bemühungen Barbaras zum Trotz steigt diese schließlich doch noch zur umjubelten Schauspielerin auf. Freilich hat sie ihre glamouröse Karriere nicht selbst zu verantworten. Sie ist das Produkt der Anstrengungen verschiedener Agenten der Kulturindustrie Hollywoods. Diese vereinnahmen Barbara erklärtermaßen in der Absicht, ihre Vitalität für die Filmkunst auszubeuten.[96] „Lebendigkeit" und „Temperament" Barbaras, so glaubt man, würden diese revolutionieren: „Miß la Marr muß vor die Lampen, oder wir versauern."[97] In ihrer ersten Hauptrolle erfüllt Barbara schließlich auch die Erwartungen, die man in sie gesetzt hat. „Regie-, Gesprächs- und Bewegungsanweisungen"[98] ebenso wie das Spiel ihres Partners[99] ignorierend, steigert sich die Heldin vor der Kamera in einen Zustand der Ekstase hinein. Vor der Kamera folgt Barbara also ebensowenig einem konkreten „Fahrplan"[100] wie bei ihrer wechselhaften Bewegung im künstlerischen Feld. Gerade dadurch begeistert sie ihr Publikum. Durch keinerlei Struktur reguliert, setzt Barbaras Spiel eine Energie frei, die ihre Zuschauer in Staunen versetzt. Diese meinen, „Schauer des Ewigen Lebens"[101] zu verspüren.

In seiner Darstellung des emphatischen Lebens der Titelheldin ist Arnolt Bronnens Debütroman *Barbara la Marr* der liberalen Position, die Thomas Mann im *Zauberberg* vertritt, diametral entgegengesetzt: Während dieser die ideologische Gemengelage der Vorkriegszeit systematisch durchdringt, um dem Leser Klarheit über das Kräftespiel seiner sozialen Umwelt zu verschaffen, wirkt jener in der kritiklosen Inszenierung seiner vitalen Protagonistin geradezu antiintellektuell. Damit er sich nicht der Wirklichkeit ausliefere, empfiehlt *Der Zauberberg* seinem Leser, sich durch das Sammeln sozialer Erfahrung zu bilden. *Barbara la Marr* demgegenüber goutiert eine Heldin, die sich bewusst gegen Bildung und Erfahrung entscheidet. „Gott sei Dank", so Barbara, sei sie „weder verblendet durch Erfahrung noch durch Wissen". „Bücher" lese sie nur, wenn sie „einschlafen" wolle.[102] In der Gestalt von Barbara la Marr verherrlicht Bronnens Roman die Weigerung, soziale Bindungen einzugehen, und den Verzicht auf kritischrationale Überlegung. *Der Zauberberg* hinwiederum hält seine Leser, wie zu zeigen versucht wurde, durch das negative Beispiel Hans Castorps dazu an, sich kritisch

---

96 Vgl. Bronnen: Film und Leben, S. 168–173 und 195.
97 Bronnen: Film und Leben, S. 170.
98 Bronnen: Film und Leben, S. 216.
99 Vgl. Bronnen: Film und Leben, S. 216–218.
100 Bronnen: Film und Leben, S. 239.
101 Bronnen: Film und Leben, S. 249.
102 Bronnen: Film und Leben, S. 94.

mit verschiedenen gesellschaftspolitischen Fragen auseinanderzusetzen und Stellung zu ihnen zu beziehen. Hier reduziert sich das Dasein des Romanpersonals über weite Strecken der Darstellung darauf, verschiedene Motive sozialen Handelns zu reflektieren. In Bronnens Debütroman ist die Heldin hingegen unablässig in Bewegung, verzichtet jedoch darauf, ihr Handeln auch rational zu begründen. Barbara handelt ausschließlich intuitiv. Sie macht eben keine Pläne. Über sich selbst bemerkt sie in diesem Sinne, „nie und in nichts" habe sie „zur rechten Zeit für [s]ich vorgesorgt"[103].

Anhand der Struktur des Romans lässt sich der Vorrang der Tat in *Barbara la Marr* gegenüber der Reflexion im *Zauberberg* verdeutlichen. Bronnens Roman ist in der Erstauflage dreihundertzwanzig Seiten stark, die sich auf vierzehn Kapitel verteilen, von denen jedes zehn mehr oder weniger klar voneinander getrennte Handlungsepisoden umfasst. Die Frankfurter Ausgabe des *Zauberbergs* ist immerhin über eintausend Seiten stark, die sich auf nur sieben Kapitel verteilen, die ihrerseits wiederum insgesamt einundfünfzig Unterkapitel umfassen. Da die Handlung immer wieder durch ausufernde essayistische Passagen unterbrochen wird, erhalten die Figuren weniger Gelegenheit, durch Handlung eine Geschehensveränderung zu bewirken, die durch ein neues Kapitel respektive Unterkapitel markiert werden müsste. Im Falle *Barbara la Marrs* indiziert die große Anzahl der Unterkapitel eine permanente Geschehensveränderung. Insoweit man die Dichte einer Erzählung an der Anzahl ihrer Handlungsepisoden bemisst, lässt die gegensätzliche Kapitelstruktur der beiden Romane also erahnen, dass im *Zauberberg* weitaus weniger erzählt wird als in *Barbara la Marr*.

Verstärkt wird der retardierende Effekt des Essayismus durch zahlreiche Pausen in Form von Kommentaren des auktorialen Erzählers. Durch die Leitmotivtechnik, also eine Form der Wiederholung von etwas, das schon einmal erzählt worden ist, versucht Thomas Mann schließlich ganz bewusst, das Vergehen von Zeit überhaupt stillzustellen. Bei Bronnen finden sich keine Wiederholungen und es wird nur selten, und dann auch nur für kurze Zeit pausiert. Dadurch gewinnt der Leser, so Kurt Pinthus in seiner Rezension des Romans, den Eindruck von „pausenlose[r] Bewegtheit" und „rapide[m] Tempo" der Darstellung.[104] Während Mann dem Leser durch ihre ausführliche Vorstellung Zeit gibt, sich mit axiologischen Werteordnungen vertraut zu machen, lässt Bronnen seinen Lesern buchstäblich keine Zeit zur Reflexion des fiktiven Geschehens. In dieser Dynamik des Romans manifestiert sich auf der Ebene der Darstellung der Irrationalismus, den Bronnen auch auf der Handlungsebene zum Ausdruck bringt. Hier verdichtet sich seine

---

103 Bronnen: Film und Leben, S. 240.
104 Zit. nach Aspetsberger: Arnolt Bronnen, S. 373.

vitalistische Apotheose normativer Unbezüglichkeit in der Auflösung des Individuums in der Masse:

> Sie [i. e. Barbara] fühlte die große Macht des Volkes, und es überwältigte sie erschauernd die Gier, dorthin sich zu drängen, wohin diese Macht sich richtete, in den Kreis seiner Sehnsucht, die, nichtachtend der Kriege, der Zerstörungen und des Elends, nach Opfern strömte, nach dem Opfer des einzelnen, blühenden, unersetzlichen Lebens, für etwas Allgemeines, Unbekanntes, vielleicht auch Gleichgültiges. Das war ihr Leben, es riß sich brausend in ihr auf, sich wegwerfen, sich hingeben, zu verrinnen in eine sehnsüchtige, schweigende, Opfer erwartende Masse.[105]

Wofür sie sich opfern würde, spielt für Barbara schlechterdings keine Rolle. Allein der Gedanke, sich im Rausch der Masse zu verbrauchen, begeistert sie. Dieser Rausch wird in *Barbara la Marr* als Gelegenheit einer selbstzweckhaften Entfaltung menschlicher Energien begrüßt. Dabei wird hier genau das sublimiert, wovor im *Zauberberg* vor dem Hintergrund der Erfahrungen des Ersten Weltkriegs gewarnt wird: Selbstaufgabe angesichts der Herausforderung selbstverantwortlichen Handelns – erinnert sei an das Schneeabenteuer Hans Castorps und dessen Fronteinsatz – um den Preis „kluger Vorsicht".[106] So weist Bronnens Debütroman Thomas Manns Plädoyer für zivile Verantwortlichkeit, oder um den Titel von Manns Verteidigung der Weimarer Republik zu zitieren, seinen *Appell an die Vernunft* unmittelbar zurück.

VI Schlussbetrachtung

Abstrahiert man von den in dieser Studie vorgestellten fiktionalen literarischen Werken, dem *Zauberberg* Thomas Manns und Arnolt Bronnens *Barbara la Marr*, auf die in den 1920er Jahren dominanten Tendenzen des intellektuellen Feldes, gelangt man zum Gegensatz von Rationalismus und Lebensideologie. Jenen verteidigt Thomas Mann in seiner *Deutschen Ansprache* (1930) gegenüber den zeitgenössischen Bestrebungen, den (für Mann bürgerlichen) Primat der Vernunft zu delegitimieren. Gegen diesen richtet sich die zeitgenössische Lebensideologie in dem Glauben, dass kritisch-rationale Überlegung die Entfaltung der elementaren Kräfte des Menschseins verhindere. Sie gewinnt dadurch einen „rauschhaft dy-

---

105 Bronnen: Film und Leben, S. 180.
106 Mann: Der Zauberberg, S. 725.

namistischen, unbedingt ausgelassenen Charakter".[107] Ihre genuin antidemokratische Haltung machte viele Lebensideologen schließlich zu Sympathisanten, wenn nicht gar zu engagierten Vertretern des Nationalsozialismus. Auch dies ließe sich am Gegensatz von Thomas Mann und Arnolt Bronnen verdeutlichen. Dieser steht schon auf der Seite der deutschen Faschisten, als jener in seinem *Appell an die Vernunft* die Demokratie verteidigt.

---

107 Thomas Mann: Deutsche Ansprache. Ein Appell an die Vernunft [1930]. In: Thomas Mann: Von deutscher Republik. Politische Schriften und Reden in Deutschland. Hg. von Peter de Mendelssohn. Frankfurt a. M. 1984, S. 294–314, hier: S. 301.

Simone Schiedermair
Uwe Tellkamps *Der Turm* als Bildungsroman im literarischen Feld der Gegenwartsliteratur

Zur Rezeption des Romans im deutschsprachigen und skandinavischen Kontext

I *Der Turm* als Bildungsroman

Unmittelbar nach dem Erscheinen von Uwe Tellkamps Roman *Der Turm* im September 2008 erschien eine Rezension von Julia Encke[1] dazu in der *Frankfurter Allgemeinen Sonntagszeitung,* die nicht nur den Roman bespricht, sondern zunächst vor allem die bisherige Positionierung seines Autors im literarischen Feld und den mit dem Erscheinen seines neuen Romans verbundenen Wandel dieser Positionierung. Dabei ist gleich dem ersten Satz der Rezension zu entnehmen, dass die bisherige Position wohl keine eindeutige war. Nach der sehr deutlichen Kritik an der Sprache der ersten Romanseiten, die „mäandernd" und „pathetisch" (Z. 5–6) die Lektüre zur Herausforderung mache[2] und nach der Einordnung des Autors in die Kategorien „ehemalige(r) NVA-Panzerfahrer, Arzt und Schriftsteller" (Z. 9) folgt der im Anschluss an diese Vorinformationen durchaus überraschende Hinweis, dass ein Ausschnitt aus bzw. eine Vorarbeit zu diesem Text bereits einen herausragenden Platz in einer der höchst angesehenen Literaturinstitutionen deutschsprachiger Gegenwartsliteratur eingenommen hat: Beim Ingeborg-Bachmann-Preis 2004 hatte Tellkamp nicht nur gelesen und gewonnen, sondern darüber hinaus hatte Iris Radisch, unumstritten seit langem Literaturkritikerin mit hohem symbolischem Kapital und damals Vorsitzende der Jury, laut Rezensentin „ausgerufen": „Ich glaube, wir haben einen großen Autor entdeckt." (Z. 10–11) Diese widersprüchlichen Hinweise verdichtet die Rezensentin, selbst eine renommierte Literaturkritikerin, im nächsten Satz zu ihrer Einschätzung des Klagenfurter Geschehens mit der schlichten und klaren Formulierung: „Und man

---

[1] www.faz.net/aktuell/feuilleton/buecher/rezensionen/belletristik/uwe-tellkamp-der-turm-das-geheime-land-1692734.html (Stand: 14.03.2013). Zeilenangaben im Folgenden im Fließtext.
[2] Encke wählt hier eine sehr deutliche Formulierung: „Beinahe hätte man aufgegeben, war schon wieder kurz davor, die Hände über dem Kopf zusammenzuschlagen" (Z. 1–3).

DOI 10.1515/9783110478747-009

verstand es nicht." (Z. 12) Eine Einschätzung, für die sie – wie das unpersönliche Personalpronomen suggeriert – in Anspruch nimmt, dass sie von vielen geteilt wurde. Es folgt die Kritik an dem im Folgejahr erschienenen Roman *Eisvogel* (2005), dem es trotz Tellkamps Erfolg bei den Literaturtagen in Klagenfurt nach Enckes Ansicht nicht gelungen ist, „Lücken" im „Raum des Möglichen" zu finden[3], die ihm zu einer guten Positionierung im literarischen Feld verholfen hätten. Die spezifische Kombination von gewähltem Inhalt und gewählter Erzähltechnik führt zu dem folgenden Verdikt:

> Tellkamps Debüt, das ein Gesellschaftsroman hätte sein können, ließ, erzähltechnisch, jede Distanz vermissen. Er hielt keinen Abstand zu seinen Figuren. Und da diese Figuren zwei ressentimentbeladene junge Schnösel waren, die, demokratieverachtend, deutschtümelnd und elitär, gegen die eigene Zeit, das Land und die abgehalfterte Linke wetterten, atmete der Roman unwillkürlich selbst den Geist der Reaktion, den der Autor mit so viel Naturpathos unterlegte, dass er den Stereotypien seiner Figuren selbst anheimfiel. (Z. 14–19)

Vor dieser Folie wird nun *Der Turm* besprochen, dem all das gelingt, was die Rezensentin dem ersten Roman abspricht. Mit unverhohlener Überraschung – Encke nennt den entsprechenden Abschnitt ihrer Rezension sogar „Dann kommt die Überraschung" – stellt sie fest, dass es sich um einen interessanten Roman handele, der zum Weiterlesen verführe, habe man erst die Anfangsseiten mit der bereits bekannten „pathetischen" Sprache, aus denen in der Rezension mehrere Zeilen wörtlich zitiert werden[4], hinter sich gelassen[5]. Erst dann kommt Encke auf den Inhalt des Romans zu sprechen, der sich zwischen den Eckpunkten ‚Untergang der DDR' und ‚gebildete Bewohner des Dresdner Villenviertels' entspinnt.

---

[3] Pierre Bourdieu: Die Regeln der Kunst. Genese und Struktur des literarischen Feldes. Frankfurt a. M. 2001, S. 372.

[4] Encke zitiert die folgenden Zeilen aus der *Ouvertüre* von Tellkamps *Der Turm* (vgl. Uwe Tellkamp. Der Turm. Geschichte aus einem versunkenen Land. Frankfurt a. M. 2008, S. 9): „In der Nacht, die rostigen, die vom Mehltau des Schlafs befallenen, die von Säuren zerfressenen, die bewachten, die brombeerumrankten, die im Grünspan gefangenen, festgeschmiedet der Preußische Adler, die Schlag Mitternacht ihre Lauschtiere freilassenden, die hundertäugigen Periskope reckenden, Okulare scharfstellenden, bannertragenden, die von Schornsteinen geschwefelten, Musiklinien vortäuschenden, mit Bitumen bewalzten, von Tropfnässe Sicknässe (sic bei Encke, bei Tellkamp: Sickernässe) Schwitznässe faulenden, die durch schimmernde (sic bei Encke, bei Tellkamp: schimmelnde) Akten kriechenden, mit Stacheldraht betressten, mit Zifferblättern verbleiten Brücken ..." (2. Abschnitt der Rezension, Z. 2–9).

[5] „Aus dem völlig überladenen Anfang schält sich allmählich der eigentliche Roman heraus. Gegen alle Widerstände gerät man in den Sog einer anderen Zeit, folgt gebannt den wie abgelauscht wirkenden Gesellschaftsdialogen, die an manchen Stellen sogar komisch sind, was man von Tellkamp bisher nicht kannte." (Encke, 2. Abschnitt der Rezension, Z. 22–25).

Hier stellt Encke zwar nicht namentlich, aber doch eindeutig die Verbindung zum Bildungsroman her. Sie bezeichnet die Villenbewohner nicht nur als Bildungsbürger, die, „dornröschenhaft im Abseits lebend, Hausmusikabende veranstalten, an den Humanismus und die freie Rede glauben" (3. Abschnitt der Rezension, Z. 7–8), sondern analysiert sie darüber hinaus als eine Gruppe von Menschen, die „sich abschotten in einer auf Goethes *Wilhelm Meister* anspielenden ‚Turmgesellschaft', um sich innerhalb dieser selbst gewählten Abgrenzung die letzten Freiräume erhalten zu können." (3. Abschnitt der Rezension, Z. 8–10). Mit der Nennung von Goethes Roman macht sie einerseits die intertextuelle Verwobenheit von Tellkamps Text sichtbar und ordnet andererseits – und insbesondere – mit dem Verweis auf den prominentesten Text den *Turm* als ‚Bildungsroman' ein. Dabei fasst sie diesen Bezug eindeutig als eine Vorgabe des Romans auf bzw. als Autorstrategie, als eine der für literarische Werke typischen „Andeutungen über die Vorstellung, die der Autor sich von seinem Unternehmen macht".[6] Sie spricht dann auch im weiteren Verlauf ihrer Rezension nicht von den ‚Türmern', wie Tellkamp das in seinem Roman tut, sondern von der ‚Turmgesellschaft', wie Goethe das in seinem tut; etwa wenn sie es als Schicksal der zentralen Figur Christian Hoffmann beschreibt, „Kind freiheitsliebender Eltern der Turmgesellschaft zu sein" (4. Abschnitt der Rezension, Z. 6–7).

Nimmt man diesen Hinweis auf, lassen sich mit Leichtigkeit verschiedene Strategien des Autors Tellkamp finden, der seinen Roman in die Reihe der Bildungsromane eingeordnet wissen will.[7]

Schon mit der Wahl des Romantitels *Der Turm* wird die ‚Turmgesellschaft' aufgerufen, positiver Fluchtpunkt am Ende von Goethes Roman *Wilhelm Meisters Lehrjahre* (1795/96). Auch mit der Überschrift *Die pädagogische Provinz*, die Tellkamp dem ersten Buch seines Romans[8] gibt, spielt er auf den Wilhelm Meister an, genauer auf *Wilhelm Meisters Wanderjahre* (1821/1829). Dort versteht man unter der ‚pädagogischen Provinz' eine vorbildliche Erziehung; sie ist dann auf den fast fünfhundert Seiten in dem ersten Buch des Tellkampschen Romans, das Christian Hoffmanns Jugendjahre in der Familie und seine Schulzeit im Internat beschreibt, seine Anstrengungen für die Zulassung zum Medizinstudium und seine Liebe zu Reina auch ausführlich Thema. Als Lesende verfolgen wir die ‚vorbildliche Erziehung' Christians mit, aber auch, wie die Bewohner des Dresdner Villenviertels unter den erschwerten Bedingungen des Sozialismus die Werte des Bildungs-

---

6 Pierre Bourdieu: Zur Soziologie der symbolischen Formen. Frankfurt a. M. 1974, S. 90.
7 Die auf den folgenden Seiten vorgetragenen Überlegungen wurden zum Teil bereits an anderer Stelle veröffentlicht.
8 Der Roman besteht aus den Teilen: „Ouvertüre", „I. Buch: Die Pädagogische Provinz", „Interludium: 1984", „II. Buch: Die Schwerkraft", „Finale: Mahlstrom".

bürgertums pflegen, in denen das Bildungsideal, das im *Wilhelm Meister* vorgeführt wird, seine sozusagen kanonisierte und damit für viele umsetzbare Form gefunden hat. Die ‚Türmer' verbringen ihre Abende mit Musik, Literatur und bildender Kunst sowie mit naturwissenschaftlichen Studien, insbesondere der Zoologie. Dieses privilegierte Stadtviertel „dient als ein letztes Refugium für ein untergehendes Bildungsbürgertum"[9].

Verfolgt man eine merkmalsorientierte Gattungskonzeption, wie im vorigen Abschnitt zum Teil bereits geschehen, muss als zentraler Aspekt gelten, dass Tellkamp einen großen Teil seines Romans dem Werdegang von Christian widmet, also einem jungen Mann oder in der bekannten Formulierung Wilhelm Diltheys, mit der dieser 1906 den Bildungsroman charakterisiert, einem

> Jüngling [...], wie er in glücklicher Dämmerung in das Leben eintritt, nach verwandten Seelen sucht, der Freundschaft begegnet und der Liebe, wie er nun aber mit den harten Realitäten der Welt in Kampf gerät und so unter mannigfachen Lebenserfahrungen heranreift, sich selber findet und seiner Aufgabe in der Welt gewiss wird.[10]

Diese Bestimmung verdankt ihre Prominenz nicht zuletzt der Tatsache, dass Hans Heinrich Borcherdt sie zu Beginn seines Artikels *Bildungsroman* im *Reallexikon der deutschen Literaturgeschichte* fast wörtlich zitiert und sich ausführlich mit ihr auseinandersetzt.[11] In der Neubearbeitung des *Reallexikons* von 1997 wurde Bocherdts Artikel durch einen Artikel von Jürgen Jacobs ersetzt, der den Bildungsroman allgemeiner bestimmt als „(e)rzählerische Darstellung des Wegs einer zentralen Figur durch Irrtümer und Krisen zur Selbstfindung und tätigen Integration in die Gesellschaft".[12]

Wie Wilhelm Meister so betreibt auch Christian Hoffmann seine Bildung bewusst. „(M)ich selbst, ganz wie ich bin, auszubilden, das war dunkel von Jugend auf mein Wunsch und meine Absicht" schreibt Wilhelm Meister in einem Brief an

---

9 Achim Geisenhanslüke: „Nach Dresden. Trauma und Erinnerung im Diskurs der Gegenwart. Durs Grünbein – Marcel Beyer – Uwe Tellkamp. In: Transformationen des literarischen Feldes in der Gegenwart. Sozialstruktur – Medien-Ökonomien-Autorpositionen. Hg. von Heribert Tommek, Klaus-Michael Bogdal. Heidelberg 2012, S. 296.
10 Wilhelm Dilthey: Der Bildungsroman. In: Zur Geschichte des deutschen Bildungsromans. Hg. von Rolf Selbmann. Darmstadt 1988, S. 120.
11 Hans Heinrich Borcherdt: Bildungsroman. In: Reallexikon der deutschen Literaturgeschichte. Bd. I. Hg. von Werner Kohlschmidt u. a. Berlin ²1955, S. 175–176.
12 Jürgen Jacobs: Bildungsroman. In: Reallexikon der deutschen Literaturwissenschaft. Hg. von Klaus Weimar u. a. Berlin u. a. 1997, S. 230.

seinen Freund Werner[13] und versucht dieses Ziel auf dem Weg über das Theater zu erreichen. Christian Hoffmann meint, eine „hohe Bildung war die erste Voraussetzung, um ein Großer Mensch zu werden"[14] und verordnet sich selbst ein umfangreiches Programm „für die Bildung des Geistes"[15], d.h. er erweitert sein schulisches Pensum um fünfzig zusätzliche englische, französische, lateinische Vokabeln und mindestens ein Kapitel Weltliteratur täglich sowie um zusätzliche Lektionen in Chemie, Physik, Biologie[16] und hört jeden Mittag eine Stunde klassische Musik auf dem Gemeinschaftsplattenspieler des Internats[17]. Folgt man Christians weiteren Überlegungen zum selbstverordneten ‚Bildungscurriculum' oder wohl eher ‚Lernplan' bzw. ‚Paukplan' wird es allerdings immer fraglicher, ob sich seine Vorstellungen mit dem Begriff ‚Bildung' im klassischen Sinne eines in Phasen verlaufenden Prozesses zur selbstreflexiven und ganzheitlichen Persönlichkeit harmonisieren lassen. Der ‚Große Mensch', der er sein möchte, ist der aufgrund seiner wissenschaftlichen Leistungen ‚berühmte' Mensch:

> Christian [...] schlang Wissen in sich hinein, soviel er konnte. Denn auch er wollte berühmt werden und anerkannt sein von Richard und Niklas, Malthakus und Meno, den Türmern. Auch sein Name sollte einmal leuchten. Christian Hoffmann – der große Chirurg und Forscher, der Bezwinger der Krebskrankheit. Der erste Nobelpreisträger der DDR, beklatscht in Stockholm.[18]

Anders als Wilhelm Meister steht Christian der Liebe skeptisch gegenüber. So ist es bekanntlich eine Liebesszene, in der man Wilhelm im Roman zum ersten Mal begegnet: „Wilhelm trat herein. Mit welcher Lebhaftigkeit flog sie ihm entgegen! [...] Wer wagte hier zu beschreiben, wem geziemt es, die Seligkeit zweier Liebenden auszusprechen! Die Alte ging murrend beiseite, wir entfernen uns mit ihr und lassen die Glücklichen allein."[19] Christian dagegen sieht in der Liebe ein Hindernis auf seinem Weg zum großen Forscher: „Liebe, glaubte Christian, hielt vom Lernen ab."[20] Und dreihundertdreißig Seiten später, als Reina unerwartet seine Hand nimmt, ist er von diesem Gegensatz immer noch überzeugt: „War es das nun? Das

---

13 Johann Wolfgang Goethe: Wilhelm Meisters Lehrjahre. In: Goethes Werke. Band VII. Romane und Novellen II. Textkritisch durchgesehen und kommentiert von Erich Trunz. München [12]1989, S. 311.
14 Uwe Tellkamp: Der Turm. Geschichte aus einem versunkenen Land. Frankfurt a.M. 2008, S. 156.
15 Tellkamp: Der Turm, S. 156.
16 Tellkamp: Der Turm, S. 153.
17 Tellkamp: Der Turm, S. 156.
18 Tellkamp: Der Turm, S. 155.
19 Goethe: Wilhelm Meisters Lehrjahre, S. 11.
20 Tellkamp: Der Turm, S. 157.

sollte die erste Liebe sein? [...] Und überhaupt: Wie war das mit der Liebe – hatte er sie nicht gefürchtet, hielt sie nicht vom Lernen ab, machte sie nicht aus Männern, die Forscher hätten werden können, beschränkte, sofabäuchige Familienbären?"[21] Als er sich am Ende des ersten Buches doch auf Reina einlässt, warnt ihn sein Onkel Meno im Hinblick auf ihre Zuverlässigkeit, auf die in der DDR immer virulente Möglichkeit der Denunziation.[22]

Unter der Perspektive ‚Bildungsbegriff' betrachtet, unterscheidet sich Christian von den anderen Bildungsromanhelden wohl dadurch, dass er Bildung mit Faktenwissen, so breit und disziplinär diversifiziert er es auch anlegt, verwechselt.[23] Er steht damit quer zu einem Bildungskonzept, das weniger auf die Aneignung von fachlichem Wissen und auf einen von Expertise geprägten Umgang mit der Kunst zielt als auf die angemessene Realisierung aller Anlagen eines Menschen. Während der pubertierende Protagonist selbst eigentlich einen Karriereweg plant, wie im ersten Buch deutlich, lässt der Romanautor Tellkamp den ‚Jüngling' jedoch einen ‚Bildungsweg' gehen, der insbesondere das zweite Buch mit dem Titel *Die Schwerkraft* füllt. Hier schickt er seinen ‚Helden' in den ‚Kampf mit den harten Realitäten', die für einen jungen Mann in der DDR in der Regel Einberufung und bei speziellen Studienwünschen einen dreijährigen Wehrdienst bei der NVA bedeuteten. Tellkamp führt seinen Protagonisten in Zusammenhänge, in denen dessen Faktenwissen nicht von Relevanz ist. Einer der bittersten Punkte in diesem Prozess ist Christians vermutlich einwöchige Haft in der Dunkelzelle:

> Er war in der DDR, die hatte befestigte Grenzen und eine Mauer. Er war bei der Nationalen Volksarmee, die hatte Kasernenmauern und Kontrolldurchlässe. Er war Insasse der Militärvollzugsanstalt Schwedt, hinter einer Mauer und Stacheldraht. Und in der Militärvollzugsanstalt Schwedt hockte er im U-Boot, hinter Mauern ohne Fenster. [...] Jetzt, dachte Christian, bin ich wirklich Nemo. Niemand.[24]

Es ist ungewiss, ob Christian am Schluss „seiner Aufgabe in der Welt gewiss wird" (Dilthey) bzw. „zur Selbstfindung und tätigen Integration in die Gesellschaft" (Jacobs) gelangt wie Wilhelm Meister, den man am Ende des Romans zufrieden und dankbar sieht: „‚Ich kenne den Wert eines Königreichs nicht', versetzte Wilhelm, ‚aber ich weiß, daß ich ein Glück erlangt habe, das ich nicht verdiene, und

---

21 Tellkamp: Der Turm, S. 487.
22 Tellkamp: Der Turm, S. 497.
23 Etwa Goethes *Wilhelm Meister*, *Der Grüne Heinrich* bei Keller oder Manns *Zauberberg*-Held Hans Castorp. Stifters Heinrich Drendorf im *Nachsommer* erwirbt sich seine Bildung zwar auch über die Aneignung von Wissen, allerdings erwirbt er dieses Wissen im Gespräch mit gebildeten Mentoren und nicht, indem er einem institutionell vorgegebenen Curriculum folgt.
24 Tellkamp: Der Turm, S. 827.

das ich mit nichts in der Welt vertauschen möchte.'"[25] Tellkamps Buch endet vorerst[26] mit einem Doppelpunkt: „Pfannkuchen sagte: ‚Tschüß'. / ‚Tschüß', sagte Christian. [...] / ... aber dann auf einmal ... / schlugen die Uhren, schlugen den 9. November, ‚Deutschland einig Vaterland', schlugen ans Brandenburger Tor:"[27] Pfannkuchen und Christian verabschieden sich vor dem Tor der Kaserne, ihr Wehrdienst ist endlich abgeleistet, es ist der 9. November 1989, der Tag der großen Wende für ein ganzes Land.

Nach dieser Einschätzung, die sich an ‚Gattungsmerkmalen' orientiert, wie sie in den letzten gut hundert Jahren diskutiert wurden, und insbesondere den Bestimmungen von Dilthey (1906) und Jacobs (1997) folgt, kann *Der Turm* also als Bildungsroman gelesen werden. Aber auch neuere Arbeiten, zu deren einflussreichsten sicher die 2007 erschienene *Einführung in den Bildungsroman* von Ortrud Gutjahr gehört, schlagen einen „gattungstypologische(n) Kern"[28] vor:

> In einer Abfolge von Bildungsstationen wird die Reichweite von Talenten unter Beweis gestellt und die Realisierungsmöglichkeit von Lebensplänen geprüft. [...] Mithin werden Weltsicht und Selbsteinschätzung im Verlauf der Entwicklung zukunftgerichtet modifiziert, so dass die Integration in neue soziale Kontexte gelingen kann. Im Bildungsroman geht es somit um die Reifung eines Protagonisten, der in spannungsvoller Auseinandersetzung mit sozialen Ordnungen und der natürlichen Umwelt das Ziel verfolgt, eine seinen Neigungen und Wünschen angemessene und zugleich gesellschaftlich kompatible Lebensform zu finden.[29]

Auch vor der Folie dieser Bestimmung ist *Der Turm* als Bildungsroman lesbar.

II Zur Rezeption im deutschsprachigen Kontext

Der – auch internationale – Siegeszug des Romans seit seinem Erscheinen ist bekannt: Begeisterte Rezensionen und renommierte Preise[30] – Heribert Tommek weist insbesondere auf die Funktion des Nationalpreises der Deutschen Nationalstiftung hin als „nach der Wiedervereinigung neu geschaffene Konsekrati-

---

25 Goethe: Wilhelm Meisters Lehrjahre, S. 610.
26 Laut Selbstaussage arbeitet Tellkamp an einer Fortsetzung bzw. „Fortschreibung" des Romans. Vgl. das Gespräch von Andreas Platthaus mit Uwe Tellkamp im Feuilleton der *Frankfurter Allgemeinen* vom 29.12.2012.
27 Tellkamp: Der Turm, S. 973.
28 Ortrud Gutjahr: Einführung in den Bildungsroman. Darmstadt 2007, S. 8.
29 Gutjahr: Einführung in den Bildungsroman, S. 8.
30 Uwe-Johnson-Preis 2008, Deutscher Buchpreis 2008, Deutscher Nationalpreis 2009, Literaturpreis der Konrad-Adenauer-Stiftung 2009.

onsinstanz am Pol staatlicher Legitimation im kulturellen Feld, der [...] hinsichtlich des literarischen Feldes – auf die Neubesetzung national-repräsentativer Autorpositionen zielt"[31]; zahlreiche Auflagen[32] und Übersetzungen in fünfzehn Sprachen[33]; 750.000 verkaufte Exemplare[34] und damit „der größte Verkaufserfolg von Suhrkamp in den letzten Jahren"[35]; am Roman orientierte Stadtführungen in Dresden, verschiedene Bühnenfassungen[36] und Theateraufführungen[37]; ein Platz im ZEIT-Kanon der wichtigsten Bücher der europäischen Nachkriegsliteratur[38] und eine zweiteilige Fernsehverfilmung, die – im Jahr 2012 – zum Tag der Deutschen Einheit in der ARD ausgestrahlt wurde. Mit dem Untergang der DDR hat Tellkamp für seinen Roman sicher ein Sujet gewählt, das interessiert. Er gewinnt ihm zusätzlichen Reiz ab, indem er eine Gruppe von Menschen in den Mittelpunkt rückt, aus deren dialektischer Bezogenheit auf das System, in dem sie leben, sich eine spezifische Spannung für den Roman entwickelt. Der Veröffentlichungszeitpunkt im September 2008 erlaubt überdies, dass sich etwa Preisverleihungen gut mit Feierlichkeiten zum 20-jährigen Gedenken verbinden lassen. So wird auf der Website der Konrad-Adenauer-Stiftung zur Verleihung des Literaturpreises 2009 an Tellkamp explizit darauf hingewiesen, dass er „am 6. Dezember – zeitnah zum 20jährigen Gedenken von friedlicher Revolution und Mauerfall"[39] verliehen wird. Genügend Zeit auch, dass Publikationen in anderen Sprachen bis zum 20. Jahrestag möglich sind. Und tatsächlich ist die norwegische Übersetzung, übrigens die erste Ausgabe außerhalb Deutschlands, „i forkant av 20-årsjubileet for murens fall" – „unmittelbar vor dem 20-jährigen Jubiläum des Mauerfalls" erschienen,

---

31 Heribert Tommek: Zur Entwicklung nobilitierter Autorpositionen (am Beispiel von Raoul Schrott, Durs Grünbein und Uwe Tellkamp). In: Transformationen des literarischen Feldes in der Gegenwart. Sozialstruktur – Medien-Ökonomien – Autorpositionen. Hg. von Heribert Tommek, Klaus Michael Bogdal. Heidelberg 2012, S. 319.
32 Die gebundene Ausgabe ist inzwischen in der 11. Auflage, die 2010 erschienene Taschenbuchausgabe in der 4. Auflage erschienen.
33 Alexander Cammann in *Die Zeit* vom 27.09.2012 zur „Turm"-Verfilmung. http://www.zeit.de/2012/40/Fernsehen-Der-Turm-Uwe-Tellkamp/komplettansicht (Stand: 12.04.2013).
34 Eckhard Fuhr in *Die Welt* vom 2.10.2012 zur „Turm"-Verfilmung. http://www.welt.de/109576797 (Stand: 14.03.2013).
35 Andreas Platthaus in *Frankfurter Allgemeine* vom 29.12.2012, Interview mit Uwe Tellkamp zur Fortsetzung seines Romans *Der Turm*.
36 Bühnenfassungen von Jens Groß und Armin Petras sowie von John von Düffel.
37 Staatsschauspiel Dresden Uraufführung der Fassung von Groß/Petras im September 2010; Staatstheater Wiesbaden, Uraufführung der Fassung von von Düffel im November 2010, Hans Otto Theater Potsdam von Düffels Bühnenfassung ebenfalls im November 2010.
38 *Die Zeit* vom 23.08.2012, S. 48.
39 Siehe: „Uwe Tellkamp erhält den Literaturpreis der Konrad-Adenauer-Stiftung 2009" auf: www.kas.de/wf/de/716815/ (Stand: 13.03.2013).

wie es in der Pressemeldung des Forlaget Press in Oslo heißt.[40] Genau zum Jahrestag erschien am 9. November 2009 dann im Kulturteil von Bergens Tidende eine ausführliche Rezension zum Roman.[41] Es ist also keine Frage, dass sich Tellkamp mit diesem Roman prominent im literarischen Feld der deutschsprachigen Gegenwartsliteratur positioniert hat. Wie steht es aber mit den Hinweisen auf den *Wilhelm Meister* und auf den *Bildungsroman*, mit denen Tellkamp deutlich einen Platz in einer unumstritten hochangesehenen Sammlung von Romanen fordert? Gewinnt der Roman damit zusätzlich symbolisches Kapital? Auch umgekehrt ist zu fragen: Verhilft die herausragende Stellung, die der Roman einnimmt, der Gattung zu neuem symbolischem Kapital?

Im deutschen Feuilleton sind die Rezensenten und Rezensentinnen des *Turms* der Spur des Bildungsromans gerne nachgegangen. Insbesondere die frühen und ausführlichen Rezensionen, die in den großen Zeitungen erschienen sind, setzen den Roman ins Verhältnis zu diesen Texten. So verweist Helmut Böttiger bereits im Untertitel seiner in der ZEIT am 18.09.2008, also eine Woche nach dem Roman, erschienenen Rezension auf den Bildungsroman: „Weißer Hirsch, Schwarzer Schimmel. Tellkamps klassischer Bildungsroman über die DDR erzählt meisterlich aus einer stillgelegten Zeit: ‚Der Turm'."[42] Nur en passant wird auf den Zusammenhang mit dem *Wilhelm Meister* verwiesen, er gilt als Selbstverständlichkeit, die kaum extra erwähnt zu werden braucht: „dass Goethes ‚Turmgesellschaft' aus dem *Wilhelm Meister* hier Pate steht, versteht sich von selbst." Interessant ist überdies, dass Böttiger am Ende seiner Rezension auf einen weiteren Bildungsroman zu sprechen kommt, und insbesondere, dass er nicht von intertextuellen Verweisen oder gar vom Inhalt aus die Verbindung herstellt, sondern von der Form bzw. von der Unförmigkeit des Romans ausgehend vorschlägt, Tellkamp solle wie Gottfried Keller eines Tages eine zweite, überarbeitete Fassung des Romans vorlegen: „analog etwa zu Gottfried Keller, der durchaus einer seiner Gewährsmänner sein könnte und der seinen großen Bildungsroman *Der grüne Heinrich* nach einiger Zeit überarbeitete". Mit der Nennung dieses zweiten wichtigen Gattungsvertreters wird *Der Turm* nicht nur zu dem Gattungsbegründer in Beziehung gesetzt, sondern in die Reihe der Bildungsromane gestellt.

Elmar Krekeler[43] wird mit seiner Einschätzung in der WELT vom 13.09.2008, dass *Der Turm* eigentlich der ‚Entwicklungsroman' von Christian ist, in Bezug

---

40 Pressemeldung beim Verlag erhältlich: forlag@fpress.no.
41 http://www.bt.no/bergenpuls/litteratur/litteraturanmeldelser/Gigantisk-1937873.html (Stand: 25.2.2013).
42 http://www.zeit.de/2008/39/L-Tellkamp/komplettansicht (Stand: 13.03.2013).
43 http://www.welt.de/2438531 (Stand: 14.03.2013).

auf die Zuordnung zum ‚Bildungsroman' noch deutlicher, gilt der ‚Entwicklungsroman' in der fachwissenschaftlichen Diskussion doch als Oberbegriff zum Bildungsroman.⁴⁴ Krekeler beschreibt dann auch den Handlungsstrang um Christian im Sinne der oben genannten merkmalsorientierten Bestimmungen zum Bildungsroman als „Abfolge von Bildungsstationen" und als „spannungsvolle[] Auseinandersetzung mit sozialen Ordnungen und der natürlichen Umwelt"⁴⁵, wobei Christians Lage immer prekärer wird: Er

> rast immer die Spirale abwärts. Der anfangs unsichere und reichlich unsympathische, großmannsüchtige Eliteinternatsschüler versucht sich zu wehren, das Erbe zu wahren, zu nutzen, fährt dann durch die apokalyptischen Landschaften des Braunkohletagebaus und die lebensfeindliche Hölle einer Karbid-Fabrik, fährt ein ins so genannte U-Boot, durch mehrere Sprachverluste in eine lichtlose Einzelzelle, in der er sich endlich im Zentrum des Systems angekommen und bei sich fühlt, ganz unten, zum Niemand zerschrotet.⁴⁶

Ähnlich deutlich im Hinblick auf die Einordnung des Romans bezeichnet Beatrix Langner⁴⁷ in der *Neuen Züricher Zeitung* am 11. Oktober 2008 den *Turm* „als makabres Gegenbild des guten alten bürgerlichen Bildungsromans", der „Schritt für Schritt der Destruktion einer Persönlichkeit folgt." Wie Encke spricht sie nicht von den ‚Türmern', sondern von der ‚Turmgesellschaft', und das bereits in ihrem Untertitel *Erzählte Geschichte in Uwe Tellkamps Turmgesellschaft*. Interessant an Langners Rezension ist insbesondere die Verbindungslinie, die sie vom *Turm* bzw. Christians Onkel Meno zu *Wilhelm Meisters Wanderjahren* bzw. Jarno zieht:

> Wie einst Jarno, die charismatische Figur aus Goethes Altersroman [...] entsagt er der Literatur. Jarno war es auch, der die philanthropische Turmgesellschaft aus „Wilhelm Meisters Lehrjahren", in der die schönen Träume einer durch Kunstsinn und Bildung zu schaffenden bürgerlichen Nation gepflegt wurden, in die kapitalistische Zukunft der Neuen Welt führte, ein kleines Grüppchen ausgewanderter Technokraten. Für Christian kommt Menos Einsicht allerdings zu spät.⁴⁸

---

44 Siehe etwa Gutjahr: Einführung in den Bildungsroman, S. 12. Ihr zufolge liegt das Spezifische des Bildungsromans gegenüber dem Entwicklungsroman darin, dass hier „die Fähigkeit, das eigene Gewordensein und damit gerade Erziehung und Entwicklung kritisch zu hinterfragen, als grundlegendes Bildungsvermögen zum Thema wird."
45 Gutjahr: Einführung in den Bildungsroman, S. 8.
46 Krekeler, http://www.welt.de/2438531 (Stand: 14.03.2013).
47 http://www.nzz.ch/aktuell/feuilleton/buchrezensionen/utopia-zeitgeschwaerzt_1.1085072 (Stand: 14.03.2013).
48 Langner, http://www.nzz.ch/aktuell/feuilleton/buchrezensionen/utopia-zeitgeschwaerzt_1.1085072 (Stand: 14.03.2013).

Eine differenziertere Einschätzung zu *Turm* und ‚Turmgesellschaft', die über die reine Allusion und Gleichsetzung hinausgeht, findet sich bei Jens Bisky, der in seiner Besprechung in der *Süddeutschen Zeitung* vom 13.09.2008 die beiden ‚Turm-Institutionen' durchaus kritisch gegeneinander stellt: „Bei Goethe lenkt die Turmgesellschaft, Statthalter des Schicksals, den Lehrling dahin, sich auf das nächste zu konzentrieren. Tellkamp dagegen zeigt ohnmächtige Türmer."[49]

Aber nicht nur auf andere Bildungsromane, sondern auch auf die früheste theoretische Diskussion zum Bildungsroman wird zurückgegriffen, insbesondere auf die Bestimmung von Karl Morgenstern von 1819, wonach er Bildung „zugleich darstellen und ertheilen soll"[50]. Die damit verbundene Vorstellung, dass ein Bildungsroman auch die Lesenden bilden solle, kehrt in den Rezensionen in der Form einer Lektüreempfehlung des Romans für DDR-Interessierte wieder. So auf der Website der Konrad-Adenauer-Stiftung, die ein gutes Jahr nach seinem Erscheinen den Roman mit ihrem Literaturpreis ausgezeichnet hat, ganz explizit: „Gemäß der klassischen Definition [...] bildet Tellkamps Roman auch seine Leser. Sie können an Christians Entwicklungsweg symptomatisch den Untergang der DDR ablesen."[51] Zwar ohne Hinweis darauf, dass das zum Konzept des Bildungsromans passt, dafür aber sehr dezidiert bei Jens Bisky: „Wenn in Zukunft einer wissen will, wie es denn wirklich gewesen ist in der späten DDR, sollte man ihm rasch und entschlossen den neuen Roman von Uwe Tellkamp in die Hand drücken: ‚Nimm und lies.'"[52]

Die Frage nach der Positionierung im literarischen Feld, die insbesondere in der zu Beginn des Beitrags vorgestellten Rezension von Encke bearbeitet wurde, wird ein Dreivierteljahr nach dem Erscheinen des Romans und der großen Rezensionen von Andreas Nentwich[53] im *Cicero* vom 08.06.2009 leicht modifiziert nicht als Frage nach dem symbolischen Kapital des Autors, sondern des Textes noch einmal aufgenommen. Explizit und mit expliziter Bezugnahme auf den ‚Bildungsroman' wird ihm eine exponierte Stellung gegenüber anderen Texten der Gegenwartsliteratur bzw. DDR-Literatur zugeschrieben, als „Bildungsroman, der

---

49 Der Artikel ist im Archiv der *Süddeutschen Zeitung*/LibraryNet zu finden. Dokument-ID A42690025.
50 Karl Morgenstern: Über das Wesen des Bildungsromans. In: Zur Geschichte des deutschen Bildungsromans. Hg. von Rolf Selbmann. Darmstadt 1988, S. 64.
51 http://www.kas.de/wf/de/71.6815/ (Stand: 13.03.2013).
52 Hier handelt es sich um eine häufig zitierte Stelle aus der Rezension; u.a. wird sie auf der Verlagsseite zum Roman zitiert. Auch auf der Seite des norwegischen Verlages wird sie zitiert, hier in Übersetzung: „Hvis noen in fremtiden ønsker å vite hvordan det virkelig var i DDR, burde man gi ham Uwe Tellkamps nye roman." http://forlagetpress.no/index.php?ID=Bok/counter=224 (Stand: 25.02.3013).
53 http://www.cicero.de/salon/ein-blauwal-von-einem-roman/43418 (Stand: 14.03.2013).

uns endlich vom kollektivistischen Pop-Dagegensein bundesdeutscher Kleinbürgerkinder und kalauernder Prenzlberg-Aktivisten erlöst." So explizit hatte die Einschätzung als Bildungsroman in den früheren Rezensionen nicht zu der durchgehend herausragenden Positionierung des Romans beigetragen. So hatte etwa Jens Bisky dem Roman in seiner sehr frühen Rezension vom 13.09.2008 in der *Süddeutschen Zeitung* eine äußerst hohe Position zugewiesen, sowohl im synchronen Vergleich mit zeitgenössischen Texten – „Hier lernt man die späten Jahre des Sozialismus in einer Intensität kennen, für die es in der Literatur nach 1989 kein Beispiel gibt." – als auch diachron in Hinsicht auf die großen Romane der deutschsprachigen Literatur – „So wie wir heute die Welt des Bürgers mit den Augen Thomas Manns sehen, werden spätere Generationen in Tellkamps Roman Erstarrung und Implosion der DDR nacherleben können."[54] Allerdings spielt der ‚Bildungsroman' für seine Einschätzung keine Rolle.

In den Bearbeitungen für Bühne, Fernsehen und Hörbuch hat sich die Einschätzung weitgehend durchgesetzt, dass es die Geschichte von Christian ist. Zu untersuchen bliebe, inwiefern in diesen Adaptionen selbst und den dazugehörigen Besprechungen die Kategorie des Bildungsromans noch eine Rolle spielt. Von ‚Bildungsbürgern', ‚Bildung' und Schwierigkeiten für einen jungen Mann, in einem solchen System seinen Weg zu finden, ist jedenfalls die Rede.[55]

III Zur Rezeption in Norwegen

Ob Tellkamps *Der Turm* in der internationalen Perspektive über eine Lektüreempfehlung für DDR-Interessierte hinauskommt, ist fraglich. Wenn auch nicht explizit als Bildungsroman wahrgenommen, kann ihm damit immerhin zumindest eine der Funktionen erhalten bleiben, die dem Bildungsroman traditionell zugeschrieben wird, nämlich die, die Lesenden zu ‚bilden'. Im Folgenden soll der internationale Blick insbesondere auf den skandinavischen Raum und hier auf

---

[54] Jens Bisky: Aufruhr der Uhren. Zur rechten Zeit: Uwe Tellkamps großer Roman *Der Turm* erzählt von den sieben letzten Jahren der DDR. Der Artikel ist im Archiv der *Süddeutschen Zeitung*/LibraryNet zu finden. Dokument-ID A42690025.
[55] Alexander Camman: Und nun alle: ‚Sozialismus'. Zum Tag der Einheit ist Tellkamps Erfolgsroman *Der Turm* als TV-Spektakel zu sehen. http://www.zeit.de/2012/40/Fernsehen-Der-Turm-Uwe-Tellkamp/komplettansicht (Stand: 12.04.2013); Eckhard Fuhr: Wo die Mauer stand, gähnt ein Abgrund. Vom Glück und Unglück deutscher Bürger: Die Fernsehverfilmung von Uwe Tellkamps Romanbestseller *Der Turm* zeigt, wie sehr die DDR unser aller Geschichte geworden ist. http://www.welt.de/109576797 (Stand: 14.03.2013); Jens Bisky: So wie sie waren. http://www.sueddeutshe.de/medien/2.220/der-turm-in-der-ard-so-wie-sie-waren-1.1485221 (Stand: 14.03.2013).

Norwegen geworfen werden, – wie oben bereits erwähnt – das Land, in dem die erste Übersetzung des *Turms* in eine Fremdsprache publiziert wurde. Bereits ein Jahr nach seinem Erscheinen auf Deutsch kam 2009 die gebundene norwegische Ausgabe heraus, im Forlaget Press Oslo, 2010 schon die zweite Auflage der Taschenbuchausgabe. Das Buch wurde außerdem vom Norwegischen Kulturrat eingekauft – siehe auf der vierten Seite der Taschenbuchausgabe: „Innkjøpt av Norsk kulturråd" –, die Publikation wurde also auch mit norwegischen staatlichen Geldern unterstützt. Die Förderungsordnung sieht vor, dass von Übersetzungen 500 Exemplare gekauft werden[56], die dann auf die öffentlichen Bibliotheken verteilt werden. Dies bedeutet über die finanzielle Unterstützung des Verlags hinaus, dass das Buch im ganzen Land in den öffentlichen Bibliotheken verfügbar ist und damit landesweit für Lesende kostengünstig zugänglich. Bei 784 Bibliotheksabteilungen, die es im Jahr 2009 gab[57], ist damit eine vergleichsweise große Verbreitung des Romans verbunden. Außerdem wurde die Übersetzung des Romans vom Goethe-Institut unterstützt. Er gehörte damit zu den vier Büchern, die 2009 in der Kategorie „Erzählende Literatur" gefördert wurden.[58]

Auch ein Blick auf die Rezensionen in den norwegischen Tages- und Wochenzeitungen bestätigt, dass Tellkamps „Turm" in Norwegen auf große Resonanz gestoßen ist. Wenn man die Stichworte ‚Uwe Tellkamp' bei Atekst eingibt, einem Dienst, mit dem man Artikel in den norwegischen Tageszeitungen suchen kann, erscheinen dreiunddreißig Treffer. Bis in kleine Regionalzeitungen hinein findet sich eine Vielzahl an Besprechungen zum *Turm*. Dabei werden sowohl der Roman, als auch die Übersetzung – som „må ha vært helvete" – die „die Hölle gewesen sein muss"[59] – gelobt. Zum Teil fällt auf, dass der Erscheinungszeitpunkt der Besprechungen sehr sensibel gewählt ist. So erscheint etwa – wie oben erwähnt – die Rezension im Kulturteil ‚Bergenpuls' in der Zeitung *Bergen Tidende* am 09.11. 2009, also direkt zum 20. Jahrestag des Mauerfalls. Die Rezension wird dann auch durch ein Bild vom 9. November 1989 ergänzt, das die tanzenden Menschen auf der Mauer mit dem Brandenburger Tor im Hintergrund zeigt.

---

56 Für Übersetzungen ist derzeit vorgesehen, dass 120 Titel gekauft werden, davon je 500 Exemplare. http://kulturradet.no/innkjopsordningene (Stand: 12.04.2013).
57 Siehe http://www.nb.no/Bibliotekutvikling/Tall-og-fakta/Statistikk-for-norske-bibliotek/Fol kebibliotek (Stand: 21.03.2013).
58 Außerdem wurden Übersetzungen von folgenden Autor/innen unterstützt: Hilde Domin, Daniel Kehlmann und Ingo Schulze. Siehe: http://www.goethe.de/ins/no/osl/wis/uef/gef/dein dex.htm (Stand: 21.03.2013).
59 Aus der Rezension von Jonny Halberg in der Wochenzeitung *Morgenbladet* vom 27. November 2009. http://www.morgenbladet.no/boker/2009/sterkt_om_et_sunket_land#.UWHBvr_QUIc (Stand: 07.04.2013).

Hier deutet sich schon an, dass der Fokus der Rezeption in Norwegen ausschließlich auf der DDR-Erzählung liegt. Tatsächlich fällt auf, dass sich die norwegischen Rezensionen vor allem mit dem Untertitel „Geschichte aus einem versunkenen Land" – „Historie fra et sunket land" beschäftigen. Der Titel *Der Turm*, auf den sich die deutschsprachigen Rezensionen bezogen haben, findet kaum Beachtung. Man begnügt sich mit dem Hinweis, dass damit ein Villenviertel in Dresden gemeint sei, in dem die akademische und in der Tradition deutschen Bildungsbürgertums lebende Oberklasse der DDR gewohnt habe. Eine Verbindung zu Goethes *Wilhelm Meister* oder der ‚Turmgesellschaft' wird nicht hergestellt. Obwohl sich in den Besprechungen die entsprechenden norwegischen Ausdrücke wie „dannelse" – „Bildung" und „dannelsesborgerskapet" – „Bildungsbürgertum" finden und in einer dänischen Rezension sogar die Unterscheidung zwischen gebildet und ausgebildet angespielt wird – „bedre (ud)dannede borgere"[60] – fällt der Begriff „dannelsesroman" – „Bildungsroman" nicht, den es durchaus im Norwegischen und den anderen skandinavischen Sprachen gibt. Die Gattung Bildungsroman scheint für die norwegischen Rezensent/innen und für ihre Leser/innen keine verfügbare Kategorie zu sein, obwohl sie in literaturwissenschaftlichen Fachkreisen sehr wohl bekannt ist. So findet sich in dem literaturwissenschaftlichen Lexikon, das 1997 in Kunnskapsforlaget von Jakob Lothe, Christian Refsmu und Unni Solberg herausgegeben wurde (2. Auflage 2007), ein vergleichsweise langer Eintrag unter dem Lemma ‚dannelsesroman'.[61] Dieser weist darauf hin, dass der Begriff aus dem Deutschen kommt, behandelt den Bildungsroman jedoch vor allem als europäische Gattung. Neben der Nennung der elementaren Merkmale geht es in dem Artikel um die Fachdiskussion. Spezifische Hinweise auf die Relevanz des Begriffs oder der Gattung für den skandinavischen oder norwegischen Kontext finden sich nicht. Gibt man den Begriff „dannelsesroman" in das norwegische Bibliothekssystem „bibsys.no" ein, erscheinen jedoch eine ganze Reihe von Publikationen, in denen skandinavische Texte als Bildungsroman untersucht werden, jüngere Publikationen etwa zum weiblichen Bildungsroman in der finnlandschwedischen Literatur (2009)[62], zu

---

60 Tonny Hornbæk: Fremragende murstenroman om DDR i de sidste år før murens fald. http://www.litteratursiden.dk/anmeldelser/taarnet-af-uwe-tellkamp (Stand: 25.02.3013).
61 Jakob Lothe: dannelsesroman. In: Litteraturviteskapelig leksikon. Hg. von Jakob Lothe, Christian Refsum, Unni Solberg. Oslo ²2007, S. 33–34.
62 Maria Lival-Lindström: Mot ett eget rum: den kvinnlige bildningsromanen i Finlands svenska litteratur. Åbo 2009.

Karl Ove Knausgårds *Ute av verden* (2002)[63] oder zu Erlend Loes Roman *Naiv. Super.* (2001)[64]. Eine umfangreiche Liste mit Buch- und Artikelpublikationen in deutscher und englischer Sprache sowie eine italienische Arbeit zum Thema ‚Bildungsroman' findet sich auch bei Eingabe des Stichworts „Bildungsroman".

Während die Bekanntheit des Begriffs ‚Bildungsroman' auf literaturwissenschaftliche Zusammenhänge beschränkt zu sein scheint, ist das damit verbundene Konzept ‚Bildung' auch darüber hinaus durchaus vertraut und wird im Zusammenhang mit Tellkamps *Turm* immer wieder angespielt. In der NRK-Rezension[65] ist vom Bildungsbürgertum die Rede, das seinen Kindern Goethe vorliest: „Dannelsesborgerskapet, med legen Richard Hoffmann i spissen, leser Goethe for sine barn" – „Das Bildungsbürgertum, mit dem Arzt Richard Hoffmann an der Spitze, liest seinen Kindern Goethe vor". In der Besprechung von Sigmund Jensen im Stavanger Aftenblad[66] wird die Dimension der Bildung sogar über die politische Dimension des Romans gestellt: Definitiv ein wichtiges historisches Dokument und ein politischer Roman, stelle Tellkamps Roman doch vor allem eine monumentale Verteidigung der klassischen Bildungsideale des Bürgertums dar.

Im Hinblick auf Bourdieus Hinweis, dass das literarische Feld zwar über große Autonomie verfügt, aber doch auch von äußeren Faktoren abhängig ist, insbesondere von Änderungen im Bildungssystem[67], wäre außerdem ein Blick auf die germanistischen Curricula der norwegischen Hochschulen und deren Veränderungen in den letzten Jahrzehnten zu werfen. Durch didaktische und methodische Neuorientierungen, aber auch durch sprachenpolitische Entscheidungen des Bildungsministeriums, etwa zum Angebot bzw. ‚Nichtangebot' einer zweiten Fremdsprache in den Schulen, hat das Erlernen der deutschen Sprache im schulischen Zusammenhang in den letzten Jahren kontinuierlich an Bedeutung verloren,[68] so dass die Studierenden, die heute ein Germanistik-Studium in Norwegen aufnehmen, primär mit dem Erlernen der Sprache beschäftigt sind. Eine Auseinandersetzung mit komplexen literarischen Texten und Konzepten wie etwa mit dem

---

63 Åsa Abusland: Ute av verden – en dannelsesroman?: en analyse av Karl Ove Knausgårds Ute av verden. Oslo 2002. Bei dieser Publikation handelt es sich um eine Abschlussarbeit im Fach Skandinavistik.
64 Torben Hansen: Bankebrettets filosofi: Erlend Loes Naiv.Super. some moderne dannelsesroman. Trondheim 2001. Bei dieser Publikation handelt es sich um eine Abschlussarbeit im Fach Skandinavistik.
65 http://www.nrk.no/nyheter/kultur/litteratur/1.6859041 (Stand: 25.02.2013); NRK steht für „Norsk rikskringkasting AS", die staatliche Rundfunkgesellschaft in Norwegen.
66 Stavanger Aftenblad, 5. Januar 2010, S. 25.
67 Pierre Bourdieu: Zur Soziologie der symbolischen Formen, S. 110–111.
68 Vgl. Bettina Nordland: Norwegen und die europäische Sprachenpolitik. In: Zielsprache Deutsch 1 (2014), S. 53–65.

Bildungsroman als eine „lange Zeit hochbesetzte Gattung der deutschsprachigen Literatur"[69], die über einen Zeitraum von über zweihundert Jahren hinweg einen Ort gesellschaftlicher Reflexion eines zentralen Konzepts der deutschen Geistesgeschichte darstellt, kaum möglich ist. Von dieser Seite aus muss damit gerechnet werden, dass der Einblick in deutschsprachige Diskussionszusammenhänge immer weiter zurückgeht. Das Deutsche als Fremdsprache in den Schulen und die Germanistik als Hochschulfach verlieren kontinuierlich an Bedeutung.

Vor diesem Hintergrund überrascht es nicht, dass in der norwegischen Rezeption Tellkamps *Turm* – bisher – nicht als Bildungsroman wahrgenommen wird. Mit seinen Anspielungen auf diese im deutschsprachigen Zusammenhang zweifellos historisch wichtige, bis in die Gegenwart einflussreiche und produktive Gattung hat Tellkamp hier wohl kein symbolisches Kapital gewinnen können.[70] Wie deutlich wurde, hat er sich dennoch im Feld norwegischer Übersetzungsliteratur der Gegenwart eine herausragende Position erworben. Ich zitiere die ausführliche Rezension von Jonny Halberg in der Wochenzeitung *Morgenbladet*, die zweifellos die differenzierteste norwegische Besprechung des Romans darstellt: „**Blant de beste.** [...] Her finnes allusjoner til og likheter med Thomas Mann (Buddenbrooks og Doktor Faustus), Proust (metaforene som svinger seg innover romanen), Musil, eller hvorfor ikke, for eksempel gjennom selskapsscenene, en Tolstoj." (fett i.O., S.Sch.)[71] – „**Gehört zu den Besten.** [...] Hier gibt es Allusionen an und Ähnlichkeiten mit Thomas Mann (Buddenbrooks und Doktor Faustus[72]), mit Proust (Metaphern, die sich durch den Roman ziehen), mit Musil, oder warum nicht, zum Beispiel in den Gesellschaftsszenen, mit einem Tolstoi." Diese hervorragende Position hat der Roman insbesondere als DDR-Geschichte, als *Geschichte aus einem versunkenen Land* als die Tellkamps *Turm* in Norwegen vor

---

[69] Gutjahr: Einführung in den Bildungsroman, S. 6.

[70] Interessant ist an dieser Stelle, dass Uwe Tellkamp bis zum Alter von 21 Jahren in der DDR gelebt hat, wo der Bildungsroman eine größere Rolle spielte als in der Literatur der Bundesrepublik. Vgl. Jürgen Jacobs, Markus Krause: Der deutsche Bildungsroman. Gattungsgeschichte vom 18. bis zum 20. Jahrhundert. München 1989, S. 223–237.

[71] http://morgenbladet.no/boker/2009/sterkt_om_et_sunket_land#.UWBHvr_QUIc (Stand: 07.04.2013).

[72] Die Verbindung zu dem Roman Thomas Manns, der gemeinhin als Bildungsroman gilt, nämlich *Der Zauberberg* wird von Halberg nicht gesehen. Die großen Ähnlichkeiten von Tellkamps *Der Turm* und Manns *Der Zauberberg* hat Heribert Tommek (Zur Entwicklung nobilitierter Autorpositionen, S. 319–320) herausgearbeitet. Ähnlich Achim Geisenhanslüke: Nach Dresden. Trauma und Erinnerung im Diskurs der Gegenwart. Durs Grünbein – Marcel Beyer – Uwe Tellkamp. In: Transformationen des literarischen Feldes in der Gegenwart. Sozialstruktur – Medien-Ökonomien-Autorpositionen. Hg. von Heribert Tommek, Klaus-Michael Bogdal. Heidelberg 2012, S. 296.

allem rezipiert wird. Wie in den deutschen Rezensionen häufig die ‚Turmgesellschaft' im Untertitel auftaucht, so wird in den Untertiteln der norwegischen Rezensionen durchgehend auf die DDR verwiesen. Siehe die folgenden Titel: „Sterkt om et sunket land. Uwe Tellkamps DDR-roman Tårnet er på nivå med Thomas Mann, James Joyce og Marcel Proust" (Morgenbladet); „Klassiker om landet som ble borte" (NRK); „Mesterlig om DDR-regimets siste år og undergang" (Stavanger Aftenblad). „Det ukjente livet i det grå DDR" (Aftenposten)[73].

Folgerichtig ordnen die Rezensionen den Roman vor allem in die Kategorie ‚Publikationen zum Thema DDR' ein. Dabei wird der Roman durchgehend als willkommene Ergänzung zu den bisher zugänglichen Publikationen begrüßt. So weist die Rezension in Bergen Tidende auf die umfangreiche Dokumentarliteratur der letzten Jahre hin (etwa *Stasiland*, norw. 2005, und *Berlinmuren*, norw. 2008) und den Film *Das Leben der Anderen*. Tellkamps Turm löse Assoziationen zum Film aus, übertreffe diesen jedoch bei weitem. Wie die NRK-Rezension feststellt, zeichnet sich der Tellkamp-Roman den bisherigen Romanen gegenüber, die Stasi, Parteibonzen und DDR-Autoren zum Gegenstand hatten, insbesondere dadurch aus, dass er Einblicke in Zusammenhänge gewährt, die bisher kaum bekannt waren, nämlich in das Leben der akademischen Elite der DDR. Die Rezension in Morgenbladet spricht von „et ras av tyske romaner som utforsker forholdene i Øst-Tyskland [...] ti år etter Berlinmurens fall" – einer „Lawine deutscher Romane, die zehn Jahre nach dem Mauerfall die Verhältnisse in Ostdeutschland untersuchen". Der Turm sei aber dennoch eine Überraschung: „en estetisk subtil og litterært avansert roman" – „ein ästhetisch subtiler und literarisch geschickter Roman". Das Stavanger Aftenblad[74] sieht die DDR-Jahre dagegen vor allem in geschichtlichen Dokumentationen und dem Kulturerbe in Form von Trabbis, Jon Blund u. ä. präsent; daneben böten Filme wie *Good bye, Lenin* (2003), *Kleinruppin Forever* (2004) und *Das Leben der Anderen* (2006) einen gewissen Einblick. Aber an Li-

---

73 Rezension von Håkon Letvik am 13.06. 2010 in „Aftenposten". Siehe auch die Titel der dänischen Rezensionen: „Fremragende monstrum om DDR-tiden" (Rezension von Thomas Thurah am 12. Februar 2010 in „Politiken". http://www.politiken.dk/kultur/boger/skonlitteratur_boger/ECE899881/fremragende-monstrum-om-ddr-tiden/ Stand: 25.02.2013). „Fremragende murstenroman om DDR i de sidste år før murens fald." (Rezension von Tonny Hornbæk am 23.11. 2009 bzw. überarbeitet am 04.10.2011 in „Litteratursiden". http://www.litteratursiden.dk/anmeldelser/taarnet-af-uwe-tellkamp Stand: 25.02.2013). „Det store DDR-inventarium." (Rezension von Tine Roesen am 04.02.2010 in „Dagens Avis". http://www.information.dk/223412 Stand: 25.02.2013).
74 Sigmund Jensen: Mesterlig om DDR-regimets siste år og undergang. Stavanger Aftenblad, 5. Januar 2010, S. 25.

teratur habe es bis dato wenig geben, was auffällig genug gewesen wäre, dass man sich damit nennenswert beschäftigt habe.[75]

Die Aftenposten-Rezension bringt dann zum Höhepunkt, was sich in den anderen Rezensionen schon andeutet, nämlich dass der Roman in Norwegen als literarische Dokumentation einer historischen Situation gelesen wird. Die Rezension handelt nicht vom Roman, sondern beschreibt die Lebensverhältnisse in der DDR. In dieser Rezension sind dann auch folgerichtig vor allem die Biographie des Autors Uwe Tellkamp und die Schauplätze in Dresden wichtig. Dabei gerät mitunter aus dem Blick, dass es sich um einen literarischen Text handelt, so wird nicht unterschieden zwischen den Dresdner Stadtvierteln „Loschwitz" und „Weißer Hirsch" und dem „Turm" im Roman.[76]

Auch ein Blick auf die akademische Auseinandersetzung mit dem Roman in Norwegen bestätigt diesen Zugang zu Tellkamps Text. Bisher ist eine Abschlussarbeit dazu erschienen, 2011 an der Universität in Bergen im Fach Germanistik. Schon der Titel zeigt an, dass der Fokus auf dem Leben in der DDR liegt: „Analyse einer Diktatur. Zu Uwe Tellkamp: *Der Turm*."[77] In der Gliederung finden sich dann Kapitel zum Autor, zum Untertitel, zu den Schauplätzen und zum Leben in der DDR.

Indem der Roman jedoch die Frage bearbeitet, wie sich der Einzelne mit seiner Situation auseinandersetzt, bietet er weit mehr als die Schilderung der spezifischen Verhältnisse in der DDR. Er untersucht ganz grundsätzlich, „was in einer Zeit des lähmenden Stillstands, des Redeverbots, Systemdiktats und der Bespitzelung mit Menschen passiert" (Encke, 3. Abschnitt in der Rezension, Z. 13 – 15). Was in einer solchen Zeit mit einem jungen Menschen passiert, der „den Spagat zwischen anerzogenem Wahrheitsanspruch und notwendiger Lüge" (Encke, 4. Abschnitt der Rezension, Z. 7) leisten muss, wird an Christian durchgespielt. Gleichzeitig sind Bildungsromane aber nicht nur von der individuellen Geschichte ihrer Protagonist/innen her zu verstehen, sondern immer auch als Verhandlungen der „Möglichkeiten von Bildung und kulturellem Wandel in einer Gesellschaft".[78] In diesem Sinne ist der „Turm" zwar mehr als eine Schilderung der spezifischen Verhältnisse in der DDR, aber es ist doch die Erzählung einer Bildungsgeschichte unter den spezifischen Bedingungen des Sozialismus. In diesem Sinne könnte man vielleicht von einem ‚DDR-Bildungsroman' sprechen.

---

75 „Men blant de skjønnlitterære forfatterne har det vært taust. I alle fall har ingen av dem ropt så høyt at vi har brydd oss nevneverdig om dem..."
76 Håkon Letvik: Det ukjente livet i det grå DDR. Aftenposten, 13.06. 2010, 12 – 13.
77 Petra Rørvik: Analyse einer Diktatur. Zu Uwe Tellkamp: Der Turm. Masterarbeit am Institut für Fremdsprachen der Universität Bergen 2011.
78 Gutjahr: Einführung in den Bildungsroman, S. 14.

Yvonne Delhey
Was heißt Bildung des Individuums?
Judith Schalanskys *Der Hals der Giraffe* (2011)

Pierre Bourdieus Feldtheorie zum Ausgangspunkt einer literaturwissenschaftlichen Betrachtung über einen spezifischen Gattungsbegriff zu wählen, bedeutet transhistorische Deutungsversuche aufzugeben, relational zu denken und Gattungen als Felder zu verstehen, deren Klassifikation sich aus dem sozialen Prozess im *literarischen Feld* ergibt. Eine Gattung wäre somit als ein *generisches Feld* aufzufassen, dessen Merkmale in seiner spezifischen Legitimität und Differenz zu anderen Gattungen immer wieder im synchronen und diachronen Vergleich der Textgruppe diskutiert werden können.[1] Was gewinnt man als Literaturwissenschaftler mit diesem Ansatz? Als Soziologe interessierten Bourdieu weniger die genaue Klassifikation der Merkmale einzelner Gattungen, als die Anerkennung, die ihnen gesellschaftlich zukommt. Er analysiert die Hierarchie der Gattungen, die sich daraus ergibt, als Ausdruck der sozialen Verhältnisse, nach denen das literarische Feld strukturiert ist.[2] Für Literaturwissenschaftler spannend ist die Möglichkeit, die Dynamik des sozialen Prozesses zur Analyse der Veränderungen gattungsgeschichtlicher Entwicklungen einzusetzen und damit die Frage, wie man in der Literaturwissenschaft zu einer brauchbaren Gattungssystematik kommt, voranzubringen.[3]

---

1 Vgl. Werner Michler: Möglichkeiten literarischer Gattungspoetik nach Bourdieu. Mit einer Skizze zur modernen Versepik. In: Text und Feld. Bourdieu in der literaturwissenschaftlichen Praxis. Hg. von Markus Joch, Norbert Christian Wolf. Tübingen 2005, S. 189–206.
2 Anschaulich wird das in seiner Analyse des französischen literarischen Feldes am Ende des 19. Jahrhunderts. Vgl. dazu das Kapitel ‚Die Entstehung einer dualistischen Struktur' in: Pierre Bourdieu: Die Regeln der Kunst. Genese und Struktur des literarischen Feldes. Frankfurt a.M. 2001, 187–226.
3 Vgl. Werner Zymner (Hg.): Handbuch Gattungstheorie. Stuttgart, Weimar 2010. Die literaturwissenschaftliche Gattungstheorie wird von Zymner als Leitdisziplin der Allgemeinen Gattungstheorie verstanden (vgl. Zymner (Hg.): Handbuch Gattungstheorie, S. 2). Um so bemerkenswerter ist die Feststellung Harald Frickes in seiner Darstellung der methodischen Aspekte der literaturwissenschaftlichen Gattungsbestimmung, dass die historischen Wissenschaften „offensichtlich nur einen sehr primitiven Typ von Definitionen vor Augen" (Zymner (Hg.): Handbuch Gattungstheorie, S. 7) haben, die literarische Texte auf bestimmte Merkmale und „starre" Kombinationen dieser Merkmale festlegen. Bourdieus Feldtheorie wird dort in unterschiedlichen Zusammenhängen kurz von Ralf Klausnitzer, Matthias Beilein und Werner Michler als Möglichkeit Prozesse der Gattungsbildung zu beschreiben, diskutiert, die noch genauer zu untersuchen sei.

Allerdings erfordert der syn- und diachrone Vergleich eines generischen Feldes eine sehr arbeitsintensive Analyse,[4] bei der sich zudem die Frage stellt, wie man, und darauf wird im Folgenden eingegangen, das Einzelwerk erfassen kann. In dem Zusammenhang erscheint mir, und ich folge hier einem Gedanken Werner Michlers, dem *Kontext* als Analysekategorie eine zentrale Bedeutung zuzukommen, weil er zwischen der hermeneutisch-interpretatorischen Intention und der Analyse der extra-literarischen Ebene vermittelt.[5] Michler geht vom Kontext eines Einzeltextes aus, bestimmt die verschiedenen Ebenen in ihrer Beziehung zum Text (intra-, infra-, inter- und extratextuelle Ebene) und überträgt diese Klassifikation auf Gattungen. Über diesen Schritt kommt er auf ihre extra-literarische Dimension, die er in die drei Klassen Ideen, Gesellschaft und Kultur einteilt, die jede für sich zur „Basis von globalen Gattungsdefinitionen" wurde.[6] Es mag sich bereits abzeichnen, wie sich diese Überlegungen mit Bourdieus Feldtheorie verbinden lassen. Bourdieu erklärt die Hierarchie literarischer Gattungen mit dem Habitus der Akteure im literarischen Feld, weshalb sie als situationsabhängige Varianten sozialen Handelns verstanden werden können.[7] Es kommt also darauf an, zu zeigen, wie diese jeweilige Situation erfasst und in das gattungsspezifische Feld eingebettet werden kann. Michler merkt im Übrigen noch an, dass die Möglichkeit der Kontextualisierung im extra-literarischen Bereich im Grunde keine Grenzen kenne und es mag deutlich sein, dass es sinnvoll ist, sich zu überlegen, welche Kontexte für den Bildungsroman geltend gemacht werden können. Bildung, Wissen und die Vorstellung vom Individuum in seinem Verhältnis zur Gesellschaft dürften dabei zentrale Begriffe sein, die den spezifischen Kontext der Gattung ausmachen. Hinzu kommt der Darstellungsmodus: wie werden diese Themen im Roman aufgegriffen und welcher Wert lässt sich daraus für die Gattung im literarischen Feld erkennen? Dazu gehört auch die Personenwahl und die Erzählperspektive: Warum gehen wir davon aus, dass es in einem Bildungsroman um die Darstellung der individuellen Entwicklung eines jungen und meistens männlichen Protagonisten aus auktorialer, vielleicht noch personaler Perspektive geht? Ein Blick auf die Literaturgeschichte zeigt im Grunde bereits, dass die Gattungsgeschichte genügend Beispiele kennt, die die vermeintlich normativen Merkmale variieren und dass oft genug die Umbrüche in der soziokulturellen Ordnung, die in die Struktur des literarischen Feldes eingreifen,

---

[4] Vgl. den Beitrag Peer Trilckes in diesem Band.
[5] Vgl. Werner Michler: Kontext und Gattung. In: Handbuch Gattungstheorie. Hg. von Rüdiger Zymner. Stuttgart 2010, S. 87–89, hier: 87.
[6] Michler: Kontext und Gattung, S. 87.
[7] Pierre Bourdieu: Der Habitus als Vermittlung zwischen Struktur und Praxis. In: Pierre Bourdieu: Zur Soziologie der symbolischen Formen. Frankfurt a. M. 1970, S.125–158.

literarische Texte hervorbringen, die das Verhältnis der Gattung zum Kontext in Frage stellen.

Der vorliegende Beitrag beschäftigt sich mit einem aktuellen Beispiel, das auf den ersten Blick von seinen Merkmalen her wenig Anknüpfungspunkte an den Bildungsroman bietet, sich aber explizit in diese Tradition einreiht. Er besteht aus vier Teilen: die ersten beiden beschäftigen sich mit Individualität und Bildung in unserer Gesellschaft, diskutieren Individualismus und Individualisierung als sozial bindende Norm und Bildung im Zusammenhang mit den Grenzen unserer Wissenskultur. Der dritte Teil bezieht diese Überlegungen auf den Roman Judith Schalanskys und erläutert, wie *Der Hals der Giraffe* im generischen Feld des Bildungsromans positioniert werden kann. Dabei zeigt sich, dass die Auseinandersetzung über Sinn und Zweck individueller Bildung im Roman als Exkurs in die Biologie und als Krise der Wissenskultur diskutiert wird, die Folge eines gesellschaftlichen Umbruchs und der damit verbundenen sozio-kulturellen Veränderungen ist. Der vierte Teil greift die bisherige Rezeption des Textes in der Literaturkritik auf, die sich entsprechend der gängigen Auffassung, der Bildungsroman stelle die individuelle Entwicklung einer Person dar, hauptsächlich mit der Protagonistin Inge Lohmark beschäftigte und erklärt die Diskrepanz der Wahrnehmung aus dem vorherrschenden Fokus auf die Gattung. Im Resultat will der Beitrag einen neuen Zugang zu Judith Schalanskys Roman ermöglichen, der zugleich den an Bourdieus Feldtheorie orientierten Gattungsbegriff des *generischen Feldes* an einem Beispiel demonstriert.

I Individualität als gesellschaftliche Norm

Wer bei dem Titel von Judith Schalanskys Roman *Der Hals der Giraffe* an einen Exkurs in die Biologie, speziell in die Genetik denkt, mit dem sich der Unterschied zwischen Darwinisten und (Neo-)Lamarckisten erklären lässt, den erinnert der Untertitel *Bildungsroman* daran, dass man das Buch als einen literarischen Text zu lesen hat, der sich einer spezifischen Gattung zuordnet. Auf den biologischen ‚Exkurs' komme ich später zurück, vorläufig bleibt festzustellen, dass wir statt einer naturwissenschaftlich objektivierten Abhandlung vielmehr eine individuelle Lebensgeschichte und damit eine subjektive Perspektive auf das Leben erwarten dürfen. Mehr noch, der Bildungsroman macht die Entwicklung einer einzelnen Person zu seinem Thema, nimmt dabei auch größere gesellschaftliche Veränderungen in den Blick, jedoch nur um die Zweifel, das Suchen und die individuellen Entscheidungen, die sich daraus für diese Person ergeben und diese ausmachen, darstellen zu können. Darin liegt – soweit scheinen sich Literaturwissenschaft und Literaturkritik einig zu sein – ein wesentliches Merkmal der

Gattung, die in einer Zeit aufkam, in der Bildung zur individuellen Aufgabe wurde, die der Selbstentfaltung diente: „Wann werde ich so weit sein, um Alles, was ich gelernt, in mir zu zerstören, und nur selbst zu erfinden, was ich denke und lerne und glaube!"[8] Der hier zitierte Johann Gottfried Herder machte Bildung zum zentralen Begriff eines neuen Geschichtsverständnisses, das vom Individuellen zum Universalen führte. Mit Wilhelm von Humboldts *Theorie der Bildung des Menschen* (1793) wurde das Individuelle zur idealistischen Potenz, die dem gesellschaftlichen Großprojekt sein Ziel gab. Der Bildungsroman erscheint in diesem Kontext als utopisches Projekt mit dem man der Vervollkommnung des Menschen etwas näher kam.[9]

Briefromane – die ersten entstanden Anfang des 18. Jahrhunderts als Schreibanleitungen (Briefsteller), die so populär waren, dass sie zum separaten Genre wurden – boten Identifikationsmöglichkeiten, die zur moralisch-sittlichen Erziehung vor allem der Frauen gedacht waren. Zugleich waren sie von unschätzbarem Wert bei der Verbreitung der neuen Erziehungs- und Bildungskonzeptionen, die jene Zeit hervorbrachte und boten dem Bürger eine Möglichkeit zur Selbstdarstellung. „[M]ich selbst ausbilden, ganz wie ich da bin", das ist mein Wunsch, bekennt Wilhelm Meister seinem Freund Werner und bittet um dessen Verständnis, für die seiner Herkunft eigentlich nicht angemessene Absicht, „eine öffentliche Person" werden zu wollen: „Wäre ich ein Edelmann, so wäre unser Streit bald abgetan; da ich aber nur ein Bürger bin, so muß ich einen eigenen Weg nehmen, und ich wünsche, daß Du mich verstehen mögest."[10]

Heute, gut zweihundert Jahre nach Erscheinen von Goethes *Wilhelm Meisters Lehrjahre* (1795/96), dem Roman, der unter seinen Zeitgenossen heftige Diskussionen auslöste und damit zum Vorbild der Gattung wurde, überrascht die Frage, was Bildung des Individuums heißt, kaum noch. Geklärt ist sie im Grunde aber nicht, auch wenn der Liberalismus den Versuch, Begriffe wie Individuum und Individualität zu bestimmen, auf den ersten Blick überflüssig erscheinen lässt. Für Soziologen ist es keine selbstverständliche Frage, weil sie aus wissenschaftlicher Sicht, wie Niklas Luhmann feststellte, zwischen Soziologie und Biologie

---

[8] Johann Gottfried Herder: Journal meiner Reise im Jahre 1769. Pädagogische Schriften. Hg. von Rainer Wisbert. (=Werke in zehn Bänden. Hg. von Martin Bollacher et al., Band 9.2) Frankfurt a. M. 1997, S. 15.

[9] Vgl. Wilhelm Vosskamp: Roman eines Lebens. Die Aktualität der Bildung und ihre Geschichte im Bildungsroman. Berlin 2009, S. 140 und Rudolf Vierhaus: Bildung. In: Otto Brunner et al. (Hg.): Geschichtliche Grundbegriffe. Historisches Lexikon zur politisch-sozialen Sprache in Deutschland. Bd. 1, Stuttgart 1972, S. 508–551.

[10] Johann Wolfgang Goethe: Wilhelm Meisers Lehrjahre. 5. Buch, 3. Kapitel. Frankfurt a. M. 2008, 297–299.

anzusiedeln sei.¹¹ Literaturwissenschaftlern, die sich mit dem Thema beschäftigen, sollte das zu denken geben, denn damit wird der Blick von der idealistischen Idee der Selbstverwirklichung auf die genetische Anlage und die sozialen Prägungen durch das gesellschaftliche Umfeld gerichtet. Bourdieus Studien zum Habitus und spezifischer noch zum französischen Bildungssystem verstärken den Eindruck vorgeprägter Entwicklungsmuster.¹² Vielleicht hat sich Judith Schalansky durch Einsichten wie diese zu ihrer Auseinandersetzung mit der Biologie inspirieren lassen. Vielleicht war es auch eher die Einsicht in die Begrenztheit eines Wissenssystems, das als Naturwissenschaft über gesellschaftliche Krisensituationen und als empirische Wissenschaft über die Literatur und im weiteren Sinne die Wissenskultur der Geisteswissenschaften erhaben zu sein scheint. Der Unterschied wurde 1959 durch den Physiker Charles Percy Snow zementiert, als er von zwei getrennten Galaxien sprach, zwischen denen keine Verständigung möglich sei.¹³

Aus gesellschaftswissenschaftlicher Sicht gibt es offensichtlich genügend Zweifel an der Idee des selbstständigen und frei handelnden Individuums. Der Glaube daran habe, so der Historiker Bram Mellink, durchaus einen verpflichtenden Charakter.¹⁴ Mellink untersuchte das niederländische Bildungssystem nach dem Zweiten Weltkrieg und ging dabei von der von Ulrich Beck aufgestellten These zur Individualisierung¹⁵ aus. Die These gehört zu Becks *Theorie der reflexiven Moderne* und soll den gesellschaftlichen Modernisierungsprozess, in dem der Einzelne immer selbstbestimmter kollektiv handelt, erfassen. Die These wurde von Beck in den 1980er Jahren aufgestellt, ist aber wegen mangelnder empirischer

---

11 Vgl. Niklas Luhmann: Individuum, Individualität, Individualismus. In: Niklas Luhmann: Gesellschaftsstruktur und Semantik, Bd. 3, Frankfurt a. M. 1989, S. 149–255.
12 Bourdieu: Der Habitus als Vermittlung zwischen Struktur und Praxis, Pierre Bourdieu, Jean-Claude Passeron: Die Erben. Studenten, Bildung und Kultur. Konstanz 2007.
13 Die Naturwissenschaften seien, so Snow, auf Fortschritt orientiert, während die Geisteswissenschaften an der Vergangenheit festhielten. 2010 griff die schottische Philosophin Onora O'Neill in Wellington/Neuseeland das Thema erneut in der dort gehaltenen Aronui-Rede ‚Two Cultures Fifty Years On' auf. Sie wies auf die normativen Prinzipien hin, denen beiden Wissenschaftskulturen verpflichtet sind und präsentierte damit einen Vorschlag, mit dem die von Snow konstatierte Kluft überbrückt werden kann. Die Rede ist im Internet abrufbar: http://vimeo.com/15756075 (26. September 2013).
14 Vgl. Bram Mellink: Worden zoals wij. Onderwijs en de opkomst van de geïndividualiseerde samenleving sinds 1945. Amsterdam 2014.
15 Ulrich Beck: Die Risikogesellschaft. Auf dem Weg in eine andere Moderne. Frankfurt a. M. 1986.

Ergebnisse nach wie vor umstritten.[16] Mellinks Arbeit ist in diesem Kontext zu sehen und er findet damit bei den niederländischen Soziologen, die sich an der Debatte um diese These beteiligen, Unterstützung: Individualisierung, so lautet deren Tenor, sei ein Mythos.[17] Dass wir dennoch daran glauben, liegt vor allem daran, dass immer mehr Menschen ihr Handeln individuell begründen. Das heißt aber nicht, dass dabei gesellschaftliche Normen keinen Einfluss hätten und das nimmt auch nicht weg, dass wir in zunehmendem Maße die gleichen Entschlüsse treffen.[18] Im Ergebnis bedeutet das, dass unsere individuellen Wertorientierungen auf einem gemeinschaftlichen Konsens beruhen, weshalb der Kollektivismus hier offensichtlich von größerer Bedeutung ist, als manchem Individualisten lieb sein mag. „Jedes Individualisierungsargument", so fassen Thomas Kron und Martin Horácek das Dilemma zusammen, „transportiert seine eigene Befreiungsillusion."[19]

Im *real existierenden Sozialismus*, in dem Judith Schalanskys Protagonistin Inge Lohmark aufwuchs, wurde die Entfaltung des Individuums von vornherein der gesellschaftlichen Entwicklung untergeordnet.[20] Erst sollte das gesellschaftliche Zukunftsprojekt realisiert werden, auf dessen Basis sich danach die individuelle Selbstverwirklichung mehr oder weniger, so die Annahme, selbstständig vollzog. Ganz genau durchdacht waren die einzelnen Entwicklungsphasen nicht, wie ja auch das Zukunftsprojekt – zunächst die sozialistische, danach die kommunistische Gesellschaft – im Utopischen haften blieb. Für die Literatur des Landes ergab sich aus der Diskrepanz ein sehr fruchtbares Themenfeld, das zu-

---

16 Zur umstrittenen empirischen Unterbauung vgl. Diana Lindner: Das gesollte Wollen: Identitätskonstruktionen zwischen Anspruchs- und Leistungsindividualismus. Wiesbaden 2012, S. 41. Einen guten Überblick über die Debatte bieten: Ulrich Beck, Elisabeth Beck-Gersheim: Individualization. London 2002.
17 Jan Willem Duyvendak, Menno Hurenkamp (Hg.): Kiezen voor de kudde, Jaarboek Tijdschrift voor de Sociale Sector. Amsterdam 2004. Der niederländische Titel lässt sich treffend, wenn auch nicht wörtlich, mit ‚Herdentrieb' übersetzen. Vgl. auch: Jan Willem Duyvendak: Een eensgezinde, vooruitstrevende natie. Over de mythe van ‚de' individualisering en de toekomst van de sociologie (2004). Ulrich Beck hat auf den Unterschied zwischen Individualismus, Individualisierung und Individuation hingewiesen, der von mir nicht vertieft wird, weil die Differenzierung für diese Darstellung nicht notwendig ist.
18 Paul de Beer: Individualisering zit tussen de oren. In: Duyvendak/Hurenkamp (Hg.): Kiezen voor de kudde, Jaarboek Tijdschrift voor de Sociale Sector, S. 18–36.
19 Thomas Kron, Martin Horácek: Individualisierung. Bielefeld 2009, S. 14.
20 Der andere, kollektivistische Ausgangspunkt lässt sich in einem Vergleich des bundesdeutschen Grundgesetzes mit der Verfassung der DDR relativ anschaulich nachvollziehen. Stehen im GG die individuellen Rechte an erster Stelle, werden in der Verfassung der DDR zunächst die Grundlagen der sozialistischen Gesellschafts- und Staatsordnung und erst im zweiten Teil die Grundrechte und Grundpflichten der Bürger behandelt.

gleich die gesellschaftliche Relevanz der *Literaturschaffenden* unterstrich. Die Frage nach dem Individuum und seiner individuellen Entfaltung wurde als Frage nach der Bestimmung des Menschen von Schriftstellern und Schriftstellerinnen, für die der bundesdeutsche Literaturwissenschaftler Wolfgang Emmerich den Begriff der *reformsozialistischen Literatur* fand, vor dem Hintergrund des viel älteren Humanitätsdiskurses diskutiert.[21] Neben der eigenen Biographie waren es vor allem der antike Mythos und die Klassiker der deutschen Literatur, die ihnen die Möglichkeit boten, individuelle Erfahrungen und Entwicklungen zumindest in literarischer Form in den gesellschaftlichen Diskurs einzubringen. Ulrich Plenzdorfs *Die neuen Leiden des jungen W.* (1968/1972) ist ein vielbesprochenes Beispiel, von dem es ungeachtet der gesellschaftshistorischen Bezüge gerade wegen des individualistischen Anspruchs seines Protagonisten Edgar Wibeau nicht mehr weit bis zur Selbstsuche des Wilhelm Meisters ist. Sehr viele alternative Lebensentwürfe boten sich dem Individuum in der entwickelten sozialistischen Gesellschaft nicht. Wie sich eben auch die Vorstellung eines auf individuelle Selbstentfaltung gerichteten Lebensentwurfs kaum mit dieser gesellschaftlichen Realität vereinen ließ. In der Literatur fand dieser gesellschaftliche Anspruch seinen Ausdruck im *sozialistischen Bildungsroman*, der dem Begriff nach bereits, wie Rolf Selbmann in seiner Monographie zum Bildungsroman konstatierte, eine „Mogelpackung" darstellt,[22] denn das dem Roman zugrunde liegende bürgerliche Bildungsideal entspricht keineswegs dem sozialistischen. Als Beispiel sei Erwin Strittmatters Roman *Ole Bienkopp* (1963) genannt, in dem es um die Eingliederung des Protagonisten in die Gesellschaft geht. Der Weg ist vorgegeben, wird kaum infrage gestellt und folgt einer recht schematischen Darstellung der einzelnen Entwicklungsstadien. Das nimmt im Übrigen nicht weg, dass es eines der meist gelesenen Bücher in seiner Zeit war.

Wenn man die gesellschaftliche Außenseiterrolle, die Schalanskys Biologielehrerin Inge Lohmark innehat, vor dem Hintergrund eines Bildungsromans diskutieren will, ist die Spannung, die sich aus individueller Selbstentfaltung und gesellschaftlichem Normverhalten ergibt, unbedingt mitzudenken. Inge Lohmark kommt aus einer Diktatur, die, wenn es darauf ankam, jede individualistische Motivation als im Ansatz staatsfeindlich auffasste. Die Vorstellung, dass eine Lehrerin im Gymnasium – das Beispiel ihrer Kollegin Karola Schwanneke de-

---

21 Vgl. Wolfgang Emmerich: Kleine Literaturgeschichte der DDR. Erweiterte Neuauflage. Leipzig 1996 und Yvonne Delhey: Schwarze Orchideen und andere blaue Blumen. Reformsozialismus und Literatur in der DDR. Würzburg 2004.
22 Rolf Selbmann: Der Bildungsroman. Stuttgart, Weimar ²1994, S. 155. Zur allgemeinen Darstellung siehe: Gerhart Mayer: Der deutsche Bildungsroman. Von der Aufklärung bis zur Gegenwart. Stuttgart 1992, S. 341–389.

monstriert diesen inneren Konflikt recht anschaulich – als individuelle Persönlichkeit ihren Schülern gegenübertritt und diese aus der gleichen Logik heraus als ebenbürtig behandelt, muss Inge Lohmark zutiefst suspekt sein. Was sollte denn dieses Individuum ausmachen? Und wie sollte in der Schule als gesellschaftlicher Bildungseinrichtung mit diesem, in den Augen Inge Lohmarks, die Beliebigkeit geradezu provozierenden Liberalismus, umgegangen werden? Müsste man, streng genommen, nicht eigentlich jeden Versuch kollektiver Wissensvermittlung auf diesem Niveau schulischer Bildung von vornherein aufgeben? Soweit kommt Inge Lohmark in ihren Überlegungen nicht, weil ihr Charakter zu fatalistisch angelegt ist. Es reichen aber einzelne Kommentare ihrerseits, zum Beispiel zur Rede des Direktors, die er während des Appells auf den Schulhof hält,[23] um sie in den Subtext des Romans einzuschreiben und damit den gesellschaftlichen Rahmen aufzuzeigen, vor dem der Roman als Bildungsroman gelesen werden kann. *Der Hals der Giraffe* zielt auf die Darstellung sozialer Spannungen, die auf eine Krise in unserer Wissenskultur und damit der in ihr vermittelten Bildungswerte weisen. Nachvollziehbar wird das an der Frage, und hier kommt die Genetik wieder zurück, welches Wissen Inge Lohmark als Biologielehrerin eigentlich vermittelt.

II Wissenskultur in der Krise

Bildung und Wissen sind aufeinander bezogen, aber Wissen ist eben auch nur von relativer Bedeutung: „Wissen ist etwas, was man lernen, besitzen und wieder verlieren kann."[24] Die Betonung liegt auf dem zweiten Teil dieses Definitionsansatzes, mit dem Michael Stolleis das Forschungsobjekt des Sonderforschungsbereichs *Wissenskultur und gesellschaftlicher Wandel* abzugrenzen sucht. Es gibt vielerlei Gründe, erworbenes Wissen wieder zu vergessen, einer der wichtigsten ist, dass Wissen immer auf einen gesellschaftlichen Kontext – man kann auch über einen „gemeinsamen Erfahrungshorizont" sprechen – bezogen bleibt, über den wir unseren Begriff von der Welt organisieren. Der gemeinsame Erfahrungshorizont bietet die Voraussetzung für den gemeinsamen Wissensbestand, in dem die Gemeinschaft bestimmt, welche Aussagen relevant sind. Sie schafft ein Ord-

---

23 Judith Schalansky: Der Hals der Giraffe. Berlin 2011, S. 150–151.
24 Michael Stolleis: Einleitung. In: Johannes Fried, Michael Stolleis: Wissenskulturen. Über die Erzeugung und Weitergabe von Wissen. Frankfurt a. M./New York 2009, S. 7–11, hier: S. 7.

nungssystem, nach dem sie kategorisiert werden können und arbeitet auf diese Weise an der Konstruktion des kulturellen und kollektiven Gedächtnisses.[25]

Kriege, Revolutionen oder Naturkatastrophen erschüttern diesen gesellschaftlichen Kontext und führen zu einer Krise innerhalb der etablierten Wissensinstitutionen, die den Anspruch der Allgemeingültigkeit und unbedingten Wahrheit unseres Wissenshorizonts unter Druck setzt. Betrachtet man vor diesem Hintergrund die Diskussion über die Genetik, die Inge Lohmark mit ihren Kollegen in einer Pause im Lehrerzimmer des Gymnasiums führt,[26] zeigt sich, dass der Roman an einige aus gesellschaftlichen Veränderungen resultierende Wendepunkte in der Wissenskultur erinnert, die nochmals die Bildungsfrage, dann allerdings nicht auf das Individuum, sondern auf die gesellschaftlichen Bedingungen bezogen, aufwirft.

Die verlagerte Perspektive bietet Literaturwissenschaftlern genügend Zündstoff für eine Diskussion um den Gattungsbegriff Bildungsroman, die nicht nach den schon bekannten Merkmalen des Romans sucht, sondern die Bedeutung von Begriffen wie ‚Wissen' und ‚Bildung' in der heutigen Zeit in den Vordergrund stellt und sie in einer Weise bricht, die die mit dem Bildungsroman verbundene soziale Positionierung aus dem Bereich *spezifischer* und *charismatischer Konsekration* herausführt.[27] Einen ersten Beitrag in diese Richtung, der allerdings aus anderer literaturwissenschaftlicher Perspektive sozialhistorische und institutionelle Bezüge untersucht, bietet eine der aktuelleren Auseinandersetzungen Wilhelm Vosskamps mit dem Bildungsroman.[28] Moderne Gesellschaften profilieren sich, so Vosskamp, als Wissensgesellschaften, womit die durch die Technologisierung unserer Gesellschaft zur Verfügung stehenden Informationen gemeint sind, wie auch die Bildungschancen angesprochen werden, die sich dem Individuum bieten. Die immense Menge an Informationen kann nur sinnvoll genutzt werden, wenn es Wissensordnungen und Bildungsstrukturen gibt, die deren Nutzung einen Sinn geben. Genau hier setzt dann die Frage ein, wie individuelle Entwicklung und gesellschaftliche Bildungsstrukturen zusammengehen. Man kann diese Geschichte von ihrem Beginn an betrachten, man kann allerdings auch einen anderen Zeitpunkt wählen und damit eine andere Phase dieser Entwicklung zum Ausgangspunkt wählen. Das Beispiel der Biologielehrerin Inge Lohmark zeigt

---

25 Carsten Kretschmann et al.: Institutionen des Wissens in gesellschaftlichen Krisen – Ein Problemaufriß. In: Carsten Kretschmann et al. (Hg.): Wissen in der Krise. Institutionen des Wissens im gesellschaftlichen Wandel. Berlin 2004, S. 7–16, hier: S. 9.
26 Vgl. Schalansky: Hals der Giraffe, S. 136–147.
27 Zur Bedeutung der verschiedenen Konsekrationswertungen siehe: Bourdieu: Die Regeln der Kunst.
28 Vgl. Vosskamp: Roman eines Lebens.

durch ihr fortgeschrittenes Alter und die Prägung, die ihre Persönlichkeit im Lauf ihres Lebens erhielt, die Grenzen, die einem solchen individuellen Bildungsprozess durch die gesellschaftlichen Verhältnisse gesetzt werden und eröffnet damit die Diskussion um die Entwicklungsmöglichkeiten des Individuums aus einer für die Gattung bisher eher untypischen Perspektive.

III Judith Schalanskys *Der Hals der Giraffe*: Bildungsdiskurs als Exkurs in die Biologie

Dargestellt wird nicht „der Bildungsgang eines jugendlichen Protagonisten", der, wie Ortrud Gutjahr in ihrer Einführung in den Bildungsroman festhält, gattungsprägend sei und in klarer Orientierung an Goethes *Wilhelm Meister*, „von der Kindheit bis zur Berufsfindung oder Berufung zum Künstler thematisiert wird"[29]. Schalanskys Protagonistin unterrichtet an einem Gymnasium in einer Kleinstadt in Vorpommern, das wegen fehlender Schüler geschlossen werden soll. Mit der drohenden Schließung sieht sie sich mit der Frage konfrontiert, wie ihre Zukunft aussieht. Sie fühlt sich zu alt für einen Neuanfang, gleichzeitig beobachtet sie argwöhnisch Menschen in ihrer Umgebung, die die gesellschaftlichen Veränderungen als Chance für sich selbst begreifen. Der Leser folgt ihrer Perspektive, dargestellt im inneren Monolog, und erhält damit Einblick in die Auseinandersetzung, die sie mit sich führt. Die Veränderungen, auf die sie reagiert, knüpfen an die aktuelle Zeitgeschichte nach der Vereinigung der beiden deutschen Staaten an: Vorpommern gilt als eine problematische Region, die wirtschaftlich wenig zu bieten hat, weshalb junge Leute abwandern und die dortige Bevölkerung vergreist. All das sieht und kommentiert Inge Lohmark in einer Sprache, die beißender nicht sein kann, und damit ihre Umgebung in eine Groteske verwandelt. Optimismus ist nicht ihre starke Seite. Viel lieber begegnet sie ihren Schülern, ihrem Mann und ihren Kollegen mit einer Reserviertheit, die alle auf Distanz hält und sie als kühle, unnahbare und wortkarge Frau erscheinen lassen. Käme im Roman nur die äußere Handlung zur Darstellung, würde sie wahrscheinlich nur eine Nebenfigur verkörpern. Die feste interne Fokalisierung ermöglicht jedoch eine Position, durch die sich die für die Gattung typische Spannung zwischen Individuum und sozialem Kontext aufbaut. Anders als man erwarten könnte, lässt die Darstellung der inneren Perspektive allerdings nicht auf eine Entwicklung der Handlung schließen, im Gegenteil, Inge Lohmarks Kommentare scheinen jeder Möglichkeit einer Entwicklung sofort entgegenzuwirken. Als textinternes Merkmal für einen Bil-

---

29 Ortrud Gutjahr: Einführung in den Bildungsroman. Darmstadt 2009, S. 7.

dungsroman mag das überraschen, es zeigt allerdings auch, wie der Untertitel *Bildungsroman* zu verstehen ist. Er kommentiert den Text nicht in jener affirmativen Weise, die Jürgen Jacobs und Markus Krause als entscheidendes Merkmal der Gattung empfehlen, sondern bricht diesen Anspruch in ironisch-kritischer Art.[30] Im Hinblick auf die Positionierung der Gattung im literarischen Feld stellt sich die Frage, welchen Effekt dieser Darstellungsmodus und der damit verbundene literarische Anspruch auf die Bewertung der Gattung haben. Denn es wäre auch übereilt anzunehmen, dass das Entwicklungskonzept zugunsten einer leicht konsumierbaren Unterhaltung aufgegeben wird. Inge Lohmark sucht durchaus nach Orientierung, die ihr allerdings nicht gelingen kann, weil es aus ihrer Sicht – an dieser Stelle kommt der Darwinismus zum Tragen – kein überzeugendes Argument gibt, warum die neuen gesellschaftlichen Verhältnisse für sie als entwickelte Persönlichkeit irgendetwas ändern sollten. Darwinisten zufolge ist der lange Hals der Giraffe das Ergebnis eines eher zufälligen Evolutionsprozesses der auf Auslese beruht, während Lamarckisten von einer aktiven Anpassung an die Umwelt – die Giraffe streckt ihren Hals nach den weit oben wachsenden Blättern – ausgehen, die zu einer Änderung der Gene und damit der gesamten Art führt.

Auf den ersten Blick mag es etwas abwegig erscheinen, die Frage nach der Bildung in einen biologischen Exkurs zu verwandeln, der dann wiederum Rückschlüsse auf den gesellschaftlichen Hintergrund zulassen soll, vor dem die Geschichte sich ereignet. Genau das passiert hier allerdings und genau genommen kündigt sich diese Verschiebung bereits in der Struktur des Romans an, die den Text in die Kapitel Naturhaushalte, Vererbungsvorgänge und Entwicklungslehre unterteilt und ihn außerdem auf jeder Doppelseite mit einem Fachbegriff aus der Biologie versieht, der als stichwortartiger Kommentar zur Handlung gelesen werden kann. Das Spektrum reicht vom Hundebandwurm bis zum Zentralnervensystem, schließt aber auch Massenselektion, Vergesellschaftung und eben jenen schon genannten Lamarckismus ein, der die Evolution als erzieherische Aufgabe versteht. Indirekt stellt sich damit bereits die Frage, wozu Wissenssysteme wie das der Evolutionstheorie dienen und woraus sich ihre Gültigkeit ableitet.

Die Verschiebung findet auf der Handlungsebene ihre Entsprechung in dem Anteil, den der Unterricht der Biologielehrerin an der Erzählung hat: Der Roman ist zeitlich am Schuljahr der letzten neunten Klasse orientiert, die Inge Lohmark unterrichtet, und findet seine Struktur in der schon genannten Kapiteleinteilung. Die erste Stunde ist den ausgestorbenen und bedrohten Arten gewidmet, wobei die

---

30 Vgl. Jürgen Jacobs und Markus Krause: Der deutsche Bildungsroman: Gattungsgeschichte vom 18. bis zum 20. Jahrhundert. München 1989, S. 20.

Perspektive auf typische Verhaltensweisen dieser Tiere gelenkt wird. Der Stellerschen Seekuh wurde ihre harmlose Schwerfälligkeit fatal,[31] während der Schreiadler, der immer nur ein Junges aufzieht, seine Überlebenschancen durch die Selektion, die das zuerst geschlüpfte Junge vornimmt, selbst einschränkt. Inge Lohmark verbindet mit der Erklärung des angeborenen *Kainismus* noch eine andere Botschaft: „Ein Geschwisterchen tötet das andere. [...] Das ist nicht grausam, das ist ganz natürlich."[32]

„Und die Eltern?" fragt eine Schülerin erschrocken. „Die schauen zu", antwortet die Lehrerin trocken. Damit ertönt das Pausenzeichen und Inge Lohmark ist zufrieden mit ihrer ersten Stunde: „Kein schlechtes Schlusswort. Auf den Punkt genau."[33] Spätestens wenn man liest, wie sie mit ihrer eigenen Tochter im Unterricht umging, wird klar, wie Unterrichtslektionen und Leben sich durchdringen.

Auf dem Heimweg philosophiert Inge Lohmark nach diesem ersten Tag über die Vorzüge der Pflanzenwelt und mit etwas gutem Willen könnte man hier ein utopisches Element im Roman sehen: die Natur ist stärker als der Mensch in seinem mühseligen Versuch, mit seiner Kultur über sie zu triumphieren. Am Ende überwuchert sie doch wieder alles. Soweit kommt es dann aber doch nicht. Vielmehr führt Inge Lohmark in einer weiteren Biologiestunde vor, zu welchen seltsamen Veränderungen die Anpassung der Arten an ihre Umgebung führen kann und damit erklärt sich der Titel des Romans: Der Hals der Giraffe als Merkmal eines hochgradig spezialisierten Tieres, das in der Dürre der Savanne um das Überleben kämpft. Was zum Höhepunkt ihrer Ausführungen über die Entwicklungslehre werden soll, wird in der Handlung des Romans zur Peripetie, an der sich ihr bisheriges Leben wendet. Sie gerät in einen Konflikt mit dem Schulleiter, der ihr unterlassene Aufsichtspflicht vorwirft. Das hindert sie allerdings nicht daran, erst noch ihre Lektion zu beenden:

> Zur Giraffe werden, zum Wundertier. Ein Kopf, zwei Meter über dem Herzen. Es musste sehr stark sein, dass es literweise Blut durch diesen Hals ins Hirn pumpen konnte. Nur sieben Knochen, aber meterlang. Das höchste aller landlebenden Säugetiere. Die richtige Strategie. Alles hatte seine Wirkungen, seine Konsequenz. [...] Jeder Einzelne von uns muss sich strecken. Alles ist möglich, wenn wir uns nur wirklich anstrengen.[34]

---

[31] Über ihr Wesen ist wenig bekannt, allerdings lässt ihr Körperbau eine gewisse Behäbigkeit vermuten. „[S]iebzigtausend Jahre lang das sanfteste Tier / acht Meter lang warmpelzig wehrlos" beschreibt Heinrich Detering sie in seinem „Requiem für eine Seekuh". Vgl. Heinrich Detering: Old Glory. Gedichte. Göttingen 2012, S. 24.
[32] Schalansky: Hals der Giraffe, S. 28.
[33] Schalansky: Hals der Giraffe, S. 29.
[34] Schalansky: Hals der Giraffe, S. 208–211.

Inge Lohmarks Ausführungen werden zu einer Gradwanderung zwischen Darwinismus und Lamarckismus, in der die Biologie plötzlich jene schon angesprochene gesellschaftspolitische Dimension bekommt, in der ein Echo auf den Lyssenkoismus nachklingt, der vorher im Lehrerzimmer der Schule schon im Gespräch mit ihren Kollegen Thiele und Meinhard zur Sprache kam. Thiele, Geschichtslehrer und wie Inge Lohmark in der DDR aufgewachsen, schaut ihr bei einer Korrekturarbeit zu und eröffnet dann das Gespräch mit der Bemerkung: „‚Ah, Genetik ... Mendel und so.‘ [...] ‚Weißt du, was verrückt ist, Inge? [...] Ich hatte gar keine Genetik in der Schule! Nur Mitschurin und Lyssenko.‘"[35] Inge Lohmark weiß mit den Namen etwas anzufangen, nicht so der aus der alten Bundesrepublik stammende Schuldirektor Meinhard. Er fragt nach und nun entsteht eine Diskussion um die Vorzüge einer biologischen Lehre, die Thiele an seinen Erfahrungen und seinem Wissen mit der sozialistischen Landwirtschaft, auf die sich Mitschurins und später Lyssenkos Bestrebungen hauptsächlich richteten, misst. Es war der Agrarbiologe Trofim Dennisowitsch Lyssenko, der anknüpfend an neolamarckistische Ideen unter Stalin eine Staatsdoktrin aufbaute, die auch in der frühen DDR galt und die, sehr verkürzt formuliert, die Menschheit durch Erziehung verbessern wollte.[36] In der Diskussion im Lehrerzimmer verteidigt Thiele Lyssenkos Politik – er habe immerhin eine Vision gehabt, so sein Standpunkt. Als Inge Lohmark nun ihrerseits die Mängel und Irrwege der *Agrobiologie* Lyssenkos darstellt, wendet Thiele die Diskussion endgültig ins Gesellschaftspolitische: „Ist ja gut, Lohmark. Deine amerikanisch-kapitalistische Genetik hat ja auch gesiegt."[37] Thiele weist damit dem wissenschaftlichen Streit, der Anfang des 20. Jahrhunderts unter Biologen geführt wurde, politische Lager zu: Die Darwinisten saßen in Großbritannien und den USA, während der Neo-Lamarckismus ab den 1920er Jahren nur noch in der Sowjetunion weiterverfolgt wurde, weil man dort aus ideologischen Gründen die moderne Genforschung über Jahrzehnte

---

35 Schalansky: Hals der Giraffe, S. 137.
36 „The Soviet alternative to international genetic science was called Lysenkoism after its leading figure, the agronomist Trofim Denisovich Lysenko. He called it agrobiology or Michurinism, after a gardener with ambitions to become a Russian Luther Burbank." Nils Roll-Hansen: Wishful Science: The Persistence of T. D. Lysenko's Agrobiology in the Politics of Science. In: Osiris 23 (2008), S. 166–188, hier: S. 166. Siehe auch: S. M. Gershenson: The Grim Heritage of Lysenkoism: Four Personal Accounts. In: The Quarterly Review of Biology, 65.4 (1990), S. 447–456. Spezifischer zum DDR-Kontext vgl. Georg Schneider: Über die Mitschurin–Bewegung in der DDR. In: Interagra 6 (1952), S. 34–43. Der ehemalige Direktor des Ernst–Haeckel–Hauses in Jena entwickelt in diesem Artikel mit unverkennbar ideologischer Absicht seine Vision auf die Vererbungslehre und knüpft dabei an Mitschurin und Lyssenko als den „konsequentesten Darwinisten" an, die in der SU den Darwinismus zum schöpferischen Darwinismus weiterentwickelt hätten.
37 Schalansky: Hals der Giraffe, S. 143.

ausblendete. Arthur Koestler hat diesem Wissenschaftsstreit einen dokumentarischen Roman gewidmet, in dem der österreichische Biologe Paul Kammerer als einer der Neo-Lamarckisten dargestellt wird, auf den die Sowjetunion damals ihre Hoffnung setzte.[38] Eine andere literarische Spur führt zu Wladimir Dudinzew (1918–1998), der in seinem Roman *Weiße Gewänder* (die deutsche Übersetzung erschien 1990) mit der sowjetischen Wissenschaftspolitik abrechnet.

Merkwürdigerweise hat die Literaturkritik bei der ersten Rezeption des Romans dieses Thema – die Frage nach der Gültigkeit einer Wissensordnung und ihre Etablierung im gesellschaftlichen Kontext – nicht thematisiert. Selbst wenn man Mitschurin und Lyssenko nicht kennt und den biologischen Exkurs ausklammert, bleibt das verwunderlich, weil die damit angesprochene Diskussion im Roman unmittelbar zurückgeführt wird auf das humanistische Bildungsideal der deutschen Aufklärung – einschließlich der Emanzipation aus der Unmündigkeit und der vollkommenen Entfaltung des Individuums in seinen Möglichkeiten. Anlass bietet der kurz nach dem Gespräch im Lehrerzimmer stattfindende Schulappell – auf diese Szene wurde weiter oben schon verwiesen –, auf dem Schuldirektor Meinhard die Bedeutung des humanistischen Gymnasiums als „eine Errungenschaft unserer freiheitlich-demokratischen Grundordnung"[39] preist. Meinhards Rede wird von Inge Lohmark in einer Weise kommentiert, die den in diesem Gesellschaftsentwurf enthaltenen Idealismus als haltlose Utopie erscheinen lässt, bei der der Systemvergleich der Ausgangspunkt ihres Gedankengangs bildet:

> Es war doch immer die gleiche Chose. Man nehme demokratisch und frei und ersetze es durch sozialistisch. Raus kam immer die Bildung von allseitig entwickelten Persönlichkeiten. Im Mittelpunkt stand angeblich immer der Mensch. Früher sollten die Kinder zu fortschrittlichen und friedliebenden Menschen erzogen werden, heute eben zu freien. Dabei war doch Freiheit nichts anderes als Einsicht in die Notwendigkeit. Niemand war frei. Und sollte es auch gar nicht sein. Allein die Schulpflicht. Das war ein staatlich organisierter Freiheitsentzug. Ausgeheckt von der Konferenz der Kultusminister. Es ging gar nicht um Wissensvermittlung. Sondern darum, die Kinder an einen geregelten Tagesablauf und die jeweils vorherrschende Ideologie zu gewöhnen. Das war Herrschaftssicherung. Ein paar Jahre Aufsicht, um das Schlimmste zu verhindern. Das Gymnasium als Stillbeschäftigung bis zur Volljährigkeit. Gute Staatsbürger. Gehorsame Untertanen. Nachschub fürs Rentensystem.[40]

---

[38] Arthur Koestler: Der Krötenküsser. Der Fall des Biologen Paul Kammerer. Wien 1972.
[39] Schalansky: Der Hals der Giraffe, S. 150.
[40] Schalansky: Der Hals der Giraffe, S. 150–151.

IV Die Literaturkritik: ewig-gestrig oder am Puls der Zeit?

Die meisten Kritiker reagierten auf den Untertitel, indem sie *neben* der Gestaltung des Buches in seiner Materialität die Protagonistin mit ihrer Persönlichkeit in den Mittelpunkt der Betrachtung rückten. Der Fokus auf die formale Gestaltung kann bei dieser Autorin, die ihre Bücher von der Typographie, über die eingefügten Illustrationen bis zum Einband selbst gestaltet, kaum überraschen. Der raue Leineneinband der gebundenen Ausgabe, dem der übliche Schutzumschlag fehlt, gehört wie alle anderen formalen Gestaltungselemente, zu den bewusst gewählten ästhetischen Strategien, mit denen Judith Schalansky herrschende Produktionsnormen des Literaturbetriebs infrage stellt. Die Autorin knüpft damit an ihren Erfolgstitel *Atlas der abgelegenen Inseln* (2009) an, der mit der Verleihung des ersten Preises der Stiftung Buchkunst im gleichen Jahr großes Interesse beim Publikum fand. Der Atlas erschien bei dem relativ jungen und thematisch agierenden Mare Verlag in Hamburg. Dass sich Judith Schalansky mit ihrer Strategie nun bei einem renommierten Verlag wie Suhrkamp, der bekannt für seine strenge und einheitliche Buchgestaltung ist, durchgesetzt hat, spricht für sich.

Einer der Rezensenten versucht Untertitel und graphische Gestaltung zusammenzubringen und will den Bildungsroman als „bebilderten Roman" verstanden wissen, den die detaillierten Zeichnungen in der literarischen Fiktion wie ein „richtiges Biologiebuch" erscheinen lassen.[41] Damit gerät man allerdings in eine Diskussion, in der gattungsspezifische Merkmale keine Rolle mehr spielen und es somit egal ist, über welche Gattung man spricht.

Die Verunsicherung mag mit den der Gattung zugrunde gelegten Merkmalen zu tun haben, die sich auf die Protagonistin und ihre individuelle Entwicklung beziehen und im Kontext gesellschaftlicher Entwicklung unter der Vorstellung allgemeinen Fortschritts von beispielsweise Elmar Krekeler, Ulrich Rüdenauer und Volker Hage diskutiert werden.[42] Ulrich Rüdenauer schrieb, dass der Titel, „ein bisschen ironisch gemeint [sei], denn eine Entwicklung macht die Figur nur in sehr beschränktem Maße durch. Gezeigt wird eine Frau, die am Ende ihrer Bildungs-

---

41 Jörg Magenau: Bakterie müsste man sein. In: Süddeutsche Zeitung, 27.09.2011.
42 Elmar Krekeler: Inkorrekt, böse, furchterregend. Ohne Erbarmen: Judith Schalansky weiß noch, wie man seine Umwelt richtig verachtet. In: Berliner Morgenpost, 9.10.2011 (etwas abgewandelt erschien diese Rezension am gleichen Tag in ‚Welt kompakt'), Ulrich Rüdenauer: Die Evolution wird ihnen den Garaus machen. In: Stuttgarter Zeitung, 11.10.2011, Volker Hage: Nur die Natur ist gerecht. In: Der Spiegel, 10.10.2011.

karriere und ihres Lateins angelangt ist".[43] Rüdenauer konstatiert, dass die Protagonistin die gesellschaftlichen Veränderungen, die sich vollzögen und denen sie ausgesetzt sei, „nur als Endspiel" wahrnehmen könne. Als Biologielehrerin setze sie auf die Gesetze der Evolution und Anpassung, denen sie aber, bezogen auf ihre Situation, selbst nicht gerecht werde: „Sie erscheint selbst wie ein Tier, das nach langer Gefangenschaft wieder in seiner angestammten Landschaft ausgesetzt wurde und fast alle Instinkte verloren hat."[44]

Bemerkenswert ist, dass manche Rezensenten den fehlenden Optimismus Inge Lohmarks auf ihren spezifisch DDR-geprägten Sozialisationshintergrund bezogen, der in einem weiteren Interpretationsschritt zur gesellschaftlichen Negativ-Schablone gerät, von dem sich die Gegenwart absetzt. Protagonistin und Handlung erscheinen dann in einer auf die Vergangenheit gerichteten Perspektive, die sehr gut in die Erinnerungsdiskurse passt, die seit dem Ende der 1980er Jahre um das kollektive und kulturelle Gedächtnis geführt werden und die *Memory Studies* als neue interdisziplinäre Wissenschaft etablierten. So rechnet Volker Hage Schalanskys Buch zu den „[...] Romane[n], in denen die DDR den Hintergrund und Hallraum abgibt",[45] während Wieland Freund Inge Lohmark als „Systemkrüppel" bezeichnet, als „Knüppel des Systems von gestern", der jetzt „abgewickelt" werde.[46]

Freund trifft im Grunde bereits den kritischen Ton des Romans, wenn er die Gattungsbezeichnung ‚Bildungsroman' „ätzend" nennt, und das Buch als Kommentar auf die gesellschaftlichen Zustände liest, die es beschreibt. Er begründet seine Einschätzung mit einer journalistischen Polemik gegen die Schule, die allerdings von ihm in einem spezifisch regionalen Kontext wahrgenommen wird und damit auf die Differenz zwischen ost- und westdeutschen Verhältnissen hinausläuft, die lediglich bestehende Meinungen verfestigt:

> Als würde da irgendwer gebildet! Von dieser Lehrerin obendrein! Und an diesem Institut! Einer sterbenden Schule in Vorpommern – einem Landstrich, der bei der Landtagswahl im Nordosten allein durch seine Ewiggestrigkeit auffiel: Dörfer mit 25 oder 30 Prozent Stimmenanteil für die NPD.[47]

---

43 Ulrich Rüdenauer: Die Evolution wird ihnen den Garaus machen. In: Stuttgarter Zeitung, 11.10.2011.
44 Ulrich Rüdenauer: Verloren in der Bildungssteppe. In: TAZ, 19.09.2011.
45 Volker Hage: Nur die Natur ist gerecht. In: Der Spiegel, 10.10.2011.
46 Wieland Freund: Unsere persönliche Shortlist: Judith Schalansky. In: Die Welt, 10.09.2011.
47 Freund: Unsere persönliche Shortlist: Judith Schalansky.

Dem Kern der zweifellos ebenso polemisch gefärbten Argumentation in Inge Lohmarks Gedanken weicht der Kritiker mit seiner Darstellung auf diese Weise aus. Während Felicitas von Lovenberg in einer der ersten Rezensionen, die zu dem Roman erschienen, noch versuchte, das angesprochene Bildungsproblem als ein gesamtbundesdeutsches zu fassen, das in Niedersachsen ebenso wie in Vorpommern zu beobachten sei,[48] wird es bei Wieland Freund zum spezifisch ostdeutschen und damit in der Logik seiner Argumentation bereits abgeschlossenen Problem. Freunds Polemik ist heikel, zeigt aber auch, dass die im Roman angesprochene Bildungsproblematik mehrdeutig angelegt ist. Erstaunlicherweise scheint das nicht auf den Vergangenheitsdiskurs zuzutreffen, denn der wird von deutschen wie von ausländischen Kritikern in gleicher Weise wahrgenommen.

Volker Hage, der den Roman, wie erwähnt, vor dem „Hintergrund und Hallraum" DDR las, lässt sich auf textinterner Ebene relativ ausführlich zu dieser anderen gesellschaftlichen Prägung Inge Lohmarks aus, die auf textexterner Ebene die Differenz im aktuellen sozialen Feld bezeichnet. Die Frage nach der Möglichkeit gesellschaftlicher und individueller Veränderung stelle sich überhaupt nicht als eine auf die Zukunft gerichtete, sondern würde durch die Vergangenheitsverhaftung Inge Lohmarks vereitelt. Er zitiert sie und lässt ihren Gedanken folgende Schlussfolgerung vorangehen:

> Sie passt nicht recht in die neue Zeit, aber gerade das macht ihren Charme aus, dieser Trotz: ‚Neuerdings pochte ja jeder auf seine Selbstverwirklichung. Es war lächerlich. Nichts und niemand war gerecht. Eine Gesellschaft schon gar nicht. Nur die Natur vielleicht. Nicht umsonst hatte uns das Prinzip der Auslese zu dem gemacht, was wir heute waren: das Lebewesen mit dem am tiefsten gefurchten Gehirn.'[49]

Der charmante Zug, den er der Protagonistin zuschreibt, dürfte allerdings eher als rhetorischer Schnörkel zu werten sein, der Hages Urteil relativieren soll: Inge Lohmark ist nicht zukunftsorientiert, aber gerade das ließe sich bei einem Bildungsroman erwarten. Wie DDR-Vergangenheit, Erinnerungsdiskurs, Romanhandlung und Autorposition aufeinander bezogen bleiben, zeigt sich, und damit zur Rezeption außerhalb Deutschlands, auch in anderem kulturellem Kontext: Judith Schalansky ist mit ihrem Roman im Frühjahr 2013 im niederländischen Fernsehen in *De Wereld Draait Door (DWDD)*, einer der populärsten Talkshows des Landes, vorgestellt worden. Aus Anlass der jährlich stattfindenden *boekenweek*, einer Woche, die der Promotion von Büchern gewidmet ist, präsentierte Adriaan

---

[48] Vgl. Felicitas von Lovenberg: Im Tierreich trifft man sich nicht zum Kaffeetrinken. In: Frankfurter Allgemeine Zeitung, 09.09.2011.
[49] Volker Hage: Nur die Natur ist gerecht. In: Der Spiegel, 10.10.2011. Das Zitat steht im Zusammenhang mit der Rede des Direktors zum Schulappell und Inge Lohmarks Kommentar.

van Dis, einer der bekanntesten niederländischen Autoren, die Berlinerin als ersten Gast in dieser Sendung. Van Dis führte die Autorin als in Vorpommern geboren und in der DDR aufgewachsen ein und lenkte das in Deutsch geführte Gespräch recht schnell auf die von ihm als *nostalgisch* gedeutete Stimmung des Buches. In seiner Sicht erinnere der Roman die DDR, das „vergessenes Land", als Vision einer „blühenden Landschaft", wenn auch in anderer als der von Helmut Kohl 1990 propagierten Weise.[50] Judith Schalansky reagiert folgendermaßen auf van Dis:

> Ich versteh' Ihr Gefühl. Sie haben nach so einer Kinder-DDR Sehnsucht. Ich auch, aber gleichzeitig weiß ich, für's Erwachsensein brauchen wir leider was anderes. Für's Erwachsensein ist es wichtig, dass wir die ganze Zeit diese Wahlmöglichkeiten haben.[51]

An der Stelle kommt die für den Bildungsroman zentrale Frage der Auseinandersetzung mit und Entscheidung über gesellschaftliche Bindungen in den Blickpunkt. Adriaan van Dis deutet diesen Aspekt jedoch sofort wieder um und bezieht ihn auf den Gegensatz zwischen Ost und West: „Ja. [Pause] Aber, fühlen Sie sich wohl in dieser vollkommen verwandelten westlichen Welt?"[52]

Nun ist das Konzept des Bildungsromans ein spezifisch deutsches und wird als solches in einer niederländischen Fernsehsendung wenig Zuschauer beschäftigen, dennoch entspricht der Fokus eher der aus der deutschen Rezeption bekannten Orientierung auf die Auseinandersetzung mit der DDR-Vergangenheit, die sich zudem nicht auf eine allgemeine Diskussion der Frage nach individueller Bildung richtet, sondern sich auf persönliche Lebensgeschichten – die der Inge Lohmark und die Judith Schalanksys – konzentriert. *Der Hals der Giraffe* bietet, wie gezeigt, allerdings durchaus Möglichkeiten, für eine aktuelle Diskussion um die Bedeutung individueller Selbstentfaltung in einer auf Leistung bezogenen Informationsgesellschaft, die Bildung als entscheidendes Kriterium für die individuelle Entwicklung sieht. Man kann schon fragen, nach welchen Kriterien wir in der Schule auf ein selbstbestimmtes Leben vorbereitet werden, in dem wir zudem all unsere erworbenen Fähigkeiten bestmöglich und zum Nutzen aller in die Gemeinschaft einbringen können. Dass das durchaus ein idealistischer Ansatz ist, wird deutlich, wenn man dazu Bourdieus Studien zum französischen Bildungssystem liest, aber ihm ging es auch nicht um die Entwicklung des Individuums,

---

50 De Wereld Draait Door, 14.03.2013: http://dewerelddraaitdoor.vara.nl/media/216418 (2. April 2013).
51 De Wereld Draait Door.
52 De Wereld Draait Door.

sondern um die Frage, wie das kulturelle Erbe vermittelt wird und welche Position der Einzelne im sozialen Feld erreichen kann:

> Man sieht hier ganz offensichtlich, dass die reine Schulbildung nicht einfach nur unvollständige Bildung oder ein Ausschnitt von Bildung ist, sondern minderwertigere Bildung, weil ihre einzelnen Bestandteile nicht die Bedeutung haben, die sie in einen größeren Ganzen entfalten. Rühmt die Schule mit ihrer ‚Allgemeinbildung' nicht eben das gerade Gegenteil dessen, was sie als bloße Schulbildung denunziert, die aufgrund ihrer sozialen Herkunft zu eben dieser Bildung verurteilt sind? [...] Tatsächlich wird das Wesentliche des kulturellen Erbes aber viel diskreter, viel indirekter übertragen, ohne methodische Bemühungen, ohne manifestes Handeln.[53]

Die weitere Rezeption wird zeigen, ob die im Roman angelegte Diskussion aufgegriffen wird. Die Auflagenzahlen und die Reihe der Übersetzungen beweisen zumindest, dass die Autorin bei den Lesern einen Nerv getroffen hat, der über den DDR-spezifischen Erinnerungsdiskurs hinausweist. Wie der Beitrag zeigte, kann der Roman sehr wohl als Beispiel eines Bildungsromans gelesen werden, auch wenn er nicht die bisherige gattungsspezifische Leseerwartung der Literaturkritik erfüllt. Die Voraussetzung dafür ist ein Gattungsverständnis, das die Gattung als generisches Feld im Sinne Bourdieus auffasst: durch die ironische Brechung des affirmativen Anspruchs in der Darstellungsform wie auch die damit einhergehende Kritik am humanistischen Bildungsideal wird zwar der hohe Konsekrationsgrad der mit der Gattung verbundenen sozialen Positionierung zur Diskussion gestellt. Allerdings zeigt die spezifische Diskussion über Wissenskulturen und damit verbundene Bildungswerte, die sich unter anderem aus dem biologischen Exkurs ergibt, dass der Roman trotz des kommerziellen Erfolgs nicht einfach der Unterhaltungsliteratur zugeordnet werden kann, sondern durchaus in kritischer Auseinandersetzung mit der Tradition die Gattungszuschreibung ‚Bildungsroman' ernst nimmt.

---

53 Bourdieu, Passeron: Die Erben, S. 31. Im Original ist von Kultur die Rede und wird Kultur mit Bildung in Beziehung gesetzt: „On voit à l'évidence qu'une culture purement scolaire n'est pas seulement une culture partielle ou une partie de la culture, mais une culture inférieure [...]". Vgl. Pierre Bourdieu, Jean-Claude Passeron: Les héritiers. Les étudiants et la culture. Paris 1985 (erstmals 1964), S. 33.

Beiträgerinnen und Beiträger

Elisabeth Böhm, Wissenschaftliche Mitarbeiterin/Assistentin am Lehrstuhl für Neuere deutsche Literaturwissenschaft der Universität Bayreuth. Promotion dort mit einer Arbeit zu Goethes Konzeption der Weimarer Klassik 1786–1796. Publikationen u. a. zu systemtheoretischen Fragestellungen, Dramatik und Bühnenkommunikation, Charlotte Salomon und Musikästhetik.

Philipp Böttcher, Wissenschaftlicher Mitarbeiter am Seminar für Deutsche Philologie (Neuere deutsche Literatur) der Georg-August-Universität Göttingen. Studium der Germanistik, Geschichte und Pädagogik ebenda. Arbeitet an einer Dissertation zu Gustav Freytag. Publikationen u. a. zu Walter Kempowski, Peter Rühmkorf, Thomas Kling, Berthold Auerbach, E.T.A. Hoffmann, Ludwig Tieck.

Adrian Brauneis, Diplomassistent im Bereich Germanistische Literaturwissenschaft der Universität Freiburg (CH). Studium der Deutschen Philologie und Mittleren und Neueren Geschichte in Göttingen. Promotion 2015. Publikationen zu Patrick Süskind, Bertolt Brecht und Ernst Weiß.

Wolfgang Bunzel, Professor für Neuere deutsche Literaturwissenschaft an der Goethe-Universität Frankfurt und Leiter der Brentano-Abteilung im Frankfurter Goethe-Haus/Freies Deutsches Hochstift. Mitherausgeber des *Internationalen Jahrbuchs der Bettina-von-Arnim-Gesellschaft*. Zahlreiche Publikationen u. a. zu Ludwig Tieck, Achim von Arnim und dem Kontext von Romantik und Vormärz.

Yvonne Delhey, Universitätsdozentin für Deutsch, deutsche Literatur und Kultur sowie Deutschlandstudien an der Radboud Universiteit Nijmegen. Studium der Deutschen Literaturwissenschaft, Politologie und Geschichte an der RWTH Aachen und der UvA Amsterdam. Promoition an der UvA Amsterdam zu Utopiekonzeptionen in der DDR-Literatur. Publikationen u. a. zu literarischen Gedächtniskonstruktionen, zu Raum und Erzählen, zur Rezeption von Christa Wolfs Werk in der DDR, zu Günderrodes Briefpraxis sowie zu verschiedenen Projekten im Bereich DaF.

Katrin Dennerlein, Wissenschaftliche Mitarbeiterin am Lehrstuhl für Computerphilologie und Neuere deutsche Literaturgeschichte der Julius-Maximilians-Universität Würzburg. Promotion an der Technischen Universität Darmstadt zur *Narratologie des Raumes*. Jüngere Publikationen zu Lessing, Goethe, Döblin,

Herkunftsräumen in Erzähltexten und computergestützter Dramengeschichtsschreibung.

Simone Schiedermair, Juniorprofessorin für Deutsch als Fremd- und Zweitsprache mit dem Schwerpunkt Literatur und Landeskunde an der Friedrich-Schiller-Universität Jena. Studium Deutsch als Fremdsprache, Skandinavistik, Sinologie und Neuere Deutsche Literaturwissenschaft in Erlangen und München. Lehrtätigkeit an Universitäten in der VR China, Japan und Norwegen. Publikationen u. a. zu Schalansky und DaF-Themen im internationalen Kontext.

Lynne Tatlock, Professorin für Germanistik an der Washington University in St. Louis. Promotion an der Indiana University. Seit 2002 Hortense and Tobias Lewin Distinguished Professor in the Humanities, seit 2010 Leiterin des Komparatistikprogramms. Publikationen u. a. zum deutsch-amerikanischen Literaturtransfer, zu Rolle und Funktion von Autorinnen und zu interdisziplinären Fragen.

Peer Trilcke, Juniorprofessor für deutsche Literatur des 19. Jahrhunderts an der Universität Potsdam. Promotion an der Georg-August-Universität Göttingen mit der Arbeit *Historisches Rauschen. Das geschichtslyrische Werk Thomas Klings*. Forschungsschwerpunkte: Gattungstheorie, Theorie und Geschichte der Lyrik, Literatur des 19. und 20. Jahrhunderts und der Gegenwart, Digital Literary Studies. Jüngere Publikationen u. a. zu Geschichtslyrik, Felicitas Hoppe und mit der dlina-Arbeitsgruppe auf https://dlina.github.io/.

Norbert Christian Wolf, Professor für Neuere deutsche Literatur an der Universität Salzburg; Forschungsschwerpunkte: deutschsprachige Literatur des 18. Jahrhunderts, um 1800, der klassischen Moderne und der Gegenwart; literarische Ästhetik, Literatursoziologie, Intermedialität, österreichische Literatur. Zahlreiche Publikationen u. a. zu feldtheoretischen Fragestellungen, zu Goethe, Musil, Hofmannsthal und zur Gegenwartsliteratur.

Personenregister

Albrecht, Johann Friedrich Ernst: 67
- *Dolko der Bandit* 67

Arnim, Achim von: 48 f., 103
- *Armut, Reichtum, Schuld und Buße der Gräfin Dolores* 49

Bartel, Friedrich: 67
- *Concino Concini* 67

Bornschein, Johann Ernst Daniel: 67
- *Antonia della Roccini, die Seeräuber-Königin* 67
- *Das Nordhäusische Wundermädchen* 67

Bourdieu, Pierre:
- *Das intellektuelle Feld* 66
- *Die feinen Unterschiede* 8, 93, 198, 202
- *Die Regeln der Kunst* 5–8, 12, 15 f., 18 f., 57, 61–65, 73, 76, 93, 96, 109–115, 128, 133 f., 168 f., 177, 179, 181, 195, 198, 200, 206 f., 209, 212, 217–219, 243 f., 256, 266, 283, 291
- *Einführung in eine Soziologie des Kunstwerks* 241
- *Für eine Wissenschaft von den kulturellen Werken* 70, 167, 169, 174, 178 f., 213, 217
- *Künstlerische Konzeption und intellektuelles Kräftefeld* 3, 99, 241
- *Praktische Vernunft* 70, 167, 243
- *Science-Fiction* 5, 8, 67 f., 70, 101 f., 105 f., 109, 111 f., 115
- *Von der Regel zu den Strategien* 5, 128, 225
- *Zur Soziologie der symbolischen Formen* 3, 99, 165, 180, 189, 193, 202, 213, 241, 267, 279, 284

Bourdieu, Pierre und Loïc J. D. Wacquant: 217, 240
- *Reflexive Anthropologie* 217, 240

Brentano, Clemens 49
- *Godwi oder Das steinerne Bild der Mutter* 49

Bröger, Karl 247
- *Der Held im Schatten* 247

Bronnen, Arnolt 12, 239–241, 256–263
- *Film und Leben. Barbara la Marr* 240, 259
- *O.S.* 257
- *Ostpolzug* 257
- *Vatermord* 257

Chateaubriand, François-René de: 205
- *Atala* 205

Defoe, Daniel 19
- *Robinson Crusoe* 19

Dilthey, Wilhelm 53, 55 f., 58, 211, 224, 268, 270 f.
- *Das Erlebnis und die Dichtung* 55, 58
- *Der Bildungsroman* 268
- *Leben Schleiermachers* 53, 224

Döblin, Alfred 239
- *Berlin Alexanderplatz* 239

Dudinzew, Wladimir 296
- *Weiße Gewänder* 296

Eichendorff, Joseph von 49, 148 f.
- *Ahnung und Gegenwart* 49, 51
- *Aus dem Leben eines Taugenichts* 149

Eschenbach, Wolfram von 94
- *Parzival* 14, 94

Flaubert, Gustave 81, 84, 106, 113, 198, 201, 243
- *Éducation sentimentale* 198, 243

Fouqué, Friedrich de la Motte 48 f., 103, 228
- *Alwin* 49
- *Der Zauberring* 228

Frank, Leonhard 247
- *Der Bürger* 247

Freytag, Gustav 11, 165–169, 172, 175–184, 186, 189–193, 195–215, 218–220
- *Soll und Haben* 11, 51, 165–169, 176 f., 179, 181–185, 188–192, 194–206, 210, 213–215, 218, 220

Personenregister

Gellert, Christian Fürchtegott 20, 23, 38, 40
- *Das Leben der Schwedischen Gräfin von G**** 20
Goethe, Johann Wolfgang von: 1, 3–7, 10–18, 29–40, 42–50, 53, 55, 57f., 65–67, 69–76, 78–85, 88–91, 94–96, 99–104, 107f., 116–121, 123, 126–143, 165, 167, 169, 171f., 185–192, 194, 199, 204, 207f., 220, 226, 233–236, 244f., 267, 269–271, 273–275, 277–279, 286, 292
- *Die Leiden des jungen Werthers* 31, 69, 148, 188
- *Unterhaltungen deutscher Ausgewanderten* 78
- *Wilhelm Meisters Lehrjahre* 1–5, 10f., 13f., 16, 18, 25, 30–33, 35f., 38–40, 43–55, 65f., 70, 73, 76, 78, 84, 94, 103, 127, 136, 173, 189f., 204, 234f., 244f., 267, 269, 271, 274, 286
- *Wilhelm Meisters Theatralische Sendung* 31
- *Wilhelm Meisters Wanderjahre* 16, 49f., 121, 129, 137, 142, 158–161, 226, 267, 274
Grimm, Hans 247
- *Volk ohne Raum* 247
Grimmelshausen, Hans Jakob Christoffel von
- *Der Abentheuerliche Simplicissimus Teutsch* 14
Gutzkow, Karl 167f., 188, 193, 201, 207–215, 218–220, 222
- *Der Gefangene von Metz* 211
- *Der Zauberer von Rom* 212
- *Die Ritter vom Geiste* 188, 208, 210, 214, 218
- *Wally, die Zweiflerin / Vergangene Tage* 209

Heimburg, Wilhelmine 222, 228, 234
- *Eine unbedeutende Frau* 228
- *Ihr einziger Bruder* 234
Heinse, Wilhelm 28, 33
- *Ardinghello und die glückseligen Inseln* 28
- *Hildegard von Hohenthal* 33

Hesse, Hermann 245, 247, 250
- *Siddhartha* 247
Hillern, Wilhelmine von 222, 228
- *Ein Arzt der Seele* 228
Hoffmann, Ernst Theodor Amadeus 49, 85, 149, 153, 159f., 178
- *Lebensansichten des Kater Murr* 49, 160
- *Meister Martin der Küfner und seine Gesellen* 159
Hölderlin, Friedrich 49, 55
- *Hyperion* 49

Immermann, Karl 138, 140, 147f., 154, 161f., 174, 177, 188
- *Die Epigonen* 161f., 174, 177, 188

Jacobi, Friedrich Heinrich 33, 35, 117
- *Woldemar* 33
Jean Paul 48f., 58, 103, 143, 173, 194
- *Titan* 49
- *Vorschule der Ästhetik* 48, 103, 173
Juncker, E. [Elke Schmieden] 228
- *Lebensrätsel* 228

Keller, Gottfried 38, 270, 273
- *Der grüne Heinrich* 270, 273
Knausgård, Karl Ove 279
- *Ute av verden* 279

Lafontaine, Auguste 33
- *Klara du Plessis und Klairant* 33
- *Rudolph von Werdenberg* 33
Lewald, Fanny 11, 221–238
- *Clementine* 233
- *Die Erlöserin* 11, 221, 223f., 226f., 230–232, 234, 236
- *Hulda* 222f., 232–235, 237f.
- *Jenny* 233
Loe, Erlend 279
- *Naiv. Super* 279
Loens, Johann Michael von 19f.
- *Der redliche Mann am Hofe* 19

Mann, Thomas 5, 12, 16, 20, 27, 36, 38, 90, 92, 98, 165, 167, 194, 201, 215, 237,

239–241, 245 f., 248–258, 260–263, 268, 270, 276, 280 f., 292
- *Buddenbrooks* 5, 16, 280
- *Doktor Faustus* 280
- *Der Zauberberg* 12, 239–241, 245, 248–255, 257 f., 260–262, 270, 280
Manteuffel, Ursula Zoege von 222, 234
- *Violetta* 234
Marlitt, Eugenie 222–225, 228, 234
- *Das Geheimnis der alten Mamsell* 228, 234
- *Das Heideprinzesschen* 228
- *Im Schillingshof* 234
Merck, Johann Heinrich 31 f.
- *Die Geschichte des Herrn Oheims* 32
Morgenstern, Karl 34 f., 51 f., 57, 100, 120, 126, 139 f., 142, 236–238, 275
- *Über das Wesen des Bildungsromans* 275
- *Über den Geist und Zusammenhang einer Reihe philosophischer Romane* 35
- *Zur Geschichte des Bildungsromans* 35, 120, 126
Moritz, Karl Philipp 32, 81, 92
- *Anton Reiser* 32, 58
Musil, Robert 95, 246, 248–250, 280
- *Der Mann ohne Eigenschaften* 95, 248, 250

Novalis 11, 33 f., 45, 48 f., 55, 58, 66, 70–81, 84–86, 88–92, 94–96, 99–101, 103–105, 127, 142, 148, 156, 172 f., 186–188
- *Das Allgemeine Brouillon* 79
- *Fragmente und Studien* 33 f., 73, 88, 96, 99, 186
- *Heinrich von Ofterdingen* 11, 45, 48–51, 55, 58, 71, 75–83, 85 f., 89, 92, 94, 96, 98, 100–106, 127, 135, 156, 172

Plenzdorf, Ulrich 289
- *Die neuen Leiden des jungen W.* 289
Pustkuchen, Johann Friedrich Wilhelm 49–51, 107–109, 116–121, 127–143
- *Wilhelm Meisters Wanderjahre* 49 f., 107–109, 116 f., 119–121, 133–141

Raimund, Golo 228
- *Von Hand zu Hand* 228
Richardson, Samuel 19 f., 23, 27 f.
- *Clarissa. Or, The History of a Young Lady* 19
- *Pamela, or Virtue Rewarded* 19
- *The History of Sir Charles Grandison* 19 f.

Schalansky, Judith 12, 283, 285, 287–292, 294–300
- *Atlas der abgelegenen Inseln* 297
- *Der Hals der Giraffe* 12, 283, 285, 290, 292, 294, 296, 300
Schlegel, Dorothea 49, 127
- *Florentin* 48 f., 127, 135
Schlegel, Friedrich 29 f., 43–49, 57, 69–71, 75, 77–79, 85, 96, 100–102, 105, 126 f., 142, 148, 152, 156, 172
- *Lucinde* 48, 50 f., 105
Schnabel, Johann Gottfried 19 f.
- *Wunderlichen Fata einiger Seefahrer* 19
Schummel, Johann Gottlieb: 32, 34
- *Empfindsamen Reisen durch Deutschland* 32
- *Wilhelm von Blumenthal* 34
Scott, Walter 121, 125 f., 143, 205, 232
- *Waverley* 232
Sterne, Lawrence: 32
- *Sentimental Journey Through France and Italy* 32
Stifter, Adalbert 58, 80, 102, 270
- *Der Nachsommer* 58, 80, 102, 270
Strittmatter, Erwin 289
- *Ole Bienkopp* 289

Tellkamp, Uwe 12, 265–277, 279–282
- *Der Turm* 12, 265–267, 269–273, 276, 278, 280–282
- *Eisvogel* 266
Thümmel, Moritz August von 33
- *Reise in die mittäglichen Provinzen von Frankreich. Im Jahr 1785 bis 1786* 33
Tieck, Ludwig 11, 48 f., 71, 74 f., 78, 88, 101–103, 105, 127, 145–162
- *Der junge Tischlermeister* 11, 49, 145–150, 152 f., 155–162

– *Die Geschichte des Herrn William Lovell* 147
– *Franz Sternbalds Wanderungen* 48 f., 105, 127, 147, 153, 156, 159

Vulpius, Christian August 67
– *Rinaldo Rinaldini, der Räuberhauptmann* 67

Wagner, Johann Ernst 48 f., 103, 127
– *Wilibald's Ansichten des Lebens* 49
Wassermann, Jakob 247
– *Christian Wahnschaffe* 247
Werner, Elisabeth 222, 228
– *Gesprengte Fesseln* 228

Wezel, Johann Karl 28, 34
– *Belphegor oder die wahrscheinlichste Geschichte unter der Sonne* 28
– *Herrmann und Ulrike* 28, 34
Wieland, Christoph Martin 2, 11, 13 f., 16, 18, 20–30, 35, 49, 53, 58, 78, 97 f., 245, 250
– *Dschinnistan oder auserlesene Feen- und Geistermährchen* 78, 98
– *Geschichte des Agathon* 2, 13 f., 16, 18, 20–31, 36, 38, 44, 53 f.

Zindler, Erwin 248
– *Auf Biegen und Brechen* 248

www.ingramcontent.com/pod-product-compliance
Lightning Source LLC
Chambersburg PA
CBHW051536230426
43669CB00015B/2618